全國高等院校古籍整理研究工作委員會第三層次項目
西南大學創新團隊項目『基於出土文獻綜合研究的文化推廣工程』(SWU1509395)
西南大學創新團隊項目『文字學』(SWU1709128)

出土文獻綜合研究集刊

西南大學出土文獻綜合研究中心
西南大學漢語言文獻研究所 主辦

第九輯

巴蜀書社

目　錄

甲骨金文研究

利用深度神經網絡進行甲骨文單字識別和檢測的初步測試 …… 莫伯峰(1)
從卜辭看鄭州小雙橋遺址的性質 …… 李丹楊　李　發(29)
甲骨文字證真例說 …… 蔣玉斌(36)
商紂王都朝歌說新解 …… 徐明波(52)
金文中的"畂(畯)" …… 楊懷源(60)
釋金文"㓷"字及相關諸字 …… 張俊成(69)
再談古文字中的幾個從子之形兼及相關問題 …… 楊蒙生(77)

簡帛文獻研究

郭店楚簡《緇衣》考述 …… 連劭名(88)
《嶽麓書院藏秦簡(肆)》校釋二則 …… 王　偉(104)
里耶秦簡補綴四則 …… 謝　坤(111)
武威漢簡《儀禮》所見《說文》未收字研究 …… 陳榮傑(118)
西漢《算數書》中分數的不同表達形式和語境的關係 …… 安立明(135)

讀馬王堆簡帛札記 …………………………………………… 魯普平(156)
東漢"寇恩冊"所見"半櫥軸、半𣘺軸"考 ………………………… 孫　濤(168)
説東牌樓漢簡 49 號簡中的"馬布障汙" ………………………… 徐俊剛(175)
西北漢簡校讀札記四則 ……………………………………… 王錦城(180)
清華簡《程寤》再校讀 …………………………………………… 王　寧(191)
額濟納漢簡"專部士吏典趣輒"册補説 ………………………… 王志勇(206)
帛書《周易》剝卦六五爻辭新解 ……………………………… 鄔可晶(217)
清華簡七《越公其事》"人有私畦"解 …………………………… 熊賢品(226)
出土簡帛數術簡零拾二則 …………………………………… 賀璐璐(236)
《汗簡注釋》補正數則 ………………………………………… 徐海東(242)
里耶秦簡疑難字校讀札記八則 ……………………………… 唐　強(250)
上博簡字詞考釋四則 ………………………………………… 何義軍(264)

碑刻文獻研究

《孟孝琚碑》字詞考釋兩則 …………………………………… 張鑫裕(272)
從出土墓誌看唐代經濟地理的幾個問題 ……………………… 馬　強(283)
山西大同 2014DTSJM1 形成年代考辨 …………… 彭文峰　陳麗娜(300)
明清刻本疑難俗字例釋 ……………………………………… 梁春勝(310)

書評

甲骨軍事刻辭精細與融合研究的新成果
——讀李發專著《甲骨軍事刻辭整理與研究》 ……………… 鄧　飛　唐　焘(323)

利用深度神經網絡進行甲骨文單字識别和檢測的初步測試

莫伯峰①

摘　要:我們嘗試利用深度神經網絡來進行甲骨文單字的初步識别和檢測。通過測試我們認爲:一、利用深度神經網絡搭建的分類和檢測模型,可以據字形對甲骨文單字進行識别和檢測。當訓練集達到一定數量時效果良好;當數量過少時,效果下降明顯。二、使用深度神經網絡對甲骨文單字進行識别和檢測時,應根據甲骨文字數量的多少來分類處理。對於數量較多的甲骨文字,現有模型已經可以取得很好效果,而對於數量較少的甲骨文字,則需要進一步尋求人工摹寫字形等方式來增强學習。三、甲骨文字的圖像識别需要從字的層面深入到構件的層面,這樣才能有進一步發展的基礎。

關鍵詞:深度神經網絡;甲骨文;單字識别;測試

2018 年 10 月 9 日至 11 日,中國古文字研究會在長春召開了"紀念中國古文字研究會成立四十周年國際學術研討會暨中國古文字研究會第 22 次年會"。中國古文字研究會會長吴振武先生在 9 日的大會開幕式和 11 日的大會閉幕式講話中都提到,未來的古文字研究必將與人工智能融合,並取得長足進步。"未來的古文字研究可以與人工智能相結合,古文字複雜程度不如其他學科,是有邊際的學問,正確答案只有一

①莫伯峰,首都師範大學甲骨文研究中心　副教授　北京　100089。

個,這正是人工智能所擅長處理的領域。古文字利用人工智能是非常有前途的,需要我們高度關注。”

圖像識别是人工智能的一個重要研究領域,現在已具備了較爲成熟的技術,人臉識别、圖像搜索等應用産品都是這一技術的具體落地形式。利用圖像識别技術來進行甲骨文單字識别和檢測,與識别和檢測其他事物本質上具有極大的一致性,因此我們認爲這是將人工智能與古文字研究相結合的一個合適切入口。

圖像識别技術的顯著進步得益於深度神經網絡的利用,特别是其中一類名爲“卷積神經網絡”的運用。在 2017 年全球範圍的圖像識别演算法競賽 ILSVRC 中,人工智能的圖像識别正確率達到了 97.7%,這一數值甚至已經遠超人眼的識别率,而這一成就主要就來源於深度神經網絡的使用。深度神經網絡識别圖像的基本工作原理,可以粗略地如此描述:首先運用深度神經網絡建立一個模型,然後向模型灌入包含若干圖片的“訓練集”,因爲“訓練集”中的圖片事先已經被定義了類型,因此這一行爲相當於告知模型,我們對“訓練集”中圖片分類的標準。然後讓深度神經網絡進行訓練以學習我們的分類標準(這是深度神經網絡最强大之處),最終形成一個預測模型。之後,利用“測試集”中的圖片對預測模型進行測試,“測試集”中的圖片是“訓練集”中所没有出現過的。如果在測試中發現模型分類有錯誤,則讓深度神經網絡對模型進行校正(此稱爲“調參”,調整模型的各種參數),最終形成一個性能優良的模型。

甲骨文單字識别,是指通過訓練深度神經網絡建立的模型,讓模型依靠字形對甲骨文單字進行識别。甲骨文單字識别是現在人工智能與甲骨文研究相結合的極佳入口,也是未來利用人工智能技術深化甲骨文研究的基礎。甲骨文單字檢測,是指通過訓練深度神經網絡建立的模型,讓模型依靠字形確定一片甲骨上該文字的位置。甲骨文單字檢測是利用人工智能技術解決實際甲骨文研究問題的一項實用技術,比如利用此項技術來編製甲骨文字編、根據甲骨文字形進行圖像搜索等，可以把研究者從簡單勞動中解放出來。

無論是甲骨文單字識别還是單字檢測，本質上都是將人類已經成熟的研究成果賦能於計算機。對於甲骨文研究而言，並不會產生新的知識。但是任何一種技術的運用，都有一個從低級階段走向高級階段的過程，正如吳振武先生所指出的那樣："即使初級很幼稚，也得有人開始來做，只要做了，就慢慢會進步。"

對於很多甲骨文研究者而言，屬於工科範疇的人工智能技術仿佛離我們很遥遠。事實上，人工智能技術現在已經離我們的生活越來越近。本文所運用的"EasyDL 定製化圖像識别"①是百度公司開發的通用人工智能研究平臺，該平臺無需編程就可以搭建滿足自己需求的神經網絡模型，非常簡單方便。這一模型暫未開放調參等功能，也就是經過一次訓練，模型就已經確定，不能依靠調參來進一步優化（根據百度的通告，今後將會逐步開放調參功能）。但利用這個通用模型來進行測試，幫助我們熟悉和理解深度神經網絡的整個流程，無疑也很有好處。本文即使用該平臺，訓練出多個模型，測試了利用深度神經網絡識别和檢測甲骨文字的性能狀況。

一、甲骨文單字識别

利用深度神經網絡進行甲骨文單字識别，本質上其實是對字形進行分類。因此，在"EasyDL 定製化圖像識别"中，將此類問題歸入"圖像分類"部分。我們總的測試思路，首先是確定經由"EasyDL 定製化圖像

① EasyDL 定製化訓練和服務平臺 http://ai.baidu.com/easydl（本平臺頁面均爲簡體字）。

識別”生成的模型,是否具有區分甲骨文字字形的功能;然後再逐步增加識別文字的數量和類型,測試不同難度下模型的表現。

測試對象和目標:按照由易至難的模式,我們將逐步增加測試對象,以此來檢測模型在單字識別過程中的種種變化。因此,我們將測試對象和目標分爲三級:

(一)單個文字識別模型

該模型的目標是通過變換同一文字不同形體和圖像,來測試模型是否能對同一文字的不同形體進行認同,也即是否能按照“認字”的思路來判定圖像的類型(因爲“EasyDL 定制化圖像識別”中大多數的模型,都是用來識別具體的物體,是否能識別文字,是一個需要測試論證的命題)。我們選取了甲骨文“貞”字作爲測試目標,因爲甲骨文中“貞”字數量多,可以建立一個數量充足的“訓練集”,對模型進行充分的訓練。而在“測試集”的選擇上,我們則選擇了反色、傾斜倒置、後世古文字、手寫文字、無關圖像等多種類型的圖像來進行檢測,以此來確定模型是否能夠“認字”。

(二)三個文字識別模型

該模型的目標是在上一模型的基礎上,測試在一個模型中,能否辨識出多個甲骨文字。我們選取甲骨文中的常見獨體字“貞”、次常見合體字“登”和罕見的未識合體字“”作爲我們單字識別的主要測試對象。選擇這三個字,是因爲它們形體上分别代表了甲骨文的獨體字、合體字、未識字三種類型,文字數量上則涵蓋了“最多”“中等”和“稀少”三個數量級。同時,“登”字還包含了多種異體,我們也試圖檢測一下模型對異體字形的識别狀況。

(三)五個文字識別模型

該模型的目標是在上一模型的基礎上進一步加大難度。在“貞”“登”“”的基礎上,又增加“田”“日”兩個形體較爲接近的甲骨文字,測試其對形近字的識别能力,訓練一個能夠識别這五個文字的模型。

測試流程:按照前文我們所介紹的搭建深度神經網絡模型的基本思想,本測試的基本流程如下:1. 創建模型;2. 創建數據集並進行模型訓練;3. 模型校驗。前兩個流程對於所有的測試對象都是相同的,爲省篇幅,下文我們只以"貞"字來示例説明。在第三個流程中,各測試對象的數據將産生較大差異,因此我們將逐一進行詳細説明。

1. 創建模型

根據實際需求,我們創建了一個名爲"甲骨文字識别例"的圖像分類模型(見圖 1)。這個模型的功能就是識别甲骨文"貞"字的形體。

圖 1 模型創建頁面

2. 創建數據集並進行模型訓練

創建完模型以後,我們進入創建數據集頁面(見圖 2),在這個頁面我們選擇模型的類型,並確定數據集的名稱。然後,可以開始整理我們的訓練數據準備上傳。

圖 2　創建數據集頁面

我們以“貞”字爲例説明如何準備訓練集。首先建立一個命名爲“zhen”的文件夾作爲訓練用例(“zhen”表示該文件夾内的圖片將會被識别爲何種名稱,因爲該平臺目前不支持中文格式命名,因此我們不能將文件夾命名爲“貞”),然後在文件夾内放置甲骨文“貞”字的不同字形作爲訓練集。我們選擇了各類字形共計 104 個(見圖 3)。這些形體全部來源於《甲骨文合集》(以下簡稱《合集》),而我們的測試用例則來自《甲骨文合集補編》(以下簡稱《合補》)、《英國所藏甲骨集》(以下簡稱《英藏》)、《小屯南地甲骨》(以下簡稱《屯南》)等,儘量避免選用《合集》的例字。然後按照平臺要求壓縮文件並上傳。

其他文字,“登”字訓練集共選用了 51 個字形,“[illegible]”字訓練集共選用了 8 個字形,“日”字訓練集共選用了 35 個字形,“田”字訓練集共選用了 35 個字形。這其中,“[illegible]”字在甲骨文中一共只出現 4 次,其中 1 例還是較爲破損的殘字,不適宜作爲訓練圖像,選取 2 例作爲測試集,只剩下 2 例作爲訓練集。2 例數據數量太少,“EasyDL 定製化圖像識别”平臺過去也曾允許進行訓練,但由於效果太差,現在已經設置了數量限制,至少需要 4 例數據才能進行訓練。因此,爲建立符合平臺要求的“[illegible]”字訓練集,我們對圖像數據進行了增强,將 2 例圖像進行了反色修製和水平翻轉處理,形成了一個 8 例的訓練集(見圖 4)。這種少樣本文字在甲骨文中有一批,所以我們也試圖嘗試利用簡單的數據增强來觀察一下效果如何。其他文字的訓練集類同,限於篇幅我們不再一一圖示。

圖 3 “貞”字的圖像訓練集

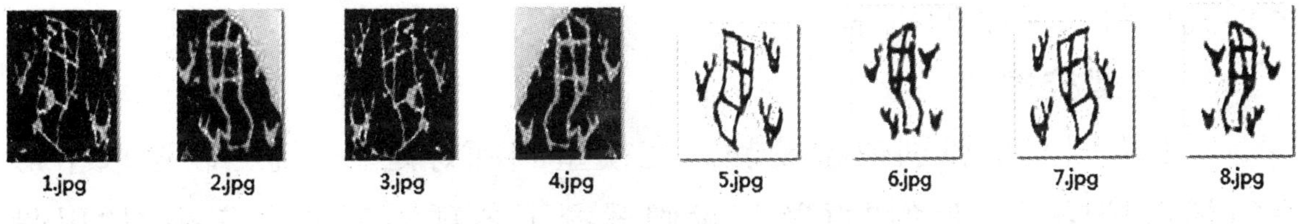

圖 4 “[illegible]”字的圖像訓練集

在數據上傳成功之後,按照平臺的流程,選擇演算法(即判别結果所使用的一系列計算方法。我們選擇了通用演算法的默認訓練方式,這種演算法所需要的訓練時間適中),點擊開始訓練,系統自動開始

(見圖 5)。

圖 5　進行模型訓練頁面

訓練結束後(訓練時間至少在 10 分鐘以上,數量多則可達數小時,根據訓練集的大小而定),便可得到一個名爲"甲骨文字識别例"的模型(見圖 6)。在 A 區域導入用來測試的甲骨文字形,B 區域就會計算出該字形爲甲骨文某字的概率。

3. **模型校驗**

3.1 單個文字識别模型校驗。在模型訓練好之後,就可以選取字形進行模型校驗了。針對"貞"字,我們選擇了各種類型的文字來對"甲骨文字識别例"這一模型進行校驗,包括:拓本文字、反色文字、傾斜倒置文字、後代文字、手寫文字、其他無關圖像六種類型。部分測試結果見下圖 7—圖 12:

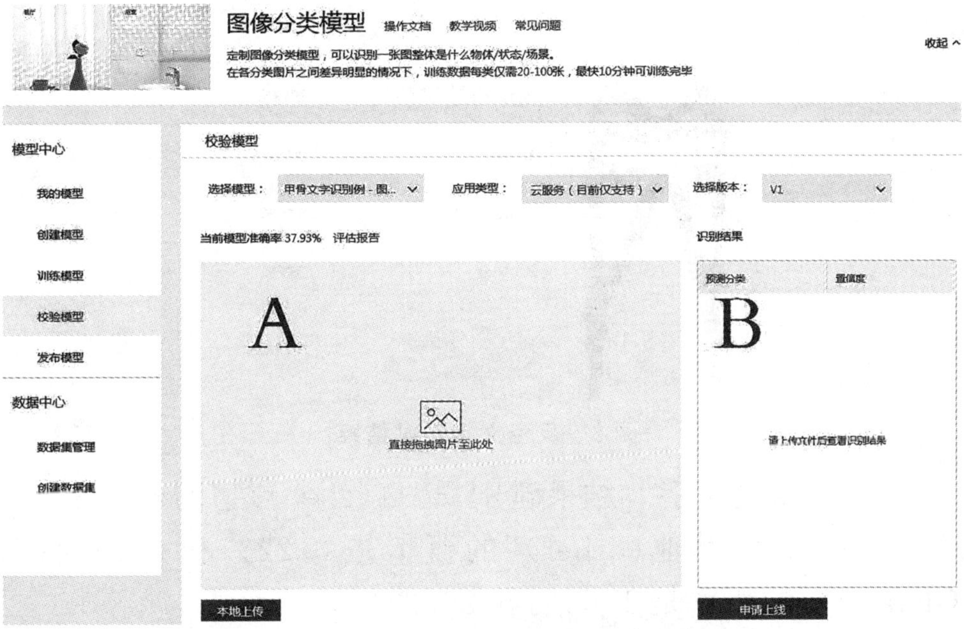

圖 6　已經訓練好的“甲骨文字識別例”模型

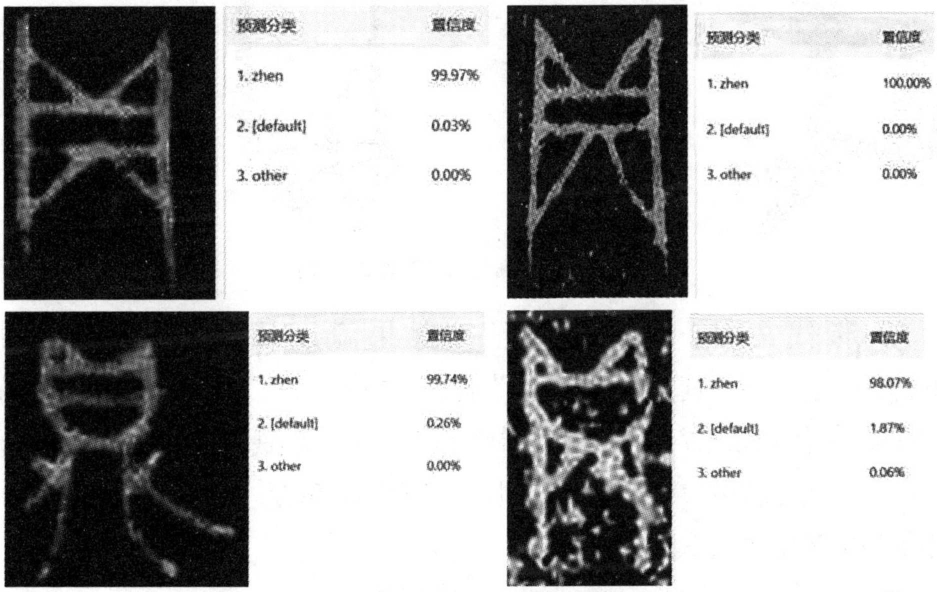

圖 7　拓本文字測試結果

3.1.1. 拓本文字。結果識別爲“貞(zhen)”字的概率是 98.07%—100%；識別爲“其他(other)”的概率是 0—0.06%；識別爲“缺省(default)”的概率是 0—1.87%。

3.1.2 反色文字。結果識別爲“貞(zhen)”字的概率是 90.59%；識別爲“其他(other)”的概率是 0.22%；識別爲“缺省(default)”的概率是 9.19%。

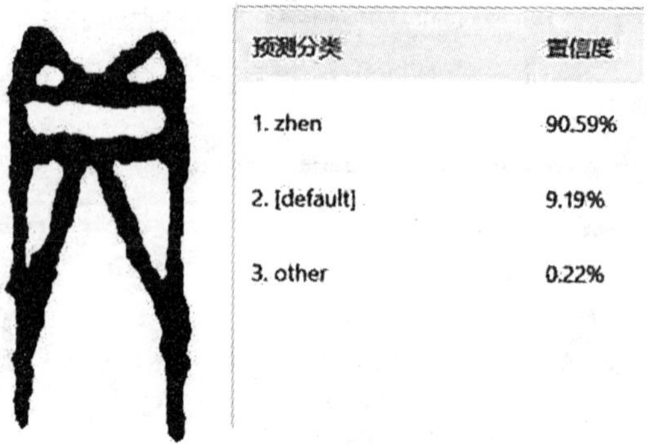

预测分类	置信度
1. zhen	90.59%
2. [default]	9.19%
3. other	0.22%

圖 8　**反色文字測試結果**

3.1.3 傾斜倒置文字。結果識别爲“貞(zhen)”字的概率是 79.51% 和 98.18%;識别爲“其他(other)”的概率是 0.22% 和 0.26%;識别爲“缺省(default)”的概率是 1.56% 和 20.27%。

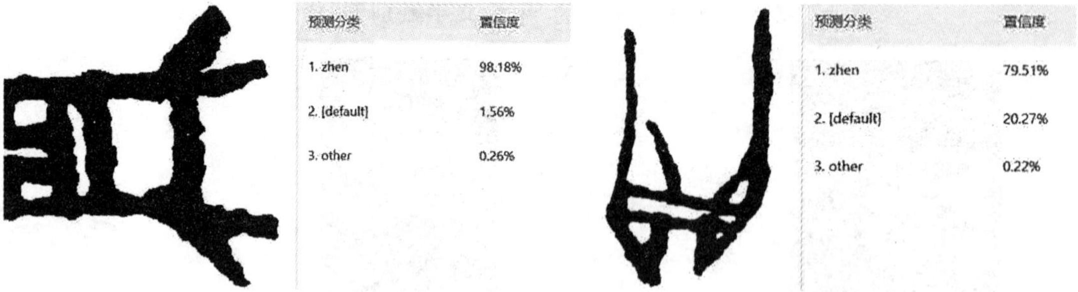

预测分类	置信度
1. zhen	98.18%
2. [default]	1.56%
3. other	0.26%

预测分类	置信度
1. zhen	79.51%
2. [default]	20.27%
3. other	0.22%

圖 9　**傾斜倒置文字測試結果**

3.1.4. 後代文字。金文中“貞”字結果識别爲“貞(zhen)”字的概率是 86.61%;識别爲“其他(other)”的概率是 0.02%;識别爲“缺省(default)”的概率是 13.37%。秦簡中“貞”字結果識别爲“貞(zhen)”字的概率是 74.82%;識别爲“其他(other)”的概率是 0.04%;識别爲“缺省(default)”的概率是 25.14%。

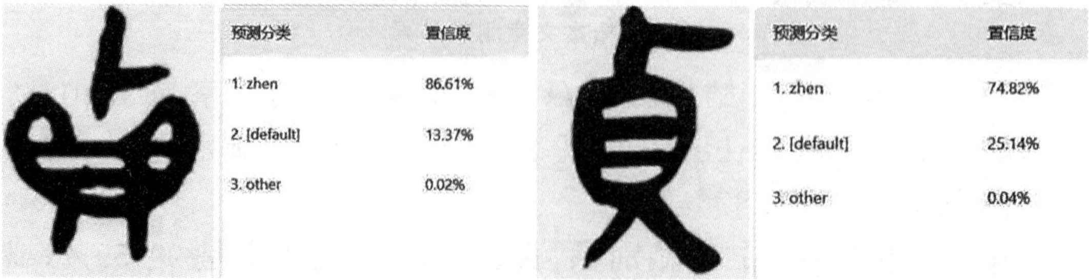

预测分类	置信度
1. zhen	86.61%
2. [default]	13.37%
3. other	0.02%

预测分类	置信度
1. zhen	74.82%
2. [default]	25.14%
3. other	0.04%

圖 10　**後代文字測試結果**

3.1.5. 手寫文字。結果識别爲“貞(zhen)”字的概率是 53.19%;識别爲“其他(other)”的概率是 0.02%;識别爲“缺省(default)”的概率是 46.79%。

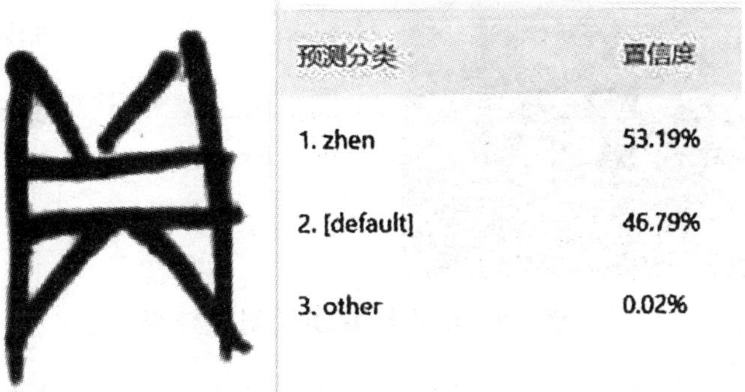

圖 11　手寫文字測試結果

3.1.6 其他無關圖像。爲形成對比數據,我們選取了一張甲骨拓本和一張人像進行測試。甲骨拓本識别爲“貞(zhen)”字的概率是 0.24%;識别爲“其他(other)”的概率是 92.27%;識别爲“缺省(default)”的概率是 7.49%。人像識别爲“貞(zhen)”字的概率是 0.01%;識别爲“其他(other)”的概率是 0.15%;識别爲“缺省(default)”的概率是 99.84%。對於無關圖像,我們没有選取其他甲骨文字作爲對比,而是選取這種差異性較大的圖像進行對比,是因爲在該階段我們的目標只是測試這一模型是否能將甲骨文字從其他類型中識别出來。與其他甲骨文字的對比,必須由下文的二級和三級模型才能完成。

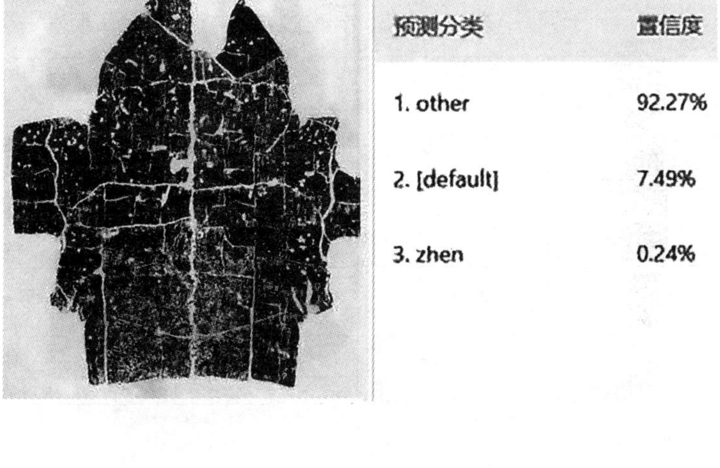

圖 12　其他無關圖像測試結果

通過以上測試用例可以看到：該模型在辨識“貞”字方面的效果良好；唯一辨識度不高的是筆者自行掃描形成的手寫文字。根據 EasyDL 教學視頻的說明，不同來源圖像常導致識別效果急劇下降，這可能是導致該結果的重要原因。

3.2 三個文字識別模型校驗。爲增加識別難度，我們向系統中增添了“登(deng)”“[illegible](hanjian—罕見字)”兩個文字的“訓練集”，重新對模型進行訓練，形成新的包含三個文字的測試模型，再次進行測試。測試對象包括：“貞”字、“登”字和“[illegible]”字。部分測試結果(選擇儘量多種字體類型)如下。

3.2.1 拓本“貞”字。由表 1 可見，測試結果良好，一共測試了 12 例，11 例結果正確，1 例結果錯誤，爲《合補》2741，從字形上看不出此“貞”字有何特殊之處，出錯原因未詳。

表 1　“貞”字測試結果

來源	字形	貞	登	罕見	缺省
《合補》570		89.85%	9.93%	0.17%	0.05%
《合補》602		96.97%	1.89%	0.72%	0.42%
《合補》632		94.17%	5.39%	0.34%	0.10%
《合補》641		94.33%	3.90%	1.24%	0.54%

续表

來源	字形	貞	登	罕見	缺省
《合補》2741		20.77%	78.94%	0.26%	0.02%
《合補》3082		86.43%	13.50%	0.06%	0.01%
《合補》6795		61.03%	38.73%	0.23%	0.02%
《合補》6948		96.56%	2.45%	1.2%	0.15%
《合補》8757		87.72%	10.92%	0.73%	0.25%
《合補》8621		99.85%	0.14%	0.01%	0
《合補》10918		96.09%	3.80%	0.07%	0.04%
《合補》11766		80.41%	19.47%	0.10%	0.02%

3.2.2 拓本"登"字。由表 2 可見,測試結果良好,一共測試了 8 例,結果全部正確。但《英藏》558 與《英藏》559 字形極爲近似,而識別結果的置信度卻相差 30 多個百分點,原因未詳。同時,"登"字的字形相較於"貞"字,字形異體情況更強烈,而且"訓練集"更小,但測試的結果卻更爲準確,這也十分奇怪,需要進一步研究。

表 2 "登"字測試結果

來源	字形	登	貞	罕見	缺省
《合補》4491		99.76%	0.13%	0.10%	0
《合補》7753		99.98%	0.01%	0	0
《合補》4468		99.66%	0.11%	0.21%	0.02%
《屯南》2916		96.17%	2.86%	0.51%	0.45%
《英藏》558		99.75%	0.23%	0.02%	0

續表

來源	字形	登	貞	罕見	缺省
《英藏》559		62.51%	36.74%	0.47%	0.28%
《英藏》477	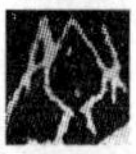	99.88%	0.06%	0.05%	0
《英藏》837		67.34%	15.76%	11.58%	5.33%

3.2.3“”字。前文已述,由於“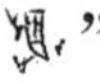”字數量很少,所以訓練集中既包含有拓本,也包含有反色修製圖像,因此我們的測試集中也選擇了拓本和反色修製圖像兩種類型,一共 8 例。從表 3 的測試結果來看,分類結果變動劇烈。

表 3 “”字測試結果

來源	字形	罕見	貞	登	缺省
《合集》6837		2.09%	1.58%	96.32%	0.01%
《合集》6838		1.46%	2.62%	95.57%	0.34%
《合集》6837 反色		16.25%	7.53%	75.72%	0.50%
《合集》6838 反色		8.20%	8.07%	79.39%	4.34%
《合集》6837 修製		2.83%	40.98%	55.79%	0.40%
《合集》6838 修製		1.15%	7.05%	91.26%	0.53%
《合集》6837 反色修製		82.13%	3.49%	12.60%	1.78%
《合集》6838 反色修製		70.22%	8.81%	12.58%	8.39%

由於《合集》6837 的字形有殘缺,而《合集》6838 的字形則受到了盾

紋的強烈影響,因此當使用拓本圖像直接進行測試時,模型識別正確率最高只有 2.09%,識別結果爲"登"字的概率則高達 96.32%。在對圖像反色之後,識別正確率略有提高,分别達到了 16.25%和 8.20%,但識別爲"登"字的結果仍遠高於此。在對拓本圖像進行修製,補足了殘字和排除了盾紋的影響後,識别正確率再次下降,分别只有 2.83%和 1.15%,因此我們懷疑模型可能誤認爲白底黑字是""字的重要特徵。在對圖像既進行反色又修製後,系統的識别正確率陡然提高,分别達到了 82.13%和 70.22%,識別爲"登"字的概率則下降至 12.60%和 12.58%。這一結果十分奇特,應不能説明模型又突然可以正確辨識"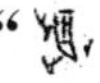"字了①。

""字的測試結果非常重要,對我們有多重啟示:

第一,少樣本文字訓練需要進一步尋找解決方法。"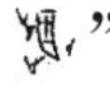"的測試結果不盡如人意的一個重要原因就是訓練集太小。特别是當一個模型中其他文字的訓練集很大時,這種誤識的情况就更容易發生了。當我們以""字的訓練集字形 A(見下圖)進行測試時,識別正確率達到 89.64%,而在我們人眼看來極其接近的字形 B(見下圖),則只有 2.83%的識别正確率。這説明模型出現了過擬合,與訓練集字形稍微存在差異,都會被認爲是本質上的區别。同時,當以""字的訓練集字形 C(見下圖)進行測試時,識別正確率也只有 44.49%,這説明模型收斂困難,難以找到字形的特徵。對於少樣本問題,通過調參可能有所改善。但除此之外,恐怕還需要通過人工手寫的方式來增加更多的樣本,這種方式從理論上可以增加無盡的樣本,而且爲了使系統能夠對各種字體類型的識别效果同樣良好,人工手寫增加樣本時還必須注意使用不同的字體風格來進行摹寫。

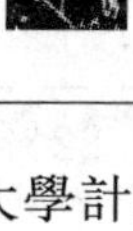(字形 A) 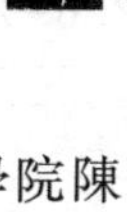(字形 B) (字形 C)

①據西南大學計算機與信息科學學院陳善雄分析,這種情况可能是偶然因素導致的,不具有典型意義。

第二,圖像的清晰和完整對識别結果有重要影響。甲骨上的盾紋、殘泐等影響圖像清晰和完整的因素可能需要使用技術手段加以排除。

第三,拓本和反色圖像對識别結果有重要影響。模型容易將拓本和反色的差别當作重要的特徵。這説明要將拓本字形和反色字形分開訓練,分别生成模型,以防止互相之間的干擾。或者重新搭建專門的神經網絡,來應對文字識别這種特定任務。

3.3 五個文字識别模型校驗。我們繼續向模型中增添形近字“日(ri)”“田(tian)”兩種類型文字的“訓練集”,重新對模型進行訓練,形成新的包含五個文字的測試模型,再次進行測試。測試對象主要爲“日”字和“田”字,部分測試結果(選擇儘量多種字體類型)如下。

表 4 “日”字測試結果

來源	字形	日	田	貞	登	罕見	缺省
《合補》117		58.95%	14.02%	7.77%	3.66%	1.92%	13.68%
《合補》708		63.19%	25.50%	4.99%	3.28%	0.62%	2.43%
《合補》913		62.72%	18.50%	11.49%	5.35%	1.32%	0.62%
《合補》1168		95.39%	1.36%	0.84%	0.84%	0.23%	1.33%
《合補》1347		86.62%	0.90%	3.91%	6.34%	1.69%	0.55%
《合補》1375		93.61%	3.27%	0.84%	0.96%	0.57%	0.74%
《合補》1377		75.76%	13.56%	3.96%	1.38%	4.22%	1.12%
《合補》5827		94.70%	1.18%	1.72%	1.87%	0.41%	0.12%
《合補》6556		91.62%	2.19%	0.70%	2.64%	1.16%	1.69%
《合補》7108		99.80%	0.06%	0.02%	0.10%	0.01%	0.01%
《合補》7325		61.19%	17.81%	16.54%	3.19%	0.68%	0.60%
《合補》8920		42.94%	1.76%	25.34%	26.07%	3.15%	0.74%
《合補》9455		95.12%	1.09%	1.26%	2.34%	0.15%	0.04%
《合補》10561		84.25%	1.02%	2.69%	6.76%	1.27%	4.01%
《合補》10960		84.21%	7.26%	5.48%	1.89%	0.82%	0.34%
《合補》10970		11.64%	86.68%	0.85%	0.19%	0.19%	0.45%

3.3.1“日”字。從表 4 來看,測試結果良好,“日”字共計測試了 16 例,正確 15 例,錯誤 1 例。由測試數據來看,模型確實識别出了“日”字和“田”字的形近,在 16 組測試結果中,有 10 組是將“日”和“田”的概率列爲最高,這與我們人的認識是一致的。同時,由數據和字形可以看出,模型應認爲字形較扁則“日”字可能性更高,而字形較高則“田”字可能性開始升高。唯一一例識别錯誤《合補》10970 爲黄類字體,與《合補》10960 爲同類字體,字形也極近似,很有可能只是因爲“日”字内的豎筆上下皆連通,便導致識别結果的大相徑庭。此外,《合補》8920 和《合補》9455 的形體也很近似,識别正確率卻差了非常多,原因不明。

表 5　“田”字測試結果

來源	字形	田	日	貞	登	罕見	缺省
《合補》2547		80.14%	7.13%	5.11%	1.77%	0.41%	5.44%
《合補》2548		75.08%	16.63%	3.00%	3.83%	0.63%	0.83%
《合補》2551		78.80%	12.27%	3.32%	2.34%	0.87%	2.41%
《合補》2560		99.18%	0.16%	0.28%	0.28%	0.06%	0.05%
《合補》2562		31.26%	1.19%	44.04%	19.88%	3.21%	0.42%
《合補》3734		0.71%	6.49%	87.13%	3.86%	1.69%	0.11%
《合補》3904		15.91%	0.23%	78.65%	4.70%	0.50%	0.01%
《合補》7252		38.01%	2.05%	25.68%	2.88%	1.52%	29.86%
《合補》7263		68.76%	12.80%	6.27%	10.94%	1.15%	0.07%
《合補》8581		30.31%	2.54%	32.36%	16.04%	10.23%	8.52%
《合補》8791		8.66%	3.32%	61.16%	7.46%	1.48%	17.91%
《合補》8991		63.11%	17.66%	2.97%	14.56%	0.95%	0.75%
《合補》10541		35.96%	32.64%	4.11%	3.55%	2.23%	21.51%
《合補》11300		0.81%	49.48%	2.04%	43.49%	4.05%	0.13%
《合補》11305		1.33%	84.84%	4.33%	5.92%	0.39%	3.19%
《合補》11320		80.60%	14.63%	2.34%	0.75%	0.38%	1.29%

3.3.2"田"字。從表5來看,"田"字的測試結果不佳,共計測試了16例,正確9例,錯誤7例。在該模型中,"田"字多次被誤識別爲"貞"字,從字形上來看,這些誤識的"田"字大多數字形較高。《合補》11300是黄類中筆劃較肥的"田"字,被誤識爲了"日"字。《合補》11305和《合補》11320都爲黄類,"田"字字形極爲相似,但識别結果差異巨大,原因不明。

總體而言,主要針對形近文字"日"和"田"的五個文字識别模型識别效果差異明顯,有些方面與人對字形近字的判斷近似,有些方面則與人的判斷相去甚遠。

如果是一個專門的甲骨文字分類模型,那麼我們下面要做的工作就是對這個模型進行調參,也就是依靠測試結果來調整系統參數,以使模型形成我們想要的結果。但是由於百度這個通用模型,現在並不開放此功能,因此我們的測試暫時到此爲止。

由以上的初步測試,我們對利用深度神經網絡模型識别甲骨文字形,有了一些初步的認識:一、雖然没有經過調參,但是訓練後的模型已經展現了不錯的識别能力。這表明通過深度神經網絡來識别古文字是一個可行的方案。假以時日,通過不斷豐富字形、不斷調整優化,形成一個優秀的甲骨文字形識别模型是可以期待的。二、顯然現有模型還不能將甲骨文字分析爲構件來進行識别,而是當作一個整體圖像進行識别,所以對於獨體字的檢測效果要大大好於合體字。這顯然不能滿足甲骨文研究要求,在此方面需要進一步改進,尋找新的方法。三、對於訓練集字形多的甲骨文字,這個模型已經能産生非常好的分類效果了,但是對於少樣本的甲骨文字,還需要依靠其他方法來增強學習。

二、甲骨文單字檢測

相較於甲骨文單字識别,甲骨文單字檢測的難度更高,其不僅要判斷圖片中是否有目標字形,還需要確定該字形的位置。我們本次測試主要以“貞”“登”和“[illegible]”字爲檢測對象。與前文的單字識別一樣，同樣是先測試一個文字，然後再逐步增加測試文字數量。

甲骨文單字檢測的基本流程與單字識別的流程基本一致。

（一）創建模型

在“EasyDL 定製化圖像識別”平臺，物體檢測與圖像分類處於同一目錄下，很容易找到。根據測試目標，我們創建了一個名爲“貞字檢測”的物體檢測模型（見圖 13）。這個模型的功能就是檢測甲骨拓本中的“貞”字的位置。

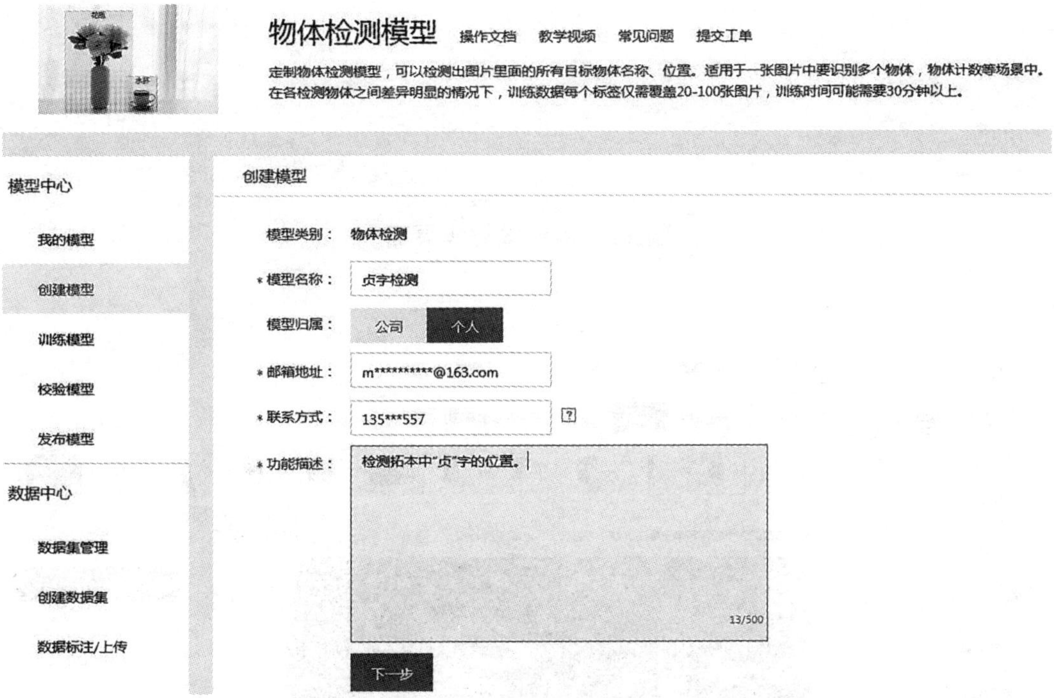

圖 13　模型創建頁面

（二）創建數據集並進行模型訓練

在模型創建之後，我們進入創建數據集頁面（見圖 14），在這個頁面我們確定了數據集的名稱爲“貞字檢測”，並上傳了 70 張包含有“貞”字的拓本圖片至數據集（拓本圖片全部來自《合集》）。與圖像分類模型通過統一上傳壓縮文件即已完成訓練集準備不同，物體檢測還要通過“數據標注”(又常稱爲“打標籤”)的方式進行數據標記(見圖 15)。

圖 14 創建數據集頁面

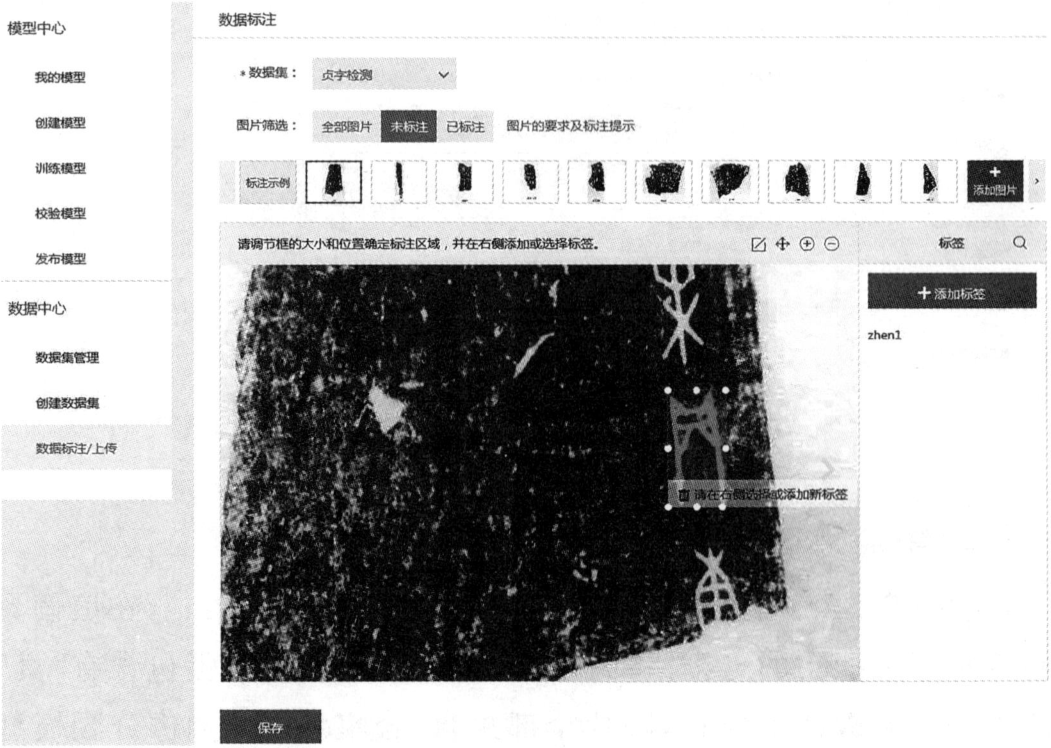

圖 15 打標籤

"打標籤":首先打開一張圖片,然後在圖片上找到希望被標注的文字"貞"字,用鼠標框出"貞"字的字形,然後點擊"添加標籤",爲這個被標注出來的文字建立屬性"zhen1(貞)"。然後,按照此方法重複對剩餘圖片進行相同操作。當所有圖片全部被標注完之後,就可以對模型進行訓練了。物體檢測的模型訓練和測試界面與圖像識别的界面相同,在此我們就不再複述了。

(三)模型校驗

在模型訓練好之後,我們從測試集中選取含有"貞"字的甲骨拓本進行模型校驗。因爲物體檢測需要檢測出具體的位置,基本不存在隨機性,所以我們不再設定比較組數據。通過測試結果來看,模型對"貞"字的檢測較好。一些測試結果良好的示例如下:

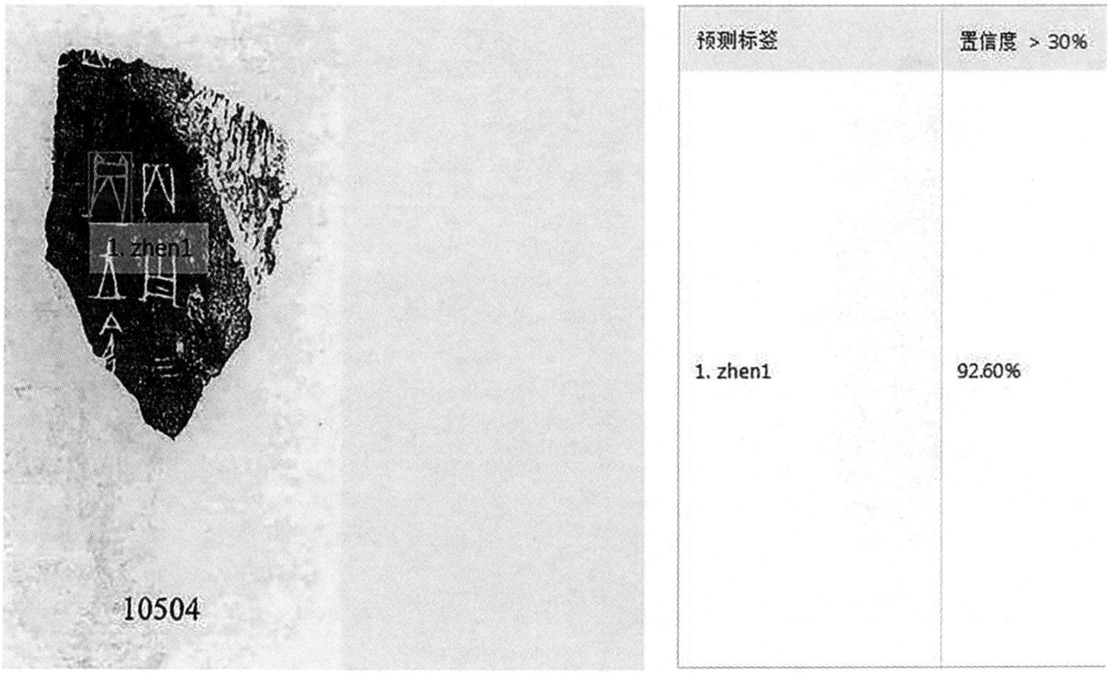

圖 16　單個"貞"字的檢測結果

预测标签	置信度 > 30%
1. zhen1	95.76%
2. zhen1	89.50%
3. zhen1	66.11%

圖 17　多個"貞"字的檢測結果(大字形)

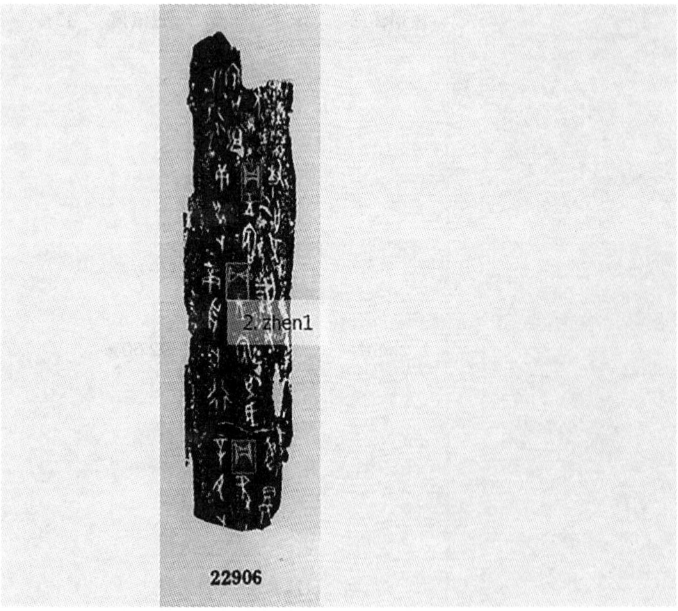

预测标签	置信度 > 30%
1. zhen1	82.18%
2. zhen1	77.70%
3. zhen1	70.99%

圖 18　多個"貞"字的檢測結果(小字形)

從圖 16—圖 18 的測試結果來看,模型對"貞"字具有較好的檢測效果，無論是單個"貞"字的檢測還是多個"貞"字的檢測，都可以準確判斷出"貞"字的位置。但是，也有一些拓本的檢測出現了問題，如下：

圖 19　未能檢測出"貞"字

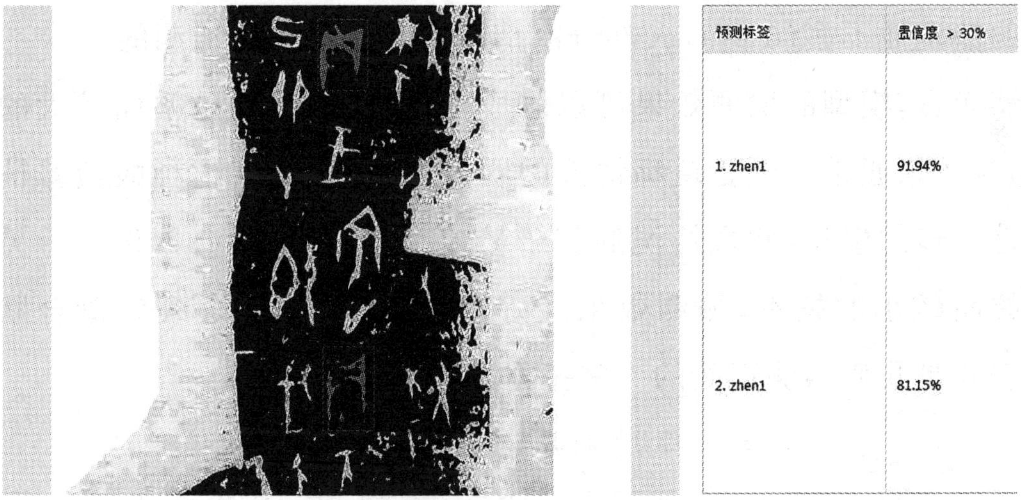

圖 20　通過縮小圖片檢測出"貞"字

在一些字多的較大圖片中，"貞"字未能被檢測出，如圖 19 所示。當我們將圖片進行剪切，只是檢測部分圖片中的"貞"字，結果出現了改變，如圖 20 所示。由此可見，對於大幅面圖片，檢測模型的檢測效果會出現一定變化,但這種問題並不是不能解決的。

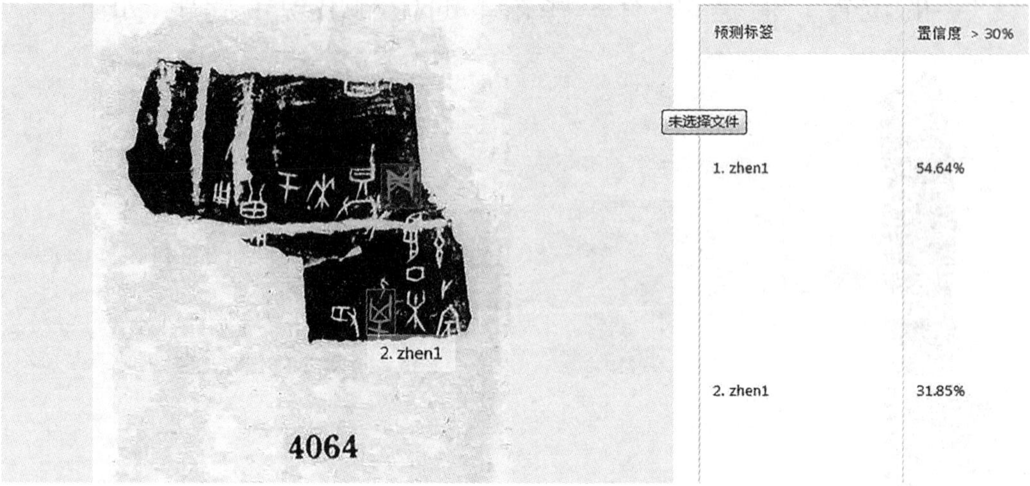

圖 21　誤將其他文字檢測爲"貞"字

在一些圖片中,模型也出現了欠擬合狀況,如圖 21 所示,模型誤將其他文字檢測爲"貞"字。在我們較大數量的測試中(100 例以上),這種誤檢測的情況並不多(6 例),大部分的情況都是能夠正確檢測的。

總體而言,模型的檢測效果可以分成兩種情況:一類是幅面較大的拓本,檢測效果通常不佳。這種情況説明,模型還需要就這種較複雜情況進行進一步的優化,此類情況的例子較多,我們就不一一舉例了。另一類是幅面較小的拓本,檢測效果較好,但也存在過擬合或欠擬合狀況。下表 6 是我們檢測正確的一些拓本的具體數據情況:

表 6　部分檢測正確的拓本數據

檢測對象	《合補》4	《合補》11	《合補》2126	《合補》3485	《合補》3529	《合補》3535
置信度	60.68%/42.37%	83.22%	96.08%	96.81%	89.52%/37.37%	88.16%
檢測對象	《合補》4694	《合補》7306	《合補》8255	《合補》10443	《合補》10502	《合補》10513
置信度	81.84%	92.63%	80.19%	88.66%	98.72%/96.08%	94.43%

在將"登"字和"□"字也加入訓練集進行訓練後，我們形成了檢測三個文字的模型。部分效果良好的檢測結果如下：

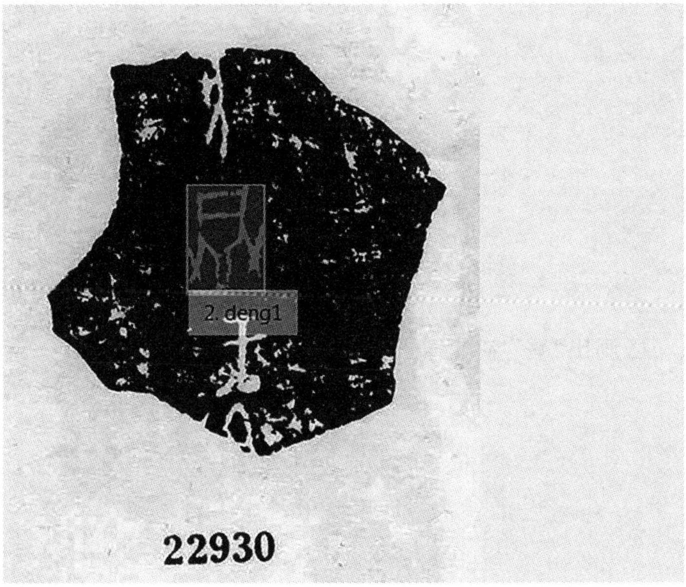

预测标签	置信度 > 30%
1. zhen1	71.01%
2. deng1	43.53%

圖 22　檢測出"登"字

预测标签	置信度 > 30%
1. zhen1	98.34%
2. zhen1	95.47%
3. zhen1	81.47%
4. deng1	46.05%

圖 23　檢測出"登"字和"貞"字

预测标签	置信度 > 30%
1. zhen1	84.34%
2. deng1	71.02%
3. deng1	46.52%

圖 24　檢測出"登"字和"貞"字

预测标签	置信度 > 30%
1. zhen1	90.17%
2. deng1	63.01%
3. deng1	54.14%

圖 25　檢測出"登"字和"貞"字

预测标签	置信度 > 30%
1. deng1	88.14%
2. zhen1	61.67%
3. deng1	59.83%
4. hanjian	40.29%
5. zhen1	37.98%
6. deng1	33.49%

圖 26　檢測出"登"字和"貞"字

從圖 22—圖 26 的測試結果來看，模型能夠檢測出“登”字，也能夠對“貞”字和“登”字同時進行檢測，但也出現了一批誤檢測的情況。這説明模型在檢測多個文字方面是可行的，但欠擬合情況嚴重，還需要進一步優化。同時，與“[illegible]”字的識别結果類似，“[illegible]”字的檢測同樣也以失敗告終，測試集中的兩例“[illegible]”字都被檢測爲“登”字，這種情況與“[illegible]”字的識别結果也是一致的，例見下圖 27、28。這説明少樣本甲骨文字的檢測也面臨與識别同樣的困難，還需要增强學習。

预测标签	置信度 > 30%
1. deng1	40.77%
2. deng1	35.75%

圖 27　“[illegible]”字被誤檢測爲“登”字

预测标签	置信度 > 30%
1. deng1	86.49%
2. deng1	57.26%
3. zhen1	33.14%

圖 28　“[illegible]”字被誤檢測爲“登”字

以上,是我們在百度的一個經過預訓練的通用神經網絡平臺——“EasyDL 定製化圖像識别”上訓練的甲骨文單字識别和檢測模型的基本過程和初步成果。從結果來看,有些測試效果較爲令人滿意,有些測試效果還需優化。下一步,一方面我們將在“EasyDL 定製化圖像識别”開放調參後,對模型進行調參優化,另一方面我們也會嘗試將手工摹寫少樣本甲骨文字加入到訓練集中,嘗試解決少樣本字形的識别和檢測問題。

附記:本文是筆者未刊稿《人工智能時代的甲骨文研究芻議》的附録部分内容,曾在 2018 年 11 月 26 日安陽師範學院召開的“第一届甲骨文信息處理國際學術研討會”上宣讀,會後根據新的測試進行了修增。

從卜辭看鄭州小雙橋遺址的性質①

李丹楊　李　發②

摘　要:鄭州小雙橋遺址内的祭祀遺存分爲人祭坑和牲祭坑。從祭牲來看,遺址中的祭牲主要爲牛,並且其種類爲黄牛,卜辭中用黄牛作祭牲的多見於對“東西南”各方神和“東母”的祭祀活動中;從祭祀方式來看,小雙橋兩大祭祀坑中的牛頭牛角都有不同程度的砍切痕跡,卜辭中祭祀“東西南”各方神和“東母”的用牲之法爲“伐”“卯”;此外,在宫城夯土牆基槽西北角發現的燒土坑,東、西、南三面有數層燒土向坑内傾斜,這與卜辭中燎祭“東、西、南”各方神相合。因此,或可據此推測鄭州小雙橋遺存曾舉行過祭祀四方神的活動。

關鍵詞:鄭州小雙橋遺址;卜辭;神祇祭祀

鄭州小雙橋遺址位於河南省鄭州市西北約二十公里處的石佛鄉小雙橋村西南部,因鄰近小雙橋而得名。小雙橋遺址發現於1989年,次年,河南省文物研究所鄭州工作站對該遺址進行了調查和試掘,發現並確認其爲商代文化遺址。1995年河南省文物考古研究所與鄭州大學文博學院考古系、南開大學歷史系博物館學專業合作,對其進行了全面細緻的調查和大規模發掘,發現了夯土建築基址,與冶鑄青銅有關的遺存、灰坑、灰溝等文化遺跡和一批珍貴文物,而最主要的是祭祀遺存的發掘。祭祀遺存分爲人祭坑和牲祭坑兩種,牲祭坑包括兩個大型祭祀

---

①本文是國家社科基金項目“基於資料庫的商代祭祀資料的搜集、整理與研究”的階段性成果,項目編號:18BZS031。

②李丹楊,西南大學漢語言文獻研究所　碩士研究生　重慶　400715;李發,西南大學漢語言文獻研究所　副研究员　重慶　400715。

坑,13 個牛頭牛角坑,1 個狗祭坑。13 個牛頭牛角坑分爲 V 區 1 個整牛頭坑,以及 IV 區 12 個牛頭牛角坑。整牛坑中出土 1 具完整的牛頭骨,其腦腔後有明顯的砍切痕跡;12 個牛頭牛角坑包括 2 個牛頭坑、3 個牛頭牛角坑、7 個牛角坑,牛頭坑中的牛頭下頜骨殘失,而牛頭牛角坑中的牛頭腦腔亦有砍切的痕跡。並且,經鑒定,牲祭坑中的牛頭骨或牛角均屬於黄牛,合計牛的數量在 60 頭以上①。此外,小雙橋遺址中心發現十處夯土建築遺址,多位於宫城牆範圍以內。在宫城夯土牆基槽西北角內側發現一處由兩排石塊鋪底而成的燒土坑,平面近方形,東、西、南三面有數層燒土向坑內傾斜②。據考證,小雙橋遺址文化相當於商代中期的較早階段③。

關於鄭州小雙橋遺址的性質,從 1990 年的初次發掘開始,不斷有學者對其作出諸多推論。張國碩先生認爲鄭州小雙橋遺址與王室活動有關,並認爲其爲商王的離宫别館,遺址中發現的大量動物遺骨爲頻繁狩獵活動的證據④。裴明相先生認爲小雙橋遺址是商代早期的祭祀遺存,"燔柴"是祭天的形式,"瘞埋"是祭地的形式⑤。許俊平、李鋒二位先生認爲小雙橋遺址是鄭州商城的一個組成部分,是河亶甲在遷都時舉行向天、祖、神祭祀的中心場所⑥。陳旭先生認爲小雙橋遺址中的祭祀遺存可能與戰爭有關,在戰爭中或者取得勝利之後進行祭祀⑦。楊育彬、孫廣清兩位先生認爲小雙橋遺址歸屬於鄭州商城,是鄭州商城晚期的宗廟祭祀遺址⑧。鄒衡先生認爲小雙橋遺址是中丁時期的宗廟遺

①河南省文物考古研究所等《1995 年鄭州小雙橋遺址的發掘》,《華夏考古》1996 年第 3 期。

②宋國定《商代中期祭祀禮儀考——從鄭州小雙橋遺址的祭祀遺存談起》,《2004 年安陽殷商文明國際學術研討會論文集》,社會科學文獻出版社,2004 年,頁 417。

③同上。

④張國碩《小雙橋商代遺址的性質》,《殷都學刊》1992 年第 4 期。

⑤裴明相《論鄭州市小雙橋商代前期祭祀遺址》,《中原文物》1996 年第 2 期。

⑥許俊平、李鋒《小雙橋商代遺址性質探索》,《中原文物》1997 年第 3 期。

⑦陳旭《鄭州小雙橋遺址即隞都説》,《中原文物》1997 年第 2 期。

⑧楊育彬、孫廣清《鄭州小雙橋商代遺址的發掘及其相關問題》,《殷都學刊》1998 年第 2 期。

址①。黄可佳先生認爲小雙橋遺址有可能是祭祀自然神或者戰爭时進行祭祀的場所②。侯衛東先生認爲小雙橋都邑與鄭州商城、偃師商城佈局結構類似,其都邑的宫城由多個功能不同的單元組成,祭祀活動集中、祭祀類别區劃鮮明③。

關於小雙橋遺址的性質問題,諸家意見不一,各有分歧。首先,我們需要確定小雙橋遺址中是否有祭祀遺存。遺址中出土了經過整治的人牲、牛牲、犬牲,以及有燎燒的痕跡,這些跡象都表明遺址中曾舉行過祭祀活動,鄭州小雙橋遺址中存在祭祀遺存是毋庸置疑的。那麼張國碩先生認爲小雙橋遺址中的大量動物遺骨爲商王狩獵的結果,認爲其是商王的離宫别館,恐有待商榷。其次,在判定小雙橋遺址性質的時候,不能僅憑某一現象就斷定結果。裴明相先生認爲“燔柴”一定爲祭天,“瘞埋”一定爲祭地。我們知道小雙橋遺址時代爲商代中期,而商代晚期的卜辭表明,“燔柴”即“燎祭”並不祭天,接受此種方式祭祀的對象甚眾,不能據此片面單一地斷定其祭祀對象④。同理,“瘞埋”也並非僅祭地,那麼憑此來斷定小雙橋遺址的性質,恐不甚全面。其餘諸家認爲小雙橋遺址和鄭州商城有關係,爲商王的宗廟祭祀之所在。我們認爲

①鄒衡《鄭州小雙橋商代遺址隞都説輯補》,《考古與文物》1998 年第 4 期。

②黄可佳《試論鄭州小雙橋商代祭祀遺存的有關問題》,《中原文物》2005 年第 5 期。

③侯衛東《鄭州小雙橋商代都邑佈局探索》,《中國國家博物館館刊》2016 年第 9 期。

④首先,卜辭中的“帝”爲後世所説的天(晁福林《説商代的“天”和“帝”》,《史學集刊》2016 年第 3 期)。在商代,“帝”並不受祭,島邦男認爲“帝”作爲祭祀對象的辭例甚少,一般來説,對“帝”不舉行祭祀(島邦男著,濮茅左、顧偉良譯《殷墟卜辭研究》,上海古籍出版社,2006 年,頁 362);胡厚宣認爲殷人求雨求年等便要禱告先祖,再由先祖從旁轉請上帝,絕不向上帝直請(胡厚宣《殷卜辭中的上帝和王帝(上)》,《歷史研究》1959 年第 9 期);常玉芝推測或是因爲商人敬畏上帝,認爲上帝高高在上,意志都是通過其臣使來實現,因此,只需祭祀其臣使,人們的祈願便會由其使臣實現,便不直接祭上帝(常玉芝《由商代的“帝”看所謂“黄帝”》,《文史哲》2008 年第 6 期)。我們亦認爲殷商時期並不系統地祭祀“帝”。其次,在商代天神地祇祭祀體系中,燎祭的對象很多,殷人主要向“岳”(《合集》34199,歷二)、“河”(《合集》33272,歷一)、“社”(《合集》21103,師小字)、“方神”(《合集》14315 反,典賓)、“東母”(《合補》4112,典賓)、“山”(《合集》34166,歷二)、“風”(《合集》14226,典賓)等神祇以燎燒犧牲的方式獻祭。商人既不祭天,而且商人祭祀體系中接受燎祭的神祇眾多,因此,在商代燔柴之祭並不表示祭天這種祭祀内涵。

從地理位置等因素考慮小雙橋遺址的性質,有一定的道理;但是,在判定某個祭祀遺存的祭祀對象時,首先應當根據儀式遺跡的考古出土情境來進行劃分,然後再嘗試將這些遺存與甲骨卜辭中的記載和歷史文獻對應起來,對其內涵作進一步研究①。黄可佳先生從卜辭記載來看小雙橋遺址的性質,我們認爲是合理的。小雙橋遺址雖是商代中期的遺存,但與殷墟卜辭時代相距不遠,且一脈相承,因此,在分析考古材料的基礎上,還可與有文字記載的材料相對應,那麼商代晚期的卜辭就是最好的印證。結合考古出土實物,參以卜辭的實際情況,我們推測鄭州小雙橋遺址曾祭祀過東、西、南各方神。具體理由申論如下:

首先考察祭牲。鄭州小雙橋遺址中兩個大型祭祀坑,有 13 個牛頭牛角坑,1 個狗祭坑。據發掘報告,坑內用作祭牲的牛的數量應不少於 30 頭,牛頭牛角坑中的牛數量也不低於 60 頭。這批遺址中所用的祭牲以牛爲主,牛的種類均爲黄牛②。而在卜辭中,黄牛作爲祭牲多見於對東、西、南各方神的祭祀和對東母的祭祀中,玆列於下:

(1) 貞:不唯妣己。

貞:正祖乙。

燎于東、西,㞢伐,卯南、黄牛。

貞:燎東、西、南,卯黄牛。

貞:其不多步鬳。

勿不多步鬳。 (《合集》14315 正,典賓)

(2) □□〔卜〕,㱿貞:燎于東,五犬、五羊、五▨

(《合集》14316,典賓)

(3) 甲申卜,賓貞:燎于東、三豕、三羊,𡆥犬、卯黄牛。

(《合集》14314,典賓)

①楊謙《儀式與晚商社會——殷墟儀式遺存的考古學研究》,山東大學博士學位論文,2015 年,頁 61。

②河南省文物考古研究所等《1995 年鄭州小雙橋遺址的發掘》,《華夏考古》1996 年第 3 期。

(4) 帝于南犬。（《合集》14323,典賓）

(5) 貞:燎〔于〕東母□黄〔牛〕。（《合集》14342,典賓）

從卜辭看,黄牛用於對東、西、南各方神和東母的祭祀行爲之中,小雙橋遺址中大量用作祭牲的黄牛極有可能是對東、西、南各方神和東母舉行祭祀時所用的犧牲。(2)條卜辭顯示,向東方神進行燎祭時用到犬牲,(4)條卜辭顯示向南方神進行褅祭用犬牲。此亦與小雙橋遺址中出土的犬牲一致。

其次考察祭祀方法。小雙橋遺址的東北部有一高臺夯土基址,臺基頂部有厚達 80 厘米的紅燒土堆積。在宮城夯土牆基槽西北角內側發現一處由兩排石塊鋪底而成的燒土坑,應當是行"燎祭"留下的遺跡。此外,鄭州小雙橋遺址中,無論是兩個大型祭祀坑還是十三個牛頭牛角坑中的牛頭都有不同程度的砍切痕,這表明在祭祀前存在砍伐犧牲的事實。細考(1)—(3)條卜辭,其祭祀動詞爲"燎""伐""卯",對東、西、南各方神和東母的祭祀均用"燎祭",處理祭牲的方式爲"伐""卯"。卜辭中,"伐""卯"皆爲用牲之法,"伐"即砍頭,斷牲畜的頭亦可稱"伐"①;"卯"多施之於牛、羊。郭沫若先生謂"因卯之字形取義,蓋言對剖也"②。據此可知,卜辭中存在燎祭各方神的情況,祭祀儀式中有伐牲的記載。可見,無論是祭祀行爲還是處置祭牲的方式,遺址出土的考古材料和卜辭中對東、西、南各方神及東母的祭祀記載一致,這更進一步證明我們的推測,即鄭州小雙橋遺址曾祭祀過東、西、南各方神或東母。

最後考察祭祀對象。在宮城夯土牆基槽西北角內側發現一處由兩排石塊鋪底而成的燒土坑,平面近方形,東、西、南三面有數層燒土向坑內傾斜,坑內當是燒之以火的燎祭遺跡。商代祭祀對象主要爲天神、地祇、人鬼③,東、南、西、北各方神也屬於天神的範疇,卜辭中對其進行祭

---

①許元哲《商代祭祀的用牲方法》,《新鄉學院學報(社會科學版)》2009 年第 3 期。

②于省吾主編,姚孝遂按語《甲骨文字詁林》,中華書局,1999 年,頁 3441—3442。

③陳夢家《殷虚卜辭綜述》,中華書局,1988 年,頁 562。

祀的記錄習見:

(6)☐帝于北,二犬,卯☐　　(《合集》14332,典賓)

(7)貞:燎于北。　　(《合集》14334,典賓)

(8)帝于南犬。四　　(《合集》14323,典賓)

(9)癸丑卜:帝南。　　(《合集》34145,歷一)

(10)燎豕㞢南。　　(《合集》14128反,典賓)

(11)燎東黄麃。　　(《合集》5658,典賓)

(12)貞:燎于東。　　(《合集》14315反,典賓)

(13)貞:涉,帝于東。　　(《合集》15950,典賓)

(14)貞:燎于西。　　(《合集》14330,典賓)

(15)戊寅卜,九犬帝于西。二月。　　(《合集》21089,師小字)

(16)癸亥卜:帝東。

癸亥卜:帝南。

癸亥卜:帝西。

癸亥卜:帝北。　　(《合集》34154,歷一)

上揭卜辭,是向東、南、西、北各方神進行祭祀的記録。可見,晚商時期殷人可以合祭四方,也可單祭某方,亦可只祭其中某幾方。前述第(1)條卜辭中明確記載向東、西、南各方神進行燎祭,這與鄭州小雙橋遺址祭祀遺存中關於東、西、南的考古材料一致,那麽,我們更傾向於認爲鄭州小雙橋遺址的祭祀遺存是商代祭祀東、西、南各方神的結果。

關於對各方神進行祭祀,傳世文獻中亦能找到印證。兹列於下:

(17)《周禮·春官·大宗伯》:"以疈辜祭四方百物。"鄭玄注:"疈爲罷。鄭司農云……罷辜,披磔牲以祭。"

(18)《禮記·曲禮下》:"天子祭天地,祭四方,祭山川,祭五祀,歲遍。"

(19)《禮記·祭法》:"四坎壇,祭四方也。"

上揭各條傳世文獻材料,均表明在後世亦對四方進行祭祀。其中,

第(17)條,清代學者秦蕙田《五禮通考》卷五十五認爲“四方”即各主其方之神。在周代有砍裂祭牲祭祀四方神祇的行爲,處置犧牲的方式爲“副辜”,即剖牲而祭。這也與鄭州小雙橋遺址出土的有明顯砍切痕跡的祭牲以及甲骨卜辭中“业伐”“卯黄牛”的記載不謀而合。到此,我們可以推測鄭州小雙橋遺址中的祭祀遺存極有可能是祭祀東、西、南各方神的結果。

綜上,從祭牲、祭祀方法、祭祀對象三個方面,我們將考古材料與卜辭對照,發現小雙橋遺址與卜辭記載高度契合,我們有充分的理由作出推測:鄭州小雙橋遺址中的祭祀遺存是向東、西、南各方神進行祭祀的結果;同時,據後世傳世文獻的記載,我們或許可以推測在此亦對四方神進行過祭祀。

甲骨文字證真例説①

蔣玉斌②

摘　要:甲骨文字的真僞考辨,是研究和利用甲骨文資料前的第一步工作。甲骨辨僞業已受到學者的重視,並有較多辨僞成果。但在具體研究中,也有一些把真跡真品判作僞刻僞骨的例子。如果不作一番證實的研究以恢復這些甲骨文字的正當身份,就會使珍貴的史料湮沒無聞,同樣不利於甲骨文資料的研究和使用。本文結合若干實例,總結了甲骨文字證真方面的四點體會,即:一、要選擇較好的甲骨著録形式作爲"底本",注重甄别著録反映甲骨原貌的程度;二、甲骨綴合成果有利於證真;三、要特别注意半真半僞以及真僞雜糅的情况;四、準確深入把握甲骨刻寫和甲骨文内部的規律,有助於祛疑解惑。本文希望能爲甲骨文字真僞考辨工作提供一些參考。

關鍵詞:甲骨文;辨僞;證真

殷墟甲骨文是研究殷商社會歷史文化的第一手資料。自從人們認識到這種珍貴資料的價值之後,僞作、僞刻甲骨也就隨之而生。第一部

①本文是國家社會科學基金項目"甲骨綴合類纂及資料庫建設"(14BYY164),教育部、國家語委甲骨文等古文字研究與應用專項重點項目"甲骨文字詞合編(未識字部分)"(YWZ－J017),貴州省哲學社會科學規劃國學單列課題"殷墟甲骨王卜辭綴合及研究"(17GZGX26)的階段性成果。

②蔣玉斌,復旦大學出土文獻與古文字研究中心、出土文獻與中國古代文明研究協同創新中心　青年研究員　上海　200433。

甲骨文著錄書《鐵雲藏龜》中就有一些僞刻,在《庫方二氏藏甲骨卜辭》等書著錄的甲骨中,僞刻就更多了。嚴謹的科學研究必須建立在準確翔實的材料基礎之上,因而甲骨辨僞也就成爲甲骨學的首要任務。學者在甲骨資料整理過程中,已在辨僞方面做了很多工作,例如集大成的甲骨著錄之作《甲骨文合集》就剔除了不少僞刻甲骨,《英國所藏甲骨集》釋文中對僞刻予以注明,等等。還有一些專門的甲骨辨僞研究,如蔡哲茂先生撰有《〈甲骨文合集〉辨僞舉例》①,指出了《合集》中的 13 片僞刻甲骨,該文注釋還引到一些零星的或專門的甲骨辨僞成果。《百年甲骨學論著目》"校訂綴合"部分列出的甲骨辨僞的文章有 20 餘篇,並可參看。

甲骨辨僞主要是對僞作甲骨文進行證僞。實際上,隨着甲骨辨僞工作的開展,也難免會出現一些冤假錯案,即把真跡真品判作僞刻僞骨的例子。如果不作一番證實的研究以恢復這些甲骨文字的正當身份,就會使珍貴的史料湮沒無聞,同樣不利於甲骨學和相關學科的研究。正如周鴻翔先生在《甲骨辨僞四事》一文中所說:"談甲骨的真僞,應該包括(一)'證真'及(二)'辨僞'兩項。兩者是相成相生的,'證真'的反面在'辨僞','辨僞'的反面則在'證真',如紅花綠葉,互相襯託。"②對存疑甲骨文字而言,證真跟辨僞一樣重要。

甲骨文字的考辨——無論是辨僞還是證真——需要綜合運用甲骨學多方面的知識;同時又是一項實踐性很強的工作,有不少經驗教訓值得總結。本文不求面面俱到,僅舉出、分析一些證真的例子,並歸納爲四方面體會,懇請方家指正。

---

①蔡哲茂《〈甲骨文合集〉辨僞舉例》,《漢學研究》第 24 卷第 1 期,2006 年 6 月。

②[美]周鴻翔(Chou Hung-hsiang)《甲骨辨僞四事》,載《饒宗頤教授南游贈別論文集》,饒宗頤教授南游贈別論文集編委會印行,1970 年;收入宋鎮豪、段志洪主編《甲骨文獻集成》第 19 冊,四川大學出版社,2001 年,頁 387-388。

一、要選擇較好的甲骨著録形式作爲"底本",注重甄别著録反映甲骨原貌的程度

甲骨文字的真僞考辨,如能結合實物最好。例如臨淄孫文瀾氏舊藏一批甲骨,曾著録於《甲骨卜辭七集》,其中現在可見的原骨共30片。舊或以爲其中部分爲僞,或以爲全部皆僞。胡厚宣先生通過調查實物、考辨文字,證明這批材料"不但不是僞品,而且内容較精"①。這是甲骨學史上有名的證真案例。

不過,一般研究者目驗實物的機會不多。這時照片也有助於了解甲骨原貌,但大多數甲骨都沒有較清晰、全面的照片發表。有鑒於此,拓本仍是當前考辨甲骨文字的主要資料。單靠拓本進行辨僞,當然要慎之又慎;而且首先要做好版本比勘工作,儘可能使用接近甲骨原貌的拓本作爲考辨的"底本"。

甲骨著録的不同形式各有優劣,反映甲骨原貌的全面性和準確程度往往不一。像《簠室殷契徵文》這樣的著録書,絕大多數真品的印本都被修描過②;像《續安陽縣志》這樣的書,摹刻真品時失真嚴重。學者了解到這些書的特點後,對所著録甲骨一般不會輕言其僞,只需謹慎對待,力求找到更準確反映甲骨原貌的資料就是了。而有些編纂嚴謹、製版印刷考究的書,偶爾出現少數有問題的片子,就容易讓人上當。下面舉一個《甲骨文合集》印本的例子。

---

①胡厚宣《臨淄孫氏舊藏甲骨文字考辨》,《文物》1973年第9期。嚴一萍先生對此有不同看法(《甲骨卜辭七集中孫氏藏甲骨的真僞問題》,《中國文字》第52册,1974年6月;收入宋鎮豪、段志洪主編《甲骨文獻集成》第19册,四川大學出版社,2001年,頁407—410),其説多不可從。

②《簠》所著録的版片,因多割裂且印刷失真,學者多疑其僞。郭沫若先生説"余曩聲言其僞,今案乃拓印不精,文字多上粉,原物不僞,特坿正于此"(《卜辭通纂·述例》"二"),孫海波《簠室殷契徵文校録》(《考古》第六期,1937年6月)亦加説明,並證原片爲真。

《合集》1241 曾被《殷墟甲骨刻辭摹釋總集》判定爲僞刻(見該書的《序》)。按,該片即《鐵》214.4、《通》253、《存下》189(摹本,《合集》39563)(圖 1a、b、c、d):

a　　b　　c　　d

圖 1

其刻辭當爲“……商……上甲、唐、大丁、大甲……一(兆序)”。“上甲、唐、大丁、大甲”正是商王世系中相連的幾位直系先王,王國維《殷卜辭所見先公先王考》“唐”條就曾援引該辭(王氏未釋出“上甲”,郭沫若《卜辭通纂》考釋已辨出)。該片係劉鶚舊藏,最早著錄於《鐵雲藏龜》,圖 1a 爲抱殘守缺齋石印本(1903),b 爲蟫隱廬石印本(1931)。後者加以粉飾,改錯左上角的“大”字;補全“丁”字雖不誤,但這種人爲改變拓本的做法很不可取。c 爲《通》253,係影印 a。d 是《存下》189 的摹本,除了殘“甲”字未摹出外,其餘摹得很全。根據《甲骨續存》“採錄資料索引表”,該片現藏浙江省博物館。

該片前後都有不少學者研究,均未被判爲僞刻,而且從内容上看還很重要。蔡哲茂先生也指出,《摹釋總集》的說法是錯誤的①。《摹釋總集》學術水平很高,爲什麽會將《合集》1241 定爲僞片呢? 究其原因,很可能是受一種不好印本的誤導。

由郭沫若先生主編、胡厚宣先生總編輯的《甲骨文合集》十三巨册,是從 1978 年 10 月至 1983 年 6 月由上海印刷七廠採用珂羅版影印、由中華書局分册出版的,共正式印行 700 套。一般而言,700 套中某册某

①蔡哲茂《〈甲骨文合集〉辨僞舉例》,《漢學研究》第 24 卷,2006 年第 1 期,頁 419,注 8。

頁墨色或有濃淡,清晰度容有小别,但應大體一致。不過細緻察考,還是有明顯不一致的現象。《合集》1241 就有以下兩種印本:

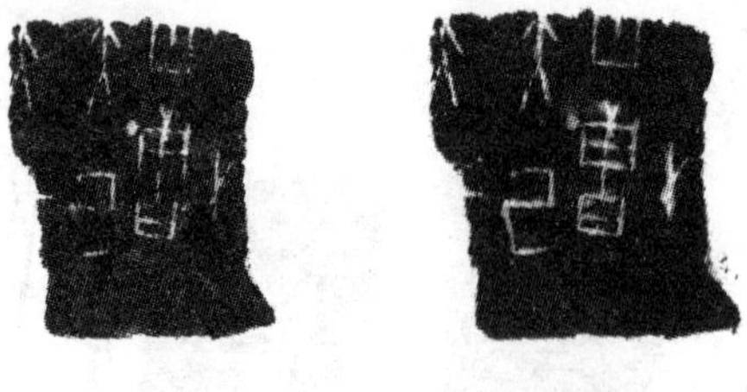

a　　b

圖 2

圖 2a 大體保留了《鐵》初印本的原貌。圖 2b 這種印本顯然經過修版,字畫都很不自然,"唐"被描得不成字;原僅拓出三邊的"大丁"之"丁",也被連到兆序"一"上,呈"己"字形。這就造成了一個商王世系中不存在的"大己"稱謂,並且破壞了原辭中"上甲、唐、大丁、大甲"的序列。試想,如果圖 2b 確是甲骨原貌,毫無疑問只能説該片爲僞。我們看《摹釋總集 · 序》將本片斷爲僞刻的依據:

> 其"唐"字誤書作"",且出現"大己",爲卜辭所無。僞刻無疑。(頁 9)

據其描述,當初用的就是圖 2b 這種經過修版的《合集》印本。

類似情況又如《合集》8809,該號取材於《前》6.6.7(圖 3a):

a　　b　　c　　d

圖 3

《合集》8809 號印本至少有三種(圖 3b、c、d)。b 複製自 a,尚接近 a 拓原貌。但珂羅版耐印力較低,印量多了印版就會磨損,從而影響印刷效果,c 應該就是印版磨損後的印本,已不太清晰。d 很清晰,但顯然經過修版,文字形態亦極不自然,“取”字等被修錯。修版當然是爲了提高印刷效果,但人爲改變拓本原貌卻是完全沒有必要的,也是有害的。如果僅據圖2b、圖3d這樣的印本來考辨真僞或釋讀文字,難免不受其誤導①。

這個例子說明,若憑拓本辨僞,有必要先做一番甄别版本的工作。

二、甲骨綴合成果有利於證真

現存殷墟甲骨殘斷碎裂者多,有些版片較小,可供考辨真僞的信息有限。通過綴合,可獲得更多更全面的信息,有利於作出準確判斷。下面舉4個利用甲骨綴合證真的例子:

1.《合補》2208也即《歷》1920(圖4b)爲中國社會科學院歷史研究所藏片,學者在整理該所甲骨時,曾以爲“此版字口呈鋸齒形,疑其僞刻”,定爲僞片②。但筆者在該版上下分别綴連《合集》36447、《合集》

①《合集》印刷中造成的類似問題還有一些,例如蔡哲茂先生曾指出:“合16998正反有用白筆重描過刻辭的痕跡,這種加工是不必要的。”(《〈殷墟文字乙編〉新綴第三十八則》,中國社會科學院歷史研究所先秦史研究室網 http://www.xianqin.org/blog/archives/1097.html,2009—02—09)按,蔡先生1985年5月1日下午在東京大學東洋文化研究所的懇談會上曾提問:“《甲骨文合集》中收的《殷墟文字乙編》是否塗描過?”孟世凱先生回復說:“《乙編》是剪貼原版未塗描過。”(孟世凱《訪郭老日本十年之遺存(訪問日誌)》,《郭沫若學刊》2014年第2期)可見蔡先生很早就注意到《合集》印本的問題,而此類問題確實是印製過程中而非編纂時產生的。不僅《合集》,發布原始資料的考古報告也間有個别製版問題,例如舊《乙》930(收爲《合集》11460正甲)的白色方塊顯係誤操作造成,並非原甲現象,對照新《乙》及彩照可知。《花東》《村中南》等也偶有製版失誤,使用時應有所警惕。

②蔣玉斌《〈甲骨文合集〉綴合拾遺(第八十八組)》文後“布衣山水”的評論,中國社會科學院歷史研究所先秦史研究室 http://www.xianqin.org/blog/archives/2186.html,2010—12—10。宋鎮豪、趙鵬、馬季凡編著《中國社會科學院歷史研究所藏甲骨集》下册,上海古籍出版社,2011年,頁95。

36436①,全版字體符合黃類特徵,辭例曉暢(圖4)。因而趙鵬女士在《歷》釋文中說"邊緣密合,筆劃密接,足證其不僞"②。

a 合36447

b 合補2208

c 合36436

圖 4

2.《輯佚》23(圖 5.1c)曾被認爲是僞刻:

> 《輯佚》原書的按語已點出本版與〈集14823〉(《甲骨文合集》簡稱)一版相同。〈集 14823〉作:"貞:勿肇元示□?",文句與本版完全一致,字形亦都全同,連末一字从南的中間一虛點也是毫不例外的相同。兩句一屬肯定句,一屬否定句,看來此版民間藏甲彌足珍貴。但可怪的是二版字形實在太相似,而本版常見的貞人爭字卻作粗疏的書寫:□,拉下的一刀出現在V形的右邊,與一般甲文作□形相異。③

實際上"二版字形實在太相似"(《合集》14823 見圖 5.2),是因爲兩版都是爲同事而貞,且字體均爲賓三類;而所謂"爭*"字"粗疏的書寫",實是賓三類常見的寫法。筆者曾將該片與《合集》15526、19031 綴合(圖5.1)④,綴合後全版字體一致,兆序均爲"二",上端兩辭隔中縫對貞,中縫結合處自然契合,可知本爲一版。由此更可證實《輯佚》23 爲真。

---

①蔣玉斌《〈甲骨文合集〉綴合拾遺(第八十八組)》,中國社會科學院歷史研究所先秦史研究室 http://www.xianqin.org/blog/archives/2186.html,2010—12—10。

②宋鎮豪、趙鵬、馬季凡編著《中國社會科學院歷史研究所藏甲骨集》下册,上海古籍出版社,2011 年,頁 95。

③朱歧祥《甲骨辨僞——讀〈殷墟甲骨輯佚〉》,《中國文字》新 35 期,臺北:藝文印書館,2010年,頁 4—5。

④蔣玉斌《〈甲骨文合集〉綴合拾遺第五十九、六十組(附説逐麋大骨綴合的問題)》,中國社會科學院歷史研究所先秦史研究室 http://www.xianqin.org/blog/archives/2042.html,2010—09—02。

1.《輯佚》23 綴合

2.《合集》14823

圖 5

3.《庫方》1515(圖 6b)曾被判爲僞刻。如《殷虛卜辭綜述》判爲“全部僞刻”(頁 652),《合集》第 13 册、《英藏》均未收該片。

該片現藏英國國家圖書館(亦稱大英圖書館)。根據館方官網近年公佈的高清彩色照片①,“王遊(從陳劍先生釋讀)于”“亡災”五字爲真辭,與僞刻區别明顯。筆者又將該片與《英》2558(《庫方》1548、《合集》41767)綴接(圖 6),兩版密合,形成完整的一條卜辭:“乙酉卜,貞:王遊于召,往來亡災。”與其上丁亥辭相應。綴合更可證《庫方》1515 上存在真辭。

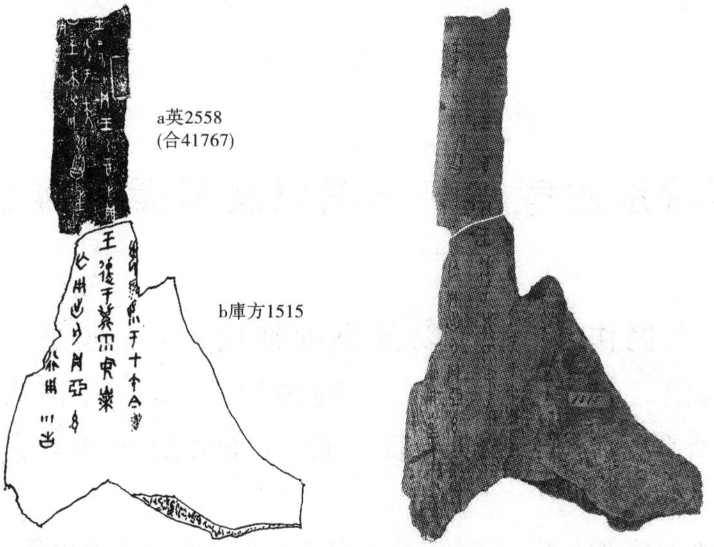

圖 6

① 大英圖書館 http://www.bl.uk/manuscripts/Viewer.aspx? ref=or_7694! 1515_f001r。

4.《安散》86 即《奥缶齋》29(圖 7.1b)曾被懷疑爲僞刻。

黄天樹先生曾認爲其"爲僞片,是據《合集》26801(《粹編》496)做僞"①。《合集》26801 見圖 7.2。

劉影女士將該片與《掇三》462(《合集》26156+《合集》24762)相綴(圖 7)②,折痕吻合,内容相互補足,字體一致。看來《安散》86 應該没有問題。至於兩版中"編"字上下的"︿"是"入"字、"卒"字還是其他,以及"編"與"︿"的關係,可再討論,似不必説《安散》86 爲僞。

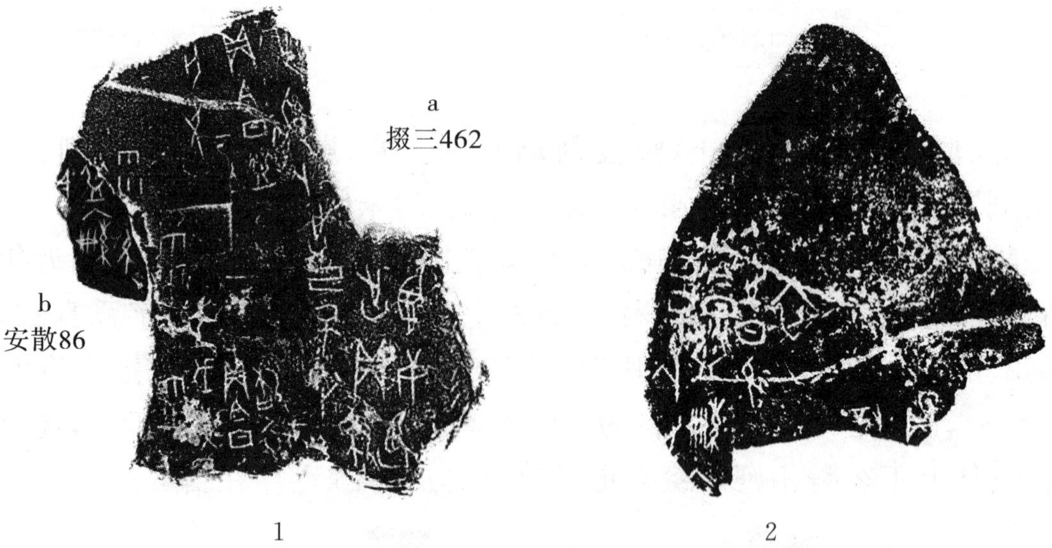

圖 7

三、要特别注意半真半僞以及真僞雜糅的情况

甲骨上存在僞作文字,可以分爲兩種情况:一種是全片皆僞,一種是只有部分爲僞。對存疑甲骨文字的證實亦有兩種情况,有的可證明爲全片皆真,有的則只是部分爲真。後一種情况比較複雜,尤其值得注

①劉影《甲骨新綴第 204 組》,中國社會科學院歷史研究所先秦史研究室 http://www.xianqin.org/blog/archives/5350.html,2015—07—06。

②同上。筆者還在該組上下分别加《合集》12741、《合集》26768,因與討論關係不大,故未列入。

意。玆舉數例説明。

（一）近年出版的《北大》一書，專設“僞刻甲骨拓本圖版”一部（編號2930～2980），一方面將北大現在收藏的甲骨原原本本都著録出來，另一方面又將僞刻與真銘分别對待，是很好的體例。但有的辨僞過於絶對，少數版片上除去僞刻外，是本有真銘的：

1.《北大》2967 反面爲僞刻，正面“丁卯卜”爲賓出類的真辭。

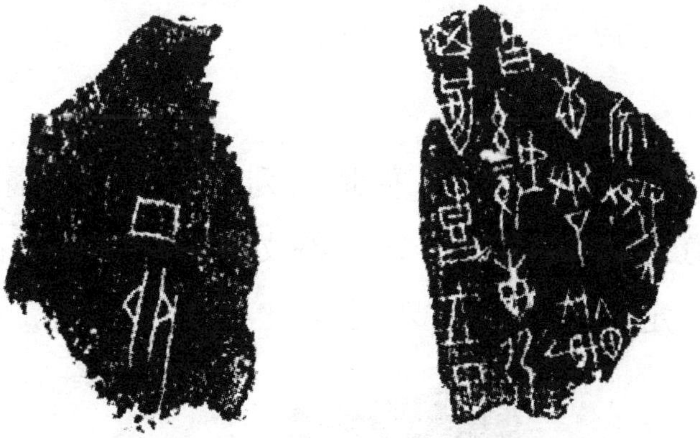

2967正　　2967反

圖 8

2.《北大》2968 反（實爲正）“貞”字等爲僞，但“小告”“一　不再*黿”“一”，以及 2968 正（實爲反）“不”，文字契刻流暢，與拙滯呆板的僞刻區别明顯，可認定爲典賓類真辭。

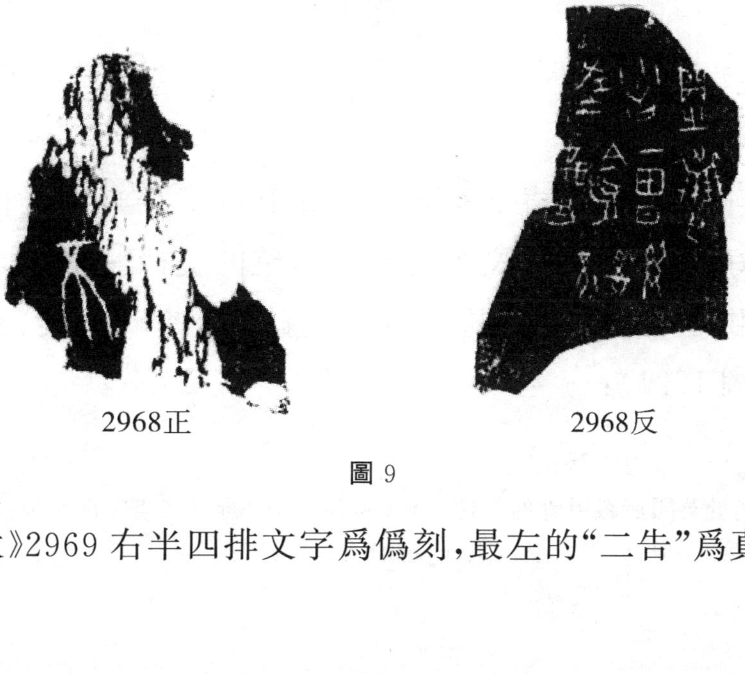

2968正　　2968反

圖 9

3.《北大》2969 右半四排文字爲僞刻，最左的“二告”爲真。

2969 右

圖 10

4.《北大》2970 右側爲僞刻,左側三列爲出二類真辭。《合集》25817 收錄該片,是有道理的;《摹釋總集》《釋文》等保留左辭而剔除右側的僞刻,甚是。《北大》定爲全僞實有不妥。

2970 右

圖 11

(二)《英國所藏甲骨集》著錄的甲骨上有不少半真半僞的刻辭,該書已作了較好的處理,在釋文中有比較明確的交待①,爲學者了解、使用這批材料提供了極大的便利。但也間有可商者,如《英》補 9(《庫方》1642)一片(圖 12.1):

①李學勤《關於英國所藏甲骨的幾件事》,《書品》1987 年第 2 期;收入宋鎮豪、段志洪主編《甲骨文獻集成》第 34 册,四川大學出版社,2001 年,頁 187。

1

2

圖 12

該書《下編 · 上冊》釋文作：

(1)……方……　(2)不玄　　注：其餘爲僞刻。

實際上，仔細甄別被判爲"僞刻"的部分，其中還是有真辭的。試將真辭凸顯出來(圖 12.2)，可知該版原有"……方弗圍*""不再*"兩辭。即釋文(1)應補"弗圍*"二字。真辭字體屬典型的師賓間類，刻寫秀麗流暢，刀痕較細，與僞刻諸字反差明顯。觀察英國國家圖書館官網上公佈的高清照片(圖 14)，就更容易體會到這些差別。

這一例告訴我們，作僞者不但會在真版真辭基礎上加刻僞辭，有時還會將僞刻文字夾雜在真字中間，通過增加字數來抬高甲骨售價。這種真僞雜糅的情況最容易造成混亂，尤其需要注意。

四、準確把握甲骨刻寫和甲骨文内部的規律，有助於祛疑解惑

甲骨刻辭的辨僞，要根據已有的比較可靠的認識指出僞刻不符合常規，簡單說就是揭示破綻；對存疑刻辭的證真，則要指出所謂可疑之

處實是符合常規的,可以説是祛疑解惑。我們掌握的規律越多,規律的涵蓋面越廣、越深入,越接近事實,辨僞證真的效度就越高。

(一)上文談到圖 9、圖 10 中的"不再*黿""小告"以及"二告"爲真辭,一方面是因爲其字體與常見真辭相類,與僞刻區别明顯;更重要的一方面,則是這些内容符合其特有的契刻規律。

"不再*黿"和"小/一/二/三 告"等是常見的兆旁刻辭。從賓組甲骨上的文字佈局來看,這兩種兆旁刻辭幾乎都刻在卜兆横兆的下方,但文字走向又各有規律。"不再*黿"多順着卜兆之横兆的出枝方向往外刻。"告"類刻辭有的作竪刻,即由上向下刻;如果是横向展開,則是逆横兆出枝方向(也即朝着兆幹)契刻。雖有例外,但絶大多數都符合這一規律。

具體到圖 9 一例,據其反面鑽鑿可以推知,正面(即《北大》原書誤標爲"反"的一面)"不再*黿""小告"的左上方各有一兆,横枝均向右出。"不再*黿"正好是順横枝向外刻的,"小告"是竪刻的,均符合上述規律。圖 10 爲龜腹甲之左甲,依例卜兆横枝向右(亦即向千里路)出,"二告"左上方的斷裂處應有一個卜兆。"二告"的走向正好是逆横兆出枝方向而刻,亦符合上述規律,這與同版僞刻之不遵甲骨契刻習慣、按後世行款隨意刻寫形成鮮明對照。

上述兆旁刻辭的行款規律,之前似乎没有人講過,早期僞刻者當然更不會了解這一點。由此可斷定圖 9、圖 10 的兆旁刻辭爲真辭無疑。

(二)圖 12 中,師賓間類真辭"方弗圍*"的字間距極大,僞刻者正是鑽了這些空子加刻僞辭。充分注意到師賓間類刻辭的佈局特點,就容易從僞刻中揀出真辭。

趙鵬女士曾對師賓間類胛骨上兆序和刻辭排列做過專門研究。她指出:"師賓間類胛骨上一辭多序的情況比較多見。兆序排列一般有横排和縱排兩種情況。""師賓間類胛骨一辭多序,兆序依次竪排的情況,一般見於骨首骨頸、頸扇交界以及骨邊多處,多位於一條直行向下的卜辭旁邊。”①圖 12 胛骨上,“……方弗圍*”一辭本來對應一竪排卜兆,正面不太明顯,參照反面鑽鑿即明(圖 13)②。之所以拉大字間距,是要使卜辭涵蓋相關的卜兆。這也算是嚴格守兆的一種方式。此種情形,可參看《合集》6729(圖 14)等。

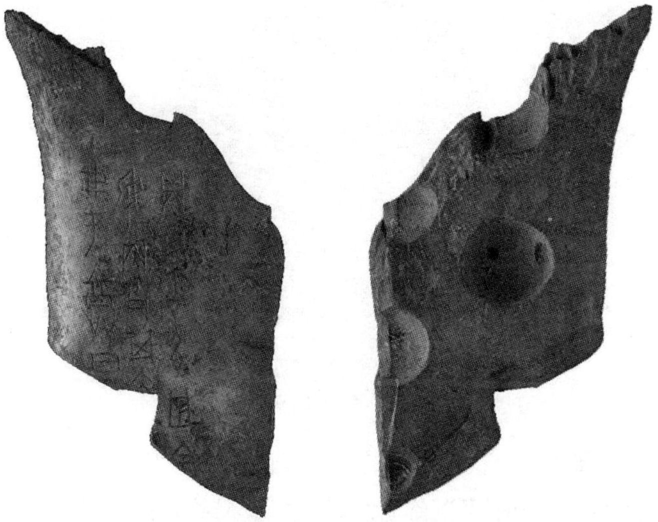

圖 13

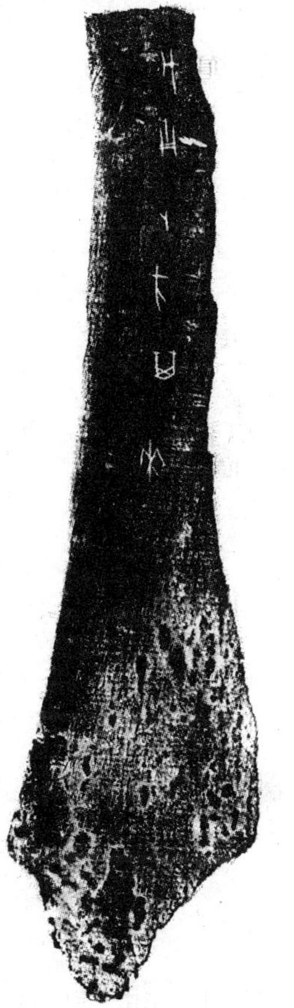

圖 14

(三)再舉一個根據甲骨文法祛疑的例子。

松丸道雄先生曾發表如下一版甲骨(圖 15)③:

---

①趙鵬《師賓間類胛骨兆序排列及其相關問題》,《古文字研究》第三十一輯,中華書局,2016 年,頁 62—67。

②大英圖書館 http://www.bl.uk/manuscripts/Viewer.aspx?ref=or_7694!1642。

③[日]松丸道雄著,劉明輝譯,東由校《散見於日本各地的甲骨文字》,308 號,《古文字研究》第三輯,中華書局,1980 年;[日]松丸道雄《“甲骨文”的諸相・東京大學東洋文化研究所新收甲骨片》,第 1 片,《書道研究》第 2 卷 12 號《グラフ特集・“甲骨文”の研究》,1988 年。

其右側一辭作:"□子卜,王貞:呼子漁㞢于㞢祖。"松丸先生說:"下方的四個字,其意不明。最初懷疑是僞刻,經過仔細檢查原骨的結果,與其它部分的刻劃對照又完全一樣。從全面看,具有第一期最典型的特徵,是沒有任何懷疑的。"可見松丸先生已根據字體對曾加懷疑的刻辭"證真"。不過最後又說,"'㞢祖'的'㞢'也可能是錯刻",問題仍未得到確切的解決。

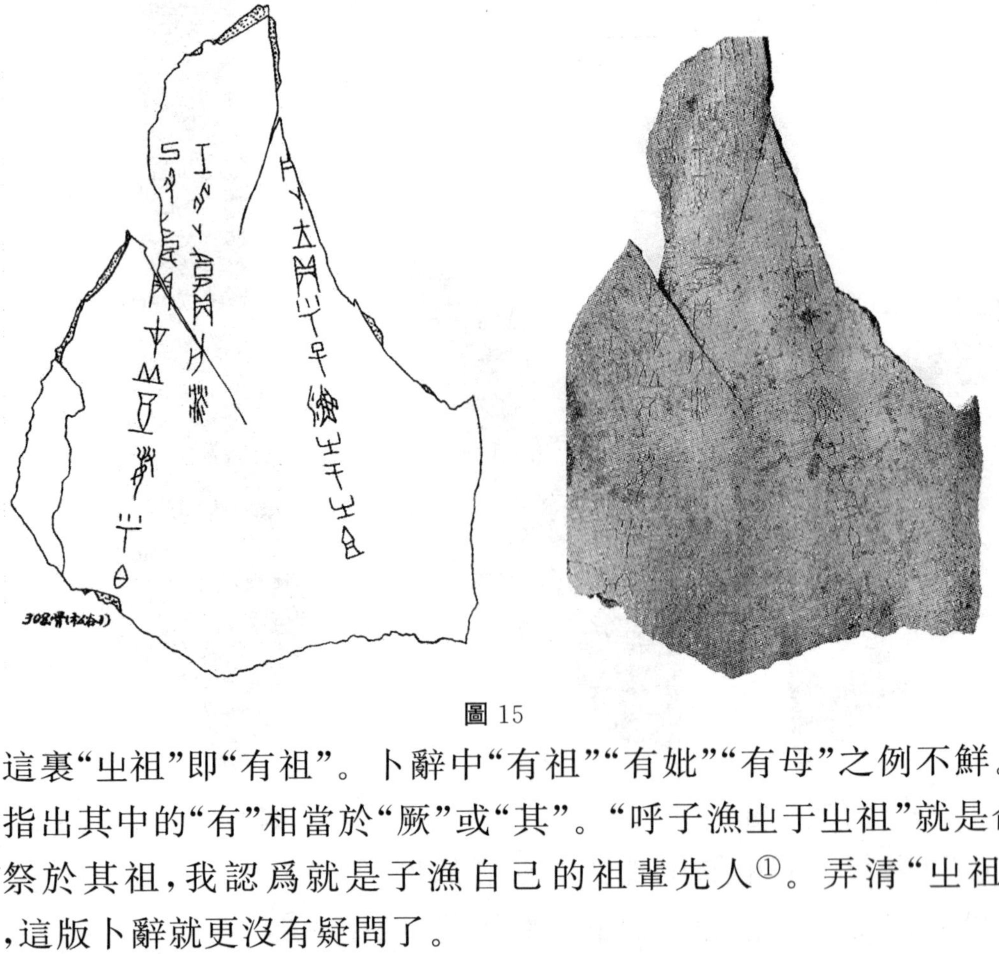

圖 15

這裏"㞢祖"即"有祖"。卜辭中"有祖""有妣""有母"之例不鮮。學者已指出其中的"有"相當於"厥"或"其"。"呼子漁㞢于㞢祖"就是命子漁侑祭於其祖,我認爲就是子漁自己的祖輩先人①。弄清"㞢祖"之"㞢",這版卜辭就更沒有疑問了。

上面只是舉了三條規律作爲例子,其實可資利用者尚多。例如,近些年已有好幾位學者分析歸納了不同時期作僞的特點甚至刻手的字跡特徵,這對於甲骨的真僞判斷是很有用處的。

① 蔣玉斌《從卜辭"有某"諸稱看"子某"與商王的關係》,"中研院"歷史語言研究所《第二届古文字學青年論壇論文集》,2016 年。

總之,甲骨辨僞與證真是甲骨學重要的基礎工作,有些刻辭的真僞容易辨别,熟悉甲骨文的學者"望氣"即知,所謂"一眼真""一眼假"。但也有不少刻辭似真似假、有真有假,比較複雜,需要利用多方面的知識、信息綜合判斷。

辨僞與證真,如果不借助科技手段,最終的判斷往往還是經驗式的,從根本上説只有使證據更充分,才能使判斷更讓人信服。我們一方面要觀察得更細緻,搜集信息更全面;另一方面,要特别重視關鍵證據。有些成功的辨僞案例,就是找到了僞作以爲藍本的真品,兩相比照真僞立判。證真也是如此。《庫方》1506 家譜刻辭的真僞一直聚訟紛紜,近來張惟捷、宋雅萍兩位指出 YH127 背甲(《合集》13517＋《乙》6087＋R60751)上有刮削未盡的殘辭,其字體、文例與家譜刻辭相同①。這就爲家譜刻辭的證真提供了關鍵證據。希望大家能更多地揭示關鍵證據,就存疑甲骨開展有效的辨僞或證真,做好材料甄别工作,以使其發揮本有的價值。

附記:本文之"三"和"四"的一部分曾在首都師範大學甲骨文研究中心演講(2012 年 4 月 13 日)。文章初稿曾在"甲骨學殷商史暨慶祝王懿榮紀念館落成國際學術研討會"(山東煙台,2014 年 8 月)上宣讀。後經大幅增訂,又在"第八屆出土文獻研究與比較文字學全國博士生學術論壇"(西南大學,2018 年 11 月)上作過大會報告。感謝與會專家同行的討論和意見。

①張惟捷、宋雅萍《從一版新材料看甲骨文家譜刻辭的真僞問題》,復旦大學出土文獻與古文字研究中心編《出土文獻與古文字研究》第七輯,上海古籍出版社,2018 年,頁 20—29 彩版。

商紂王都朝歌説新解

徐明波①

摘　要:《史記》記載商代從盤庚遷殷至紂王之滅,商朝再未遷都。此説與《尚書》等記載商紂王都朝歌説相矛盾。本文分析了殷墟甲骨黄組卜辭中"文武帝"之稱的所指,指出該組卜辭有商末紂王卜辭,紂王曾經都於殷墟。對新出幾件青銅器銘文的考察,又證明紂王確實都於朝歌。不過,現有殷墟甲骨卜辭中只有少量商紂王卜辭,我們認爲紂王應該是早期都於殷墟,後期遷到朝歌。

關鍵詞:殷墟;商紂王;甲骨文;青銅器

1898年甲骨文的發現,揭開了殷商史研究的序幕。1928年,殷墟考古發掘開始,中國現代考古學起步了。經過考古工作者的努力,殷墟發掘取得了豐碩成果,不僅發現了殷墟宫殿區、王陵及貴族墓地、手工業作坊遺址等重要遺跡,還出土了大量甲骨、陶器、青銅器、玉器等遺物。學者們在殷墟的範圍與佈局、殷墟文化分期等課題的研究上,都取得了重要收穫。但是有關殷墟也還有許多問題尚未解決,如殷墟是否爲商末紂王之都城在學界還有着較大爭議。商紂王都於殷墟還是都於朝歌不僅僅是殷商史研究的重要課題,也涉及殷墟考古年代的下限問題。本文將從殷墟甲骨文及青銅器銘文的研究出發來厘清這一問題。

---

①徐明波,綿陽師範學院文學與歷史學院　副教授　綿陽　621000。

一、問題的提出

《史記・殷本紀》正義引《竹書紀年》曰:"自盤庚遷殷,至紂之滅,二百七十三年,更不徙都。"即自盤庚遷殷至紂王(帝辛)亡國,整個商代後期商王沒有遷過都邑。盤庚所遷之都,史載爲"北蒙",即今安陽殷墟。不過文獻又多稱商紂王都朝歌。如《史記・周本紀》引《帝王世紀》的材料說:"帝乙復濟河北,徙朝歌,其子紂仍都焉。"所記即爲商王帝乙、帝辛都於朝歌。

另周滅殷後,把殷畿分爲邶、鄘、衛三國。宋朱熹的《詩集注》對此作解釋:"武王克商,分自殷墟,朝歌而北謂之邶,南謂之鄘,東謂之衛,以封諸侯。"並說:"朝歌故城在今衛州衛縣西二十二里,所謂殷墟。"

按衛縣故城,即今河南衛縣集,衛縣集西二十二里,就是河南淇縣①。《史記・衛世家》也說:"封康叔爲衛君,居河淇間,故商墟。"所說"河淇間",學者們考證就是朝歌。所說"故商墟",就是說該地爲商的舊都。

《漢書・地理志》河内郡朝歌下說:"紂所都。周武王弟康叔所封,更名衛。"

《尚書・酒誥》記錄了周公對封在衛國的康叔的誥詞,其開頭就說:"王若曰:明大命于妹邦。"鄭玄解釋說:"妹邦者,紂之都所處也。"妹和沫,聲同通用,春秋以後稱爲朝歌。康叔封於衛,就建都朝歌。

由此可見關於商代最後一王——紂王所都之地,文獻中的記載是相互矛盾的。

甲骨文發現後,古文字學家王懿榮鑒定其爲殷商文字。羅振玉先生經多方打探得知這些甲骨來自河南安陽的小屯村,於是多次派人去

---

①田濤《朝歌爲殷紂帝都考》,《中州今古》1987年第1期。

那裏收購甲骨,並對其上文字作了一些考釋,認爲小屯村就是文獻上所説的北蒙殷墟。其後,王國維對這些甲骨資料進行了考據,進一步證實安陽殷墟就是盤庚遷都的都城。不過,文獻中大量的紂都朝歌的記載,使學者在甲骨文研究初期就對安陽殷墟是否爲商紂王都城提出了懷疑。如郭沫若先生在1931年就提出“卜辭乃帝乙末年徙朝歌以前之物”,即殷墟卜辭的下限應爲紂王之父帝乙,認爲殷墟沒有帝辛(商紂王)卜辭,帝辛所都應爲朝歌①。1933年郭沫若又在《卜辭通纂》後記中對此加以重申,認爲“帝乙末年必有遷沬之事,如無此事,不唯舊史料中有多少事實成爲子虛,即卜辭中有多少現象亦無從説明”②。

二、甲骨文證據

從郭沫若先生提出這一問題以來,安陽殷墟甲骨卜辭是否有帝辛(商紂王)卜辭成了學者們集中討論的一個問題。甲骨四堂之一的董作賓先生把殷墟出土的甲骨分爲五期,他認爲第五期甲骨即商末帝乙、帝辛的卜辭。20世紀40年代,董作賓先生在《殷曆譜》中曾舉以下三事以證殷墟甲骨卜辭中帝辛卜辭的存在:第五期甲骨周祭卜辭有兩個系統,必分隸於帝乙、帝辛;史載紂伐東夷,所以伐人方卜辭必爲帝辛時物;《殷墟書契》1·26·1“父乙”是帝辛周祭帝乙卜辭③。50年代,陳夢家先生撰《殷虚卜辭綜述》,認爲據《史記》張守節正義,殷末時擴大都邑,安陽至帝辛時仍是都邑,並舉周祭卜辭“妣癸”的例子,認爲是帝辛稱文丁之配,第五期卜辭中“文武帝”之稱是帝辛稱其父帝乙④。1987年,常

①王宇信《甲骨學通論》增訂本,中國社會科學出版社,1999年,頁213。
②郭沫若《卜辭通纂》,科學出版社,1983年。
③董作賓《殷曆譜》,《“國立中央研究院”歷史語言研究所專刊》,中國書店,1945年。
④陳夢家《殷虚卜辭綜述》,中華書局,1988年,頁396。

玉芝先生指出黄組卜辭(即董作賓先生所分的第五期卜辭,下文我們統一稱其爲黄組卜辭)中的“妣癸”爲武乙配偶,“文武帝”即“文武丁”是帝乙稱其父文丁①。方述鑫先生也認爲黄組卜辭中的“文武帝”是帝辛稱文丁,以區别於帝乙時稱文丁爲“文武丁”,並舉周祭“妣癸”的例子,認爲是帝辛稱文丁之配②。

以上學者通過分析殷墟甲骨卜辭的稱謂、周祭系統來論説殷墟有帝辛卜辭的存在。我們知道商人以甲乙丙丁等十天干命名,如上甲、小乙等。在祭祀祖先時往往要在日名前依據輩分加以“祖”“父”“母”等字,如“祖甲”“父乙”“母癸”等。根據殷墟祭祀卜辭的這一特點,商紂王帝辛祭祀自己的父親帝乙就要稱其爲“父乙”,也就是説最直接證明安陽殷墟有商紂王的卜辭和紂王都於殷墟的證據,即黄組卜辭中有“父乙”這個稱謂的卜辭③。對董作賓先生所説的“父乙”卜辭已有學者進行了考證,證明其非稱謂而是祭名。而上文學者們關注的焦點“文武帝”一稱成爲問題的關鍵。“文武帝”之稱所指衆説紛紜,難以遽定。商紂王到底都於安陽殷墟還是已遷到朝歌仍懸而未決。

殷商史研究的進步得益於甲骨文研究的日益深入。很多文獻記載語焉不詳或記載相互矛盾的問題只有通過甲骨文的研究才能找到解決途徑。殷墟是否爲商紂王的都城,殷墟甲骨卜辭中是否有商紂王的卜辭這一問題的解決還是要依賴於對殷墟黄組卜辭的深入研究。

目前我們對黄組卜辭做了一番整理,進行了斷代研究工作。我們從考古類型學出發,根據卜辭字體結構和書寫風格將殷墟黄組卜辭分爲二類。黄組一類卜辭中有“父丁”“母癸”稱謂,應爲帝乙對其父文丁、文丁之配妣癸的稱呼,因此我們把黄組一類卜辭時代定爲帝乙。從黄組二類字體與黄組一類字體有同版關係來看,黄組二類卜辭的上限也可及於帝乙之世。不過,從卜辭字體結構與書體風格來看,黄組二類卜

①常玉芝《商代周祭制度》,中國社會科學出版社,1987年。

②方述鑫《試論帝乙、帝辛卜辭》,《殷都學刊》1992年第4期。

③王暉《帝乙帝辛卜辭斷代研究》,《陝西師範大學學報》2003年第5期。

辭已迥異於黄組一類卜辭,這種差異應是時代演進的結果。從黄組二類卜辭沒有出現與殷墟何組、無名組卜辭字體同版的例子來看,我們認爲黄組二類卜辭時代應晚於黄組一類卜辭。不過其是否晚到帝辛時期則還要考察這類卜辭中的稱謂。

由於黄組二類卜辭中還沒有可據於推斷時代的"父某""母某"之稱,要判斷其時代是有困難的。有意思的是商末甲骨卜辭中出現了"文""武""文武""康"等類似後世謚法的稱號。在黄組卜辭中尤爲值得注意的就是還出現了"文武帝"一稱。這一稱謂因無確切的商王日名,長期以來在學術界就有兩種説法,一説是指帝乙,一説是指文丁①。認爲"文武帝"是指帝乙的學者指出,商末青銅器四祀𠨘其卣有"文武帝乙"之稱,周原甲骨文中也有"文武帝乙"之稱,因此"文武帝"就是"文武帝乙"的簡稱。認爲"文武帝"是指文丁的學者指出,卜辭稱文丁爲文武丁,亦單稱文武,則"文武帝必爲文丁無疑"。

從黄組卜辭中可知,商末在祭祀其祖先時,有時對祖先只用美稱而略去日名,如稱康丁爲"康祖丁""康丁",也稱"康";稱武乙爲"武祖乙""武乙",也稱"武";稱文丁爲"文武丁""文武",也稱"文"。我們認爲"文武帝"三字應該也是時王對祖先的美稱,是商代祖先日名前的區别字。"文武帝"就像"文""武""康""文武"一樣,是附加於祖先日名之上的。"文武帝"一稱,在殷墟黄組卜辭中一直是省略了祖先日名的,其究竟指誰就易引起爭議。

在《殷墟黄組卜辭斷代研究》一文中,我們收集了所有有"文武帝"一稱的卜辭,根據這些卜辭辭例及卜祭日的規則,分析了"文武帝"的所指。我們認爲黄組卜辭中的"文武帝"一稱有的指的是文丁,有的指的是帝乙。其中指文丁的卜辭,其字體爲黄組一類卜辭;指帝乙的卜辭,其字體特徵爲黄組二類。而黄組二類卜辭時代晚於黄組一類卜辭。黄組二類卜辭中的"文武帝"應該是帝辛對其父帝乙的稱呼。由此可見殷墟卜辭中是有商紂王(帝辛)的卜辭的,也就是説殷墟的下限可到商紂

①所及各家意見在常玉芝《説文武帝》一文中曾有敘述,可參閲,兹不贅述。

王時期。

三、金文證據

殷墟黄組甲骨卜辭的斷代說明商紂王都安陽殷墟。不過商末青銅器銘文中卻透露出一些不同的信息,支援商紂王都朝歌之說。

如1976年出土於陝西臨潼的西周初期青銅器"利簋"。其銘文曰:"武征商,惟甲子朝,歲鼎克聞,夙有商。辛未,王在師。"銘文記載武王伐紂之事:甲子這天早晨向商進攻,晚上就攻克了商,到達了商都。利簋所記就是文獻中著名的牧野之戰。武王伐紂的"牧野之戰",《詩經・大雅・大明》中是這樣記載的:

"殷商之旅,其會如林。""牧野洋洋,檀車煌煌,駟騵彭彭……肆伐大商,會朝清明。"

另外,《尚書・周書》也詳細地記載了這一戰役:癸亥日,武王的軍隊陳于商郊,而紂旅也陳牧野。第二天是甲子日,天亮前,武王發動進攻,紂王之兵前途倒戈,周師當天晚上便追到都城,迫使商紂王自焚而死。《逸周書・克殷篇》說牧野之戰"商師大崩,商辛奔内,登鹿台之上,屏遮自燔於火"。

過去由於人們對《尚書》的懷疑,對牧野之戰的可靠性也打上問號。青銅器利簋的出土證明《周書》所載"牧野之戰"的史實是確實的。而"牧野",據學者考證即今河南汲縣西南的汲城村。該地距朝歌七十三里。文獻記載,甲子日紂王兵敗逃走,當天死在鹿台;武王的軍隊也於當日進入商都。如果紂都安陽殷墟而不是朝歌,那麼兩者將都是不可能的。武王伐紂牧野之戰的地理是符合紂都朝歌之說的。

另《史記・周本紀》所載武王於克商次日所行善後之事:

其明日,除道,修社及商紂宫……命召公釋箕子之囚,命畢公釋百姓之囚……命南宫括散鹿臺之財,發鉅橋之粟……命南宫括、史佚展九鼎、保玉……乃罷兵西歸。

武王修"社",釋"箕子""百姓之囚",散"鹿台之財",展"九鼎"等事都是在牧野之戰後第二天進行的。從時間上來看,這些都應該是在朝歌舉行的。武王"罷兵西歸"説明商紂王都於朝歌,否則武王必進軍安陽殷墟,遷其國寶重器。此可證朝歌應爲殷紂帝都①。

事實上,近幾年新出現的一些青銅器,其銘文記載也證明紂都朝歌之説是有根據的。如中國國家博物館 2003 年新入藏的晚商作册般銅黿,銘文記述"丙申,王弋于洹,獲……","弋"字,甲骨文習見,讀爲"過",意思是至。"王弋于洹"即商王到洹水上。在現已發現的十余萬片甲骨卜辭中,没有商王過洹或至洹的一類文字,這是因爲那時商都就在洹上(按即安陽殷墟),所以卜辭屢有"洹水爲兹邑禍咎",以及"禱于洹源"等内容。李學勤先生指出該銅器記"王過于洹"即王至於洹射獵,可能意味着紂已不常居洹上②。

2006 年,保利藝術博物館入藏了一件晚商銅器"戴方鼎"。方鼎銘文記有"乙未王賓文武帝乙彡日自᠁𠊳"。銘文中出現"文武帝乙",可知方鼎爲商紂王時所作,是祭祀其父親帝乙的器物。黄天樹先生根據商代語言表處所的介詞結構"自……于……""自……"一律放在動詞之後作一句讀的情況,指出上引方鼎銘文應作一句讀,"……自᠁𠊳"應是"……自᠁𠊳于殷"之省。另方鼎銘文"王返入᠁"的"返入"是同(近)義詞連用的短語③。説明戴方鼎銘文記載商紂王從᠁𠊳到殷祭祀其父帝乙,當天又返回᠁。這裏殷指的就是安陽殷墟,紂王從᠁到殷祭祀自己的父親,説明商紂王已不居住在安陽殷墟的殷都了。᠁地,史書未見,或許"᠁"爲殷人對朝歌之地的稱呼?

"竹書"中説盤庚至紂"更不徙都",而《尚書》等又稱紂都朝歌。殷

①田濤《朝歌爲殷紂帝都考》,《中州今古》1987 年第 1 期。

②李學勤《作册般銅黿考釋》,《中國歷史文物》2005 年第 1 期。

③黄天樹《保利藝術博物館收藏的兩件銅方鼎筆談》,《文物》2005 年第 10 期。

墟黄組卜辭證明商紂王都殷墟,青銅器銘文又顯示商紂王已都於朝歌。該如何解釋以上矛盾呢?

仔細考察黄組二類卜辭,我們發現黄組二類卜辭數量在黄組卜辭中所占比例較小,記有年祀的僅一例(《合集》37835:二祀十二月,[甲午]彡上甲)。因此我們推測現有黄組中的帝辛卜辭只是帝辛時期卜辭的一部分。熟悉甲骨文的學者知道,商代在位時間最長的王爲武丁,其在位五十九年。大型甲骨文著録書《甲骨文合集》,十二冊中就有七冊收録的是武丁時期的卜辭。與此對照,黄組卜辭在《甲骨文合集》中僅占一冊。黄組卜辭中帝辛卜辭的數量與史籍所載商王帝辛(紂)在位至少三十三年是極不相稱的①。對現有黄組卜辭的考察使我們不得不重視"紂都朝歌"之說。

從殷墟黄組卜辭有帝辛卜辭來看,商王帝乙並未徙都,帝辛都於朝歌應該是其晚年之事。當然,以上文獻、現有古文字資料對證明紂都朝歌之說還不夠有力,我們期待着新的考古資料的發現。

---

①曹定雲《殷代積年與各王在位年數》,《殷都學刊》1999年第4期。

金文中的"吮(畯)"①

楊懷源②

摘　要:金文中的"吮",即"畯",是一個多義詞,根據其出現的語法環境的不同,可以分别解釋:"畯民"應釋爲"俊民";"畯正厥民""畯尹四方""畯臣天子""畯在位""畯保四國""畯保其孫子""畯永保四方"中的"畯"應訓爲"長";"畯疐在天""畯疐在位""畯紷在位"中的"畯"也應訓爲"長";"吉休畯茂"中的"畯"應讀爲"允",訓爲"信"。

關鍵詞:金文;畯;語法

一、諸家異説

金文中的"吮",即"畯",是一個常用詞,據《商周青銅器銘文暨圖像集成》(簡稱《商周》)③與《商周青銅器銘文暨圖像集成續編》(簡稱《續編》)④,商周青銅器銘文中有"畯"字的有70多篇,除了《吮簋》(《商周》05386)與《吮尊》(《續編》0783)的"畯"用爲人名外,其他多言"畯臣天

①本文受教育部人文社科一般項目"金文隸定整理與研究"資助,項目編號:17YJA740061。

②楊懷源,西南大學文學院　教授　重慶　400715。

③吴鎮烽《商周青銅器銘文暨圖像集成》,上海古籍出版社,2012年。

④吴鎮烽《商周青銅器銘文暨圖像集成續編》,上海古籍出版社,2016年。

子”“畯保”“畯永保”“畯正”“畯在位”“畯民”，其釋讀未有定論，有專論考釋的約略言之，有下列諸家：

1. 吳大澂讀《大盂鼎》“畯正厥民”的“畯”爲“俊”①。

2. 孫詒讓讀《晉姜鼎》“畯保其孫子”的“畯”爲“駿”，訓爲“長”②；徐中舒亦認爲“畯臣”“畯保”“畯在位”之“畯”應訓爲“長”③，又釋《牆盤》“畯民”爲才武之人、強大的部族④。

3. 白川靜《說文新義》認爲“畯”金文从允作“畯”，乃蒞于田而坐之形，蓋亦田畯之象，然字用爲畯正之意，“畯正”“畯保”之“畯”均用爲動詞⑤。

4. 唐蘭釋“畯民”爲“農民”⑥。

5. 裘錫圭讀“畯民”“畯正”的“畯”爲“悛”，認爲“畯民”“畯正厥民”就是使民改正向善⑦。

6. 戴家祥依鄭玄注釋“畯臣”“畯民”爲囚俘⑧，認爲舉凡形象特出者，均名之曰俊，馬之名駿，山之名峻，水之名浚，人才之特出者曰俊或儁，皆一語繁衍字也，形雖多變，音義一也。“畯疐在位”爲俊傑在位，“畯在位”爲俊傑在位之省略語，“畯臣天子”，猶言賢臣天子，讀《晉姜

①(清)吳大澂《說文古籀補》，光緒戊戌年冬月重刊本。吳書中稱爲《盂鼎》，讀作“畯正乃民”。

②(清)孫詒讓《古籀拾遺·晉姜鼎》，中華書局，1989年，頁11。

③徐中舒《金文嘏辭釋例》，《“中央研究院”史語所集刊》第六本第一分册，1936年；又載《徐中舒歷史論文選輯》，中華書局，1998年。

④徐中舒《西周牆盤銘文箋釋》，《考古學報》1978年第2期；又載《徐中舒歷史論文選輯》，中華書局，1998年。

⑤參見周法高主編《“中央研究院”歷史語言研究所專刊之七十七·金文詁林補》(第十三卷)，1982年，頁3927—3928。

⑥唐蘭《略論西周微史家族窖藏銅器群的重要意義——陝西扶風新出牆盤銘文解釋》，《文物》1978年第3期；又載《唐蘭先生金文論集》，紫禁城出版社，1995年。

⑦裘錫圭《史牆盤銘解釋》，《文物》1978年第3期；又載《古文字論集》，中華書局，1992年；又載《西周微氏家族青銅器群研究》，文物出版社，1992年；又載《裘錫圭學術文集·金文及其他古文字卷》，復旦大學出版社，2012年。

⑧戴家祥《牆盤銘文通釋》，《上海師範大學學報》1979年第2期。

鼎》含"畯"字的語句爲"用亯(享),用德畯保其孫子"①。

7. 李學勤認爲《牆盤》的"畯民"就是古書上的"俊民",即《尚書覈詁》所言"俊民",爲賢人之通稱②。

8. 張政烺認爲"畯才立"與《尚書·文侯之命》"俊在厥服","予一人永綏在位"語義相同,應該訓爲"長"③。

9. 陳世輝釋"畯民"爲"訊民",認爲"畯正"二字都是整治的意思④。

10. 于豪亮也認爲"畯民"是才智之士,優秀人物的意思⑤。

11. 連劭名讀"畯民"爲"悛民",但認爲不能訓爲"改",而應依《說文》《爾雅》《戰國策》高誘注訓爲"安","畯民"就是安定人民的意思⑥。

12.《簡明金文詞典》收"畯""畯正""畯民"三詞,依《說文解字》釋《牆盤》"達殷畯民"的"畯"爲"農夫",依《毛傳》認爲"畯"通"駿",釋《師俞簋》"畯才(在)立(位)"的"畯"爲"大、長";又依《爾雅》讀"畯"爲"駿",訓"畯正厥民"的"畯正"爲"大治";釋"畯臣天子"的"畯臣"爲"俊臣,賢臣"⑦。

13. 陳初生《金文常用字字典》讀"畯"爲"駿""俊",義爲"長";從裘錫圭說釋"畯民"爲"悛民",又並存徐中舒、唐蘭、李學勤釋"畯民"的異說⑧。

諸家釋讀,大多析形精準,辨音有據,論證合於邏輯,說義於故訓有據,一時間難以定其優劣,得其確詁。楊樹達《積微居金文說·自序》談到自己研治金文的方法:"首求字形之無牾,終期文義之大安,初因字以求義,繼復因義而定字。義有不合,則活用其字形,借助於文法,乞靈於

①戴家祥《金文大字典》,學林出版社,1999年,頁3383—3384。

②李學勤《論史牆盤及其意義》,《考古學報》1978年2期。

③張政烺《周厲王胡簋釋文》,《古文字研究》第三輯,中華書局,1980年;又載《張政烺文史論集》,中華書局,2004年;又載《張政烺文集·甲骨金文與商周史研究》,中華書局,2012年。

④陳世輝《牆盤銘文解說》,《考古》1980年5期。

⑤于豪亮《牆盤銘文考釋》,《古文字研究》第七輯,中華書局,1982年。

⑥連劭名《史牆盤銘文研究》,《古文字研究》第八輯,中華書局,1983年。

⑦王文耀《簡明金文詞典》,上海辭書出版社,1998年,頁351—352。

⑧陳初生《金文常用字典》,陝西人民出版社,2004年第2版,頁1102—1103。

聲韻,以假讀通之。”①我們以爲,若從語法的角度做一探析,或有一二幫助。

二、“畯”的語法環境與意義

金文中,人名之外的“畯”的語法環境可分爲四類:

(一)畯+名詞(名詞性短語)

“畯+名詞(名詞性短語)”形式見於《史墻盤》:“䋣圉武王,遹(遹)征三(四)方,達殷畯(畯)民。”(《商周》14541,西周中期)

“畯”在名詞“民”之前,其詞性有三種可能:一、動詞;二、形容詞;三、名詞。

如果“畯”是動詞,則“達殷”與“畯民”是並列結構;若是形容詞,那麼“畯民”就是偏正式名詞(短語),“殷”就是修飾或限定“畯民”的,則“殷畯民”也是偏正結構,我們已經知道“達”是動詞,則“達殷畯民”是動賓結構;如果“畯”是名詞,則“畯”與“民”或是偏正關係,或是並列關係,但整體上“達殷畯(畯)民”也應是動賓結構。

“達殷畯(畯)民”到底是並列結構還是動賓結構,這需要先確定“達”的意義。若讀“達”爲“撻”,爲撻伐之義,則“撻”的對象只能是“殷”,而不是“民”。從《史牆盤》來看,對文王的頌辭是:“初斁(盭)龢(龢)於政,上帝降懿(懿)德大甹(屏),匍(敷)有上下,迨(會)受萬邦。”那麼在作銘者的心中,受天之大命,克殷有天下是文王完成的,可能在當時人心目中,雖然克殷的最後一擊是武王完成的,但基礎是文王奠定的,故歸之於文王,或認爲是文王、武王共同完成的。《尚書·顧命》就說:“昔君文王、武王宣重光,奠麗陳教,則肄肄不違,用克達殷集大命。”

①楊樹達《積微居金文說》增訂本,中華書局,1997年,頁1。

既然文王已經"匍(敷)有上下",那麼克殷之後,當務之急,武王要做的事情就是鞏固政權,所以武王要"逶(遹)征三(四)方,達殷畯民"。"逶(遹)征三(四)方"是以武力壓服,"達殷畯民"當是以恩澤懷柔。初得天下,需要得民心,所以當訓"達"爲"進"①。《周禮·天官·大宰》:"以八統詔王馭萬民……七日達吏。"鄭注:"察舉勤勞之小吏也。"賈公彦疏:"吏勤勞在民間,在下位不能自達者,進之於上而用之。"《後漢書·范升傳》:"深知羌學,又不能達。"李賢注:"達,進也。"那麼"達殷"不辭,"殷"非"達"的賓語,"達"的賓語只能是"民","達殷畯民"就是任用殷之"畯民"。則這個"畯民"應該從李學勤先生《論史牆盤及其意義》所釋,即古書中的"俊民",就是賢人。若讀"畂(畯)"爲"悛",訓爲"安",並無依據。雖《説文解字》訓"悛"爲"止",《爾雅·釋言》訓"安""定"爲"止",但《説文解字》所訓的"止"是停止之義,《爾雅·釋言》所訓的"止"爲静止之義,並不同義,因而不能訓"悛"爲"安"。若訓"悛"爲"改",在此爲使動用法。那麼"達殷"與"畯民"是並列結構,也是並列的兩件事情,武王在位之年短暫,撻伐殷商自是事實,但要使民改過從善,恐非當時宜有之事。因爲初得政權,就定民有罪惡,要民改過自新,非得民心之舉。《尚書·康誥》雖有"作新民"之舉,但那是康王時事,周代政權已經穩固,自無不可。《大盂鼎》"畯正氒(厥)民"也非使民改過之義,説詳見下。

(二)畯+動詞(動詞性短語)

"畯+動詞(動詞性短語)"的形式,見於下引金文:

1.《大盂鼎》:"杫(在)珷(武)王嗣玟(文)乍(作)邦,闢(闢)氒(厥)匿,匍(敷)有(佑)三(四)方,畂(畯)正氒(厥)民。"(《商周》02514,西周早期)

2.《大克鼎》:"天子𠀠(其)萬年無彊(疆),保辪周邦,畂(畯)尹三(四)方。"(《商周》02513,西周中期)

3.《追簋》:"畂(畯)臣天子,令冬(霝終)。"(《商周》05251,西周中

---

① 于豪亮《牆盤銘文考釋》以爲即《孟子·盡心上》"達則兼善天下"之"達",與此相近。

期。追簋共五件,同銘,餘四器銘見《商周》05252,05253,05254,05255)

4.《梁其鼎》:"用旛(祈)多福,釁(眉)耆(壽)、無彊(疆),畯(畯)臣天[子]。"(《商周》02414,西周晚期。梁其鼎 1940 年 2 月陝西扶風縣法門寺任家村出土,共三件,同銘,另兩件銘文見《商周》02415、02416,同出三件伯梁其盨,见《商周》05651,05652,05653,銘文並有"用匃釁耆(眉壽)、多福,畯(畯)臣天子"一語)

5.《此鼎》:"此其(其)萬年無彊(疆),畯(畯)臣天子,霝(令)冬(終)。"(《商周》02484,西周晚期。此鼎 1975 年 2 月陝西岐山縣京當公社董家村出土,共三件,同銘,見《商周》02484,02485,02486;同出八件此簋,銘文與此鼎同,見《商周》05354—05361)

6.《頌鼎》:"畯(畯)臣天子,霝(令)冬(終)。"(《商周》02492,西周晚期。頌鼎共三件,同銘,見《商周》02492,02493,02494;另有八件同銘頌簋,見《商周》05390—05397;兩件同銘頌壺,見《商周》12451,12452;一件同銘頌盤,見《商周》14540)

7.《卌三年逨鼎》:"降余康𩁹,屯(純)右(佑),通彔(祿),永令(命),釁(眉)耆(壽),𩏩(綽)竆(綰),畯(畯)臣天子。"(《商周》02512,西周晚期。同出逨盤,見《商周》14543,銘文亦有"畯(畯)臣天子"一語。同人之器《逨鐘一》,見《續編》1028,《逨鐘二》,《逨鐘三》,《逨鐘四》,《逨鐘八》,《商周》編號爲 15634,15635,15636,15638,並有"畯(畯)臣天子"一語)

8.《善夫克盨》:"降克多福、釁(眉)耆(壽)、永令(命),畯(畯)臣天子。"(《商周》05978,西周晚期)

9.《師𩛥簋蓋》:"天子其(其)萬年、釁耆(眉壽)、黃耇,畯(畯)才(在)立(位)。"(《商周》05330,西周中期)

10.《伯梡虘簋》:"用亯(享)用孝,萬年釁耆(眉壽),畯(畯)才(在)立(位)。"(《商周》05085,西周晚期。另有三件伯梡虘簋,同銘,見《商周》05086,05087,05088)

11.《𩁹簋》:"用𠦪𠦪耆(壽),匃永令(命),畯(畯)才(在)立(位)。"(《商周》05372,西周晚期)

12.《㝬鐘》:"㝬(胡)𠀠(其)萬年,畯(畯)保三(四)或(國)。"(《商周》15633,西周晚期)

13.《戎生鐘庚》《戎生鐘辛》:"萬年無彊(疆),黄耇(耇)又𪖈,畯(畯)保其子孫永寶用。"(《商周》15245,15246,春秋早期)

14.《晉姜鼎》:"晉(晉)姜用𥛅(祈)𦟘(綽)𥨶(綰)𩓟(眉)𦫳(壽),乍(作)𤔲爲亟(亟、極),萬年無彊(疆),用亯(享)用德,畯(畯)保其孫子,三𦫳(壽)是利。"(《商周》02491,春秋早期)

15.《曾侯與鐘 B3》:"余永用,畯(畯)長,難考(老),黄枸(耇),珥(彌)冬(終),無疆。"(《續編》1034,春秋晚期)

《大盂鼎》"畯正氒(厥)民"之"正"爲動詞,"厥民"爲名詞性賓語。"畯"要麼是動詞,與"正"形成聯合式動詞結構,要麼是"正"的修飾語,形成偏正結構。這裡的"正"當是君長,用爲動詞,做君長之義。《爾雅·釋詁》:"正,伯,長也。"《廣韻·勁韻》:"正,君也。"《尚書·説命下》:"昔先正保衡,作我先王。"僞孔傳:"正,長也。"《國語·楚語上》:"天子之貴也,唯其以公侯爲官正。"韋昭注:"正,長也。""正氒(厥)民"就是做"厥民"的君長之義。"畯"並無君長義,此處與"正"非並列關係,應是偏正關係,當訓爲"長"。"畯正氒(厥)民"是永做民之君長的意思。

《大克鼎》"畯尹三(四)方"與此類似。"尹"爲動詞,賓語爲"三(四)方","尹"訓"治"。《説文解字·又部》:"尹,治也。"《尚書·多方》:"天惟式教我用休,簡畀殷命,尹爾多方。"《左傳·定公四年》:"故周公相王室,以尹天下。""畯"無治理義,當訓"長"。"畯尹三(四)方"即永治四方之義。

"畯臣天子"中"臣""天子"爲名詞,其中必有一個用爲動詞,若"天子"用爲動詞,語義不通,則"臣"用爲動詞,做天子之臣的意思。"畯"無臣義,當訓"長","畯臣天子"即永爲天子之臣的意思。

"畯才(在)立(位)"中"在"爲動詞,"畯"無與"在"相近之意義,則"畯"不能與"在"同義連用,也應訓"長","才(在)立(位)"即"長在位""永在位"。

與"畯才(在)立(位)"類似,"畯保三(四)或(國)"的"畯"也應訓

"長","畯保三(四)或(國)"即"長保四國""永保四國"。

"畯保其子孫"與"畯保其孫子"同義,"畯"訓"長","畯保其子孫"即"長保其子孫","畯保其孫子"即"長保其孫子"。

"畯長"之"長"訓"君",君長之義。《爾雅・釋詁》:"長,君也。"《孟子・梁惠王下》:"君行仁政,斯民親其上,死其長矣。"司馬相如《喻巴蜀檄》:"南夷之君,西僰之長,常效貢職,不敢惰怠。""畯長"之"畯"訓"長","長"用爲動詞,做君長之義,"畯長"即長爲君長之義。

(三)畯+形容詞+動詞(動詞性短語)

"畯+形容詞+動詞(動詞性短語)"的形式見於下引金文:

1.《南宫乎鐘》:"天子𠀠(其)萬年釁(眉)耈(壽),畯永保三(四)方,配皇天。"(《商周》15495,西周晚期)

2.《秦公簋》:"㠯(以)受屯(純)魯多釐,釁耈(眉壽)無疆,畯疐才(在)天,高引又(有)慶,灶囿三(造有四)方。"(《商周》05370,春秋早期)

3.《秦公鎛》:"㠯(以)受屯(純)魯多釐,釁(眉)耈(壽)無疆,畯疐才(在)立(位),高引又(有)慶(廔、慶),匍(敷)有(佑)三(四)方,永寶。"(《商周》15827,春秋晚期)

4.《秦公鐘乙》:"龣(秦)公嬰(其)畯黔(紟)才(在)立(位),雁(膺)受大令(命)。"(《商周》15566,春秋早期)秦公鐘於1978年1月在陝西寶雞縣陽平公社楊家溝太公廟出土,同出三件秦公鎛(《商周》15824,15825,15826)並有此語。

5.《秦子鎛》:"龣(秦)子畯黔才(在)立(位),釁(眉)耈(壽)萬人(年)無彊(疆)。"(《商周》15771,春秋早期)

"畯永保三(四)方","保"是動詞,"四方"是賓語,"永"是狀語,訓"長","畯"與"永"同義連文,也應訓"長"。

"畯疐才(在)天""畯疐才(在)立(位)","才(在)天"爲動詞性短語,"疐"訓"永"[①],"畯"與"疐"同義連文,也可訓"永",訓"長"。

"畯黔才(在)立(位)"當與"畯才(在)立(位)""畯疐才(在)立(位)"

①陳初生《金文常用字典》,頁454。

義同,那麼"畯紷"應該也是長、永之義。"畯"可訓"長","紷"無長義,可讀爲"引","紷"從"令"聲,上古音來母真部,"引"喻母真部,自可通假。"引"可訓"長"。《爾雅·釋詁》:"引,長也。"《字彙·弓部》:"引,久也。"《尚書·梓材》:"引養引恬。"僞孔傳:"能長養民,長安民。"那麼"畯"與"紷"也是同義連文。

(四)畯＋形容詞(形容詞性短語)

"畯＋形容詞(形容詞性短語)"見於《司馬楙鎛丁》:"用亯(享)于皇祖(祖)吝(文)考,用旂吉休畯(允)楙(茂),子孫萬(萬)年是保。"(《商周》15770,戰國早期)

"吉休畯楙(茂)"中,"吉""休""茂"均爲形容詞,那麼"畯"也應是形容詞,四個形容詞連用,自可依《商周》讀"畯"爲"允",訓爲"信"。《爾雅·釋詁》:"允,信也。""允,誠也。"《尚書·顧命》:"命汝作納言,夙夜出納朕命,惟允。"僞孔傳:"納言,喉舌之官,聽下言納於上,受上言宣於下,必以信。"

三、小結

通過分析語法,我們認爲:《史牆盤》"達殷畯民"中的"畯民"應從李學勤釋爲"俊民";《大盂鼎》"畯正氒(厥)民",《大克鼎》"畯尹亖(四)方",《追簋》《梁其鼎》《此鼎》《頌鼎》《逨鼎》《逨盤》《逨鐘》《善夫克盨》"畯臣天子",《師粺簋蓋》《伯梡虘簋》《㝬簋》"畯才(在)立(位)",《㝬鐘》"畯保亖(四)或(國)",《戎生鐘庚》《戎生鐘辛》"畯保其子孫",《晉姜鼎》"畯保其孫子"中的"畯"應從孫詒讓、徐中舒、張政烺訓爲"長";《南宮乎鐘》"畯永保亖(四)方",《秦公簋》"畯疐才(在)天",《秦公鎛》"畯疐才(在)立(位)",《秦公鐘乙》《秦子鎛》"畯紷(紟)才(在)立(位)"中的"畯"也應訓爲長;《司馬楙鎛丁》"吉休畯楙(茂)"中的"畯"應讀爲"允",訓爲"信"。

釋金文"宜刂"字及相關諸字[①]

張俊成[②]

摘　要:山西絳縣橫水西周倗國墓地 M1006 出土的仲旬人盨中的"宜刂"字並非新見國族名。"宜刂"只是在"宜"基礎上增繁"刀"旁而已,爲"宜"國族名的特殊寫法,"宜刂"與"宜"爲同字異構。在甲骨文、金文構形中,"肉""俎""宜"等旁有時會增繁"刀"構字部件,增繁的"刀"旁增加了表意的準確性,增飾前和增飾後的字爲一字異構關係。

關鍵詞:金文;"宜刂"字;"宜"字;形旁繁化

山西絳縣橫水西周倗國墓地 M1006 出土有仲旬人盨,蓋内鑄有銘文 6 行 49 字(除要討論的字外,釋文儘量用寬式,下引其他銘文皆同):

> 中(仲)旬(旬)人肇作劕(宜刂)姬寶盨,其用夙夜享于厥宗,用享孝于朕文祖考,用匃百福,其萬年永寶,子子孫其萬年用,夙夜享孝于厥宗用。

謝堯亭先生對此盨予以介紹,並指出:"劕(宜刂),姬姓,或爲新見的國族名。"[③]山西翼城大河口西周霸國墓地 M1017 出土有霸伯盤[④],内底鑄

---

①本文爲國家社科基金項目"齊系金文整理與研究"的階段性成果,項目編號:16BZS014。

②張俊成,曲阜師範大學歷史文化學院　副教授　曲阜　273165。

③謝堯亭《倗、霸及其聯姻的國族初探》,陳光祖主編《金玉交輝——商周考古、藝術與文化論文集》,"中央研究院"歷史語言研究所,2013 年。

④山西省考古研究所、臨汾市文物局、翼城縣文物旅游局聯合考古隊,山西大學北方考古研究中心《山西翼城大河口西周墓地 1017 號墓發掘》,《考古學報》2018 年第 1 期。

有銘文 4 行 38 字：

唯正月既死霸丙午，戎大捷于，霸伯搏戎，獲訊一夫，伯對揚，用作姬寶盤，孫子子其萬年永寶用。

姬上之字原篆作""，黄錦前先生釋作"白"，讀作"伯"[1]；馮時先生、韓巍先生徑釋作"伯"[2]；陳夢兮女士缺釋，認爲字形似與"昷"接近，用爲姓氏字[3]；單育辰先生釋"西"[4]；謝明文先生通過分析"昷""害"等字右上角的變化，指出該字應是"宜"之異體[5]。

劉洪濤先生對古文字有在""形筆劃上加一横畫或斜畫羨筆的情況有詳細的探討。我們略作徵引如下[6]：

西：《集成》4289　　《集成》10361

角：《合集》20533　　 上博《三德》10 號

昷：《近出》69　　《近出》60

𣪘：《集成》4219　　《集成》4220

---

①黄錦前《霸伯盂銘文考釋》，《中國國家博物館館刊》2012 年第 5 期；黄錦前《金文所見霸國對外關係考索》，《西周封國論衡：陝西韓城出土芮國文物暨周代封國考古學研究國際學術研討會論文集》，上海古籍出版社，2014 年，頁 422。

②馮時《霸國考》，《西周封國論衡：陝西韓城出土芮國文物暨周代封國考古學研究國際學術研討會論文集》，上海古籍出版社，2014 年，頁 380；韓巍《横水、大河口西周墓地若干問題的探討》，《西周封國論衡：陝西韓城出土芮國文物暨周代封國考古學研究國際學術研討會論文集》，上海古籍出版社，2014 年，頁 399。

③謝堯亭《"格"與"霸"及晉侯銅人》，《西周封國論衡：陝西韓城出土芮國文物暨周代封國考古學研究國際學術研討會論文集》，上海古籍出版社，2014 年，頁 440。

④李建生《"倗"、"霸"國家性質辯證》文後評論，復旦大學出土文獻與古文字研究中心 http://www.gwz.fudan.edu.cn/Web/Show/2395，2014—12—10。

⑤謝明文《霸伯盤銘文補釋》，《中國文字》第四十一輯，臺北：藝文印書館，2015 年，頁 170—171。

⑥劉洪濤《清華簡補釋四則》，復旦大學出土文獻與古文字研究中心 http://www.gwz.fudan.edu.cn/Web/Show/1479，2011—04—27。後來此文發表於《考古與文物》2013 年第 1 期。

墨：楚帛書甲篇5行　　郭店《窮達以時》7號“數”

這種筆劃所加的一横畫或一斜畫往往會變作弧形筆劃。例如：

角：《曾侯乙墓》圖版二六三.3

皛：《集成》2766.1　　曾侯乙墓竹簡98號“熤”

《集成》4302　　曾侯乙墓竹簡67號

仲旬人盨“㝗”字其所從“”旁演變到霸伯盤的“”，也是“”形筆變作弧形筆劃的演變軌跡，都是在右上角加圈形筆劃。所以霸伯盤中的“”釋作“宜”應可確認。根據金文中女性稱謂的一般慣例，“宜”在銘文中當爲國族名。周代金文中女子稱謂種類繁多①，其中有“國名＋姓”類型，即女子之姓冠以母國（生身國）或夫國（所嫁國）之名。一種是由父家所屬國名與女子的姓構成，如：格伯簋銘“格伯作晉姬寶簋”（《集成》②03952），晉國姬姓，晉國女子嫁給格伯，格氏家族稱之爲晉姬。這種稱呼由夫家人稱呼，表示該女子之所出。另一種由夫家所屬國名與女子的姓構成，如：倗仲鼎銘“倗仲作畢媿媵鼎”（《集成》02462），倗國族媿姓，倗仲之女嫁給畢國，倗國族人稱之爲畢媿。這種稱呼一般由父家稱呼，表示該女之所嫁，一般在媵器銘文中常見。需要指出的是夫家所屬的國氏與女字的姓組成的女性稱謂更多的則是婦人自稱，如：蔡姞簋銘“蔡姞乍皇兄尹叔尊彝……”（《集成》4198）蔡國爲姬姓國，此女乃姞姓，嫁至蔡國爲妻，故稱“蔡姞”。姓前冠以夫國之名的自稱方式在周代金文極爲普遍，諸如衛姒鬲（《集成》594）、晉姜鼎（《集成》2806）、虢姜簋（《集成》4182）、楚嬴匜（《集成》10273）中的衛姒、晉姜、虢姜、楚嬴皆

①可參王育成《從兩周金文探討婦名“稱國”規律——兼談湖北隨縣曾國姓》，《江漢考古》1982年第2期；李仲操《兩周金文中的婦女稱謂》，《古文字研究》第十七輯，中華書局，1994年；曹定雲《周代金文中女子稱謂類型研究》，《考古》1999年第6期；吳鎮烽《金文人名彙編·金文人名研究》，中華書局，2006年，頁460—466。

②中國社會科學院考古研究所編《殷周金文集成》，中華書局，1988年，簡稱《集成》。

如此。

霸伯盤是霸伯爲其姬姓妻子所作之器,霸族或認爲是狄人系統的一支,或認爲是"懷姓九宗"①,其歸屬雖尚無定論,但應非姬姓周人則可確認。金文中見燕國和霸國通婚的記録,山西翼城縣大河口西周墓地M1出土了一件旨卣,銘文爲"燕侯旨乍(作)姑妹寶尊彝",研究者一般認爲是霸、燕兩國通婚的記録。"燕"爲召公之後,姬姓,霸與之通婚,應非姬姓。因此,"宜姬"之"宜"應爲父家所屬國名,即姬姓國族名。仲旬人盉中"⿰宜刂姬"之"⿰宜刂"也應爲國族名。由銘文"中旬人肇作劚(⿰宜刂)姬"可知該盤爲中旬人爲其姬姓妻子所作,"⿰宜刂姬"當爲夫家所稱呼,所以"⿰宜刂"應爲父家所屬國名,表示其所出。謝堯亭先生指出"⿰宜刂與宜雖都爲姬姓,是否同一國族,待考"②。我們認爲"⿰宜刂"與"宜"當爲同一國名的不同寫法③,"⿰宜刂"只是在"宜"基礎上增繁"刀"旁而已,爲"宜"國族名的特殊寫法。

"宜"字甲骨文作、、,金文作、、,從且從肉,象陳肉於俎上之形。斷肉需要刀具,所以"宜"增飾"刀"旁也當在情理之中。類似的情況還可以舉出一些例子,《考古學報》2018年第1期刊發了題爲《山西翼城大河口西周墓地1017號墓發掘》的發掘簡報,其中公佈了一件霸伯方簋④,底中部鑄銘文4行32字銘文如下:

唯正月王劊于氐,大奏,王賜霸伯貝十朋,霸伯用作寶钛,其

①李建生《"倗"、"霸"國家性質辯證》文後評論,復旦大學出土文獻與古文字研究中心 http://www.gwz.fudan.edu.cn/Web/Show/2395,2014—12—10。

②參看謝堯亭《倗、霸及其聯姻的國族初探》注釋23。

③中國社會科學院考古研究所編《殷周金文集成》第2072號器著録"劚鼎","劚"用爲人名。

④關於霸伯方簋的命名,有學者認爲該器形跟一般的青銅簋相差甚遠,整理者把它命名爲"簋"可能並不合適。根據銘文自名爲"钛",提出霸伯方簋的形制更近於鼎形溫食器,而與青銅簋相差更遠,不如徑直稱爲"霸伯鈦"。參見王子楊《大河口霸國墓地M1017出土青銅銘文材料的幾點認識》,中國社會科學院歷史研究所先秦史研究室 http://www.xianqin.org/blog/archives/9917.html,2018—03—09。

萬年孫子子其永寶。

其中""字,整理者讀作"祭"①,王子楊先生隸作"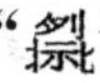"②。該字的照片銘文較爲清晰,作。金文中"福"字有形作(周乎卣,《集成》5046),從示畐聲,北聲;又有作(彧者鼎,《集成》5662),從示北聲。但""示兩邊並非從北,北爲兩人相背之行,而字示兩旁從兩刀,肉旁亦從刀。我們知道古文字構形中構字部件往往單複無別,所以該字構形爲從肉從示從刀,隸作""並不準確,嚴格隸定當作"",釋作"祭"③,刀爲增加的意符。

霸伯方簋"祭"下一字,拓片爲""字,從肉從豆從刀,整理者隸作"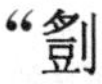",可從。該字王子楊先生有考釋,現略徵引如下:

> 此字可能就是見於《說文・豆部》的""。《說文》云:",禮器也。從廾持肉在豆上。讀若鐙同。"……甲骨文、金文有登米之登,形體作""(屯南618)、""(大盂鼎),象雙手奉豆升登黍米之形。雙手之形常常可以省去,寫作""(花東416)、""(段簋)等,仍然是登米之登……霸伯鉞銘中的""應該就是""字,左下角所從的"刀"旁很可能受上一字""類化而贅加的形旁。從古文字形體和

①山西省考古研究所、臨汾市文物局、翼城縣文物旅游局聯合考古隊,山西大學北方考古研究中心《山西翼城大河口西周墓地1017號墓發掘》,《考古學報》2018年第1期。

②王子楊《大河口霸國墓地M1017出土青銅銘文材料的幾點認識》,中國社會科學院歷史研究所先秦史研究室 http://www.xianqin.org/blog/archives/9917.html,2018—03—09。

③"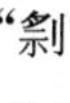"釋"祭",尚存一些疑慮,遍檢"祭"字古文字字形,基本構形部件爲從示、從肉、從又,且從又幾無所缺。不過古文字構形中,從"又"的構字部件可以省略,比如"對"字大多即可作(令鼎,《集成》2803),但也省又作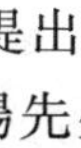(亳鼎,《集成》2654)者。考慮到該字從示從肉,基本符合祭字的構形及構意,釋祭字也具有相當的理據。匿名審稿專家指出增繁過程加三個"刀"形在甲金文中還是極爲罕見的現象,並提出了還有另外兩种可能性應該重視:一是從"示"從"北"的"福"字,與祭祀的福肉相關,王子楊先生的隸定應該有其合理性;二是在甲文中有從"示"在兩旁加"左、又"表示特殊祭祀儀式之字,有無可能是這一類字形的訛變。筆者認爲意見值得重視。總之該字的釋讀還有進一步討論的空間。

實際用例看，無論是上部從“米”的“登”，還是上部從“肉”的“登”，都應該表示對祖先或鬼神舉行進獻穀物或牲肉之祭，相當於古書中的登、烝之祭。因此，霸伯鈛銘中的“劃”似也可以直接釋作“登”。還有一種可能，即左下角的“刀”旁不是類化贅加的，而是必要構意偏旁，則此字似可以隸定作“豐”，會操刀割肉(或肆解牲體)置於豆中，跟操刀割肉(或肆解牲體)置於俎上的“”“”等字有關，後者陳劍先生釋作“肆解牲體”之“肆”。如果是這樣，則此字可以釋作“肆”。我們傾向於前者。不管怎樣，此字肯定表示把牲肉獻給祖先的祭祀行爲。①

該字釋“登”可從，而且該文正確指出“”字左下角所從的“刀”旁可能受上一字“”類化而贅加的形旁。此處的刀旁也應如祭字皆爲增繁的部件，這種構形特徵還表現在“俎”字上。西周金文俎字除作②(三年𤼈壺，《集成》9726)外，亦有(𢦚方鼎，《集成》2789)或(小臣傳簋，《集成》4206)，該字《金文編》《新金文編》皆隸作𠟭；《殷周金文集成釋文》《殷周金文集成引得》隸作“𠟭”，讀作“宜”；《銘圖》隸作“𠟭”，讀“俎”。小臣傳簋“伯𠟭父”，吳鎮烽先生認爲即“伯俎父”，𠟭讀作俎③。王人聰

①王子楊《大河口霸國墓地 M1017 出土青銅銘文材料的幾點認識》，中國社會科學院歷史研究所先秦史研究室 http://www.xianqin.org/blog/archives/9917.html，2018—03—09。

②金文“俎”字過去多認爲和金文“宜”爲一字，後來才分化爲二。如容庚先生《金文編》宜字條說：“宜，金文象置於肉於且上之形，疑與俎爲一字。”(《金文編》，中華書局，1985 年，頁 527)商承祚先生說：“案宜與俎爲一字，而宜乃俎之孳乳。”(《說文中之古文考》，上海古籍出版社，1983 年，頁 70)20 世紀 70 年代扶風莊白一號西周青銅器窖藏中所出三年𤼈壺銘中有作“羔俎”“彘俎”的銘文，“俎”字寫法接近小篆的“俎”字而與“宜”字有別，證明“宜”“俎”自古即爲二字。過去釋作“俎”的那個字只能釋爲“宜”(參見于豪亮《說俎字》，《于豪亮學術文存》，中華書局，1985 年，釋三年𤼈壺該字爲“俎”字)。王人聰先生指出金文，左旁象俎足，右旁則象俎面，金文構形爲一側視之俎形(《釋西周金文的“俎”字》，《第二屆國際中國古文字學研討會論文集》，香港：香港中文大學，1993 年，頁 269－270)。

③吳鎮烽《金文人名彙編》，中華書局，2006 年，頁 158。

先生指出此“”“”二字亦當系俎字，爲之繁體①。《説文·且部》：“俎，禮俎也，從半內在且上。”羅振玉《增訂殷虛書契考釋》謂“象置肉於且上之形”②。唐蘭先生指出：“蓋俎之起也，本用以切肉，《史記·項羽本紀》‘如今人爲刀俎，我爲魚肉’，俎即切肉之薦，今尚端木爲之矣。”③《左傳·隱公元年》：“鳥獸不登于俎。”杜預注：“切肉之薦亦曰俎。”俎刂字從俎從刀，俎和刀密切關聯，有些“俎”字故增飾刀旁。

另外，從甲骨文中“宜”和“宜刂”的用法，也可以看到二者的同字異構關係，甲骨文中“宜刂”字的寫法同於金文，作（《合集》307）、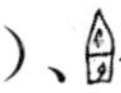（《合集》31002）、（《合集》32547）、（《合集》32697）。甲骨文中“宜”和“宜刂”用法相同，用爲祭名和用牲法，徵引下揭卜辭文例。

“宜刂”字相關辭例：

(1)乙酉卜：其宜刂父甲……(《合集》27465)

(2)甲辰貞：叀壬子宜刂祖乙。(《合集》32547)

(3)…貞：宜刂羌百…(《合集》307)

(4)王其宜刂敝麋，大吉。(《合集》32547)

“宜”字相關辭例：

(5)甲寅卜，王曰鼎(貞)：其宜於兄己。(《合集》23472)

(6)甲辰卜：子往宜上甲……(《花東》338)

(7)丙午卜，鼎(貞)：尞(燎)於河五牢，沉十牛，宜牢，㞢羌十……(《合集》326)

(8)辛亥卜，旅貞：其宜羊于兄庚。(《合集》23502)

從上述徵引卜辭可知，“宜”和“宜刂”在辭例中所處的位置和用法均相同，所表示的意義也相同，“宜”和“宜刂”在甲骨文中也是同字異構的關係。

---

①王人聰《釋西周金文的“俎”字》，《第二届國際中國古文字學研討會論文集》，香港：香港中文大學，1993年，頁270。

②羅振玉《增訂殷虛書契考釋》，臺北：藝文印書館，1981年，頁39。

③唐蘭《殷墟文字二記》，《古文字研究》第一輯，中華書局，1978年，頁57—58。

可見,在甲骨文、金文構形中,在一些和刀密切關聯的如“肉”“俎”“宜”等旁有時會增繁“刀”構字部件,增繁的“刀”旁增加了表意的準確性,但可以省略,增飾前和增飾後的字爲一字異構。需要指出的是並不是所有“肉”旁基礎上增加的“刀”旁都只起到增繁效果,有些刀旁是必須的表意偏旁,如在“肉”基礎上增加“刀”旁構成“刖”則成爲另外的字,並不構成一字異構的關係。基於以上討論,我們認爲仲旬人盉剴姬之“剴”和霸伯盤宜姬之“宜”應當是同一國族名的不同寫法,“剴”爲“宜”字的形旁繁化。

附記:本文初稿完成後得到陳昭容先生的審閲。匿名審稿專家也提出了寶貴修改意見,謹誌謝忱。

再談古文字中的幾個從子之形兼及相關問題①

楊蒙生②

摘　要:出土文獻習見從子之例,如“乳”“乳(孺)子”合文、“塚(冢)子”合文,以及“字”形之字。由於字形高度相似,“乳(孺)子”合文有時會被誤認爲“塚(冢)子”合文。因形體簡省過甚,“乳”字有時也會同後世的“字”字發生訛混。這是古文字研習過程中需要注意的。

關鍵詞:乳;孺子;塚;字;娩

在出土文獻資料中,常常見到一些從子旁的字,例如從商代一直延續至戰國時期的“乳”字及其合文“乳(孺)子”,戰國銅器銘文和璽印中常見的“塚(冢)子”合文等。本文即以學界現有研究成果爲參照,對上述所涉字形及有關問題提出一點補充意見,不當之處,敬乞方家賜正。

---

①本文爲國家社會科學基金重大招標項目“清華簡與儒家經典的形成發展研究”(項目編號:16ZDA114)、教育部和國家語委甲骨文等古文字研究與應用專項科研項目“北京大學藏秦、漢簡牘文字、文本綜合研究”(項目編號:YWZ－J020)及中國博士後科學基金會第 64 批面上資助項目(一等)“清華大學藏戰國竹簡文本來源問題初探”(項目編號:2018M640109)的階段性研究成果。

②楊蒙生,清華大學中文系、清華大學出土文獻研究與保護中心、出土文獻與中國古代文明研究協同創新中心　助理研究員　博士　北京　100084。

“乳”字在商代甲骨文中被寫作(《合集》①22246),本“象懷子哺乳之形,從子與篆文同,從母,篆訛爲從爪從乙耳”②。至於其形體發展的更多環節,學界在很長的一段時間里一直沒有發現。

隨着新出簡帛的日漸豐富,這一情況終於迎來轉機。先是李零和陳爻(陳劍)二位先生分别撰文,將上博三《周易》中的卦名釋爲“乳”,讀爲需③;繼而是趙平安先生通過字形排比,亦將上博簡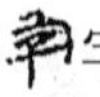字釋爲“乳”,讀爲需,並將清華簡一《楚居》11 的所謂“嗣子”合文改釋爲“乳子”,讀爲孺子,訓爲年幼而身爲晚輩之王,還將曾侯乙墓器銘所見律名“贏亂”中的所謂“亂”字、、一律改釋爲“乳”,解“贏乳”即“羸乳”,訓爲“羸内優柔容民”④。

之後,郭永秉先生吸收趙平安先生的研究成果,進一步爬梳出土文獻材料,將以下所列形體一律改釋爲“乳子”,讀爲孺子。

《銘圖》⑤19285 號龍陽孺子燈;

、《集成》9719、9720 號令狐君孺子壺;

《銘圖》1674 號吴孺子鼎;

《古玉印集存》18;

《璽彙》⑥0594 號,全文作;

《璽彙》0907 號,全文作;

①《甲骨文合集》的簡稱。

②于省吾主編《甲骨文字詁林》第一册,中華書局,1996 年,頁 436—437。

③李零《讀上博楚簡〈周易〉》,《中國歷史文物》2006 年第 4 期;陳爻《竹書〈周易〉需卦卦名之字試解》,簡帛研究網 http://www.jianbo.org/showarticle.asp?articleid=911,2004—04—29。

④趙平安《釋戰國文字中的“乳”字》,氏著《金文釋讀與文明探索》,上海古籍出版社,2011 年,頁 112—117。

⑤《商周青銅器銘文暨圖像集成》的簡稱,下文《集成》爲《殷周金文集成》的簡稱。

⑥《古璽彙編》的簡稱。下文《陶彙》爲《古陶文彙編》的簡稱。

《陶彙》9.60，全文作；

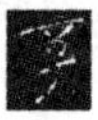《陶彙》3.678，全文作；

《璽彙》2371號，全文作；①

《璽彙》1574號，全文作；

，反轉作，《璽彙》2202號，全文作，翻轉作；

《集成》2793.1號平安君鼎。②

郭文還將李家浩先生釋爲“塚（冢）子”的《璽彙》3102號、3543號，《集成》2451號梁上官鼎銘和2793.2號平安君鼎銘③，以及蔡運章等先生披露的所謂右孯鼎銘和④等形體一並改釋爲“乳子”，讀爲孺子⑤。

緊接着，趙平安教授又在秦簡牘中找到了作爲病名的“乳”字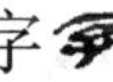（睡虎地秦簡《日書》甲種第42背壹號簡）⑥。至此，出土文獻中的“乳”字形體基本清理出來。

---

①同一方印的另一面印文作。

②引者按，由於未能目驗原器，銘文此處是否原有合文符號，暫且不得而知。

③李家浩《戰國時代的“冢”字》，《著名中年語言學家自選集・李家浩卷》，安徽教育出版社，2002年，頁6－7。

④蔡運章、趙曉軍、戴霖《論右孯鼎銘及其相關問題》，《文物》2004年第9期。

⑤郭永秉《從戰國楚系“乳”字的辨釋談到戰國銘刻中的“乳（孺）子”》，陳致主編《簡帛・經典・古史》，上海古籍出版社，2013年，頁345－352。

⑥趙平安《釋睡虎地秦簡中一種古文寫法的“乳”字》，氏著《新出簡帛與古文字古文獻研究續集》，商務印書館，2018年，頁145－149。

然而,對於郭文中的若干形體,我們以爲仍有進一步分析之必要。除了前引《璽彙》2202 號一字與同時代其他字形差别較大,需要另作討論外,首先需要談到的是李家浩先生文中所引釋爲“塚”及“塚(冢)子”合文的形體問題。這些形體主要有:

(1)“塚”字:

沁陽盟書,《考古》1966 年第 5 期圖版 10·6 及頁 280 圖 1·6

《三代》①18·19 春成侯鐘(引者按,即《集成》9616 號,原形作)

《碧葭精舍印存》

《三代》3·24 下 寧冢子鼎(引者按,即《集成》2481 號,然原形作,右側形體漏摹)

十八年塚子韓矰戈②(引者按,即《集成》11376 號)

《三代》3·40 下 十三年梁陰令鼎(引者按,即《集成》2590 號陜陰令率鼎,原字形作)

《季木藏陶》56·1

(2)“塚(冢)子”合文③:

《三代》2·53 梁上官鼎(引者按,即《集成》2451 號)

《三代》4.20 卅三年平安君鼎(引者按,即《集成》2793.2 號)

《續齊魯古印攈》2.28(引者按,即《璽彙》3102 號,全文作)

《璽印集林》1·9(引者按,即《璽彙》3543 號,全文作)

---

①《三代吉金文存》的簡稱。

②引者按,此字寫法多半屬於字形内部借用形體類簡化,更多例證參見楊蒙生《戰國文字簡化研究》,安徽大學碩士學位論文,2012 年,頁 68—72。

③引者按,下引字形寫法屬於合文内部借用形體類簡化,更多例證參見楊蒙生《戰國文字簡化研究》,安徽大學碩士學位論文,2012 年,頁 92—98。

引者按，在“塚(冢)子”合文寫法之外，古文字中也存在着一些“塚(冢)子”分書形體。如：

《銘圖》17312號二年冢子戈銘

《集成》2481號寧冢子鼎銘

《集成》17376號十八年冢子韓矰戈銘

《銘圖》17320號十八年冢子韓矰戈銘

《銘圖》31289號冢子韓政戟刺銘

《銘圖》17332號廿年冢子艍諻戈銘

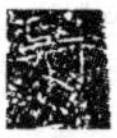《銘圖》18558號冢子工師弩牙銘

對比可知，“塚”字形體多有將“土”旁移到字形上部者，又有將“土”旁移到“豕”旁底部共用形體者，亦有受字形變形音化規律影響而在右側加注聲符“主”者，更有以此爲基礎省去“土”旁者，甚或偶有贅加“卜”“心”等其他偏旁者，於是，就出現了由而爲及、和、、、及等一系列寫法。“塚(冢)子”二字除及其簡寫形體等之外，還有這樣的繁化形體，很多時候也會以合文形式出現。在這些合文寫法的“塚(冢)子”之中，“塚”字的區別性特徵被保存下來，除了字形之中的豕旁形體被“子”字形體代替之外，上部的“土”旁被通過借筆或借形的方式保留下來，加注的聲符“主”旁也被繼承下來；受印面空間限制，其側面所從竪筆，偶爾也會被省去①。由此，便產生了、、、、和這一系列的形體。

①也可以理解爲因器形借筆，下面形體演變軌跡部分所列三晉系字形也可以如此理解。更多例證參見楊蒙生《戰國文字簡化研究》，安徽大學碩士學位論文，2012年，頁75—81。

由此看來,"塚"字形體與前引"乳"字並不相同。郭永秉文的改釋工作忽視了乳、塚二字的根本區別(前者爲會意字,後者爲形聲字),他對形右側竪筆上圈形爲"乳形孑遺或標示乳形位置的指事符號"的解釋也明顯帶有過多的主觀成分①。由此可知:李家浩先生對"塚"及"塚子"合文形體的釋讀結果可信;蔡運章等以李先生之説爲基礎,將新見銅器銘文字形、釋讀爲"塚子"的做法正確;郭永秉文釋爲"乳子"銅器銘文字形多半也是"塚子"合文。"塚"及"塚子"合文的形體演變軌跡可以初步梳理爲:

(1) 沁陽盟書

—> A. 《三代》18·19 春成侯鍾銘

—> 《集成》2590 陜陰令率鼎銘、《季木藏陶》56·1

—> B. 《集成》2481 號寧冢子鼎銘

—> 《銘圖》17332 號廿年冢子䑸諻戈銘

—> 《銘圖》31289 號冢子韓政戟刺銘

—> 《集成》11376 號十八年塚子韓矰戈銘

—> C. 《碧葭精舍印存》

(2)《銘圖》18558 號冢子工師弩牙銘

—> A. 、右孠鼎銘

—> a. 《續齊魯古印捃》2.28

—> 《璽印集林》1·9

—> b. 《三代》2·53 梁上官鼎銘

①郭永秉《從戰國楚系"乳"字的辨釋談到戰國銘刻中的"乳(孺)子"》,陳致主編《簡帛·經典·古史》,上海古籍出版社,2013 年,頁 349。

—> B. 《集成》2481 號寧冢子鼎銘

—> 《銘圖》31289 號冢子韓政戟刺銘

—> 《銘圖》17332 號廿年冢子鮨諻戈銘

—> 《銘圖》17319 號十八年冢子韓增戈銘

—> C. 《銘圖》17312 號二年冢子戈銘

雖然如此，爲了更加直觀地把握二者之間的區別，我們認爲仍有必要將出土文獻中"乳"字形體的發展脈絡從頭梳理一遍。

已知《集成》2708 號收錄一商代晚期器名"戍嗣子鼎"者。其銘曰："丙午，王賞戍貝廿朋，在闌宗，用作父癸寶餗。惟王館闌大室，在九月。"對於其中的字，學界一般視作"嗣子"合文（《集成》第二册，頁1388、1667）。我們以爲，它也可能是省去合文符號的"乳（孺）子"合文①。字形左側從冊、從口，右側形則爲"乳（孺）子"；整個字形蓋會乳（孺）子在冊之意，爲後起會意字。

由於厂、广二旁是義近形符，可以換用，故而由戍嗣子鼎銘形發展出上部從广的形體。這一情形突出表現在六國系特別是三晉系文字當中。至於楚系文字中的"乳"字形體，則多半保留了較古寫法，所異處只在於，書手受字形演變的歷時及共時因素影響，在厂旁上部贅加了一個短横彎筆。通過與甲骨文寫法對比可知，秦文字以及以之爲基礎發展而來的後世"乳"字在很大程度上也保留了較古寫法。與之關係密切的"乳"字傳抄古文形體，由於受到"保"字古文的類化，發生訛變，偶有走

①更多例證參見楊蒙生《戰國文字簡化研究》，安徽大學碩士學位論文，2012 年，頁 104。

形較甚者①。

如此，綜合前引材料和新近公佈的清華簡中所見字形，可以將"乳"及與之關係密切的"乳子"合文的形體演變軌跡初步梳理如下：

(《合集》22246)—＞《集成》2708 號戉嗣子鼎銘偏旁 —＞ …… —＞

—＞①楚系：

（曾侯乙墓鐘銘）

＞(曾侯乙墓鐘銘)、(清華簡二《繫年》97)、

(清華簡八《治邦之道》22)②

—＞(清華簡一《楚居》11)

—＞(清華簡二《繫年》98)

—＞(上博簡三《周易》2)、

(清華簡六《鄭武夫人規孺子》1)

—＞②晉系：

《銘圖》19285 號龍陽孺子燈銘

—＞、《集成》9719、9720 號令狐君孺子壺銘

—＞《璽彙》2371 號

—＞《銘圖》1674 號吴孺子鼎銘

—＞《古玉印集存》18

—＞《璽彙》0594 號、《陶彙》9.60

---

①下引傳抄古文形即是其例。

②楊蒙生《讀清華簡第八輯〈治邦之道〉叢札》，清華簡入藏暨清華大學出土文獻研究與保護中心成立十周年國際學術研討會論文，2018 年 11 月。

—> 《陶彙》3.678 ①

—>③秦系：

—> A. 睡虎地秦簡《日書》甲種第 42 背壹

—> B. 睡虎地秦簡《日書》甲種第 29 背

—> a.《説文解字》所收小篆

—> 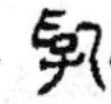《五十二病方》237、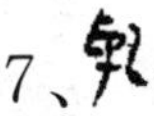《足臂灸經》一

—> 武威醫簡簡 16

—> 乳楷書

—> b. 、、 傳抄古文 —>  傳抄古文 ②

此外，通過對出土文獻，特别是秦簡所見“乳”字形體的分析，可知“乳”字形體有時會與“字”字訛混。《漢書 · 郊祀志》：“是時上求神君，舍之上林中蹏氏館。神君者，長陵女子，以乳死，見神於先後宛若。”顔注引孟康曰：“產乳而死也。”同一事件在《孝武本紀》和《封禪書》中作“長陵女子，以子死”。瀧川資言認爲其中的“子死，當作字死，《漢志》作乳死，產乳而死也”。趙平安先生云：“考慮到古隸中有乳字簡省的寫法，我們認爲這個子也許可以看作古文乳的進一步省變。”③以上也可説明此一問題。由此推測，將“乳”字省寫作“字”形在傳世文獻中應該不是孤例。

今本《周易》屯卦六二爻辭云：“屯如邅如，乘馬班如。匪寇婚媾。女子貞不字，十年乃字。”馬王堆帛書本《周易》和阜陽漢簡本《周易》均

①按，此字形體可以解釋爲將上面兩筆拉平書寫而導致的連筆簡化。

②徐在國《傳抄古文字編》，綫裝書局，2006 年，頁 1172。

③趙平安《釋睡虎地秦簡中一種古文寫法的“乳”字》，氏著《新出簡帛與古文字古文獻研究續集》，商務印書館，2018 年，頁 149。

同。對於此中的“字”字,虞翻訓爲“乳也”,郭璞訓爲“生也”①,甚合文義,故得王引之讚許。按,由《説文解字》卷十二“乳,人及鳥生子曰乳,獸曰産”及卷十四“字,乳也。从子在宀下,子亦聲”②,知二者爲同義詞。鑒於秦簡所見“乳”字簡化形體與“字”訛混的現實,頗疑屯卦六二爻辭“女子貞不字,十年乃字”中的“字”形實爲“乳”字省寫。出土陶瓶朱書殘文所存“乳死鬼”,《醫心方》卷十四“治鬼虐方第十四”及安倍晴明《占事略決》卷廿七所見“乳死鬼”,特别是睡虎地所出秦簡《日書》甲種簡42背文所記之“乳鬼”均可爲證③。由此推測,古人對生育的重視程度着實遠勝今人,將萬民所重的女子生乳之事記入爻辭也就再自然不過了。許慎、虞翻、郭璞等人雖然可能限於條件,未得獲見古文“乳”字簡省作“字”形的證據,卻能從文意入手,準確予以釋讀,這足見他們小學功底的深厚。由此亦可知,傳世文獻所見“字”形之字,未必就是“娩”字省寫④。

已知古文字中的“娩”字形體常見,如:

(1)甲骨文寫法:

《甲骨文編》附録上 29

(2)簡帛 A 類寫法:

清華簡八《治邦之道》18　郭店簡《緇衣》24;

上博簡六《用曰》2　包山簡 168

清華簡五《殷高宗問於三壽》9;

①侯乃峰《〈周易〉文字匯校集釋》,臺北:臺灣古籍出版有限公司,2009 年,頁 21—23。

②(漢) 許慎《説文解字》,中華書局,1963 年,頁 246、310。

③趙平安《新出簡帛與古文字古文獻研究續集》,頁 145—149。

④楊蒙生《利用清華簡等出土文獻校正〈左傳〉一例兼及相關問題》,《清華大學學報(哲學社會科學版)》2018 年第 6 期。

郭店簡《六德》28　　上博简六《用曰》12

清華簡六《鄭武夫人規孺子》18

(3)簡帛 B 類寫法：

望山簡 1・17　　望山簡 1・37；

曾侯乙墓簡 28　　曾侯乙墓簡 129

從字形簡化的角度推測，甲骨文寫法省去下部一隻手形之後，剩下另一隻手的頂部與圈形結合，便可能形成所謂的“子”形；受楚文字常在長横上部添加短横寫法的影響，便出現了前引諸簡文寫法。如此，在刨去 B 類寫法中第一排的雜糅寫法之後，可以將“娩”字的形體演變軌跡初步梳理爲：

、(《甲骨文編》附錄上 29)—＞ …… —＞

—＞ A. (清華簡八《治邦之道》18)、(郭店簡《緇衣》24)

—＞ (包山簡 168)、(清華簡五《殷高宗問于三壽》9)

—＞ (上博簡六《用曰》12)、

(清華簡六《鄭武夫人規孺子》18)

—＞ B. (曾侯乙墓簡 28)、(曾侯乙墓簡 129)

綜上所述，古文字中從子之形多見，如“乳”及“乳(孺)子”合文，“塚”及“塚(冢)子”合文，“乳”字之省“字”和“娩”字之省“字”等。通過梳理它們各自的形體演變軌跡，可以更爲有效地對其進行區分、把握，進而推動相關文史研究工作的進行。

郭店楚簡《緇衣》考述

連劭名①

摘　要:郭店楚簡《緇衣》是一篇珍貴的儒家文獻,又見今本《禮記》,兩本相校,異文頗多。例如:簡本云"夫子曰好美如好緇衣惡惡如惡巷伯",今本作"子曰好賢如緇衣惡惡如巷伯"。美指中和,賢指賢人。簡本云"則民臧力而型不頓",今本作"則爵不瀆而民作願刑不試而民咸服"。二者差異甚大。又如今本云"尹吉云惟尹躬及湯咸有一德",孔穎達疏:"吉,當爲誥。告,古文誥字之誤也。"簡本正作"尹誥"。這些均說明簡本對於儒家思想的研究確有重要參考價值。

關鍵詞:楚簡;儒家;《緇衣》

郭店楚簡《緇衣》共存四十餘簡,保存完好,可編聯成冊,是一篇重要的儒家文獻。《緇衣》又見今本《禮記》,兩本相校,異文頗多。現作一新證,分節考述於下。

一、釋文

(一)夫子曰:好美如好《緇衣》,惡惡如惡《巷伯》,則民臧力而

①連劭名,北京教育學院　教授　北京　100089。

型不頓。《詩》云：儀型文王，萬邦作孚。

（二）子曰：有國者章好章惡，以示民厚，則民情不忒。《詩》云：靖共爾位，好是正直。

（三）子曰：爲上可望而知也，爲下可類而志也，則君不疑其臣，臣不惑於君。《詩》云：淑人君子，其儀不忒。《尹誥》云：唯尹允及湯，咸有一德。

（四）子曰：上人疑則百姓惑，下難知則君長勞。故君民者，章好以示民欲，謹惡以御民淫，則民不惑。臣事君，言其所不能，不辭其所能，則君不勞。《大雅》云：上帝板板，下民卒疸。《小雅》云：非其止之共，唯王邛。

（五）子曰：民以君爲心，君以民爲體。心好則體安之，君好則民欲之，故心以體廢，君以民亡。《詩》云：誰秉國成，不自爲正，卒勞百姓。《君牙》云：日暑雨，小民唯日怨。資冬祁寒，小民亦唯日怨。

（六）子曰：上好仁，則下之爲仁也爭先。故長民者，章志以昭百姓，則民致行己以悅上。《詩》云：有覺德行，四方順之。

（七）子曰：禹立三年，百姓以仁道，豈必盡仁。《詩》云：成王之孚，下土之式。《呂刑》云：一人有慶，萬民賴之。

（八）子曰：下之事上也，不從其所以命，而從其所行。上好此物也，下必有甚焉者矣。故上之好惡，不可不慎也，民之表也。《詩》云：赫赫師尹，民具而瞻。

（九）子曰：長民者衣服不改，從容有常，則民德一。《詩》云：其容不改，出言有乙，黎民所信。

（十）子曰：大人不親其所賢，而信其所賤，教此以失，民此以弁。《詩》云：彼求我則，如不我得。執我仇仇，亦不我力。《君陳》云：未見聖，如其弗克見。我既見，我弗迪聖。

（十一）子曰：大臣之不親也，則忠敬不足，而富貴已過也。邦家之不寧也，則大臣不治，而褻臣托也。此以大臣不可不敬，民之絕也。故君不與小謀大,則大臣不怨。祭公之《顧命》云:毋以小謀敗大作,毋以嬖御衋莊后,毋以嬖士衋大夫、卿士。

(十二)子曰:長民者教之以德,齊之以禮,則民有勸心;教之以政,齊之以刑,則民有免心。故慈以愛之,則民有親;信以結之,則民不倍;恭以蒞之,則民有遜心。《詩》云:吾大夫恭且儉,靡人不斂。《吕刑》云:非用臸,制以刑,惟作五虐之刑曰法。

(十三)子曰:政之不行,教之不成也,則刑罰不足恥,而爵不足勸也。故上不可以褻刑而輕爵。《康誥》云:敬明乃罰。《吕刑》云:播刑之迪。

(十四)子曰:王言如絲,其出如緡;王言如索,其出如紼。故大人不倡流。《詩》云:慎尒出話,敬尒威儀。

(十五)子曰:可言不可行,君子弗言;可行不可言,君子弗行。則民言不危行,【行】不危言。《詩》云:淑慎尒止,不衍于儀。

(十六)子曰:君子道人以言,而恒以行。故言則慮其所終,行則稽其所蔽,則民慎於言而謹於行。《詩》云:穆穆文王,於緝熙敬止。

(十七)子曰:言從行之,則行不可匿。故君子顧言而行,以成其信,則民不能大其美而小其惡。《大雅》云:白珪之玷,尚可磨也。此言之玷,不可爲也。《小雅》云:允也君子,展也大成。《君奭》云:昔在上帝,割紳觀文王德,其集大命于厥身。

(十八)子曰:君子言有物,行有格,此以生不可奪志,死不可奪名。故君子多聞,齊而守之;多志,質而親之;精知,略而行之。《詩》云:淑人君子,其儀一也。《君陳》云:出入自尒師虞,庶言同。

(十九)子曰:苟有車,必見其轄;苟有衣,必見其幣。人苟有言,必聞其聲,苟有行,必見其成。《詩》云:服之無懌。

(二十)子曰:私惠不懷德,君子不自留焉。《詩》云:人之好我,示我周行。

(二十一)子曰:唯君子能好其匹,小人豈能好其匹。故君子之友也有向,其惡有方。此以邇者不惑,而遠者不疑。《詩》云:君子好逑。

(二十二)子曰:輕絕貧賤而厚絕富貴,則好仁不堅,而惡惡不著也。人雖曰不利,吾弗信之矣。《詩》云:朋友攸攝,攝以威儀。

(二十三)子曰:宋人有言曰:人而無恒,不可爲卜筮也,其古之遺言與?龜筮猶弗知,而況於人乎?《詩》云:我鬼既厭,不我告猶。

二、考述

(一)"夫子曰:好美如好《緇衣》,惡惡如惡《巷伯》,則民臧力而型不頓。《詩》云:儀型文王,萬邦作孚。"

今本作:"子曰:好賢如《緇衣》,惡惡如《巷伯》,則爵不瀆而民作願,刑不試而民咸服。《大雅》曰:儀刑文王,萬國作孚。"

《大戴禮記·哀公問五義》云:"孔子曰:'所謂賢人者,好惡與民同情,取舍與民同統。'"《管子·樞言》云:"天道大而帝王者用,愛惡愛惡天下可秘。"今按:當作"愛愛惡惡天下可秘"。愛民之所愛,惡民之所惡,天下歸心。

"美"指中和。《論語·學而》云:"禮之用,和爲貴。先王之道斯爲美,小大由之,有所不行。"《周易·坤·文言》云:"君子黄中通理,正位居體,美在其中,而暢于四支,發於事業,美之至也。"郭店楚簡《性自命出》云:"君子美其情。"又云:"未言而信,有美情者也。"能有"美情",即是賢人。《賈子·道術》云:"行道者謂之賢人。"《論衡·問孔》云:"言行相應則謂之賢。"

"則民臧力而型不頓。"上海博物館藏楚簡《緇衣》作:"則民咸力而型不頓。"今按:"臧"是異文,當讀爲壯。《廣雅·釋詁二》云:"壯,健也。"《周易·乾·象》云:"天行健,君子以自強不息。"《孟子·盡心上》

云:“強恕而行,求仁莫近焉。”強、力義近。《詩經·烝民》云:“古訓是式,威儀是力。”《禮記·中庸》云:“好學近乎智,力行近乎仁。”

型同形。《素問·血氣形志》云:“形樂志苦。”王冰注:“形謂身形也。”頓、舍義近。《文選·赴洛道中詩》云:“頓轡倚嵩岩。”李善注:“頓,猶舍也。”自強不息是法天之道,《論語·子罕》云:“子在川上曰:‘逝者如斯夫,不舍晝夜。’”又,《墨子·經上》云:“力,刑之所以奮也。”刑同形,“刑之所以奮也”,與“形不頓”同義。

(二)“子曰:有國者章好章惡,以示民厚,則民情不忒。《詩》云:靖共爾位,好是正直。”

章、明同義。下文云:“故上之好惡,不可不慎也,民之表也。”《說文》云:“重,厚也。”《周易·坤·象》云:“君子以厚德載物。”《老子》第二十六章云:“重爲輕根,靜爲躁君,是以君子終日行,不離其輜重。雖有榮觀,燕處超然,如之何萬乘之主而以身輕天下?輕則失本,躁則失君。”《韓非子·喻老》云:“制在己曰重。”《禮記·曲禮下》云:“士死制。”鄭玄注:“制,謂君教令所使爲之。”《獨斷上》云:“制者,王者之言必爲法制也。”又,《禮記·表記》云:“義者,天下之制也。”《韓非子·二柄》云:“明主之所導制其臣者,二柄而已矣。二柄者,刑、德也。何謂刑、德?曰殺戮之謂刑,慶賞之謂德。”又云:“人主者,以刑、德制臣者也。今君人者,釋其刑、德而使臣用之,則君反制於臣矣。”人君持刑德賞罰以制群臣,成天下之義,故引《詩》曰:“靖共爾位,好是正直。”

(三)“子曰:爲上可望而知也。”

《詩經·都人士》云:“彼都人士,狐裘黄黄。其容不改,出言有章。行歸於周,萬民所望。”《禮記·大學》云:“《詩》云:‘節彼南山,維石岩岩。赫赫師尹,民具爾瞻。’有國者不可以不慎,辟則爲天下僇矣。”云夢秦簡《爲吏之道·成相》云:“凡戾人,表以真。民將望表以戾真,表若不正,民心將移乃難親。”

“爲下可類而志也。”

今本作:“爲下可述而志也。”《國語·周語》云:“比類百則。”韋昭

注:"類亦象也。"馬王堆帛書《黄帝·立命》云:"昔者黄宗質始好信,作自爲象,方四面,傅一心,四達自中,前參後參,左參右參,踐位履參,是以能爲天下宗。"《周易·同人·象》云:"君子以類族辨物。"《尚書·堯典》云:"克明俊德,以親九族,九族既睦,平章百姓,百姓昭明,協和萬邦。"述、明義同,《漢書·禮樂志》云:"述者之謂明。"志,讀爲識。《周禮·保章氏》云:"掌天星以志星辰日月之變動。"鄭玄注:"志,古文識。"

"則君不疑其臣,臣不惑於君。"言上下一心,《周易·泰·彖》云:"則是天地交而萬物通也,上下交而其志同也。"《風俗通·愆禮》云:"《易》稱,天地交,萬物生,人道交,功勳成。"《越絕書·德序外傳記第十八》云:"《易》曰:'君臣同心,其利斷金。'"

"《尹誥》云:唯尹允及湯,咸有一德。"今本作:"尹吉曰:惟尹躬及湯,咸有一德。"孔傳云:"吉,當爲告。告,古文誥字之誤也。《書序》以爲《咸有一德》今亡。咸,皆也。君臣皆有一德不二,則無疑惑也。"允,讀爲尹。《說苑·反質》云:"夫誠者一也。"《賈子·道術》云:"志操精果謂之誠。"《左傳·襄公二十一年》云:"在上位者灑濯其心,壹以待人,軌度其信,可明徵也,而後可以治人。"

(四)"子曰:上人疑則百姓惑,下難知則君長勞。"

《逸周書·王佩》云:"時至而疑。"孔晁注:"疑,猶豫不果也。"不明是非則疑。《呂氏春秋·謹聽》云:"今夫惑者,非知反性命之情。"郭店楚簡《尊德義》云:"治樂和哀,民不可惑也。"

"故君民者,章好以示民欲,謹惡以亡民淫,則民不惑。"今本作:"故君民者,章好以示民俗,慎惡以御民淫,則民不惑矣。"鄭玄注:"淫,貪侈也,示之好惡而民知禁。"欲、俗義通。《釋名·釋言語》云:"俗,欲也,俗人所欲也。"《孝經》云:"移風易俗。"疏引韋昭注:"隨其趨舍之情欲,故謂之俗。"謹、慎同義。亡、去同義。《後漢書·梁鴻傳》李賢注:"去,亡也。"上海博物館藏楚簡《緇衣》云:"謹惡以吾民淫。"吾讀爲禦。

"臣事君,言其所不能,不辭其所能,則君不勞。"今本作:"臣儀行,不重辭,不援其所不及,不煩其所不知,則君不勞矣。"鄭玄注:"儀當爲義,聲之誤也。言臣義事君則行也。重,猶尚也。援,猶引也,不引君所不及,謂必使其君所行如堯舜也。不煩其所不知,謂必使其知慮如聖人也。凡告喻人,當隨其才以誘之。"所謂"言其所不能",如同郭店楚簡《魯公問子思》所云:"子思曰:'恒稱其君之惡者,可謂忠臣矣。'"惡源自私欲。《孟子·告子上》云:"故天將降大任於斯人也,必先苦其心志,勞其筋骨,餓其體膚,空乏其身,行拂亂其所爲,所以動心忍性,曾益其所不能。"所謂"不辭其所能"指臣事君當盡心竭力。《左傳·僖公九年》云:"公家之利,知無不爲,忠也。"

(五)"子曰:民以君爲心,君以民爲體,心好則體安之,君好則民欲之。"

今本作:"子曰:民以君爲心,君以民爲體。心莊則體舒,心肅則容敬。心好之,身必安之,君好之,民必欲之。"《左傳·哀公六年》云:"是歲也,有雲如眾赤鳥,夾日以飛三日。楚子使問諸周太史,周太史曰:'其當王之身乎?若禜之,可移於令尹、司馬。'王曰:'除腹心之疾,而置諸股肱,何益?'"

《白虎通·三綱六紀》云:"君,群也,群下所歸心也。"《荀子·天論》云:"心居中,虛以治五官,夫是之謂天君。"君受天心,《太平經》卷五十三"分別四治法第七十九"云:"是故古今神真人爲天使受天心主當爲天地談話。"

"故心以體廢,君以民亡。"今本作:"心以體全,亦以體傷,君以民存,亦以民亡。"《穀梁傳·僖公二十六年》云:"民者,君之本也。"《莊子·在宥》云:"卑而不可不因者,民也。"《賈子·大政》云:"民者,萬世之本也。"

(六)"子曰:上好仁,則下之爲仁也爭先。"

郭店楚簡《尊德義》云:"聖人之治民,民之道也。禹之行水,水之道也。造父之御馬,馬之道也。后稷之藝地,地之道也。莫不有道焉,人道爲近。是以君子人道之取先。"人道爲仁義,孝爲人道之本。《論語·學而》云:"君子務本,本立而道生。孝弟也者,其爲仁之本與。"《孝經》云:"子曰:昔者明王之以孝治天下也,不敢遺小國之臣,而況於公侯伯子男乎？故得萬國之歡心，以事其先王。治國者不敢侮於鰥寡，而況於士民乎？故得百姓之歡心，以事其先君。治家者不敢失於臣妾，而況於妻子乎？故得人之歡心，以事其親。夫然，故生則親安之，祭則鬼享之，是以天下和平，災害不生，禍亂不作，故明王之以孝治天下也如此。《詩》云：有覺德行，四國順之。"

"故長民者，章志以昭百姓，則民致行己以悅上。《詩》云：有覺德行，四方順之。"今本作："故長民者，章志、貞教、尊仁，以子愛百姓。民致行己，以説其上矣。《詩》云：有梏德行，四國順之。"《禮記・表記》云："子曰：無欲而好仁者，無畏而惡不仁者，天下一人而已矣。是故君子議道自己，而置法以民。"

（七）"子曰：禹立三年，百姓以仁道，豈必盡仁。"今本作："百姓以仁遂焉。"今按：《禮記・中庸》云："故爲政在人，取人以身，修身以道，修道以仁。"《論語・泰伯》云："君子篤於親，則民興於仁，故舊不遺，則民不偷。"《孝經》云："子曰：愛親者，不敢惡於人；敬親者，不敢慢於人。愛敬盡於事親，而德教加於百姓，刑於四海，蓋天子之孝也。《甫刑》云：一人有慶，兆民賴之。"

（八）"子曰：下之事上也，不從其所以命，而從其所行。上好此物也，下必有甚焉者矣。"相同議論又見郭店楚簡《尊德義》，《孝經》云："先王見教之可以化民也，是故先之以博愛，而民莫遺其親；陳之以德義，而民興行；先之以敬讓，而民不爭；導之以禮樂，而民和睦；示之以好惡，而民知禁。《詩》云：赫赫師尹，民具爾瞻。"

"故上之好惡，不可不慎也，民之表也。"《詩經・角弓》云："爾之遠矣，民胥然矣。爾之教矣，民胥效矣。"鄭玄箋："爾，女。女，幽王也。胥，皆也。言王女不親骨肉，則天下之人皆如之；見女之教令無善無惡，所尚者，天下之人皆學之。言上之化下，不可不慎。"《禮記・大學》云："《詩》云：'樂只君子，民之父母。'民之所好好之，民之所惡惡之，此之謂民之父母。"

（九）"子曰：長民者衣服不改，從容有常，則民德一。"今本作："子曰:長民者衣服不二,從容有常,以齊其民,則民德歸一,傷今不復見古人也。"鄭玄箋:"服,謂冠弁衣裳也。古者,明王時也。長民,謂在民上倡率者也。變易無常謂之二。從容,謂休燕也,休燕猶有常,則朝夕明矣。一者,專也,同也。"

《左傳·閔公二年》云:"衣,身之章也。"杜預注:"章貴賤。"《禮記·坊記》云:"子曰:夫禮者,所以章疑別微,以爲民坊者也,故貴賤有等,衣服有別,朝廷有位,則民有所讓。"《孝經》云:"君子則不然,言思可道,行思可樂,德義可尊,作事可法,容止可觀,進退可度,以臨其民,是以其民畏而愛之,則而象之,故能成其德教而行其政令。"

"《詩》云:其容不改,出言有乙,黎民所信。"今本作:"彼都人士,狐裘黄黄。其容不改,出言有章。行歸于周,萬民所望。"今按:乙,讀爲秩。秩從失聲,失從乙聲。《爾雅·釋詁》云:"秩,常也。"常、章義近。

(十)"子曰:大人不親其所賢,而信其所賤,教此以失,民此以弁。"今本作:"民是以親失,而教是以煩。"此、是義同。《左傳·僖公五年》云"必是時也",《漢書·五行志》引作"必此時也"。《禮記·中庸》云:"仁者,人也,親親爲大。義者,宜也,尊賢爲大。親親之殺,尊賢之等,禮所生也。"信、誠義同。《墨子·經上》云:"信,言合於意也。"《孟子·盡心下》云:"有諸己之謂信。"《賈子·道術》云:"期果言當謂之信。"《白虎通·情性》云:"信者,誠也,專一不移也。"《周易·乾·文言》云:"修辭立其誠,所以居業也。"

弁,讀爲變。《漢書·尹翁歸傳》顔師古集注云:"變,亂也。"煩、亂同義。《國語·楚語》云:"若民煩可教訓。"韋昭注:"煩,亂也。"《漢書·五行志》引《京房易傳》云:"德無常兹謂煩。"

(十一)"子曰:大臣之不親也,則忠敬不足,而富貴已過也。"今本作:"子曰:大臣不親,百姓不甯,則忠敬不足而富貴已過也。"《左傳·襄公十七年》云:"大臣不順,國之恥也。"過、淫同義。《左傳·昭公元年》云:"淫生六疾。"杜預注:"淫,過也。"《禮記·曲禮上》云:"富貴而知好禮,則不驕不淫。"《孟子·滕文公下》云:"富貴不能淫,貧賤不能移,威武不能屈,此之謂大丈夫。”

“邦家之不寧也,則大臣不治,而褻臣托也。”今本作:“大臣不治,而邇臣比矣。”《禮記·大傳》云:“上治祖、禰。”鄭玄注:“治,猶正也。”《說文》云:“託,寄也。”《管子·明法解》云:“夫生殺之柄,專在大臣,而主不危者,未嘗有也。故治亂不以法斷而決於重臣,生殺之柄不制於主而在群下,此寄生之主也。”故“褻臣托”者,權柄旁落,托於近臣也。

“此以大臣不可不敬,民之絕也。”今本作:“故大臣不可不敬也,是民之表也。”《禮記·中庸》凡爲天下國家有九經,其四“敬大臣”,又云:“敬大臣則目不眩。”上海博物館藏《昔者君老》云:“太子乃無聞無聽,不聞不令,唯哀悲是思,唯邦之大屏是敬。”大屏指大臣,西周《史牆盤》銘文云:“上帝降懿德大屏,輔佑上下。”《後漢書·吳良傳》李賢注:“絕,猶極也。”西周《班簋》銘文云:“王令毛伯更虢城公服,屏王位,作四方極。”

“故君不與小謀大,則大臣不怨。”今本作:“君毋以小謀大,毋以遠言近,毋以內圖外,則大臣不怨,邇臣不疾,而遠臣不蔽矣。”簡本語義勝於今本。《莊子·大宗師》云:“孰能相與於無相與。”《釋文》云:“與,猶親也。”上海博物館藏楚簡《緇衣》云:“則大臣不令。”令讀爲憐,《說文》云:“憐,哀也。”

(十二)“長民者教之以德”,今本作:“夫民教之以德。”《論語·爲政》云:“子曰:爲政以德,譬如北辰,居其所而眾星拱之。”《禮記·祭義》云:“故立愛自親始,教民睦也。立敬自長始,教民順也。”

“則民有勸心”,今本作:“則民有格心。”《呂氏春秋·上德》云:“不賞而民勸。”高誘注:“勸,善。”《文選·勸勵題》李善注:“勸者,進善之名。”《論語·爲政》云:“道之以德,齊之以禮,有恥且格。”何晏《集解》云:“格,正也。”《孟子·離婁上》云:“惟大人爲能格君心之非。”

“則民有免心”,今本作:“則民有遁心。”《論語·爲政》云:“子曰:道之以政,齊之以刑,民免而無恥。”《禮記·樂記》云:“人情之所不能免也。”鄭玄注:“免,猶自止也。”《後漢書·杜林傳》李賢注:“遁,猶回避也。”

“故慈以愛之,則民有親。”今本作:“故君民者,子以愛之,則民親之。”慈、子音同。《白虎通·五行》云:“子者,孳也。”《禮記·中庸》凡爲國家者有九經,其六曰“子庶民”。《左傳·昭公二十八年》云:“慈和徧服曰順。”服虔注:“上愛下曰慈。”《賈子·道術》云:“親愛利子謂之慈。”《禮記·大學》云:“慈者所以使衆也。”《左傳·襄公二十七年》云:“慈和而後能安靖其國家。”

“信以結之,則民不倍。”《左傳·文公元年》云:“信,德之固也。”《文選·南都賦》云:“結根竦本。”李善注:“結,猶固也。”

“恭以涖之,則民有遜心。”《論語·衛靈公》云:“子曰:無爲而治者,其舜也與。夫何爲哉?恭己正南面而已矣。”《論語·爲政》云:“季康子問:‘使民敬、忠以勸,如之何?’子曰:‘臨之以莊則敬,孝慈則忠,舉善而教不能則勸。’”遜、順音義皆通。《禮記·學記》云:“孫其業也。”鄭玄注:“孫,猶恭順也。”

“《詩》云:吾大夫恭且儉,靡人不斂。”此爲古逸詩。《禮記·經解》云:“恭儉莊敬,禮教也。”《論語·八佾》云:“禮,與其奢也,寧儉。”《左傳·莊公二十四年》云:“儉,德之共也。”《賈子·道術》云:“廣較自斂謂之儉。”

“《呂刑》云:非用臸,制以刑。”今本作:“苗民匪用命。”上海博物館藏楚簡《緇衣》云:“苗民非用霝。”與《尚書·呂刑》同。“臸”義同至。《荀子·議兵》云:“夫是之謂三至。”楊倞注:“至,謂一守而不變。”《説苑·反質》云:“夫誠者,一也。”《禮記·中庸》云:“天命之謂性。”又云:“誠者,天之道也。”又云:“至誠如神。”神、靈同義。

(十三)“子曰:政之不行,教之不成也。”郭店楚簡《君子》云:“是故亡乎其身而存乎其辭,雖厚其命,民弗從之矣。是故威服刑罰之屢行也,由上之弗身也。”政教本於禮,《荀子·修身》云:“禮者,所以正身也。”《左傳·襄公二十一年》云:“禮,政之輿也。政,身之守也。怠禮失政,失政不立,是以亂也。”《左傳·成公十二年》云:“共儉以行禮,而慈惠以布政。政以禮成,民是以息。”《禮記·曲禮上》云:“教訓正俗,非禮不備。”

“則刑罰不足恥，而爵不足勸也。”今本作：“爵祿不足勸也，刑罰不足恥也。”《禮記·樂記》云：“禮義立則貴賤等矣，樂文同則上下和矣，好惡著則賢不肖別矣。刑禁暴，爵舉賢，則政均矣。仁以愛之，義以正之，如此則民治行矣。”

“故上不可以褻刑而輕爵。”郭店楚簡《尊德義》云：“賞與刑，禍福之基也，或前之者矣。爵位，所以信其然也。征侵，所以攻□（也）。刑□（罰），所以□與也。殺戮，所以除害也。不由其道，不行。”

（十四）“子曰：王言如絲，其出如緍，王言如索，其出如紼。”今本作：“子曰：王言如絲，其出如綸；王言如綸，其出如綍。”此述重言之義。《呂氏春秋·重言》云：“人主之言，不可不愼。高宗，天子也，即位諒闇，三年不言。卿大夫恐懼，患之。高宗乃言曰：‘以余一人正四方，余惟恐言之不類也，兹故不言。’古之天子，其重言如此，故言無遺者。”

“故大人不倡流。”今本作：“故大人不倡游言。”流指流言，《史記·魯周公世家》云：“管叔及其群弟流言於國曰：‘周公將不利於成王。’”又作浮言，《尚書·盤庚上》云：“汝曷弗告朕，而胥動以浮言，恐沉於衆。”

（十五）“子曰：可言不可行，君子弗言；可行而不可言，君子弗行。”《韓詩外傳》卷四云：“言者，行之指也。”《論語·子路》云：“故君子名之必可言也，言之必可行也。君子於其言，無所苟而已矣。”郭店楚簡《忠信之道》云：“口惠而實弗從，君子弗言爾。”《周易·繫辭上》云：“言出乎身，加乎民；行發乎邇，見乎遠。言行，君子之樞機。樞機之發，榮辱之主也。言行，君子之所以動天地也，可不愼乎？”

“則民言不危行，行不危言。”《呂氏春秋·驕恣》云：“不知化者舉自危。”高誘注：“危，敗也。”

（十六）“子曰：君子道人以言，而恒以行。”今本作：“子曰：君子道人以言，而禁人以行。”恒、常同義。《周易·坎·象》云：“君子以常德行。”《韓詩外傳》卷四云：“傳曰：愛由情出謂之仁，節愛理宜謂之義，致愛恭謹謂之禮。文禮謂之容，禮容之義生，以治爲法。故其言可以爲民道，民從是言也;行可以爲民法,民從是行也。書之於策,傳之於志,萬世子子孫孫道而不舍。由之則治,失之則亂;由之則生,失之則死。"

"言則慮其所終,行則稽其所敝。"終、敝義近。《素問·上古天真論》云:"故能壽敝天地。"王冰注:"敝,盡也。"郭店楚簡《成之聞之》云:"古之用民者,求之於己爲恒。言不信則命不從,信不著則言不樂。民不從上之命,不信其言,而能念德者,未之有也。故君子之蒞民也,身服善以先之,敬慎以守之,其所在者入矣。"

(十七)"子曰:言從行之,則行不可匿。"今本作:"子曰:言從而行之,則言不可飾也;行從而言之,則行不可飾也。"上海博物館藏楚簡《緇衣》云:"子曰:言率行之,則行不可匿。"今按:從、率皆有順義。《左傳·昭公十一年》云:"不昭不從。"杜預注:"言順曰從。"《逸周書·大匡》云:"三州諸侯咸率。"孔晁注:"率,奉順也。"《論語·子路》云:"名不正則言不順,言不順則事不成。"名正言順,言行一致,以喻誠信。《淮南子·說山》云:"無內無外,不匿瑕穢。"統治者對臣民應開誠佈公,心無隱情。《尚書·盤庚上》云:"古我先王,亦惟圖任舊人共政。王播告之修,不匿厥指,王用丕欽,罔有逸言,民用丕變。"下文引《小雅》云:"允也君子,展也大成。"展,公開之義,與匿相對。《廣雅·釋詁三》云:"匿,縮也。"

"故君子顧言而行",簡文顧,從見從寡。今本作:"故君子寡言而行。"鄭玄注:"寡,當爲顧聲之誤。"《尚書·大甲》云:"顧諟天之明命。"孔傳云:"顧,謂常目在之。"

(十八)"子曰:君子言有物。"今本無"君子"二字。"物",鄭玄注:"謂事驗也。"今按:《左傳·昭公元年》云:"言以知物。"杜預注:"物,猶類也。"《詩經·烝民》云:"天生烝民,有物有則。"

"行有格。"鄭玄注:"格,舊法也。"舊法又稱舊物、舊章。《左傳·哀公元年》云:"祀夏配天,不失舊物。"《詩經·假樂》云:"不愆不樂,率由舊章。"鄭玄箋:"愆,過。率,循。成王之令德,不過誤,不遺失,循用舊典之文章,謂周公之禮法。"

"此以生不可奪志,死不可奪名。"《論語·子罕》云:"子曰:三軍不可奪帥也，匹夫不可奪志也。”

“故君子多聞”，《論語·述而》云：“子曰：蓋有不知而作之者，我無是也。多聞，擇其善者而從之，多見而識之，知之次也。”

“齊而守之”，《逸周書·謚法》云：“執心克莊曰齊。”《左傳·成公十一年》云：“齊盟所以質信也。”杜預注：“齊，一也。”今本作：“質而守之。”鄭玄注：“質，猶少也。”一爲少之極，故齊、質義近。《史記·大宛列傳》云：“以爲質於外國。”《集解》引如淳云：“質，誠信也。”《論語·衛靈公》云：“子曰：君子義以爲質，禮以行之，孫以出之，信以成之，君子哉。”《論語·顔淵》云：“棘子成曰：‘君子質而已矣，何以文爲？’子貢曰：‘惜乎，夫子之説君子也，駟不及舌。文猶質也，質猶文也。’”

“多志，質而親之。”今本同。鄭玄注：“多志，謂博交，汎愛人也。”其説可商。今按：志讀爲識，《禮記·哀公問》云：“子志之心也。”鄭玄注：“志，讀爲識。”《周易·大畜·象》云：“君子多識前言往行。”《釋名·釋言語》云：“識，幟也，有章幟可按視也。”故“多志”如言“多識”，《論語·爲政》云：“子曰：多聞闕疑，慎言其餘，則寡尤；多見闕殆，慎行其餘，則寡悔。”所謂“質而親之”，《公羊傳·莊公三十二年》云：“辭曷爲與親弑者同。”何休注：“親，躬親也。”《禮記·祭義》云：“災及於親。”《釋文》云：“親，本作身。”是知“親之”者，身體力行之義。

“多聞”“多智”源自聰明。馬王堆帛書《五行》云：“未嘗聞君子道，謂之不聰；未嘗見賢人，謂之不明。聞君子而不知其爲君子道者，謂之不聖；見賢人而不知其有德也，謂之不智。見而知之，智也；聞而知之，聖也。”

“精知，略而行之。”今本同。《管子·心術》云：“中不精者，心不治。”尹知章注：“精，誠至之謂也。”《吕氏春秋·異寶》云：“其知彌精，其所取彌精。”高誘注：“精，微妙也。”

（十九）“子曰：苟有車，必見其轄。”簡文“轄”從曷聲，讀爲轄。此言一語雙關。《淮南子·人間》云：“夫車之所以能千里者，以其要在三寸之轄。”《説文》云：“一曰：轄，鍵也。”馬王堆帛書《周易》乾作鍵，《周易·

乾·象》云:"天行健,君子以自強不息。"車同居,《孝經》云:"仲尼居。"鄭玄注:"居,静而思道也。"古人常以車比喻道德修養,《周易·大有》九二《象》云:"大車以載,積中不敗也。"《周易·剝》上九《象》云:"君子得輿,民所載也。"今本作:"苟有車,必見其軾。"鄭玄注:"言凡人舉事,必有後驗也,見其軾,謂載也。"

"苟有衣,必見其幣。"今本作:"必見其敝。"鄭玄注:"敝,敗衣也。衣或在内,新時不見。"今按:此言亦一語雙關。《左傳·閔公二年》云:"衣,身之章也。"《管子·君臣》云:"旌之以衣服。"尹知章注:"衣服,所以表貴賤也。"故"衣"比喻禮。"敝"如《禮記·緇衣》云:"行則稽其所敝。"《周易·歸妹·象》云:"君子以永終知敝。"敝同蔽,《小爾雅·廣言》云:"蔽,斷也。"

"苟有行,必見其成。"今本作:"苟或行之,必見其成。"今按:《管子·心術》云:"行者,正之義也。"仁義禮智聖,皆可稱爲"行"。《吕氏春秋·本生》云:"始生之者,天也;養成之者,人也。"《禮記·中庸》云:"誠者,非自成己而已也,所以成物也。成己,仁也;成物,知也。性之德也,合外内之道也,故時措之宜也。"《周易·繫辭上》云:"成性存存,道義之門。"

(二十)"子曰:私惠不驍德"。簡文"驍"字從馬,依聲讀爲撓,字通徼。《文選·陳情表》云:"庶劉僥倖保卒餘年。"李善注:"僥與徼同。"德,義同福,《禮記·哀公問》云:"百姓之德也。"鄭玄注:"德,猶福也。"《國語·晉語》云:"夫德,福之基也。""徼福"是古之常語,《左傳·文公二年》云:"寡君願徼福于周公、魯公。"杜預注:"徼,要也。"《左傳·昭公三年》云:"徼福于大公、丁公。"《左傳·僖公四年》云:"君惠徼福于敝邑之社稷。"上海博物館藏楚簡《緇衣》作:"私惠不懷德。"《論語·里仁》云:"子曰:君子懷德,小人懷土。君子懷刑,小人懷惠。"今本作:"私惠不歸德。"鄭玄注:"私惠謂不以公禮相慶賀,時以小物相問遺也。言其物不可以爲德,則君子不以身留此人也。相惠以褻瀆邪辟之物,是爲不歸於德。歸或爲懷。"

"君子不自留焉。"留,同流。《莊子・天地》云:"留動而生物。"《釋文》云:"留,或作流。"《禮記・鄉飲酒義》云:"知其能和樂而不流也。"鄭玄注:"流,謂失禮也。"《禮記・中庸》云:"故君子和而不流。"

(二十一)"子曰:唯君子能好其匹,小人豈能好其匹。"今本作:"唯君子能好其正,小人毒其正。"鄭玄注:"正當爲匹字之誤也。匹謂知識朋友。"匹、正易混。《禮記・禮器》云:"匹士大牢而祭。"《釋文》云:"匹,本作正。"《詩經・關雎》云:"窈窕淑女,君子好逑。"毛傳:"窈窕,幽閒也。淑善,逑匹也。言后妃有關雎之德,是幽閒貞專之善女,宜爲君子之好匹。"

"故君子之友也有向,其惡有方。"君子交友以道,故好惡有方。《論語・里仁》云:"子曰:唯仁者能好人,能惡人。"

"此以邇者不惑,而遠者不疑。"上文云:"故君民者,章好以示民欲,謹惡以禦民淫,則民不惑。"又云:"故上之好惡,不可不慎也,民之表也。"遠者又稱遠人,《論語・季氏》云:"夫如是,故遠人不服,則修文德以來之。"

(二十二)"子曰:輕絕貧賤而厚絕富貴。"今本作:"子曰:輕絕貧賤而重絕富貴。"今按:《呂氏春秋・知接》云:"桓公非輕難而惡管子也。"高誘注:"輕,易也。"厚、重同義。《史記・刺客列傳》云:"不重暴骸之難。"索隱云:"重,猶惜也。"

"則好仁不堅,而惡惡不著也。"今本作:"則好賢不堅。"《荀子・非十二子》云:"貴賢,仁也。"

(二十三)"子曰:宋人有言曰:人而無恒,不可爲卜筮也,其古之遺言與?"今本作:"南人有言曰。"《論語・子路》云:"子曰:南人有言曰:'人而無恒,不可以作巫醫。'善夫!不恒其德,或承之羞。子曰:不占而已矣。"《周易・恒・象》云:"君子以立不易方。"《周易・繫辭下》云:"恒,德之固也。"《荀子・儒效》注:"萬物莫足以傾之之謂固。"不可改易,一以貫之,故曰恒。《荀子・禮論》云:"禮之中焉能勿易,謂之能固。"有恒者知是非,辨好惡,故曰"不占而已矣"。

《嶽麓書院藏秦簡(肆)》校釋二則①

王 偉②

摘 要:新出土的大量秦簡牘内容豐富而重要,爲戰國至秦漢時期的漢語研究提供了新鮮而豐富的語料。《嶽麓書院藏秦簡(肆)》整理者對簡文的釋讀功莫大焉,亦存在一些問題,其中的"湯家臣"應是湯沐邑所屬的隸臣,而秦出土文獻中的"久"大多可解釋爲做標記。

關鍵詞:嶽麓秦簡;湯家臣;久

最近出版的《嶽麓書院藏秦簡(肆)》收録秦律令條文 391 簡,對秦代語言文字和法律制度研究有着非常重大的價值。現基於整理者的釋讀與注釋,在吸收相關研究成果的基礎上,對簡文所涉有關字詞略作補苴,敬請批評指正。

一 湯家臣

007/0782 號簡文云:

①本文是國家社科基金項目"秦印集成暨新秦印文字編"的階段性成果,項目編號:16BYY120。

②王偉,陜西師範大學文學院 副教授 西安 710119。

佐弋隸臣、湯家臣,免爲士五(伍),屬佐弋而亡者,論之,比寺車府……

簡文之"湯家臣",整理者注曰:"此字左側偏旁不清楚,暫釋爲'湯',湯是湯官的省稱。"又:"家臣:一般爲諸侯、王公的私臣……據簡文理解,這裏家臣或不是所謂諸侯、王公的私臣,而或應該是指在官署室内勞作的臣……此'家臣'的身份地位或與'隸臣'相當。"①

諦審圖版②,此字左上部除了三個向右下方傾斜角度大致相同且略相連屬的墨點外,似没有"阝"符所必須的上下貫通的竪畫;又因本簡"湯家"二字所處位置的竹簡表面左側有一長條陰影(圖4),很像"阝"符左邊的竪畫,這可能是陳松長先生曾將此字釋爲"陽"的一個因素③。但秦文字中"陽"字所從"阝(阜)"旁上半多作阝形,即筆畫中間除字形模糊者外均不填實,且"阝(阜)"旁下半部的竪畫一般有一定的延伸。秦簡中"湯""陽"及"氵(水)""阝(阜)"的常見寫法如下表④。

	"湯"字	"氵(水)"符	"陽"字	"阝(阜)"符
睡虎地秦簡		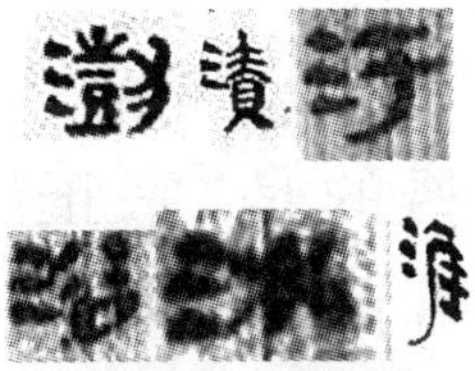		
里耶秦簡				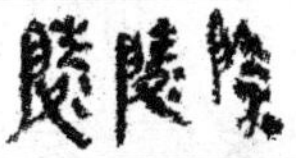
嶽麓秦簡	⑤			

①陳松長《嶽麓書院藏秦簡(肆)》,上海辭書出版社,2015年,頁74。

②同上,頁27、41。

③陳松長《嶽麓秦簡中的幾個官名考略》,《湖南大學學報(社會科學版)》2015年第3期。《嶽麓書院藏秦簡(肆)》出版後,網友"落葉掃秋風"認爲此字可能是"陽",並懷疑前有缺字。參簡帛網論壇《〈嶽麓書院藏秦簡(肆)〉初讀》貼(http://www.bsm.org.cn/bbs/read.php? tid=3331)下第43樓的發言(2016年3月27日)。

④方勇《秦簡牘文字編》,福建人民出版社,2012年,頁256—262、323—325。

⑤陳松長《嶽麓書院藏秦簡(壹)》,上海辭書出版社,2010年,頁159。

簡文中“湯”字(圖 1)經處理後的字形如下(圖 2、3),其左上部的三個向右下方傾斜角度大體一致的濃重墨跡筆畫很可能是隸書化的氵符,故整理者釋爲“湯”應有相當的依據。但整理者將“湯”解作“湯官”之省,缺乏相關文獻用例,似有望文生訓之嫌;且將“家臣”解釋爲“不是所謂諸侯、王公的私臣,而或應該是指在官署室内勞作的臣”的説法亦不準確。

圖 1

圖 2

圖 3

圖 4

今按,我們認爲“湯”或是習見於文獻的湯沐邑,“家臣”就是“家令丞隸臣”,“湯家臣”就是秦宗親、封君和始皇子女之湯沐邑(收取賦税的私邑或封地)的管理者“家令”和“家丞”所屬的隸臣,故簡文中“湯家臣”與“佐弋隸臣”並列出現。

秦漢時期掌管王室親族事務的是“宗正”。《漢書・百官公卿表》“宗正,秦官,掌親屬,有丞……屬官有都司空令丞,内官長丞。又諸公主家令、門尉皆屬焉。”“宗正”見於相家巷出土的秦封泥;此外,秦璽印還有家府、家璽、家印、尚叔家印、相氏家印、張氏家印,秦封泥有寧陽家丞、高泉家丞、欒氏家印等①。秦既有“宗正”之設,就有管理宗親,包括始皇子女湯沐邑的“家令”“家丞”等,上舉秦璽印封泥中的諸家印、家丞即是明證。秦始皇有多位子女,如《秦始皇本紀》載“六公子戮死於杜……昆弟三人皆流涕拔劍自殺”,又《李斯列傳》載“皇帝二十餘子,皆君之所知”“公子十二人僇死咸陽市,十公主矺死於杜”等。

①本文徵引秦出土文獻資料如無特别説明則均見於王輝、王偉《秦出土文獻編年訂補》,三秦出版社,2014 年。文内所引秦璽印封泥資料又見於王偉《秦璽印封泥職官地理研究》,中國社會科學出版社,2014 年,頁 528—646。

秦國君之子女、皇后嬪妃、宗親重臣、封君等均有供其收取賦税的私邑、宗邑或封地。《戰國策·楚策二》:"秦王有愛女而美,又簡擇宫中佳麗好翫習音者,以歡從之;資之金玉寶器,奉以上庸六縣爲湯沐邑,欲因張儀内之楚王。"浙江省博物館藏秦官印"公主田印"①,可見戰國時秦國和始皇統一後設有管理宗親子女食田和封邑的人員和機構。吕后時期的張家山漢簡《二年律令·秩律》有"李公主、申徒公主、榮公主、傅公〔主〕家丞,秩各三百石"②,這些公主的"家丞"均應隸屬於宗正。

秦雖無尺寸之封,但宗親重臣也有祭祀祖先的宗邑,如《秦封宗邑瓦書》記載了右庶长歜劃定宗邑(宗廟所在)四界之事。秦亦有封君,封君有家丞,如秦高陵君鼎銘文"十五年高陵君丞趯",應是高陵君家丞監造的器物;又澳門珍秦齋藏有秦昭襄王時某封君家丞監造的王二十三年家丞戈以及新確認的一件秦封君家丞戈③。

除"宗正"外,秦還有職掌皇后、太子家事的"詹事"機構,如二十九年漆奩銘文有"太后詹事丞"。秦封泥還有"大后丞印"④,爲《漢書·百官公卿表》失載,此"大后丞"或爲太后"家丞"之省。

以上所及的秦宗正、詹事和封君"家丞"等資料説明,秦時有管理宗親、始皇子女、太后和封君所享有食邑、私田的機構和職官,而"家令""家丞"就是湯沐邑(收取賦税的私邑或封地)的管理者。嶽麓簡首見的"湯家臣"應該就是湯沐邑管理者"家令""家丞"的隸臣。

此外,簡 044/2089 號"卿⑤,家嗇夫……"句似乎也正反映了秦時卿大夫有食邑及家丞(家嗇夫)的情況。

---

①曹錦炎《古璽通論》,上海書畫出版社,1995 年,頁 186—187。

②張家山二四七號漢墓竹簡整理小組《張家山漢墓竹簡[二四七號墓]》(釋文修訂本),文物出版社,2006 年,頁 80。

③王偉《記新发现的一件秦封君家丞戈》,《中國文字研究》第二十五輯,上海書店出版社,2017 年,頁 24—26。

④楊廣泰《新出陶文封泥選編》,文雅堂稿本,2015 年,頁 108。

⑤簡帛網論壇《〈嶽麓書院藏秦簡(肆)〉初讀》貼(http://www.bsm.org.cn/bbs/read.php? tid=3331)下第 5 樓網友 abc 認爲"卿"似當讀爲"鄉",待考。

二　久

編號爲 130/1398＋131/1365 的兩枚簡文如下：

……各一盾。馬齒盈〈至①〉四以上當服𩣡、狠(墾)田、就(僦)載者，令廄嗇夫丈齒令、丞前，久(炙)右肩②，章曰：當乘。不當乘，竊久(炙)及詐僞令人久(炙)，皆䙴(遷)之，没入馬縣官。

整理者將“久”讀爲“炙”的説法已有多位學者指出其誤③。如方勇認爲：“讀爲‘炙’是不對的。其應該是讀爲‘灸’，我們懷疑讀爲‘炙’可能是由於整理者的筆誤所致，或者印刷錯誤。”方先生還將簡文“重新斷句爲‘令廄嗇夫丈齒，令丞前久(灸)右肩，章曰：當乘。’④”高一致、邢義田等均從之⑤；但邢義田等又指出方勇的斷讀有誤。

今按，簡文所見“久”字與久遠之“久”同形，類似文例見於睡虎地秦

①整理者原釋“盈”，今從網友“落葉掃秋風”意見釋爲“至”。説見簡帛網論壇《〈嶽麓書院藏秦簡(肆)〉初讀》貼(http://www.bsm.org.cn/bbs/read.php? tid=3331)第 3 樓發言。又參朱錦程《讀〈嶽麓书院藏秦簡〉(肆)札記(一)》，簡帛網 http://www.bsm.org.cn/show_article.php? id=2495，2016-03-25。

②林少平先生將“令丞前”與“久(灸)右肩”連讀。此處“令”字與前文“令廄嗇夫”之“令”相同，此丞乃是廄嗇夫之丞。參看簡帛網論壇《〈嶽麓書院藏秦簡(肆)〉初讀》貼(http://www.bsm.org.cn/bbs/read.php? tid=3331)第 17 樓跟貼。按，此説誤，詳參下引邢義田先生文。

③按，整理者在第三組簡文之 361/0652“鐵椎(錐)鐵鋒(鋒)不可久刻”下的注釋又引睡虎地秦簡《金布律》“有久識者”及原整理者注，指出“久刻，即久刻，刻記之意”。

④方勇《讀〈嶽麓書院藏秦簡(肆)〉札記一則》，簡帛網 http://www.bsm.org.cn/show_article.php? id=2494，2016-03-25。

⑤高一致《讀〈嶽麓書院藏秦簡(肆)〉雜説一則》，簡帛網 http://www.bsm.org.cn/show_article.php? id=2502，2016-03-27。邢義田、高震寰《“當乘”與“丈齒”——讀嶽麓書院藏秦簡札記之三》，簡帛網 http://www.bsm.org.cn/show_article.php? id=2515，2016-04-08。今按，有關戰國秦漢時期的烙馬印的資料和相關論述可參考孫家潭(弘毅)《新發現“夏騎”烙馬印考》，《中國書法》2012 年第 11 期。

簡、秦陶文和秦印等,王輝先生讀爲“記”,有“記書”“標誌”等義①。整理者將簡文“久”讀爲“灸”應是考慮到“久右肩”就是在馬右肩上灸烙印章,合乎給馬灸烙印章的實情;而後來研究者將“久”改讀爲“灸”當然有形音義方面的全盤考慮,是對整理者意見的有益補充。

細繹簡文所述内容,“久”的實際動作應是用金屬印章在適齡的馬右肩上作烙印標記,若將簡文之“久”讀作“灸”或“灸”,那麽秦文字中其他的“久”字,如睡虎地秦簡“久刻職(識)物”、龍崗秦簡中“入司馬門久”和秦陶文等資料所見的“亭久”等語境下的“久”應該作何解釋,即需要考慮簡文的“久”讀爲“灸”或“灸”能否在秦文字資料的其他語境中貫通理解。

實際上,通觀睡虎地秦簡、龍崗秦簡和秦陶文等有關的“久刻(刻)”的資料②,可以發現“久”的範圍主要是“公器”,即公家所擁有的各類物品,其所涉對象包括馬匹、兵甲、榦和進入某些場所的憑證等各種質料,還有睡虎地秦簡《秦律十八種·工律》所規定的“其不可刻久者,以丹若鬃书之”,即不能以刻畫的方式做標記的要用紅色顔料書寫作爲標識。可見“久”是一個表示標記、標識之義的詞,其含義包括印鈐、刻寫、燒烙等。所以,不僅嶽麓簡文的“久”字不煩改讀,而且睡虎地秦簡所見之“有久識者靡蚩之”(《金布律》)、“公甲兵各以其官名刻久之,其不可刻久者”(《工律》)、“公器不久刻者”(《效律》)、“工久榦曰不可用”(《秦律雜抄》)、“其腹有久故瘢二所”(《封診式》)、“久刻職(識)物”(《爲吏之道》),龍崗秦簡中“入司馬門久”和秦陶文等資料所見的“亭久”等全部“久”字均可訓爲做標記、做標識。至於是刻是寫(丹漆),抑或是燒烙,則要看上下文的語境。

嶽麓此處簡文的“久(灸)右肩”,是指在馬的右肩做標記,即用内容

---

①王輝主編《秦文字編》,中華書局,2014年,頁861—863。有關“久刻職物”的解釋亦可參王三峽《秦簡“久刻職物”相關文字的解讀》,《江漢考古》2006年第1期。

②“久”字相關研究狀況參陳偉《秦簡牘合集(叁)》,武漢大學出版社,2014年,頁15—16。又可參方勇《讀〈嶽麓書院藏秦簡(肆)〉札記一則》,簡帛網 http://www.bsm.org.cn/show_article.php?id=2501,2016—03—27。

是“當乘”的烙馬印烙出痕跡。如果有“竊久及詐僞令人久”,即馬尚未達到“當乘”的標準而私自做標記,或弄虛作假讓別人給馬做了“當乘”標記,這兩種情況下的處罰措施是“皆署(遷)之,没入馬縣官”。

此外,《嶽麓(肆)》簡 361/0652 號有“鐵椎(錐)鐵銼(鋒)不可久劾(刻),勿久劾(刻)”,是說像鐵椎等纖細的物品無法刻銘以作標記的話就不用做標記;而下一簡 362/0524“……而務求可以劾(刻)久䟕[①](職、識)者,劾(刻)久䟕(職、識)之;可而弗劾(刻)久䟕(職、識)者,貲官嗇夫……”是說務必給所有能做標記的器物均要求做標記,如果能做標記而未做,則要受到處罰。其中“劾(刻)久䟕(職、識)”“劾(刻)”是標記的具體方法和方式,“久”是做標記,“䟕(識)”是名詞,指所做的標記。從現存秦金屬器物上的銘文來看,“刻”是最常見的一種標識方法,故秦簡中“久”“劾(刻)”常連用。

最後附帶談談《嶽麓(肆)》另一處的一個“久”字。309/0558+310/0358 號簡文云:

> 丞相御史請:令到縣,縣各盡以見(現)錢不禁者亟予之,不足,各請其屬所執灋,執灋調均;不足,乃請御史,請以禁錢貸之,以所貸多少爲償,久昜(易)期,有錢弗予,過一金〖貲二甲〗。

整理者注:“昜,通‘易’,更改。久昜期,即時間拖了很長而不按期歸還。”可見整理者將“久”解釋爲“時間拖了很長”,即長久之義。今按,此處的“久”不必隨文釋義,似亦可解作標記、標識之義。此處簡文是說特殊情況下可請求御史許可,貸用“禁錢”來支付“購賞債”,但要如期如數償還(“以所貸多少爲償”),則“久昜(易)期”就應該是記下或標記好應該歸還的日期,故緊接着說“(到了應該歸還日期)有錢弗予(就要貲罰一定數量的錢財)”。

---

①網友“落葉掃秋風”釋爲“銼”,見簡帛網論壇《〈嶽麓書院藏秦簡(肆)〉初讀》貼(http://www.bsm.org.cn/bbs/read.php?tid=3331)下第 14 樓的發言。

里耶秦簡補綴四則①

謝　坤②

摘　要:本文爲綴合里耶秦簡的四則札記,分别包括:14－300＋14－764＋9－3331;8－1972＋8－1688;8－1131＋8－2031;8－1321＋8－1324＋1328。

關鍵詞:里耶秦簡;校讀;綴合;札記

新近研讀《里耶秦簡(壹)》③與《里耶秦簡牘校釋(第一卷)》④,發現幾枚似可拼綴的殘簡,今將部分意見整理出來,請大家指正。

一

《里耶秦簡博物館藏秦簡》中收録如下一枚"祠先農"簡:

卅二年三月丁丑朔丙申,倉是、佐狗雜出祠先辳(農)餘徹羊頭

①本文是教育部人文社科青年基金項目"秦簡牘所見倉儲史料的整理與研究"階段性成果,項目編號:19YJC770054。

②謝坤,江南大學人文學院　講師　無錫　214122。

③湖南省文物考古研究所《里耶秦簡(壹)》,文物出版社,2012 年。如無特别説明,本文所引圖版均引此書,不另注。

④陳偉主編,何有祖、魯家亮、凡國棟撰著《里耶秦簡牘校釋(第一卷)》(以下簡稱《校釋(一)》),武漢大學出版社,2012 年。如無特别説明,本文所引釋文均引此書,不另注。

一、足四責于城旦赫所,取錢四☑(14—300+14—764)[①]

觀察該簡,可以發現其下端仍有部分缺失。而在新公佈的《里耶秦簡(貳)》中,也有一枚疑似"祠先農"的殘簡:

☑衛之頭二錢足四☑(9—3331)[②]

比較二者,可以發現其形制相近、書寫特徵相同,茬口處亦較吻合(見圖1)。

圖1　14—300+14—764+9—3331 茬口位置

拼合後可復原"衛"字,二者當能綴合。新拼合後的釋文作:

卅二年三月丁丑朔丙申,倉是、佐狗雜出祠先䢉(農)餘徹羊頭一、足四責于城旦赫所,取錢四,衛之頭二錢、足四☑(14—300+14—764+9—3331)

二

《里耶秦簡(壹)》中有如下一枚殘簡,其釋文作:

☑曰:故小上造,以☑(8—1688)

①里耶秦簡博物館、出土文獻與中國古代文明研究協同創新中心中國人民大學中心編著《里耶秦簡博物館藏秦簡》,中西書局,2016年,頁138。

②湖南省文物考古研究所《里耶秦簡(貳)》,文物出版社,2017年,頁306。

何有祖老師曾懷疑,該簡可與 8－1764 號簡拼合(見圖 2)[①]。

圖 2　8－1688＋8－1764 茬口位置

兩簡綴合後的釋文作:

☐【佐】歡、華訊于,于告旁曰:故小上造,以☐(8－1688＋8－1764)

然而,觀察兩支殘簡,其紋路、寬度較爲接近,但是二者的字體風格仍略有不同,茬口吻合處尚不夠嚴密。因此,該綴合恐當存疑。

經翻檢,我們在第八層中檢到另外一枚殘簡,其釋文作:

陽里小男子説辤(辭)☐(8－1972)

將該簡與 8－1688 號簡相比,可以發現二者的紋路、字體風格均相同,茬口處吻合較好,二者當能直接拼合(見圖 3)。

圖 3　8－1972＋8－1688 茬口位置

《校釋(一)》指出,"説"爲人名,當是。"辭曰",爲文書習語,里耶簡

①何有祖《里耶秦簡牘綴合(七)》,簡帛網 http://www.bsm.org.cn/show_article.php?id＝1712,2012－06－25。

中也頗爲多見。如:

(1)訊德,辤(辭)曰:昌有它罪,爲(8—1569)

(2)辤(辭)曰:偃署毋龍亭,往▨(8—1496)

(3)卅年□月丙申,遷陵丞昌,獄史堪【訊】。昌辤(辭)曰:上造,居平□,侍廷,爲遷陵丞。(8—754+8—1007)

(4)廿七年【八月丙戌,遷陵拔】訊歐,辭曰:上造,居成固畜□□▨Ⅰ(8—209)

結合來看,8—1688號簡應當與8—1972綴合。新拼合後的釋文作:

陽里小男子説辤(辭)曰:故小上造,以▨(8—1972+8—1688)

三

《里耶秦簡(壹)》中收錄了如下兩枚殘簡:

(1)加以戊子食舍,丙申往▨(8—1131)

舍,即下之酉陽,即以辛▨(8—1131背)

(2)▨亥販食舍▨(8—2031)

▨魚即不食舍上▨(8—2031背)

兩枚殘簡均有"食舍"一詞,且二者紋路、書寫風格相近。另外,兩枚簡的茬口處亦能吻合(見圖4)。

圖4 8—1131+8—2031茬口位置

拼合之後可以補齊8－2031號簡“魚即”二字的部分筆畫，且簡文連讀順暢。因此，兩枚殘簡當可綴合，綴合後的釋文作：

加以戊子食舍，丙申往魚，即不食舍，上▨(8－1131＋8－2031背)

舍，即下之酉陽，即以辛亥販食舍。8－1131背＋8－2031①

對於簡文，《校釋(一)》注釋作：“加，疑是人名。食舍，食宿，或食于舍。”②這是很好的意見。加，在該簡中應是人名。8－720號簡亦有“▨加以戊子▨”，與此記載相似。又，第9－728號簡有“守加卌四日—，守頎三百一十日—”③，其中“加”身份爲守官。

“食舍”，在簡文中與“不食舍”對應，可理解爲“食于舍”。“舍”可能是“縣舍”之省，張家山《傳食律》237號簡有“諸吏乘車以上及宦皇帝者，歸休若罷官而有官者，縣舍食人、马如令”的規定，“縣舍食人”即縣舍向人提供飲食。其後的“即以辛亥販食舍”，應當是指在辛亥日向“舍”販食(可能是“魚”)。從此簡來看，“舍”不僅是秦代提供飲食的重要機構，同時還可能有購買食材的職能。

四

里耶秦簡第8－1328號簡釋文作：

▨朔朔日，田官守敬、佐壬、稟人娙出稟居貲士五(伍)江陵東就娄▨Ⅰ

▨史逐視平。▨Ⅱ(8－1328)

此爲里耶簡中常見的“稟食類文書”。相同的記載可參看：

(1)徑廥粟米一石八斗泰半。 卅一年七月辛亥朔癸酉，田官守敬、佐壬、稟人蓉出稟屯戍簪裹襄完里黑、士五(伍)朐忍松塗增Ⅰ六月食，各九斗少半。

---

①“8－1131＋8－2031背”號簡文意未完，其似可與“8－1131背＋8－2031”連讀，作：加以戊子食舍，丙申往魚，即不食舍，上舍。即下之酉陽，即以辛亥販食舍。(8－1131＋8－2031)

②《校釋(一)》，頁281。

③《里耶秦簡博物館藏秦簡》，頁115。

令史逐視平。　敦長簪裛襄壞(褱)德中里悍出。　壬手。Ⅱ(8－1574＋8－1787)

(2)徑廥粟米四石。　卅一年七月辛亥朔朔日,田官守敬、佐壬、稟人婭出稟罰戍公卒襄城武宜都胠、長利士五(伍)甗。Ⅰ

令史逐視平。　壬手。BⅡ(8－2246)

從上舉例證可以看出,此記錄中所稟糧食均出自"徑廥",且負責稟食的爲"田官守敬、佐壬、稟人婭"這一組合(該組合多在"卅一年七月")。不僅如此,在稟食過程中常由"令史逐"負責監督,文書最後經由"佐壬"抄錄。

順此綫索,我們找到以下兩支簡:

(3)徑廥粟米二□☑(8－1321)

(4)☑壬手。(8－1324)

觀察可知,8－1321與8－1328的竹簡形制相近,字體書寫風格一致,茬口處亦吻合,二者當能拼合(見圖5)。

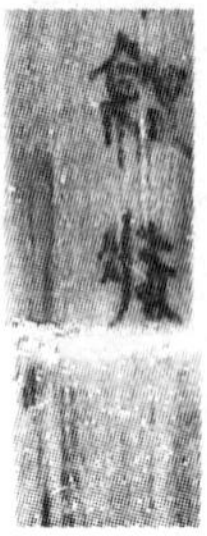

圖5　8－1328＋8－1324茬口位置

另外,第8－1324號簡與8－1328形制也相近,二者茬口處的斷裂處較爲相似,或可與之遥綴,所缺部分當爲稟食的具體數量。如所論不誤,三者綴合后的釋文當作:

徑廥粟米二□……朔朔日,田官守敬、佐壬、稟人婭出稟居貲士五(伍)江陵東就娸Ⅰ

令史逐視平。壬手Ⅱ(8－1321＋8－1324＋8－1328)

嶽麓秦簡《倉律》163號簡云"縣、官縣料出入必平,稟禾美惡相襍,大輸令丞視,令史、官嗇夫視平,稍稟,令令史視平"①,正是對縣官稟食

①陳松長主編《嶽麓書院藏秦簡(肆)》,上海辭書出版社,2015年,頁122。

的具體規定。里耶簡中的稟食文書,多爲"令史視平",且其出糧數一般不過數石,因此頗疑這些稟食記錄當屬嶽麓《倉律》所言的"稍稟"之列。

附:綴合完整圖

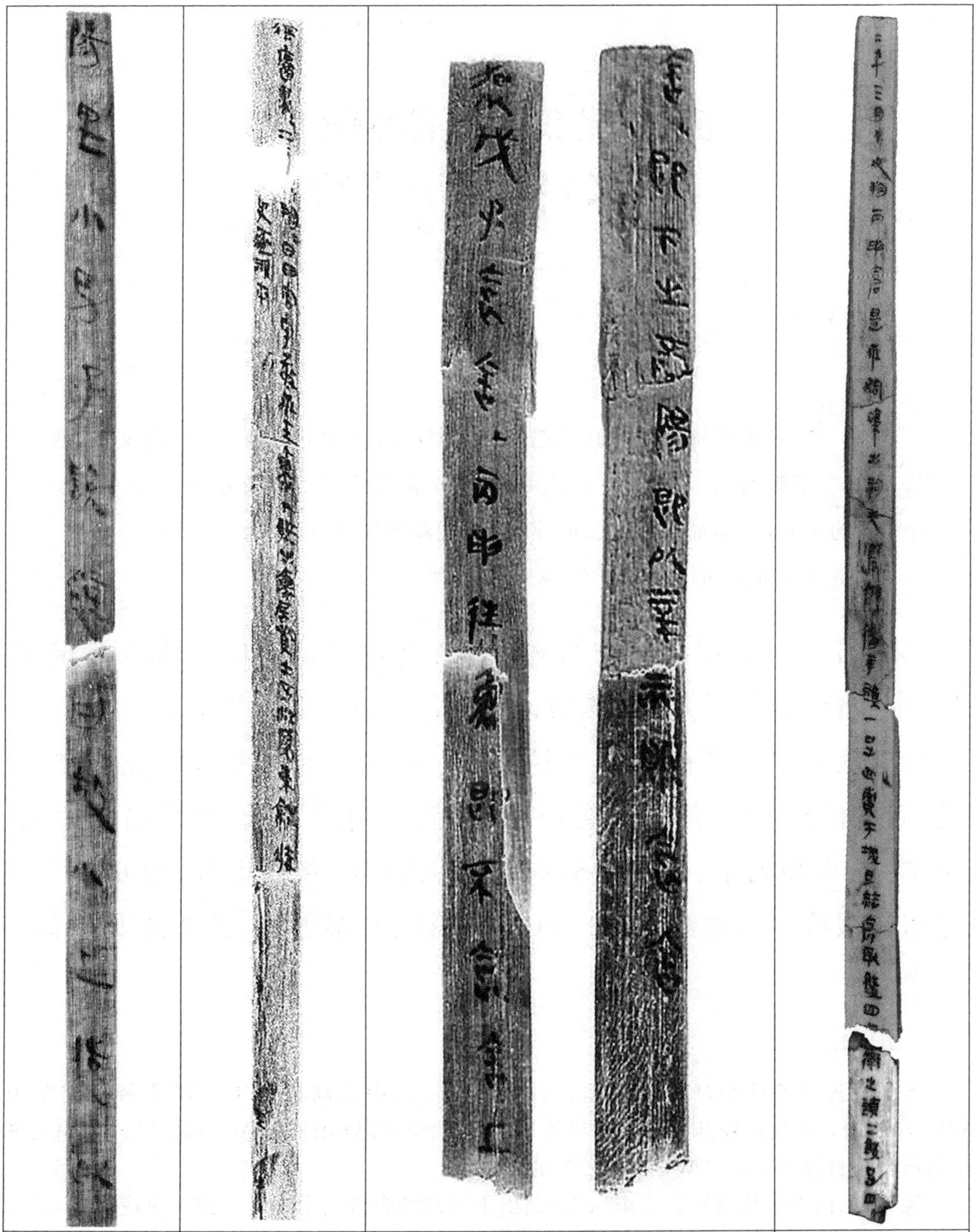

武威漢簡《儀禮》所見《說文》未收字研究①

陳榮傑②

摘　要:經統計,武威漢簡《儀禮》共收單字 1014 字,有 52 字爲《說文》未收字,占總單字數的 5.13%。本文對武威漢簡《儀禮》所收而《說文》未收字逐一進行個案的研究,以期補充《說文》收字,豐富兩漢漢字字庫。

關鍵詞: 簡本《儀禮》;《說文》未收字;個案研究

1959 年 7 月甘肅省博物館文物工作隊在武威磨咀子漢墓發現了一批竹、木簡,内容包括九篇《儀禮》和王杖、日忌、雜占及部分柩銘。1964 年文物出版社出版了由甘肅省博物館、中國科學院考古研究所整理編著的《武威漢簡》③。其中,《儀禮》有三個不同的本子,整理者分别命名爲甲本、乙本和丙本。甲本爲木簡,字大簡寬,共存七篇,分别是《士相見之禮》《服傳》《特牲》《少牢》《有司》《燕禮》《泰射》。乙本也爲木簡,字

---

①本文得到國家社科基金青年項目(13CYY055)、中央高校基本科研業務費重點項目(SWU1709234)、中央高校基本科研業務費專項資金創新團隊項目(SWU1509395)和中央高校基本科研業務費團隊項目(SWU1709128)的資助。

②陳榮傑,西南大學漢語言文獻研究所、出土文獻綜合研究中心　教授　重慶　400715。

③2005 年中華書局再版《武威漢簡》,見甘肅省博物館、中國科學院考古研究所《武威漢簡》,中華書局,2005 年。

小簡窄，僅存《服傳》一篇。丙本爲竹簡，僅存《喪服》一篇①。

通過對武威漢簡《儀禮》(下簡稱爲"簡本《儀禮》")單字的整理統計，共得單字 1014 字。與《説文》相對照②，已見於《説文》所收的字共 962 個，占總單字數的 94.87％，《説文》未收的字共 52 個，占總單字數的 5.13％。《説文》未收的 52 字中有"屨""誌""摵""藾"4 字爲《説文》新附字，占總字數的 0.40％，占《説文》未收字的 7.69％。

簡本《儀禮》的抄寫年代當在西漢晚期，約爲成帝前後，其所依據之原本，當屬昭宣之世。許慎(約 58 年—約 147 年)《説文》脱稿於漢和帝永元十二年(100 年)。到漢安帝建光元年(121 年)，許慎病中才派他的兒子許沖把書獻給皇帝。簡本《儀禮》的抄寫年代遠在許慎《説文》之前。簡本《儀禮》作爲漢代經書，對它所收的字而《説文》未收的字進行研究，對於補充、豐富《説文》收字，對於構建秦漢字庫等均具有重要的意義③。本文對簡本《儀禮》所收而《説文》未收的字逐一進行個案研究。行文中，先列不見於《説文》、形體最早見於簡本《儀禮》的文字(凡 33 字)④，次列正體見於《説文》、俗體不見於《説文》、俗體最早見於簡本《儀禮》的文字(凡 5 字)，最後列不見於《説文》、形體又見於其他更早出土文獻的簡本《儀禮》文字(凡 14 字)。

---

①以下甲本七篇分别簡稱爲《士相》《甲服》《特牲》《少牢》《有司》《燕禮》《泰射》，乙本《服傳》簡稱爲《乙服》，丙本《喪服》簡稱爲《丙喪》。

②我們所依據的《説文》是大徐本，中華書局影印本，2001 年。

③以《説文》與漢及其前的出土文獻所見字進行比較研究，以期補充《説文》、豐富秦漢字庫一直是學界比較關注的課題。學界已有部分研究成果，如張顯成先生統計了《馬王堆漢墓帛書》所見而《説文》未收字共 657 個(張顯成《簡帛文獻學通論》，中華書局，2006 年，頁 321)；又如洪燕梅先生對《睡虎地秦簡》所收而《説文》未收錄之字進行了專書研究(洪燕梅《〈説文〉未收錄之秦文字研究——以〈睡虎地秦簡〉爲例》，文津出版社，2006 年)。然目前學界尚無簡本《儀禮》所收而《説文》未收字的相關研究成果，故本文不揣譾陋，試對簡本《儀禮》所收而《説文》未收的字進行研究。

④"形體最早見於簡本《儀禮》的文字"是僅就現有資料而言，隨着新資料的不斷出土，有些文字最早出現的時間可能還可以提前。

1. 醂

"醂",見於《燕禮》簡45、簡46、簡47。"醂",《說文》無。簡本"醂",今本作"腆"。《說文·肉部》:"腆,設膳腆。腆,多也。从肉,典聲。"《說文》未收"醂"字,"醂"字最早見於遼行均《龍龕手鑑·酉部》:"醂,他典反,與腆同,厚也。""醂"和"腆"的關係當像裘錫圭先生在《文字學概要》中所論述的"畔"和"叛","說"和"悦"的關係一樣①。"醂"當是從"腆"字演變而來,表酒厚之"醂"最早當是借"腆"字表示。漢字是表意文字,漢字中的形聲字,形旁表義,聲旁表音,且漢字中表示和酒有關的字,形旁多從酉,於是人們改換"腆"的形旁,造出一個專門表示酒厚的"醂"字。表"醂"之"腆"應該是原來的字義跟假借義有聯繫的假借字,訓酒厚之"腆"字當從酉,不當從肉。在簡本《儀禮》中,"醂"應當是本字,而"腆"乃是"醂"之假借字,"醂"和"腆"是被借字的意義跟假借義有聯繫的假借現象。沈文倬先生認爲,"醂"爲"腆"之或字。或字即或體,或體是"異體字的一種"。而異體字是音同義同只是形體不同的字。很顯然,"醂"和"腆"只是讀音相同但意義並不完全相同。沈先生把"醂"當作"腆"的或字,認爲"醂"只不過是"腆"的或體而已,這種說法值得商榷。"醂"最早見於簡本《儀禮》,直到遼代才見收於字書,且無書證。其後的字書如《字彙》《正字通》《康熙字典》等也收有"醂"字,均無書證。可以說"醂"字一直存在缺少書證的缺憾。簡本《儀禮》的出土彌補了這種缺憾,改變了"醂"字一直缺少書證的情況。《漢語大字典》充分收集出土資料,以簡本《儀禮》"醂"字爲書證。

2. 誌

"誌",見於《泰射》簡61。簡本"誌",今本作"誘"。"誌",爲《說文》新附字。《說文新附·言部》:"誌,記誌也。从言,志聲。"陳夢家校記

---

①裘錫圭《文字學概要》,商務印書館,2004年,頁188—189。

云:"誌,今本作誘,上第四十五簡作詩。"①沈文倬先生認爲:"合耦之射之前司射先射,對挾矢、升階、履物、射四矢于三侯、降階等儀,俱屬示範,謂之'誘射',故鄭注云'誘猶教也。'詩射、誌射均不詞,俱屬形訛。"②沈先生認爲"詩"和"誌"爲形訛令人懷疑。"誘"的古音是舌頭音余紐、幽部,"詩"的古音是舌上音書紐、之部,"志(誌)"的古音是舌上音章紐、之部。舌頭音、舌上音相近,之、幽二部可旁轉,故以上三字聲韻均近,存在通假的可能。再則,"誘""誌""詩"的形體差異很大,形訛的可能性不大。故它們之間可能是通假關係,而非形訛。"誌"最早見於簡本《儀禮》。

3. **詫**

"詫",見於《士相》簡 16。"詫",《說文》無。簡本"詫",今本作"宅"。今本《士相見之禮》:"宅者在邦,則曰市井之臣。"鄭注:"今'宅'爲'託'。"阮元《校勘記》云:"毛本作'今文"宅"或爲"託"',徐本無'文''或'二字,《集釋》有'文'字無'或'字,《通解》無'文'字有'或'字。"當從毛本,宅、託俱是今文。"詫"的古音爲透紐鐸部,"託"的古音也是透紐鐸部,"宅"的古音爲定紐鐸部。"詫"和"託"的讀音相同可相通假,"詫"和"宅"的韻同聲近也可相通假,"詫"當爲"宅"和"託"的通假字。沈文倬先生認爲"用詫爲託之涉宅字而誤加宀旁"的觀點值得商榷。"詫"最早見於簡本《儀禮》。

4. **縒**

"縒",簡本《儀禮》凡 7 見,如《甲服》簡 7、《乙服》簡 4、《丙喪》簡 1 等。"縒",《說文》無。簡本"縒",今本作"髽"。《說文·髟部》:"髽,喪結也。《禮》:女子髽衰,弔則不髽。魯臧武仲與齊戰於狐鮐,魯人迎喪者始髽。从髟,坐聲。""髽"爲古代婦人的一種喪髻。《說文·髟部》:"髟,

①甘肅省博物館、中國科學院考古研究所《武威漢簡》,文物出版社,1964 年,頁 186。

②沈文倬《〈禮〉漢簡異文釋(四)》,《文史》第 36 輯,1992 年,頁 110。

長髮猋猋也。从镸,从彡。"《説文·糸部》:"糸,細絲也,象束絲之形。"自古女子的頭髮就有用絲來形容的,如烏絲,青絲等。"髟"和"糸"的意義有相近之處,"緃"和"鬆"爲聲符不變,更換形符而成的異體字。"緃"最早見於簡本《儀禮》,《漢語大字典》未收"緃"字。

5. **餺**

"餺",見於《泰射》簡5。"餺",《説文》無。簡本"餺",今本作"鑮"。沈文倬先生認爲:"字書無餺字。簡所據抄之本當作"鎛",書手誤從金爲從食耳。"①《玉篇·食部》:"餺,餺飥,米食也。"《集韻·鐸韻》:"餺,餺飥,餅也。"《廣韻·鐸韻》:"餺,餺飥。"梁顧野王《玉篇》已收有"餺"字,而沈先生卻説"字書無餺字",顯然不妥。沈先生認爲"簡所據抄之本當作'鎛',書手誤從金爲從食耳"。我們認爲這種説法值得商榷。"鎛"和"鑮"能相通假是毋庸置疑的。"餺""鑮"和"鎛"在《廣韻》中都是幫紐鐸韻入聲字,則在上古"餺""鑮"和"鎛"的音自然也相同,即"餺"和"鑮"也存在着通假的可能,且"金"和"食"的字形差異很大,不易發生混淆而寫錯。因此,"餺"不應理解爲書手寫錯字了,而理解爲"鑮"的通假字較合適些。"餺"最早見於簡本《儀禮》。

6. **呫**

"呫",見於《士相》簡13。"呫",《説文》無。簡本"呫",今本作"徧"。今本《士相見之禮》:"徧嘗膳。"鄭注:"今云'呫嘗膳'。"《玉篇·口部》:"呫,《穀梁傳》曰:'未嘗有呫血之盟。'呫,嘗也。"沈文倬先生認爲"呫既訓嘗,則呫、嘗不得連文",從而認爲"呫嘗"連文有誤②。史傑鵬先生認爲"呫"和"徧"應是同義換讀的現象,他認爲古代經師因爲"徧"和"呫"義同,因此把它們讀成了同一個音,在後代看來,當時記錄同一個音的兩個字音已相差甚遠,故不能明白它們的關係,以致把其中一個當成

①沈文倬《〈禮〉漢簡異文釋(四)》,頁103。

②沈文倬《〈禮〉漢簡異文釋(一)》,《文史》第33輯,1990年,頁31。

誤字①。

7. 梣

"梣",見於《甲服》簡 59、《乙服》簡 37。"梣",《說文》無。今本"梣"作"櫛"。沈文倬先生認爲:"'梣'即'椮'字。字書無'椮',與'榛'聲近假借。"②實際上,梁顧野王《玉篇》就已收有"椮"字,《玉篇·木部》:"椮,木束也。"《廣韻》也收有"椮"字,《廣韻·耕韻》:"椮,楚耕切,木束。"《漢語大字典·木部》也收有此字。而沈先生認爲"字書無'椮'"是不妥的。《說文·木部》:"榛,木也。从木,秦聲。"又"櫛,梳比之總名也,从木,節聲。"根據上下文,"櫛笄"當是指用粗惡的木料做的喪笄。敖繼公云:"此傳之櫛,疑即《檀弓》之榛,蓋聲相近而轉爲櫛耳。"③"榛"上古音是莊紐真部,"櫛"上古音是莊紐質部,"榛"和"櫛"聲同韻近,可相通假。因此,"櫛"極可能是"榛"的通假字。"椮",《廣韻》爲初紐耕韻平聲;"榛",《廣韻》爲莊紐臻韻平聲。初、莊同爲正齒音,耕、臻旁轉,則"椮"和"榛"的聲韻皆近,在上古它們亦當聲韻皆近,可相通假。而"梣"爲"椮"的俗體,即簡文"梣"與今本"櫛"俱是"榛"的通假字。"梣"最早見於簡本《儀禮》,《漢語大字典》未收。

8. 鉇

"鉇",簡本《儀禮》凡 4 見,如《特牲》簡 49、《少牢》簡 12。"鉇",《說文》無。簡本"鉇",今本作"匜"。沈文倬先生認爲:"字本作'也',象形,加'匸'若'皿'旁表其類屬,加'金'旁表其材質。"④"鉇"最早見於簡本《儀禮》。《漢語大字典》收集出土資料,正是以簡本《儀禮》"鉇"爲字形例證。

---

①史傑鵬《〈儀禮〉今古文差異釋例》,《古籍整理研究學刊》1999 年第 3 期。

②沈文倬《〈禮〉漢簡異文釋(一)》,頁 56。

③轉引自《〈禮〉漢簡異文釋(一)》,頁 56。

④沈文倬《〈禮〉漢簡異文釋(二)》,《文史》第 34 輯,1992 年,頁 74。

9. 桊

“桊”,見於《特牲》簡 6,《少牢》簡 11、簡 13。“桊”,《說文》無。簡本“桊”,今本作“棜”。“桊”爲“棜”的異體。最早收錄“棜”的字書是梁顧野王《玉篇》,《木部》:“棜,几屬也。”實際上,“棜”的異體“桊”早在幾百年前就已出現在經書之中。《漢語大字典》正是以簡本《儀禮》“桊”爲“棜”的字形例證。

10. 糟

“糟”,簡本《儀禮》凡 13 見,如《有司》簡 9、簡 15。“糟”,《說文》無。簡本“糟”,今本作“麷”。《說文·麥部》:“麷,煮麥也。从麥,豐聲。”最早收錄“糟”的字書是遼行均《龍龕手鑑》,《米部》:“糟,俗。”實際上,早在簡本《儀禮》中已有“糟”字。“糟”爲“麷”的俗體,從米,從麥均表糧食,義近可通。“糟”最早見於簡本《儀禮》。《漢語大字典》正是以簡本《儀禮》“糟”爲字形例證。

11. 脡

“脡”,簡本《儀禮》凡 6 見,如《少牢》簡 9、簡 10,《有司》簡 10 等。“脡”,《說文》無。“脡”最早見於《玉篇·肉部》:“脡,脯朐也。”《漢語大字典》“脡”下無字形用例,簡本《儀禮》可爲其提供字形例證。

12. 諹

“諹”,見於《士相》簡 11。“諹”,《說文》無。簡本“諹”,今本作“祥”。《廣韻》“諹”爲余紐陽韻,“祥”爲邪紐陽韻,則“諹”和“祥”的上古音分別爲余紐陽部和邪紐陽部。高本漢、李方桂認爲上古邪、余同爲一紐,故“諹”和“祥”的上古音實相同。“諹”和“祥”可相通假,“諹”通“祥”。沈文倬先生認爲“諹”是“假‘昜(即“陽”字)’爲‘祥’而誤加形旁”的說法是不妥的。“諹”本身就可與“祥”相通假,不應看作“陽”的誤加形旁字。“諹”最早見於簡本《儀禮》。《漢語大字典》“諹”下無字形用例,簡本《儀禮》可爲其提供字形例證。

13. 獦

"獦",見於《泰射》簡 50。"獦",《説文》無。簡本"獦",今本作"獵"。《廣韻》"獦"和"獵"均爲來紐葉韻入聲字,則"獦"和"獵"古音同,"獦"同"獵"。"獦"最早見於簡本《儀禮》。《漢語大字典》正是以簡本《儀禮》"獦"爲字形例證。

14. 粥

"粥",見於《甲服》簡 4、《乙服》簡 2。"粥",《説文》無。《爾雅 · 釋言》:"粥,淖糜也。"《漢語大字典》"粥"下無字形用例,簡本《儀禮》可爲其提供字形例證。

15. 摵

"摵",簡本《儀禮》凡 9 見,如《特牲》簡 49、《少牢》簡 16。"摵",爲《説文》新附字。簡本"摵",今本作"縮"。簡本作"摵"爲"縮"的通假字[①]。"摵"最早見於簡本《儀禮》。《漢語大字典》正是以簡本《儀禮》"摵"爲字形例證。

16. 薌

"薌",簡本《儀禮》凡 5 見,如《少牢》簡 2、簡 3。"薌",爲《説文》新附字。簡本《少牢》"薌",今本作"饗";簡本《燕禮》"薌",今本作"鄉"。"薌"與"饗","薌"與"鄉"俱爲通假關係。《漢語大字典》正是以簡本《儀禮》"薌"爲最早字形例證。

17. 萗

"萗",見於《燕禮》簡 31。"萗",《説文》無。簡本"萗",今本作"蘩"。"蘩",《説文》也未收。《爾雅 · 釋草》:"蘩,皤蒿。"郭璞注:"白蒿。""萗"最早見於簡本《儀禮》。

18. 觪

"觪",見於《泰射》簡 40。"觪",《説文》無。簡本"觪",今本作"觶"。

---

①沈文倬《〈禮〉漢簡異文釋(二)》,頁 73—74。

《古今韻會舉要·寘韻》:"觶,古作觗。""觗"最早見於簡本《儀禮》。《漢語大字典》正是以簡本《儀禮》"觗"爲字形例證。

19. 瑑

"瑑",見於《泰射》簡25、簡83、簡106。"瑑",《說文》無。簡本"瑑",今本作"象"。"瑑"爲"象"的加形旁字。"瑑"最早見於簡本《儀禮》。《漢語大字典》正是以簡本《儀禮》"瑑"爲字形例證。

20. 瓌

"瓌",見於《泰射》簡92。"瓌",《說文》無。簡本"瓌",今本作"還"。"瓌",當爲"環"之誤寫。《說文·玉部》:"環,璧也。肉好若一謂之環。从玉,瞏聲。"《說文·辵部》:"還,復也。从辵,瞏聲。""環"和"還"的聲同可相通假,"環"通作"還"。《左傳·襄公十年》:"諸侯之師還鄭而南。"陸德明釋文:"還本又作環。"《左傳·哀公三年》:"道還公宮。"陸德明釋文:"還本又作環。"《史記·司馬相如列傳》:"旋環后宮。"《漢書·司馬相如傳》"環"作"還"。簡本"瓌"爲"環"之形訛,"環"通作"還"。《漢語大字典》以簡本《儀禮》"瓌"爲最早字形例證。

21. 埶

"埶",簡本《儀禮》凡61見,如《特牲》簡7、《少牢》簡12、《泰射》簡2。"埶",《說文》無。簡本"埶",今本大多作"設",偶有作"執"。字書無"埶"字。裘錫圭先生云:"漢隸埶字及埶旁作埶者習見,古音埶屬祭部,設屬月部,二字陰入對轉。埶可讀作勢,勢、設聲母相同。"①

22. 刣

"刣",見於《少牢》簡13、簡22。"刣",《說文》無。簡本"刣",今本作"敀"。"刣"爲"敀"的俗寫異體。"刣"最早見於簡本《儀禮》。

23. 鐖

"鐖",見於《少牢》簡7。"鐖",《說文》無。簡本"鐖",今本作"甗"。

① 裘錫圭《釋殷墟甲骨文 的"遠""𢓊"(邇)及有關諸字》,《古文字研究》第十二輯,中華書局,1985年。

《說文·瓦部》:"甗,甑也。一穿。从瓦,鬳。讀若言。""甗"古音是疑紐元部,"義"(義当爲"钀"的聲符)古音是疑紐歌部,"钀"和"甗"的聲同韻近可相通假,"钀"通作"甗"。"钀"最早見於簡本《儀禮》,字書未收。

24. 饌

"饌",見於《少牢》簡44。"饌",《說文》無。簡本"饌",今本作"籑"。"筭"同"算",簡本用作"饌",爲"籑"之異體,"饌"和"籑"是左右結構與上下結構的不同。"饌"最早見於簡本《儀禮》,字書未收。

25. 簮

"簮",簡本《儀禮》凡11見,如《甲服》簡8,《泰射》簡5、簡44。"簮",《說文》無。簡本"簮",今本均作"箭"。今本《喪服》:"布總,箭笄,髽,衰,三年。"鄭注:"古文箭作晉。"簡文"晉"字又從竹。"簮"最早見於簡本《儀禮》。《漢語大字典》收有"簮",未收"簮","簮"當即"簮"的俗體。簡本《儀禮》可爲《漢語大字典》"簮"字提供字形和文獻用例。

26. 廚

"廚",見於《乙服》簡6。"廚",《說文》無。簡本"廚",今本作"藨"。沈文倬先生認爲:"字書無廚字,殆即麃之形訛。《說文·艸部》:'藨,鹿藿也。从艸,麃聲。'《爾雅·釋草》:'藨,麃。'邢疏云:'藨,一名麃。'實則'麃'、'藨'聲同通假,'藨'乃加形旁後制正字。"①史傑鵬先生認爲:"'廚'當是從付得聲,付字在上古爲幫母侯部,藨在上古爲幫母宵部,兩字聲母相同,韻部相近。'廚'和'藨'相通。"②"廚"爲"藨"的通假字。"廚"最早見於簡本《儀禮》,字書未收。

27. 墺

"墺",簡本《儀禮》凡34見,如《有司》簡6、簡8、簡17。"墺",《說文》無。簡本"墺",今本作"奠"。今本"奠",簡本或作"鄭",或作"墺"。"墺"

---

①沈文倬《〈禮〉漢簡異文釋(一)》,頁43。

②史傑鵬《〈儀禮〉今古文差異釋例》,《古籍整理研究學刊》1999年第3期。

最早見於簡本《儀禮》,字書未收。

28. 𢴛

"𢴛",見於《有司》簡62、《泰射》簡35。"𢴛",《說文》無。《有司》簡62"𢴛",今本作"摭";《泰射》簡35"𢴛",今本作"席"。陳夢家校記云:"𢴛,今本作'摭',字經削改,簡似作'𢴛',《泰射》第三十五簡席作'𢴛'。"①沈文倬先生云:"簡字經削改,字形雖與𢴛相似,實是㨴之誤寫。蓋原依今文作'摭',後改用古文作'㨴',故左旁上似廿,下似巾也。字書無'𢴛'字,做'席'更無義,即《泰射》之'𢴛工於西階上',亦不過爲席之誤加形旁字。"②李家浩先生和史傑鵬先生均認爲沈先生的説法是值得商榷的。史傑鵬先生云:"'庶'字和'席'字古音極近,上古音'庶'爲書母鐸部字,'席'爲邪母鐸部字,兩字同韻部,聲母相近,可以通假……席、帶二字在古代寫法比較相近……席、帶二字很可能相混。特别是古書中席字還有寫作'廗'的,《文選·上林賦》:'逡巡避廗。'李善注:'《孝經》曰:"曾子避席。""廗""席"古字通。'這種相同很可能是由於形近通用。這樣看來,《儀禮》中原來摭字可能就寫成𢴛,後來訛成了㨴。那麽,這段經文不但不是如沈先生所説的𢴛是㨴的誤寫,倒有可能應該反過來,㨴是𢴛的誤寫。而鄭玄當時已看錯了,所以他説古文摭作㨴。總之,𢴛和摭通假的可能比摭和㨴通假的可能性大,因爲畢竟庶、席是同部的字,而帶是月部字,和庶相通的條件就不如前者充分。"③"𢴛"最早見於簡本《儀禮》,字書未收。

29. 𨵦

"𨵦",見於《燕禮》簡49、簡50。"𨵦",《說文》無。簡本"𨵦",今本作"閔"。陳夢家校記:"𨵦,從門從差,今本作閔。""𨵦"最早見於簡本《儀禮》,字書未收。

---

①甘肅省博物館、中國科學院考古研究所《武威漢簡》,頁174。

②沈文倬《〈禮〉漢簡異文釋(三)》,《文史》1992年第33輯,頁59。

③史傑鵬《〈儀禮〉今古文差異釋例》,《古籍整理研究學刊》1999年第3期。

30. ⿰王還

“⿰王還”，簡本《儀禮》凡 14 見，如《特牲》簡 2、簡 34，《泰射》簡 40。“⿰王還”，《説文》無。簡本“⿰王還”，今本作“還”。“⿰王還”爲“還”的加形旁字。“⿰王還”最早見於簡本《儀禮》，字書未收。

31. 縇

“縇”，見於《燕禮》簡 31。“縇”，《説文》無。簡本“縇”，今本作“卷”。“縇”在簡文中爲殘字，左邊從“糸”可辨，右邊模糊不清，陳夢家先生定爲“縇”。

32. ⿰革隹

“⿰革隹”，見於《燕禮》簡 31。“⿰革隹”，《説文》無。簡本“⿰革隹”，今本作“蘋”。“⿰革隹”在簡文中爲殘字，該字右邊從“隹”，左邊不知所作，摹本也不成字。陳夢家先生在釋文中蓋定爲“⿰革隹”，在校記中又蓋定爲“踓”。

33. 壺

“壺”，見於《燕禮》簡 31。“壺”，《説文》無。簡本“壺”，今本作“臺”。簡本“壺”不成字，陳夢家先生定爲“壺”，認爲“壺”與“臺”形近而訛。

34. 肆

“肆”，見於《士相》簡 16，《燕禮》簡 49、簡 50。“肆”，不見於《説文》。駢宇騫《銀雀山漢簡文字編》認爲“肆”就是“⿰镸隶”，從而認爲《説文》收有“肆”字①。《漢語大字典・聿部》“肆”下所列形體及解釋完全沒有提到《説文》，根據《漢語大字典》的體例，可知《漢語大字典》的觀點是《説文》沒有收“肆”字。《説文・長部》：“⿰镸隶，極陳也。从長，隶聲。”邵瑛《群經正字》：“今經典作肆，變隶爲聿，非聲矣。始于隸石經《尚書》殘碑：‘肆上□’。《曹全碑》‘市肆列陳’如此作。後遂因之。”《切韻・至韻》：“⿰镸隶，俗肆。”“肆”當爲“⿰镸隶”的隸變俗體。“肆”在簡本《儀禮》中形體非常清晰，從“聿”而不從“隶”，如《燕礼》簡 50 作“”。簡本《儀禮》“肆”字至少可

① 駢宇騫《銀雀山漢簡文字編》，文物出版社，2001 年，頁 314。

以説明在西漢晚期已有"肆"這個形體了。"肆"作爲一個字來講,我們比較贊同《漢語大字典》的做法,把它作爲《説文》未收字。

35. **稚**

"稚",見於《甲服》簡 23、《乙服》簡 14。"稚",不見於《説文》。《説文·禾部》:"稺,幼禾也。"段玉裁注:"引申爲凡幼之稱,今字作稚。"《漢語大字典》"稚"下無字形用例,簡本《儀禮》可爲其提供字形例證。

36. **軆**

"軆",簡本《儀禮》凡 14 見,如《甲服》簡 15、簡 16,《乙服》簡 10。"軆",不見於《説文》。《玉篇·身部》:"躰,軆,並俗體字。"《干祿字書·上聲》:"軆,'體'的俗字。"簡文"體"或作"軆",或作"體",而無作"體",從月(肉),從身和從骨都是與人的肉體有關的義符,義近可通。

37. **舂**

"舂",見於《丙喪》簡 25、簡 31。"舂",不見於《説文》。簡本"舂",今本作"舅"。《丙喪》作"舂",《甲服》《乙服》作"咎",今本均作"舅"。鄭注:"古文'舅'皆作'咎'。"簡甲本、乙本均用古文,丙本作"舂",乃爲古文"咎"的一種俗體。

38. **竝**

"竝",見於《少牢》簡 9、簡 10、簡 17。"竝",不見於《説文》。簡本"竝",今本作"並"。《説文·竝部》:"竝,併也。从二立。"《説文·人部》:"併,並也。从人,并聲。""竝"和"併"互训,"竝"當爲"併"的俗字。

39. **屢**

"屢",簡本《儀禮》凡 16 見,如《士相》簡 14,《甲服》簡 1、簡 4。"屢",爲《説文》新附字。簡本"屢",今本作"屨"。《説文新附·尸部》:"屢,數也。按今之婁字本是屢空字,此字後人所加,从尸未詳。"《説文·履部》:"屨,履也。从履省,婁聲。一曰鞮也。"沈文倬先生認爲:"簡本作'屢'者,蓋原以聲同假'婁'爲'屨',後加'尸'旁作'屢',漢人不識'尸'旁,抄寫脫'亻'。"①沈先生的觀點可備一說。"屨"的古音爲見紐侯部,"屢"的古音爲來紐侯部,"屨"與"屢"韻部相同可相通假。《史記·季布欒布列傳》:"身屨曲軍。"《集解》引徐廣曰:"屨一作屢。""屢"和"屨"或是通假關係。"屢"是一個産生較早的字,阜陽漢簡《倉頡篇》簡 39 已有此字。

40. 伓

"伓",見於《少牢》簡 19、《有司》簡 9、《泰射》簡 38。"伓",《說文》無。簡本"伓",今本均作"陪"。伓,同"伾",《集韻·脂韻》:"伾,或作伓。""伾(伓)"的古音爲幫紐之部,"陪"的古音爲並紐之部,"陪"和"伓"韻同聲近可相通假。《有司》簡 9"伓設于南,昌在東方"意爲"重設於南,昌本菹在東側"。《說文·人部》:"伾,有力也。"《說文·阜部》:"陪,重土也。"根據簡文意義,用"陪"當爲本字,而用"伓"當爲假借字。沈文倬先生把《泰射》簡 38"羣工伓于後"的"伓"定爲"伾",而認爲《少牢》簡 19"伓設于東"的"伓"是書手漏寫一畫。細審《泰射》簡 38 的圖版、摹本,均是"伓"(),字跡相當清晰。簡本均應是"伓",並未出現"伾"。沈先生把《泰射》簡 38"羣工伓于後"的"伓"徑定爲"伾"是不妥當的。"伓"又見於馬王堆漢墓簡帛,如《陰陽五行》甲篇 009、《經法》40。

41. 朼

"朼",簡本《儀禮》凡 9 見,如《少牢》簡 7、簡 14,《有司》簡 16。"朼",《說文》無。朼,今本均作"匕"。《少牢》簡 13—14"雍正執一朼以從,雍府執四朼以從,司士合執二相以從……"意爲"雍正拿着一把匕跟隨於後,作爲其屬員的二位雍府,又各執兩把匕跟在後面,司士拿着兩個鼎的俎跟着雍府"。《說文·匕部》:"匕,相與比敘也,从反人。匕,亦所以用比取飯,一名柶。""朼"乃爲"匕"之加形旁後制正字。"朼"字産生較早,《信陽楚簡》簡 2—27 已見。《漢語大字典》"朼"下無字形用例,簡本《儀禮》和《信陽楚簡》可爲其提供字形例證。

①沈文倬《〈禮〉漢簡異文釋(一)》,頁 32。

42. **佐**

“佐”,簡本《儀禮》凡93見,如《特牲》簡12、簡13,《少牢》簡15。“佐”,《説文》無。徐鉉在“左”字下注云:“今俗别作佐。”“佐”字産生較早,《睡虎地秦簡》已有“佐”字,如《效律》簡27、《秦律十八種》簡72。但許慎《説文》卻未收“佐”字。

43. **免**

“免”,見於《丙喪》簡29。“免”,《説文》無。金文“免”从宀,从人,與魏三體石經同。段玉裁《説文解字注·兔部》在“兔”部末增“免”字字頭,並注云:“免,許書失此字,而形聲多用爲偏旁,不可闕也。”由簡文可知,段説爲是。“免”字又見於《睡虎地秦簡》,如《秦律十八種》簡22、簡61。

44. **肵**

“肵”,見於《有司》簡62、簡65。“肵”,《説文》無。“肵”字最早見收於梁顧野王《玉篇》,《肉部》:“肵,俎也。”實際上,早在戰國時已有“肵”字,如《璽彙》3319①。

45. **酭**

“酭”,簡本《儀禮》凡13見,如《有司》簡8、簡9。“酭”,《説文》無。簡本“酭”,今本作“醢”。《玉篇·酉部》:“酭,報也,或作侑。”“酭”爲從酉,有聲。“有”上古音爲匣紐之部,“醢”上古音爲曉紐之部,“酭”和“醢”二字韻同,聲均爲喉音,可相通假,“酭”當爲“醢”的通假字。馬王堆漢墓簡帛《經·正亂》105上:“腐其骨肉,投之苦酭。”“酭”亦通“醢”。“酭”又見於《包山楚簡》,如簡255。

46. **疎**

“疎”,簡本《儀禮》凡18見,如《甲服》簡4、簡12,《有司》簡5。“疎”,《説文》無。“疎”同“疏”。《廣韻·魚韻》:“疏,俗作疎。”“疎”又見

① 參見何琳儀《戰國古文字典》,中華書局,1998年,頁1317。

於馬王堆漢墓簡帛，如《戰國縱横家書》233、《一號漢墓遣策》簡 236。

47. 由

“由”，簡本《儀禮》凡 11 見，如《士相》簡 1、《燕禮》簡 31、《泰射》簡 19。“由”，《説文》無。段玉裁《説文解字注·系部》“繇”字下附有“由”字。段注認爲：“由，或繇字。古繇由通用一字也。各本無此篆。全書由聲之字皆無根柢。今補。按《詩》《書》《論語》及他經傳皆用此字，其象形、會意今不可知，或當從田有路可入也。”朱駿聲《説文通訓定聲·孚部》“甹”字下附有“由”字。朱駿聲認爲：“許書奪‘由’字，蓋即此字之古文篆文，加丂耳。”“由”字又見於銀雀山漢墓竹簡，如《孫子兵法》簡 163。

48. 聟

“聟”，見於《甲服》簡 55、《乙服》簡 34、《丙喪》簡 25。“聟”，《説文》無。簡本“聟”，今本作“壻”。洪适《隸釋》：“‘聟’即‘壻’字。”《干祿字書·去聲》：“‘聟’，俗‘壻’字。”顧炎武《金石文字記》：“‘壻’字一傳爲‘壻’，再傳爲‘聓’，三傳爲‘聟’，四傳爲‘聟’，皆‘胥’之變也。”“聟”乃爲“壻”在傳寫過程中的一種變體。“聟”又見於金關漢簡《甘露二年丞相禦史律令》簡 73EJT1:1。

49. 卌

“卌”，見於《特牲》簡 53。“卌”，《説文》無。《字彙補·十部》：“卌，四十併也。與卌同。”“卌”字在甲骨文中已見，如《甲骨文合集》第 3745 片、《小屯南地甲骨》第 636 片就已有“卌”字。秦簡中也有“卌”字，如睡虎地秦簡《秦律十八种》簡 91、《編年記》簡 42 均有“卌”字。“卌”是一個很早就已產生的字，《説文》卻未收。

50. 膿

“膿”，簡本《儀禮》凡 9 見，如《甲服》簡 14、《少牢》簡 17、《有司》簡 10。“膿”，《説文》無。簡本“膿”，今本作“體”。“膿”字見於《龍龕手鑑·肉部》：“膿，‘膸’的俗字。”秦簡中已見“膿”字，如睡虎地秦簡《法律答問》簡 79、《日書》甲種簡 142 正伍。

51. **雍**

"雍",見於《有司》簡 4、簡 5、簡 15。"雍",《説文》無。簡本"雍",今本作"雍"。"雍"當爲"雍"的俗體。"雍"又見於馬王堆漢墓簡帛,如《經法》64。

52. **腸**

"腸",見於《少牢》簡 22。"腸",《説文》無。簡本"腸",今本作"鬣"。陳夢家先生認爲"腸即臘字,今本作鬣。""腸"又見於馬王堆漢墓簡帛,如《足臂十一脈灸經》15。

以上是我們對簡本《儀禮》所收而《説文》未收字的個案分析。20 世紀以來尤其是 70 年代以後出土了大量的簡帛材料,這些珍貴的簡帛材料對於研究秦漢字,對於補充、印證《説文》,對於構建秦漢字庫等都具有彌足珍貴的價值。本文僅選取了簡本《儀禮》文字與《説文》進行對比研究,就已得出 52 個《説文》未收的字。試想如果把出土的所有楚秦漢簡帛的文字與《説文》收字進行對比研究的話,許慎時代的漢字就絕不僅僅是 10516 字了,而要比這個數字多得多。然而這個工作絕非易事,也絕非一時之事,只能逐步一批材料一批材料地清理。

西漢《算數書》中分數的不同表達形式和語境的關係

安立明（ANICOTTE Rémi）①

摘　要:張家山漢墓出土的西漢數學文獻《算數書》中表達分數的短語有300多例。因爲研究這些短語的不同形式有益於了解秦漢文獻表達分數的特征,所以本文全面描述《算數書》中的這些短語,分析不同表達形式和語境的關係,並與傳世數學著作《周髀算經》《九章算術》進行比較。

關鍵詞:《算數書》;分數表達;表数短語;量詞;中文歷史

一、《算數書》中的分數

《算數書》是1983—1984年於湖北省張家山二四七號墓出土的數學文獻②,共190條竹簡(收藏於荊州博物館),全書約7000個字。根據

①[法]安立明（ANICOTTE Rémi）,[法]東亞語言研究所(CRLAO)準成員。

②《算數書》釋文與注釋發表於江陵張家山漢簡整理小組《江陵張家山漢簡〈算數書〉釋文》,《文物》2000年第9期;蘇意雯等《〈算數書〉校勘》,《HPM通訊》2000年第11期;張家山漢墓竹簡整理小組《張家山漢墓竹簡(二四七號墓)》,文物出版社,2001年,頁247—272;彭浩《張家山漢簡〈算數書〉注釋》,科學出版社,2001年;郭書春《〈算數書〉校勘》,《中國科技史料》2001年第3期;郭世榮《〈算數書〉勘誤》,《内蒙古師大學報(自然科學漢文版)》2001年第3期;胡憶濤《張家山漢簡〈算數書〉整理研究》,西南大學碩士學位論文,2006年,等等。《算數書》竹簡圖版可見於《張家山漢墓竹簡(二四七號墓)》,頁83—98。

同墓出土的《曆譜》[①](公元前 202 年至前 186 年年曆)和《二年律令》[②](呂后二年,即公元前 186 年發佈)來推斷,《算數書》成書年代不晚於公元前 186 年。

楊玲榮女士統計了《算數書》有 328 例表達分數或表達比例的短語[③],而張家山二四七號墓出土的其他文獻(均非數學文獻)中一共只有 58 例。並且在嶽麓書院《數》[④]、睡虎地《算術》[⑤]兩部出土的秦漢數學文獻和出土的所有非數學秦漢文獻中所呈現的表達分數短語形式,與張家山《算數書》相同。綜上所述,《算數書》在研究西漢分數表達方面具有很大的價值。

《算數書》表達的分數類型均是真分數(即分子小於分母)和帶分數(即一個整數與一個真分數的和),表達的分數值較豐富,例如《算數書》簡 4 上有 1/50、簡 55 有 12/18、簡 92 有 47/98、簡 20 有 162/2016。這裏我用了阿拉伯數字來寫分數,但是簡文不使用任何表達數字的符號,而只用了屬於自然語言的短語。

一般來說,如果想表達一個分數 a/b,那麼要説出它的分母 b 和分子 a 兩個整數,因此構成包含兩個整數名的短語,我將該形式定義爲“二維”短語。不過,如果分子是 1,或者説要表達的分數是單位分數 1/b,則文中可以使用表達分子“一”的二維短語,或者可以使用只表達分母 b 的簡略短語。由於這些簡略短語只包含一個數名,因此我將該形式定義爲“一維”短語。不管是一維或二維短語,分母 b 後一般會出現一個“分”字,因此構成“b 分”[⑥]。短語“b 分”正好是單位分數 1/b 的一維表

①《曆譜》竹簡圖版與釋文分別可見於張家山漢墓竹簡整理小組《張家山漢墓竹簡(二四七號墓)》,頁 3—4 和頁 127—130。

②《二年律令》竹簡圖版與釋文分別可見於《張家山漢墓竹簡(二四七號墓)》,頁 7—50 和頁 131—210。

③楊玲榮《張家山漢簡數量詞與稱數法研究》,華東師範大學博士學位論文,2008 年。

④肖燦《嶽麓書院藏秦簡〈數〉研究》,湖南大學博士學位論文,2010 年。

⑤《算術》圖版和釋文目前未公佈。參見熊北生、杨文清、陶汉桥等《湖北云梦睡虎地 M77 发掘简报》,《江汉考古》2008 年第 4 期。

⑥我們較難判斷“分”在短語“n 分”中的語法作用,所以也許最好先將它看作虛詞。

達形式。表達分子的那個整數名“a”必放在“b 分”後面。如果是二維短語,則構成“b 分 a”形式的短語。另外,根據語境,“之”字可以出現在“b 分”和分子“a”之間,即構成“b 分之 a”形式的短語。除了一、二維短語之外,文獻還呈現出三個專門用於表達 1/2、1/3 和 2/3 的短語,分別是“半”“少半”和“大半”。

《算數書》中表達分數 a/b 的二維短語有一個值得關注的特征,它們是離合短語,如果有量詞①或名詞,那麼要出現在“b 分”和分子 a 之間,構成短語“分母 b 分+名詞或量詞+分子 a”。這個短語形式與現代漢語的一般表達形式很不一樣,現在要表達分數 2/5 即說“五分之二”,量詞和名詞只能放在短語前後,比如“總數的五分之二”“五分之二升水”。但是,《算數書》中的二維短語不一定會出現“之”字,如果出現,那麼必放在名量詞和分子 a 之間,這樣構成短語“b 分+名詞或量詞+之 a”。

郭書春先生②和楊玲榮女士③在他們各自的研究中提到了《算數書》中表達分數的短語形式,但是沒有分析各個短語形式出現的條件。本文要補充這一點,全面描述《算數書》中表達分數的短語形式,並且研究這些短語形式的出現和語境的關係。我將彭浩先生 2010 年分享的《算數書》釋文的電子文本直接資料化,然後用軟件搜索“分”“之”和“半”這三個字在《算數書》中出現的所有情況。我通過研究分析把所有例句和短語分類並且淘汰非短語形式出現的情況,比如“分”字的名詞和動詞用法(分別意爲分數和分割)或“之”字的第三人稱代詞用處。除

①《算數書》中的量詞是計量單位。長度單位有寸、尺、步、丈和里,也有韋(圍),圓周長計量單位,1 韋(圍)是直徑爲 1 尺的圓周長。還有面積計量單位畝和頃(《算數書》中 1 頃=100 畝),在一些語境當中長度單位可以用於計量面積,比如“一尺”可指一平方尺。容量計量單位有升、斗和石。《算數書》中唯一出現的體積計量單位是尺,在有關語境中“一尺”指的是一立方尺。重量單位有朱(銖)、兩、斤、鈞和石。可見“石”字可指最大的重量單位和最大的容量單位,似乎要等王莽掌權年代才會開始用斛代替石作爲最大容量單位。

②郭書春《試論〈算數書〉的理論貢獻與編纂》,《法國漢學》2002 年第 6 期。

③楊玲榮《張家山漢簡數量詞與稱數法研究》,華東師範大學博士學位論文,2008 年。

此之外,本人精讀整個電子文本,發現了一些短語形式的特殊情況,將在下文作詳細解釋,並且通過上述方法確定半自動化的研究方法沒有出現漏洞①。

二、分數 1/2、1/3 和 2/3 的兩種表達形式

《算數書》中表達 1/2 只有"半"字,整個文本中沒有出現"二分"這個詞組。但是,表達 1/3 和 2/3 時,分别使用詞彙化短語"少半"和"大半",也可以選擇使用含短語"三分"的一般表達形式。

"半""少半"和"大半"三個詞彙化詞組分别表達 1/2、1/3 和 2/3 三個精確數值,這一點由例句(1)—(3)證明。另外,例句(4)證明它們可以出現在表達帶分數的短語裏。在這種情況下沒有固定的順序,例如《算數書》簡 26 可見"半少半"順序(即 1/2 與 1/3 的和),簡 23 卻是"少半半"順序(即 1/3 與 1/2 的和)。另外,例句(5)和(6)證明了這些詞組具有動詞功能,表達所説的分數值乘後敘的數②。而例句(7)—(10)證明了它們可以直接出現在量詞前邊。

(1)一半乘一,半也,乘半,四分一也(《算數書》簡 3,意爲"1 乘 1/2 等於 1/2,1/2 乘 1/2 等於 1/4")

(2)少半乘少半,九分一也(《算數書》簡 8,意爲"1/3 乘 1/3 等

①ANICOTTE,Rémi(安立明)" Fractions in the Suan Shu Shu (China, Beginning of the 2nd Century BCE)"(《西漢出土文獻〈算數書〉分數表達》),《中國語言學報》(香港中文大學)2017 年第 1 期。另外,ANICOTTE,Rémi(安立明)"Bidimensional Expressions Of Fractions in Chinese"(《中文表達分數的二維短語》),*Cahiers de Linguistique Asie Orientale*,Leiden:Brill,2015。此文介紹過漢語表達分數的一、二維短語的特征和歷史演變。

②秦漢整數名也有這個語法功能,這裏不詳談,可參見 ANICOTTE,Rémi(安立明)"Chinese Names for Integers"(《中文称整数法》),XU Dan (徐丹)、FU Jingqi(傅京起),*Space and Quantification in Languages of China*,Berlin:Springer. 2015 ,pp. 117—138.

於 1/9”)

(3)少半乘大半,九分二也(《算數書》簡 8,意爲“1/3 乘 2/3 等於 2/9”)

(4)五人分三有(又)半少半各受卅(三十)分之廿(二十)三(《算數書》簡 26,意爲“五個人[平]分 3+1/2+1/3,各個得到 23/30”①)

(5)可半,半之(《算數書》簡 17,意爲“可以乘以 1/2 的數即以 1/2 乘它”②)

(6)半母亦半子(《算數書》簡 19,意爲“將分母乘以 1/2,同樣也將分子乘以 1/2”③)

(7)半步乘半步四分一(《算數書》簡 8,意爲“1/2 步乘以 1/2 步等於 1/4[平方步]”)

(8)二斗泰(大)半斗(《算數書》簡 52,意爲“2 斗又 2/3 斗”)

(9)粟十六斗泰(大)半斗(《算數書》簡 88,意爲“有粟 16 斗又 2/3 斗”)

(10)米六斗泰(大)半斗(《算數書》簡 89,意爲“有米 6 斗又 2/3 斗”)

表達 1/3 和 2/3 使用了“三分”,參見例句(11)和(12),前者沒有量詞,後者反而有。

(11)三分而乘一,三分一也(《算數書》簡 3,意爲“1/3 乘 1 等於 1/3”)

(12)七斗三分升一(《算數書》簡 119,意爲“7 斗又 1/3 升”)

表達 1/3 的短語一共有 43 例。包含“少半”的短語有 24 例,其中有 15 例是和名詞或量詞一起出現的。包含“三分”的短語有 19 例,其中有 2 例短語是和計量單位一起出現的。

---

①分數 23/30 是(3+1/2+1/3)÷5 的結果。

②或者說“可以除以 2 的數即將它除以 2”,是約分時候使用的運算。

③或者說“將分母除以 2,同樣也將分子除以 2”。

表達 2/3 的短語一共有 7 例。包含“大半”的短語有 4 例,見上文例句(3)(8)(9)(10),其中(8)—(10)3 例和量詞一起出現。包含“三分”的短語有 3 例,其中有 2 例和量詞一起出現。

所以,綜上所述《算數書》中有 50 例表達 1/3 或 2/3 的短語,其中有 28 例使用了詞彙化短語,22 例使用了包含“三分”的非詞彙化短語,見表 1。

表 1:《算數書》中表達 1/3 和 2/3 的不同形式

	少半和大半	三分	
有名詞或量詞	18	4	22
無名詞或量詞	10	18	28
總數	28	22	50

根據表 1 的數據顯示,當表達 1/3 或 2/3 的短語不和名詞或量詞一起出現時,約有 64%處使用了“三分”,當表達 1/3 或 2/3 的短語和名詞或量詞一起出現時,約有 82%處使用了“少半”或“大半”。以上概率數據突出了詞彙化短語和非詞彙化短語的分佈與語境有一定的關聯。

三、單位分數 1/n 的一般表達形式

(一)一維短語“n 分”表達單位分數

單位分數是 1/n 形式的分數,它們的分子爲 1,分母可以爲任何一個整數。《算數書》和其他秦漢出土文獻表達單位分數時,一般使用“n 分”形式的短語①,而分子 1 可以省略。該書中表達單位分數的 131 例

①《算數書》中有且只有兩處直接使用了整數名表達了分數,分別是簡 9 上的“四乘五分廿(二十)分一”(意爲“[1/]4 乘 1/5 等於 1/20”)用了四表達四分;簡 9—10 上的“六分乘七卌(四十)二分一”(意爲“1/6 乘 [1/]7 等於 1/42”)用了七表達七分。“分”字省略了,但是語境使得我們理解。

短語中有 83 例(即約 63%)省略了分子 1,便形成了一維短語。

《算數書》中有 82 例一維短語表達單位分數(包含重複的一維短語),其中有 8 例跟名詞或量詞一起出現,分別是:"三分寸"1 例,意爲"1/3 寸",見《算數書》簡 2;"八分寸"1 例,意爲"1/8 寸",見簡 2;"四分寸"1 例,意爲"1/4 寸",見簡 4;"五分寸"1 例,意爲"1/5 寸",見簡 4;"六分寸"1 例,意爲"1/6 寸",見簡 4;"六分尺"1 例,意爲"1/6 尺",見簡 4;"九分朱(銖)"1 例,意爲"1/9 銖",見簡 29。其餘 75 例不跟名詞或量詞一起出現,分別是:"三分"16 例,意爲"1/3",見簡 3、5、6、24、27、139、168、169、170、171、172、174、176 及 179;"四分"15 例,意爲"1/4",見簡 3、5、6、9、14、27、169、171、172、174、176 和 179;"五分"14 例,意爲"1/5",見簡 5、6、8、9、14、170、171、172、174、176 和 179;"六分"10 例,意爲"1/6",見簡 9、10、171、172、174、176 及 179;"七分"9 例,意爲"1/7",見簡 5、9、10、172、174、176 和 179;"八分"5 例,意爲"1/8",見簡 10、174、176 和 179;"九分"2 例,意爲"1/9",見簡 176、177;"十分"2 例,意爲"1/10",見簡 179、180;"百分"2 例,意爲"1/100",見簡 14、16。

(二)"分母+分(+量詞)(+之)+一"二維短語

《算數書》中有 48 例表達單位分數 1/n 的二維短語(包含重複的短語),其中有:1."n 分+一"共 25 例[①];2."n 分+名詞或量詞+一"共 12 例;3."n 分+名詞或量詞+之+一"共 11 例。據我觀察《算數書》中沒有"n 分+之+一"形式的短語出現,但是在其他秦漢出土文獻中卻有出現,比如嶽麓書院《數》簡 0778 有"卅(三十)分之一",意爲"1/30"[②]。

1. 形式"n 分+一"有 25 例,有的相同:"三分一"1 例,意爲"1/3",

---

①張家山二四七號漢墓竹簡整理小組《張家山漢墓竹簡(二四七號墓)》、彭浩《張家山漢簡〈算數書〉注釋》和胡憶濤《張家山漢簡〈算數書〉整理研究》,都認爲"分母 n+分+一"一些短語中的"分"字後脫了一個名量詞,然後他們在釋文裏補充恰當的名量詞。如果是論語義,那麼可以接受這些觀點和做法。但是,如果是論原文句法的正確性,那麼我們不必做任何修正,而要接受在秦漢的漢語裡,"分母 n+分+一"作爲一個又普遍又完整的分數表達形式。楊玲榮《張家山漢簡數量詞與稱數法研究》頁 17—19,已經提出了這一點。

②肖燦《嶽麓書院藏秦簡〈數〉研究》,湖南大學博士學位論文,2010 年,頁 51。

見《算數書》簡 3;“四分一”3 例,意爲“1/4”,見簡 3、4 與 8;“五分一”1 例,意爲“1/5”,見簡 5;“六分一”2 例,意爲“1/6”,見簡 3、8;“八分一”1 例,意爲“1/8”,見簡 46;“九分一”2 例,意爲“1/9”,見簡 3、8;“十分一”1 例,意爲“1/10”,見簡 5;“十二分一”1 例,意爲“1/12”,見簡 5;“十五分一”1 例,意爲“1/15”,見簡 6;“十六分一”2 例,意爲“1/16”,見簡 5、9;“廿(二十)分一”2 例,意爲“1/20”,見簡 6、9;“廿(二十)五分一”2 例,意爲“1/25”,見簡 6、8—9;“卅(三十)分一”1 例,意爲“1/30”,見簡 9;“卅(三十)分六一”1 例,意爲“1/36”,見簡 9;“卌(四十)二分一”1 例,意爲“1/42”,見簡 10;“卌(四十)九分一”1 例,意爲“1/49”,見簡 9;“五十六分一”1 例,意爲“1/56”,見簡 10;“丰(七十)八分一”1 例,意爲“1/78”,見簡 5。簡 46 上的“八分一”是動詞“得”的賓語的一個成分①。其他 24 例都是乘法的結果,一般這些結果後面有“也”字(有 4 例除外),這樣乘法和乘積構成判斷句,可見以上例句(1)(2)(7)(11)。

2.“n 分+名量詞+一”共 12 例,包含重複,見例句(13)—(24)。前 7 例都是乘法的結果,都出現在“也”字前邊,都與在它們前邊的計算構成判斷句。(22)中的分數是名量判斷句的謂語。而(20)(21)(23)(24)中的分數都出現在動詞賓語中。

(13)十分尺一也(《算數書》簡 1,意爲“是 1/10 尺”)

(14)廿(二十)分尺一也(《算數書》簡 1,意爲“是 1/20 尺”)

(15)卅(三十)分尺一也(《算數書》簡 2,意爲“是 1/30 尺”)

(16)八十分尺一也(《算數書》簡 2,意爲“是 1/80 尺”)

(17)卌(四十)分尺一也(《算數書》簡 4,意爲“是 1/40 尺”)

(18)五十分尺一也(《算數書》簡 4,意爲“是 1/50 尺”)

(19)六十分尺一也(《算數書》簡 4—5,意爲“是 1/60 尺”)

(20)得一錢五分錢一(《算數書》簡 33,意爲“得到 1 錢又 1/5 錢”)

①該“八分一”出現於“得十三錢八分一”中,意爲“得 13 錢又 1/8 錢”,也就是説它是動詞“得”賓語中的一個成分。

(21)爲三百廿(二十)三、八分簡一①(《算數書》簡 71,意爲"生產 323 又 1/8 簡")

(22)䘏脂十斤十二兩十九朱(銖)五分朱(銖)一(《算數書》簡 79,意爲"有䘏脂 10 斤 12 兩 19 銖又 1/5 銖")

(23)直(置)十升以乘七步四分步一(《算數書》簡 86—87,意爲"[把算筹]放下[用于表示]10 升乘 7 步又 1/4 步")

(24)精之爲七斗三分升一(《算數書》簡 119,意爲"精磨它產出 7 斗 1/3 升")

3. 形式"n 分＋量詞＋之＋一"共 11 例,包含重複,見例句(25)—(30),都分別和在它們前邊的名詞構成名量判斷句。

(25)粺五分升之一(《算數書》簡 100,意爲"有粺 1/5 升")

(26)粺米四分升之一(《算數書》簡 101—102 共有 4 例,意爲"有粺米 1/4 升")

(27)毁(穀)米四分升之一(《算數書》簡 102 和 104 共有 2 例,意爲"有穀米 1/4 升")

(28)毁(穀)四分升之一(《算數書》簡 103 有 2 例,意爲"有穀 1/4 升")

(29)米六升四分升之一(《算數書》簡 121,意爲"有米 6 升又 1/4 升")

(30)從(縱)一步六分步之一(《算數書》簡 162,意爲"長爲 1 步又 1/6 步")

(三)表達單位分數時選擇一維或二維短語的原因

秦漢出土文獻中,當單位分數是一個計算的結果時,分子 1 經常會出現。但是,當單位分數是一個乘法運算中的因數時,分子 1 經常被省略,我們可以比較以上例句(1)(2)(7)(11)和以下例句(31)(32)的乘法

①表達帶分數時,整數部分與真分數之間經常會出現名詞、量詞或"又"字。但是這裏沒有任何字來分開整數 323 和分數 1/8 的分母 8,於是我在釋文裡加上了一個頓號,以便減少閱讀障礙。

運算中的因數和積的不同表達形式推測該結論。

(31)四分乘四分,十六分一(《算數書》簡 9,意爲“1/4 乘 1/4 等於 1/16”)

(32)五分寸乘尺,五十分尺一也(《算數書》簡 4,意爲“1/5 寸乘[1]尺等於 1/50[平方]尺”①)

四、表達非單位分數的二維短語

表達非單位分數時,一般需要表達分母和分子兩個整數,所以只能使用二維形式②,是因爲無法省略分子。

《算數書》中有 97 例二維短語表達非單位分數(包含重複),其中有:1. 形式“分母+分+分子”共 12 例③;2. 形式“分母+分+名詞或量詞+分子”共 42 例;3. 形式“分母+分+之+分子”共 7 例④;4. 形式“分母+分+名詞或量詞+之+分子”共 36 例。

短語中名詞或量詞的出現跟要表達的信息有關,更值得關注的是名詞或量詞在短語中的位置。還有一個值得研究的問題是,爲什麼有時會出現一個“之”字?

另外,除了表達分數的二維短語,《算數書》中也有一些表達比例的

---

①可以理解成一個面積的計算,或者兩個計量單位換算的一種表達方式。

②只有 2/3 可以使用二維形式或者選擇使用詞彙化的特殊短語“大半”來表達。

③我認爲楊玲榮《張家山漢簡數量詞與稱數法研究》頁 17—19 所提出的觀點是正確的,不要在“分母+分+分子”形式的一些短語中加上語境所提供的一個名詞或量詞。我認爲“分母+分+分子”是秦漢語言的正常表達形式。我放棄了張家山二四七號漢墓竹簡整理小組《張家山漢墓竹簡(二四七號墓)》、彭浩《張家山漢簡〈算數書〉注釋》、胡憶濤《張家山漢簡〈算數書〉整理研究》對原文的有關修正方案的建議。

④與上同理,我認爲不要在“分母+分+之+分子”形式的短語中添加語境所提供的名詞或量詞。

二維短語："名詞$_1$＋整數$_1$＋名詞$_2$＋整數$_2$"，見下文例句(33)和(34)①。我認爲不能把這些表達比例的二維短語看作分數的一種表達形式，兩者的區别在於分數是獨立的一個數，而比例是兩個獨立數之間的關係。例句(33)的意思是 2 石草料中，有 3 份芻和 2 份稟。如果用分數來表達，可以解釋爲 2 石草料中有 3/5 芻和 2/5 稟。例句(34)的意思是 10 斗糧食中有 1 份米和 2 份粟。若用分數來表達，也可以説 10 斗糧食中有 1/3 米和 2/3 粟。但是，原文沒有選擇使用分數來表達這些代表比例的數值，所以我認爲不能把這類表達形式和分數的表達形式混合在一起。

(33)芻稟二石，今芻三而稟二(《算數書》簡 52，意爲"有 2 石草料，其中有 3 份芻和 2 份稟")

(34)米一粟二凡十斗(《算數書》簡 119，意爲"1 份米和 2 份粟湊成了 10 斗糧食")

(一)表達非單位分數的"分母＋分＋分子"形式的 12 例短語

有"九分二"表達"2/9"，1 例，見簡 8。

有"五分二"表達"2/5"、"六分三"表達"3/6"、"三分二"表達"2/3"、"十分八"表達"8/10"、"十二分七"表達"7/12"，共 5 例，見簡 22—23，表達了一則加法運算的五個項。

(35)—(40)例句中有 6 例。其中(35)(36)(40)例句中有 3 例是動詞(包括"曰"字)的賓語，而(37)—(39)例句中有 3 例均是名量判斷句的謂語。

(35)益之幾何而爲九分七(《算數書》簡 30，意爲"要加上多少纔能湊成 7/9？")

(36)狐出十二、丰(七十)二分十一，貍出八、分卌(四十)九，犬出四、分十二(《算數書》簡 36—37，意爲"以狐皮的名義付出 12 又 11/72，以貍皮的名義付出 8 又 49/[72]，以犬皮的名義付出 4 又

---

①《算數書》還有 13 例該形式短語，本文沒有列出，可以參見楊玲榮《張家山漢簡數量詞與稱數法研究》頁 15—16。

12/[72]”)①

(37)禾租四斗卌(四十)七分十二,麥租三斗、分九,荅租二斗、分廿(二十)六(《算數書》簡 43—44,意爲“禾稅爲 4 斗又 12/47[斗],麥稅爲 3 斗又 9/[47][斗],荅稅爲 2 斗又 26/[47][斗]”)②

(38)粺七斗五分三(《算數書》簡 135,意爲“有粺 7 斗又 3/5[斗]”)

(39)糲二斗五分二(《算數書》簡 136,意爲“有糲 2 斗又 2/5[斗]”)

(40)曰:四韋(圍)二寸廿(二十)五分十四(《算數書》簡 154,意爲“答案爲 4 圍 2 寸又 14/25[寸]”)

(二)表達非單位分數的短語形式“分母+分+名詞或量詞+分子”42 例

一共 42 例均列在以下(41)—(81)例句中,其中有 15 例是名量判斷句中的謂語,有 27 例作爲動詞的賓語(包括有 8 例出現在“曰”字後)。

(41)曰:二錢六十分錢五十七(《算數書》簡 23,意爲“答案爲 2 錢又 57/60 錢”)

(42)得一錢卅(三十)分錢十七(《算數書》簡 23—24,意爲“得到 1 錢又 17/30 錢”)

(43)金三朱(銖)九分朱(銖)五(《算數書》簡 28,意爲“有金 3 銖又 5/9 銖”)

(44)今欲出其七分朱(銖)六(《算數書》簡 28,意爲“現在要出其中的 6/7 銖”)

---

①只有第一個分句“狐出十二𠦃(七十)二分十一”包含一個普通的二維短語表達分數 11/72,而後兩個分句裏又省略了分母 72,“分卌(四十)九”和“分十二”分別表達 49/72 和 12/72。我只統計了完整的第一個短語。

②只有第一個分句“禾租四斗卌(四十)七分十二”包含一個普通的二維短語表達分數 12/47,而後兩個分句省略了分母 47,“分九”和“分廿(二十)六”分別表達 9/47 和 26/47。我只統計了完整的第一個短語。

(45)金二朱(銖)六十三分朱(銖)卌(四十)四(《算數書》簡 28,意爲"有金 2 銖又 44/63 銖")

(46)益之六十三分朱(銖)廿(二十)二(《算數書》簡 30,意爲"給它加上 22/63 銖")

(47)得五分錢四(《算數書》簡 33,意爲"得到 4/5 錢")

(48)犬出十五錢七分六,貍出卅(三十)一錢分五,狐出六十三錢分三(《算數書》簡 34—35,意爲"犬皮納税 15 錢又 6/7 錢,貍皮納税 31 錢又 5/[7]錢,狐皮納税 63 錢又 3/[7]錢")①

(49)始織一寸六十二分寸卅(三十)八(《算數書》簡 40,意爲"第一天織 1 寸又 38/62 寸")

(50)次三寸六十二分寸十四(《算數書》簡 40—41,意爲"第二天[織]3 寸又 14/62 寸")

(51)次六寸六十二分寸廿(二十)八(《算數書》簡 41,意爲"第二天[織]6 寸又 28/62 寸")

(52)次尺二寸六十二分寸五十六(《算數書》簡 41,意爲"第二天[織][1]尺 2 寸又 56/62 寸")

(53)次尺五寸六十二分寸五十(《算數書》簡 41,意爲"第二天[織][1]尺 5 寸又 50/62 寸")

(54)曰:二斗三升十一分升八(《算數書》簡 48,意爲"答案爲 2 斗 3 升又 8/11 升")

(55)曰:一兩十一朱(銖)百卌(四十)四分朱(銖)九十二(《算數書》簡 50,意爲"答案爲 1 兩 11 銖又 92/144 銖")

(56)得一錢百一十四分錢丰(七十)一(《算數書》簡 57,意爲"得到 1 錢又 71/114 錢")

(57)有卌(四十)分斗五(《算數書》簡 59,意爲"有 5/40 斗")

(58)得四錢八分錢三(《算數書》簡 59,意爲"得到 4 錢又 3/8 錢")

---

①只有第一個分句"犬出十五錢七分六"包含一個普通的二維短語表達分數 6/7,但後兩個分句省略了分母 7,"分五"和"分三"分別表達 5/7 和 3/7。我只統計了完整的第一個短語。

(59)曰:八寸十一分寸二(《算數書》簡 61—62,意爲“答案爲 8 寸又 2/11 寸”)

(60)賈(價)十八錢十一分錢九(《算數書》簡 62,意爲“價格爲 18 錢又 9/11 錢”)

(61)曰:廿(二十)五分錢廿(二十)四(《算數書》簡 64,意爲“答案爲 24/25 錢”)

(62)桼(漆)卅(三十)七分升卅(三十)(《算數書》簡 66,意爲“有桼(漆)30/37 升”)

(63)水二升卅(三十)七分升七(《算數書》簡 66—67,意爲“有水 2 升又 7/37 升”)

(64)曰:七步卅(三十)七分步廿(二十)三(《算數書》簡 68,意爲“答案爲 7 步又 23/37 步”)

(65)爲二百五簡八分簡七(《算數書》簡 70,意爲“生產 205 簡又 7/8 簡”)

(66)負十七筭(算)二百六十九分筭(算)十一(《算數書》簡 73,意爲“付 17 算又 11/269 算”)

(67)曰:百三錢四百卅(三十)分錢九十(《算數書》簡 76,意爲“答案爲 103 錢又 90/430 錢”)

(68)水三斗四分升三(《算數書》簡 80—81,意爲“有水 3 斗又 3/4 升”)

(69)減田十一步有(又)九十七分步(七十)九步(《算數書》簡 84,意爲“減田爲 11 步又 79/97 步”①)

(70)減田十一分步五(《算數書》簡 85,意爲“減田爲 5/11 步”)

(71)得十一步有(又)九十八分步卌(四十)七(《算數書》簡 92,意爲“得到 11 步又 47/98 步”)

(72)曰:九步五分步三(《算數書》簡 96,意爲“答案爲 9 步又 3/5 步”)

①例句裏的第三個“步”字似乎是多餘的,不過這一點並不影響該短語的類型。

(73)粺卅(三十)二分升九(《算數書》簡 103,意爲“有粺 9/32 升”)

(74)米七分升六(《算數書》簡 113,意爲“有米 6/7 升”)

(75)粟七分升六(《算數書》簡 115,意爲“有粟 6/7 升”)

(76)米一升七分升三(《算數書》簡 115,意爲“有米 1 升又 3/7 升”)

(77)積二千五十五尺卅(三十)六分尺廿(二十)(《算數書》簡 149,意爲“體積爲 2055[立方]尺又 20/36[立方]尺”)

(78)大四韋(圍)二寸廿(二十)五分寸十四(《算數書》簡 153,意爲“大爲 4 圍 2 寸又 14/25 寸”①)

(79)方七寸五分寸三(《算數書》簡 153 和 154,2 例,意爲“方爲 7 寸又 3/5 寸”)

(80)從(縱)九十七步有(又)百卌(四十)七分步百卌(四十)一(《算數書》簡 171—173②,意爲“長爲 97 步又 141/147 步”)

(81)方十五步卅(三十)一分步十五(《算數書》簡 185,意爲“方爲 15 步又 15/31 步”)

(三)表達非單位分數的短語形式“分母+分+之+分子”7 例

一共 7 例均列在以下(82)—(87)例句中。其中(82)裏第一個表達分數的短語是句中的主題,(87)是一個名量判斷句中的謂語,其他都是動詞的賓語。

(82)二千一十六分之百六十二,約之百一十二分之九(《算數書》簡 20,包含 2 例,意爲“有分數 162/2016,把它約分得到 9/112”③)

(83)各受卅(三十)分之廿(二十)三(《算數書》簡 26,意爲“各個得到 23/30”④)

①這裏“大”指的是圓周長。“圍”是用於衡量圓周長的計量單位,1 圍是直徑爲 1 尺的圓周長,參見彭浩《張家山漢簡〈算數書〉注釋》,頁 82。

②簡的準確順序是 171—173—172。

③例句中分數“百一十二分之九”是分句“分之”的謂語。

④例句中的帶分數“卅(三十)分之廿(二十)三”是動詞“受”的賓語。

(84)得肻(脂)[①]九分之五(《算數書》簡 82,意爲“得到脂肪 5/9”[②])

(85)爲十三盧唐四分之三(《算數書》簡 129—130,意爲“生產竹筒 13 個又 3/4”[③])

(86)求田七分之四(《算數書》簡 162,意爲“求面積爲 4/7”[④])

(87)其從(縱)廿(二十)一分之十六(《算數書》簡 162,意爲“它的長爲 16/21”[⑤])

(四)表達非單位分數的短語形式“分母+分+名詞或量詞+之+分子”36 例

一共 36 例均列在以下(88)—(123)例句裏面。其中,有 3 例分别是動詞的賓語,33 例分别是名量判斷句中的謂語。

(88)金七分朱(銖)之三(《算數書》簡 30,意爲“有金 3/7 銖”)

(89)長者受十六尺有(又)十八分尺之十二(《算數書》簡 55,意爲“長者得到 16 尺又 12/18 尺”)

(90)少者受八尺有(又)十八分尺之六(《算數書》簡 55,意爲“少者得到 8 尺又 6/18 尺”)

(91)粺十分升之三(《算數書》簡 98,意爲“有粺 3/10 升”)

(92)米十五分升之四(《算數書》簡 98,意爲“有米 4/15 升”)

(93)粟廿(二十)七分升之十(《算數書》簡 99,意爲“有粟 10/27 升”)

---

①參見彭浩《張家山漢簡〈算數書〉注釋》,頁 76。

②例句中的名量短語“肻(脂)九分之五”是動詞“得”的賓語。

③例句中的分數“十三盧唐四分之三”是動詞“爲”的賓語。

④例句中的名量短語“田七分之四”是動詞“求”的賓語。根據上下文得知該短語指的是 4/7 平方步的面積,但是,例句未出現計量單位,所以可以判斷該語的形式是“分母+分+之+分子”。

⑤例句中的分數“廿(二十)一分之十六”和“其縱”構成了主謂語法關係。根據上下文得知該短語指的是 16/21 步,但是,例句未出現計量單位,所以可以判斷該短語的形式是“分母+分+之+分子”。

(94)米九分升之二(《算數書》簡 99,意爲“有米 2/9 升”)

(95)毀(穀)卌(四十)五分升之八(《算數書》簡 100,意爲“有穀 8/45 升”)

(96)粟五十四分升之廿(二十)五(《算數書》簡 101,意爲“有粟 25/54 升”)

(97)米十八分升之五(《算數書》簡 101,意爲“有米 5/18 升”)

(98)毀(穀)米九分升之二(《算數書》簡 102,意爲“有穀米 2/9 升”)

(99)麥十二分升之五(《算數書》簡 102,意爲“有麥 5/12 升”)

(100)米十六分升之五(《算數書》簡 102—103,意爲“有米 5/16 升”)

(101)麥卅(三十)二分升之十五(《算數書》簡 103,意爲“有麥 15/32 升”)

(102)粟卌(四十)八分升之廿(二十)五(《算數書》簡 104,意爲“有粟 25/48 升”)

(103)粟七百八十九分升之五百(《算數書》簡 105,意爲“有粟 500/789 升”)

(104)粟一升二百六十三分之二百卅(三十)七(《算數書》簡 105—106,意爲“有粟 1 升又 237/263 升”)

(105)粟一斗九升有(又)二百六十三分升之三(《算數書》簡 106,意爲“有粟 1 斗 9 升又 3/263 升”)

(106)粟十九斗有(又)二百六十三分升之卅(三十)(《算數書》簡 106,意爲“有粟 19 斗又 30/263 升”)

(107)粟百丯(七十)一分升之百(《算數書》簡 107,意爲“有粟 100/171 升”)

(108)粟一升有(又)二百八十五分升之二百丯(七十)五(《算數書》簡 107,意爲“有粟 1 升又 275/285 升”)

(109)粟十七升有(又)二百八十五分升之百五十(《算數書》簡

108,意爲"有粟 17 升又 150/285 升")

(110)粟十七斗五升有(又)二百八十五分升之百廿(二十)五(《算數書》簡 108,意爲"有粟 17 斗 5 升又 125/285 升")

(111)米卌(四十)六石廿(二十)七分石之八(《算數書》簡 146,意爲"有米 46 石又 8/27 石")

(112)廣八分步之六(《算數書》簡 162,意爲"寬爲 6/8 步")

(113)廣七分步之三(《算數書》簡 162,意爲"寬爲 3/7 步")

(114)求田四分步之二(《算數書》簡 162,意爲"求面積爲 2/4[平方]步")

(115)從(縱)百卅(三十)步有(又)十一分步之十(《算數書》簡 168,意爲"長爲 130 步又 10/11 步")

(116)從(縱)百一十五步有(又)廿(二十)五分步之五(《算數書》簡 169,意爲"長爲 115 步又 5/25 步")

(117)從(縱)百五步有(又)百卅(三十)七分步之十五(《算數書》簡 170,意爲"長爲 105 步又 15/137 步")

(118)從(縱)九十二步有(又)千八十九分步之六百一十二(《算數書》簡 172—183①,意爲"長爲 92 步又 612/1089 步")

(119)從(縱)八十八步有(又)二千二百八十三分步之六百九十六(《算數書》簡 175,意爲"長爲 88 步又 696/2283 步")

(120)從(縱)八十四步有(又)七千一百廿(二十)九分步之五千七百六十四(《算數書》簡 177—178,意爲"長爲 84 步又 5764/7129 步")

(121)從(縱)八十一步有(又)七千三百八十一分步之六千八百三十九(《算數書》簡 180—181,意爲"長爲 81 步又 6839/7381 步")

(122)廣七步卌(四十)九分步之□□□□□□(《算數書》簡

①簡的準確順序是 172—183。

183,意爲"長爲 7 步又□[①]/49 步")

(123)爲□[②]六十四步有(又)三百卌(四十)三分步之二百𠦃(七十)三(《算數書》簡 183,意爲"做 64 步又 273/343[平方]步的[面積]")

五、表達分數形式的選擇和語法的關係

《算數書》中的二維短語"分母＋分(＋名詞或量詞)(＋之)＋分子"表達單位分數(分子爲"一"字,有 48 例)和非單位分數(分子爲不等於 1 的整數,有 97 例)一共 145 例,其中有 54 例使用了一個"之"字。我沒有發現"之"字和量詞的出現有什麼聯繫,但是卻發現了"之"字的出現和表達分數的短語在句中所起的語法作用似乎有一些聯繫。

表 2 列出了幾項互斥的語境,還列出了例句中"之"字在各個語境中出現的次數。

表 2 《算數書》中表達單位和非單位分數的二維短語

	無"之"字	有"之"字	
分句做主題:"主題,約之……"	0	1	1
乘法運算的因數	0	0	0
加法運算中的項	5	0	5
乘法運算的積	32	0	32
動詞(包括"曰"字)的賓語	34	8	42
名量判斷句的謂語	20	45	65
總數	91	54	145

①因爲是真分數,所以這裏只能是 1 到 48 的整數。

②根據語境,我猜測這裏應該是一個"積"字,指的是面積。

我發現,當表達分數短語是名量判斷句的謂語時,約有 70%的概率出現“之”字;當表達分數短語是動詞的賓語時,約有 80%的概率出現“之”字。綜上所述,我認爲“之”字的出現和語法有一定的聯繫,但由於當時的語言文化所導致語句的未規範化,使得“之”字的使用以及分佈比較靈活。

六、與傳世文獻進行比較

《周髀算經》和《九章算術》是漢代成書的兩部傳世數學著作。兩部書中也出現了分别表達 1/2、1/3 和 2/3 的特殊短語“半”“少半”和“大半”。而表達分數短語的一般形式爲“分母+分(+名詞或量詞)+之+分子”。該形式的特征是:1. 必定包含“之”字;2. 單位分數的分子 1 不能省略;3. 名詞和量詞必定出現在“分”字後面。這些特征和秦漢出土文獻中表達分數的形式有一些共同點。其一,短語“n 分”是不可分割的,甚至可以説是一個完整的數名,可以直接出現在名詞和量詞前面。其二,分别表達 1/2、1/3 和 2/3 的特殊短語“半”“少半”和“大半”和“n 分”短語一樣也可以直接出現在名詞或量詞前面。其三,表達分數的二維短語中的名詞或量詞都出現在“分”字後面,分子放在最後。但是,與傳世文獻比起來,出土文獻中的分數表達形式更加豐富,例如“之”字的用法、單位分數中省略分子的做法(特别是運算的結果中)、例句(36)(37)(48)中一些分數的表達形式省略了分母的做法,以及帶分數中可選性地使用或不使用“又”字連接整數部分與真分數部分的做法。

在秦漢出土文獻的語言中似乎存在着一個規律:當表達分數短語是名量判斷句的謂語時,“之”字即經常出現;而當表達分數短語是一個動詞的賓語時,“之”字卻較少出現。怎麼解釋這個現象呢?公認短語中的“之”字會強調該短語的分句性,於是我推測當時的人們根據語法環境靈活地選擇是否使用"之"字來使判斷句或動賓句的表達更加順暢。

《周髀算經》與《九章算術》全部採用二維形式短語,包括了單位分數,另外所有短語都使用了"之"字。我認爲是作者有意將表達分數的形式規範化,而並不是因爲語言的演變。數學術語表達的規範化也許讓人們的表達或者理解過程更加簡潔,也有可能方便了當時的教學事業。但是不要誤解,出土文獻已經可以證明秦漢人對分數的理解和運用已經相當成熟,表達形式的規範化並不意味着概念上的演化,更談不上進化,而是語言標準化和規範化的一個表現。

讀馬王堆簡帛札記①

魯普平②

摘　要:《明君》"疏縠之冠者"中的"疏縠"應讀爲"紗縠",指精細、輕薄的絲織品。《戰國縱横家書》"秦挾逩(楚)、趙之兵以復攻"中的"挾"實爲"收"字,爲"聚集"義。《五星占》"央(殃)□"中的"□"應爲"益"。《天文氣象雜占》"在帀(師)上,敗"中的"敗"實爲"果"字,爲"勝利"義。《陰陽十一脈灸經甲本》"【足中指】踝〈踝—痹〉"中的"踝"應讀爲"痿",爲"痹"義。《房内記》"以故瓦甗毋(無)津者盛"中的"甗",實爲"甂"即"缶"。《胎産書》"令嬰兒絫上"中的"絫"應讀爲"施",爲"置""鋪陳"義。《刑德甲篇·日月風雨雲氣占》"七月而戰諸歲交之日"中的"交"實爲"文"之訛。《刑德甲篇·日月風雨雲氣占》"浚斡(戟)"中的"浚"應讀爲"摧"。《陰陽五行甲篇·徙》"東南誰〈離〉"中的"誰"並非"離"之訛字,而是"推"之借字,爲"離去"義。

關鍵詞:馬王堆簡帛;字;詞;札記

我們在研讀《長沙馬王堆漢墓簡帛集成》(以下簡稱《集成》)的過程中,在字詞方面有一些淺見,謹陳於此,敬請方家批評指正。

---

①本文爲教育部人文社會科學重點研究基地重大研究項目"秦漢出土實物文字資料庫語料深加工研究"的階段性成果,項目編號:16JJD740011;2019年教育部人文社會科學青年項目"馬王堆簡帛字詞校補研究"的階段性成果,項目編號:19YJC740048。

②魯普平,江蘇第二師範學院文學院　講師　南京　210013。

一、釋“疏穀”

《明君》帛書第 21/424 行：

裘、封、營、瑩、□妻華鬟，先王非弗美也，然而左右之人，縵帛之衣、疏轂之冠者，曰美【氏（是）不】若美□兵。

今按：疏轂，諸家均無解釋。“疏轂”，不詞。我們認爲“疏”應讀爲“紗”。《周禮・春官・典瑞》：“疏璧琮以殮尸。”鄭玄引鄭司農云：“疏，讀爲沙。”沙，爲細絹義，後作紗，如《周禮・天官・内司服》：“内司服，掌王后之六服：褘衣、揄狄、闕狄、鞠衣、展衣、緣衣、素沙。”鄭玄注引鄭司農云：“素沙，赤衣也。”又鄭玄注：“素沙者，今之白縳也。六服皆袍制，以白縳爲裏，使之張顯。今世有沙縠者，名出于此。”孫詒讓正義云：“沙、紗古今字……呂飛鵬云：‘古無紗字，至漢始有之。’”《篇海類編・地理類・水部》：“沙，與紗同。”“紗縠”一詞典籍習見，是精細、輕薄的絲織品的通稱。《漢書・江充傳》：“充衣紗縠襌衣，曲裾後垂交輸。”顔師古注：“紗縠，紡絲而織之也。輕者爲紗，縐者爲縠。”曹植《七啟》：“黼黻之服，紗縠之裳。”且“紗縠”一詞在馬王堆簡帛中亦有使用出，如《三號墓竹簡遣冊》簡 358—359：“沙（紗）繐（縠）複反襲〈襲〉一。沙（紗）繐（縠）復（複）前襲一，素掾（緣）。”

二、釋“收”

《戰國縱横家書》第 137—138 行：

今王循楚（楚）、趙而講，楚（楚）、趙怒而兵〈與〉王爭秦，秦必受之。秦挾耊(楚)、趙之兵以復攻,則國求毋亡,不可得巳(已)。

挾,查看圖版,此字形作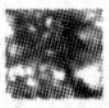,此字右邊明顯從"攴",左邊字形雖然模糊,但是依稀可以看出是"丩",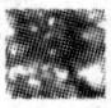應釋爲"收"。爲方便比較,現將馬王堆簡帛中的"收""挾"兩字的字形舉例列表如下:

表 1　馬王堆簡帛中的"收""挾"

《戰國縱橫家書》89	《戰國縱橫家書》111	《戰國縱橫家書》128	《戰國縱橫家書》129	《戰國縱橫家書》143
《春秋事語》69	《戰國縱橫家書》198	《戰國縱橫家書》207	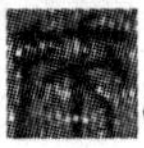《五十二病方》221	《十六經》65 上

對比馬王堆簡帛中的"收"和"挾"兩字形,可以發現,可以確定不爲"挾",應爲"收"。從文意看,此字也不可能爲"挾",因爲楚國、趙國都爭相拉攏秦國,秦國接受兩國的拉攏,又如何挾迫楚國和趙國的軍隊來再次進攻魏國呢? 所以"挾迫"肯定談不上。此字應爲"收","收"有"聚集"義,此義古文獻習見,如《爾雅·釋詁下》:"收,聚也。"《詩經·周頌·維天之命》:"假以溢我,我其收之。"毛傳:"收,聚也。"孔穎達疏:"收者,斂聚之義,故爲聚也。"《史記·封禪書》:"禹收九牧之金,鑄九鼎。""秦收耊(楚)、趙之兵以復攻"爲秦糾集楚、趙兩國軍隊再次攻打魏國,此解更符合文意。

三、釋"益"

《五星占》第 24 行上—25 行上:

營(熒)或(惑)絕道,其國分當其野【□□】,居之久,【殃】大;亟發者,央(殃)小;□【□□】,央(殃)大。溉(既)巳(已)去之,復環

(還)居之,央(殃)□;其周環繞之,入,央(殃)甚。

央(殃)□,《集成》云:"'殃'下一字模糊不清①,劉樂賢據文意推測,可能是'益'或'甚'字。"

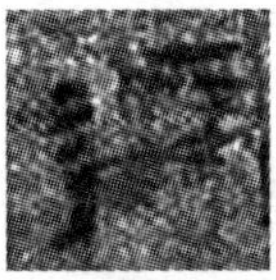

圖 1

今按:查看圖版,"□"作(見圖 1),雖然殘,但是依然可以從殘字和上下文意,確定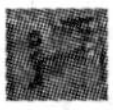應爲"益"。爲方便比較,現將馬王堆簡帛中"甚""益"兩字形列表如下:

表 2　馬王堆簡帛中的"甚""益"

《五星占》25 上	《五星占》25 上	《五星占》48 下	《相馬經》57 上	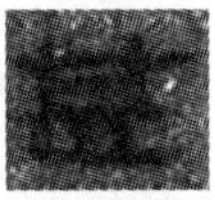《相馬經》60 下
《五星占》53 下	《五星占》143 下	《五星占》143 下	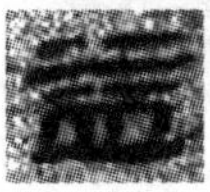《相馬經》5 上	《相馬經》52 上

將與上表中的"甚"和"益"兩字形相比,可以發現的上半部分就是"水",下半部分就是"皿"的殘字。"溉(既)巳(已)去之,復環(還)居之,央(殃)益"是說熒惑已經離開,又返回居留,災殃益大。傳世文獻有與其相同或相似的記載,如《漢書·天文志》記載熒惑運行時云:"已去復還居之,若居之而角者,若動者,繞環之,及乍前乍後,乍左乍右,殃愈甚。"《史記·天官書》:"若角動環繞之,及乍前乍後,左右,殃益甚。"②

①裘錫圭《長沙馬王堆漢墓簡帛集成(肆)》,中華書局,2014 年,頁 229。

②劉樂賢《馬王堆天文書考釋》,中山大學出版社,2004 年,頁 46。

四、釋“果”

《天文氣象雜占》第一列 33、34：

在帀(師)上，敗。不出五日，大雨。

敗，《集成》云：“原釋文(1979:28)釋爲‘取’，不確；合文(2007:49)改釋爲‘敗’，今從之。”①劉樂賢②、顧鐵符③兩位先生均從原釋文，釋爲“取”。

今按：敗，查看圖版，此字形作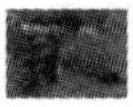(見圖 2)。《集成》認爲原釋文將釋爲“取”不確，甚是。但是《集成》將釋爲“敗”可能也不妥。我們認爲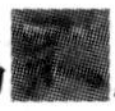應是“果”的殘字。爲方便比較，現將馬王堆中的“敗”“果”兩字的字形列表如下：

表 3　馬王堆簡帛中的“敗”“果”

敗《天文氣象雜占》第 1 列 32	敗《天文氣象雜占》第 2 列 17	敗《天文氣象雜占》第 3 列 29	敗《天文氣象雜占》第 6 列 34	敗《五星占》34 上
果《天文氣象雜占》後半幅末段第 4 列 16	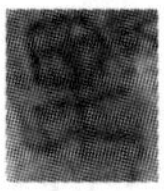果《天文氣象雜占》第 6 列 34	果《戰國縱横家書》89	果《春秋事語》32	果《春秋事語》97

雖然的右上邊有所殘缺，但是通過字形對比，依然可以發現應爲“果”。“在帀(師)上，”所對應的雲氣圖爲馬的形狀(見圖 3)，劉

① 裘錫圭《長沙馬王堆漢墓簡帛集成(肆)》，頁 250。

② 劉樂賢《馬王堆天文書考釋》，頁 106。

③ 顧鐵符《夕陽芻稿》，紫荊城出版社，1988 年，頁 214。

樂賢先生云:“此條所繪圖像爲馬。占文是說,若有雲氣如馬形居於軍隊之上,則將獲勝。類似說法,亦見於傳世文獻。《武備志》卷一百六十一‘氣之戰陣’說:‘雲如野馬向前行,在我軍上,勝;在敵軍上,毋戰,大凶。’”①說明如野馬形狀的雲氣出現在哪一軍上方,哪一軍就會勝利,所以結合傳世文獻,“在帀(師)上,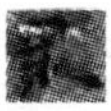”中的也不可能是“敗”字。“果”之“勝利”義項在傳世文獻和《天文氣象雜占》中均有使用,如《爾雅·釋詁上》:“果,勝也。”郭璞注:“果,得勝也。《左傳》曰:‘殺敵爲果。’”《廣韻·果韻》:“果,尅也。”《天文氣象雜占》第六列 34:“甚星,致兵疢多,恐敗。而衣〈卒〉戰果。”

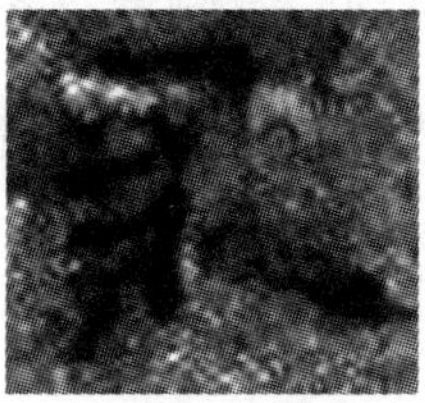

圖 2

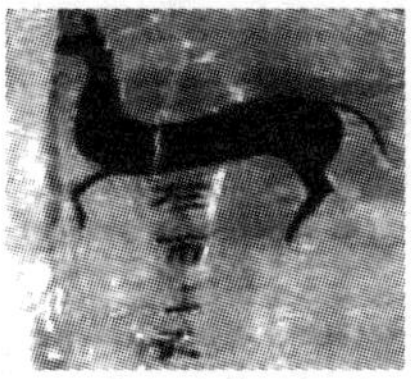

圖 3

五、釋“踝”

《陰陽十一脈灸經甲本》第 5—8 行:

【少】陽眽(脈):……其所產【病:口通,項痛,頭】頸痛(痛),脅痛(痛),瘧,汗出,節盡痛(痛),脾(髀)【外】廉【痛】,魚股痛(痛),厀(膝)【外廉】痛(痛),振寒,【足中指】踝〈踝—痹〉,爲十二病。

踝,《集成》云:“原注:‘推測原把痹寫作踝,又形誤爲踝。’今按:張家山簡本《脈書》簡 22 亦作‘足中指踝〈踝—痹〉’。帛書《足臂十一脈灸經》作‘病足小指次〖指〗廢’,《靈樞·經脈》作‘小指次指不用’,與此

①劉樂賢《馬王堆天文書考釋》,頁 106。

不同。”①

今按:《陰陽十一脈灸經甲本》第4行:“【足小】指踝〈踝—痹〉。”諸家釋文均認爲“踝”爲踝之訛字,踝爲“痹”之借字。正如《集成》所言,張家山簡本也作“足中指踝”。如果説張家山簡本和《陰陽十一脈灸經甲本》兩例中的“踝”都是寫作踝,又形誤爲踝,這種可能性是存在的,但是概率比較小。我們認爲張家山簡本和本文中的“踝”可能不是訛字,“踝”可能讀爲“痿”。“踝”上古屬於匣母、歌部字,“痿”上古屬於影母、歌部字。兩字聲近、韻同,例可通假。《集韻·果韻》:“婐,或作婑。”②《説文·女部》:“婐,或讀若委。”皆可證從“果”得聲之字可與從“委”得聲之字相通。“痿”即“痹”義,《説文·疒部》:“痿,痹也。”段玉裁注:“古多痿痹聯言,因痹而痿也。”《玉篇·疒部》:“痿,不能行也。”《素問·痿論》:“居處相濕,肌肉濡漬,痹而不仁,發爲肉痿。”

六、釋“瓳”

《房内記》第41—42行:

> 字者巳(已),即以流水及井水清者,孰(熟)洎(洗)韓(澣)其包(胞),孰(熟)捉,令毋(無)汁,以故瓦甗毋(無)津者盛,善密蓋以瓦甌,令虫(蟲)勿能入,貍(埋)清地陽處久見日所。

甗,《馬王堆漢墓帛書(四)》《集成》均釋爲“甗”,諸家釋文均從之。《集成》云:“甗字寫法與馬王堆帛書中其他‘甗’字差别很大,更像是‘甈’字,疑莫能定。”③

① 裘錫圭《長沙馬王堆漢墓簡帛集成(伍)》,中華書局,2014年,頁190。

② 趙振鐸《集韻校本》,上海辭書出版社,2012年,頁841。

③ 裘錫圭《長沙馬王堆漢墓簡帛集成(陸)》,中華書局,2014年,頁83。

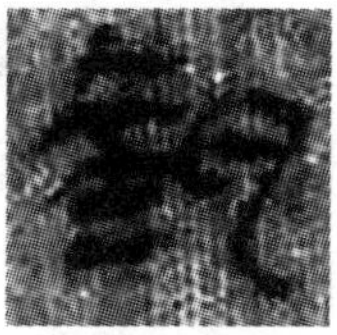

圖 4

甗，查看圖版，此字形作（見圖 4）。我們認爲將此字隸定爲“甗”或“甀”均不妥。爲方便比較，現將馬王堆簡帛中“甗”字的字形列表如下：

表 4　馬王堆簡帛中的“甗”

《五十二病方》94	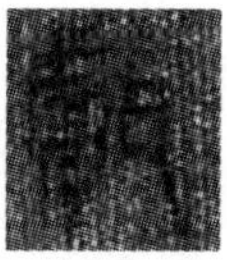《五十二病方》95	《胎產書》19	《養生方》22	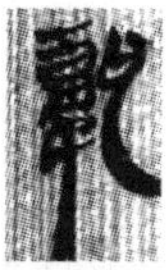《一號墓竹簡遣策》222

據我們統計，在馬王堆簡帛中“甗”共出現 9 次，這 9 個“甗”字的字形與相差甚遠，所以不可能爲同一個字。據我們統計，在馬王堆簡帛中，“垂”這個詞均用“𡍮”字來表示，現將馬王堆簡帛中“𡍮”字字形列表如下：

表 5　馬王堆簡帛中的“𡍮”

《戰國縱橫家書》161	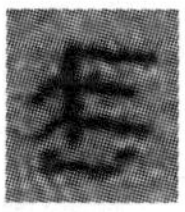《胎產書》29	《十問》62	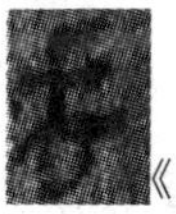《天下至道談》22	《周易》51

左邊所從之字形與“𡍮”相差較大，不可能爲一個字。我們認爲左邊所從之字形應該爲“缶”，現將馬王堆簡帛中從“缶”之字的字形列表如下：

表 6　馬王堆簡帛中從“缶”字形

《三號墓竹簡遣冊》110	《三號墓竹簡遣冊》111	《三號墓竹簡遣冊》112	《三號墓竹簡遣冊》114	《三號墓竹簡遣冊》115

的左邊字形與“缶”相同,所以將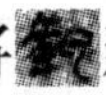隸定成“瓨”應沒有問題。《集韻·有韻》:“缶,《說文》:‘瓦器,所以盛酒漿,秦人鼓之以節謌。’或從瓦。”①“瓦缶”一詞在古文獻中時常出現,如《周易·坎卦》:“用缶。”王弼注:“處坎以斯,雖復一樽之酒,二簋之食,瓦缶之器,納此至約,自進於牖,乃可羞之於王公,薦之於宗廟,故終無咎也。”②

七、釋“⿱攺木”

《胎產書》第29—30行:

字者且垂字,先取市土濡請(清)者,□之方三四尺,高三四寸。子既產,置土上,勿庸(用)舉,令嬰兒⿱攺木上,其身盡得土,乃浴之,爲勁有力。

⿱攺木,《集成》云:“‘⿱攺木’字原釋文未釋,從帛書反印文看可如此隸定。陳劍認爲此字爲‘桼’。該字到底讀爲何字,待考。”③

今按:《集韻·支韻》:“**𢻫**,《說文》:‘敷也。’或作**攺**,通作施。”④“⿱攺木”可以分析爲從木、**攺**聲,所以“⿱攺木”可以讀爲“施”,爲“置”“鋪陳”義。“施”之此義在古文獻中習見,如《荀子·勸學》:“施薪若一,火就燥也。”楊倞注:“布薪於地均若一。”《韓非子·忠孝》:“施於土地,流於川谷。”王先慎集解:“施,陳也。”“令嬰兒⿱攺木上”即將嬰兒鋪陳在上面。

①趙振鐸《集韻校本》,頁895。
②(魏)王弼、(晉)韓康伯注,(唐)孔穎達疏《周易注疏》,上海古籍出版社,1989年,頁135。
③裘錫圭主編《長沙馬王堆漢墓簡帛集成(陸)》,頁98。
④趙振鐸《集韻校本》,頁52。

八、釋“交”

《刑德甲篇・日月風雨雲氣占》第40—41行：

七月而戰諸歲<u>交</u>之日，雨而(濡)𤔲(墻)，夜三版而淳，沓五版黃危。

交，劉樂賢先生直接釋为“交”。陳松長先生亦直接釋爲“交”。《集成》袭之。

今按：查看圖版，此字形作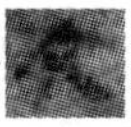，應隶定成“文”，根據上下文意，“文”應是“交”的訛字。爲方便比較，現將馬王堆簡帛中“文”“交”兩字形舉例列表如下：

表7　馬王堆簡帛中的“文”“交”

文《春秋事語》92	文《老子甲本・道經》127	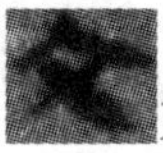文《五行》119	文《經法・君正》22上	文《周易》6上
交《刑德甲篇・日月風雨雲氣占》6	交《刑德乙篇・日月風雨雲氣占》65	交《五行》26	交《戰國縱橫家書》18	交《戰國縱橫家書》28

通過將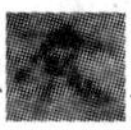与上表中的字形相對比，可以發現，顯然是“文”字。《刑德乙篇・日月風雨雲氣占》第65行：“月交軍(暈)，盡赤，二主遇，起兵，既日为疾。”中的“文”，其字形作，《集成》直接釋爲“交”，此字也是“文”字，據文意，應是“交”之訛字。

九、釋“淩”

《刑德甲篇·日月風雨雲氣占》第28行:

軍氣赤而高,軍大榣(搖);軍氣黑而卑,淩輚(戟),用見,乃毋居。

淩輚(戟),《集成》云:“今按:‘淩’或釋‘沒’,據字形,當以‘淩’爲是,‘淩戟’意義待考。”①陳松長先生將“淩”釋爲“取”義,將“淩戟”釋爲“被取戟”義②。劉樂賢先生將“淩”釋“沒”,並且認爲“沒戟”可能是戰敗的意思③。

今按:淩,查看圖版,此字形作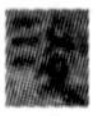,隸定成“淩”,甚是。陳松長先生將“淩戟”釋爲“被取戟”義,於義未順。我們認爲此處的“淩”應讀爲“摧”。“淩”上古屬於心母、文部字,“摧”上古屬於從母、微部字,兩字聲韻皆近。在馬王堆簡帛中,“淩”可讀爲“摧”,如《周易》第71行上:“初九〈六〉,溍(晉)如淩(摧)如,貞吉。”“摧”爲“折”義,此義古書習見,如《說文·手部》:“摧,折也。”《周禮·考工記·輿人》:“凡居材大與小無并,大倚小則摧,引之則絕。”孫詒讓正義:“大小相依,則小者不能任,必至於折也。”“摧戟”即“折戟”,形容戰敗。《開元占經》卷九十四《兵氣》云:“軍上氣黑而卑如樓狀,軍不移必敗。”④與帛書一致。陳松長先生認爲帛書中的“用見”其實不用和“淩輚(戟)”斷開,應可信從。“淩輚(戟)用

①裘錫圭《長沙馬王堆漢墓簡帛集成(五)》,頁12。

②陳松長《帛書〈刑德〉甲篇箋注(雲氣占部分)》,《湖南省博物館館刊》第三輯,嶽麓書社,2005年。

③劉樂賢《馬王堆天文書考釋》,頁182。

④(唐)瞿曇悉達《開元占經》,九州出版社,2017年,頁950。

見”即“浚(摧)輘(戟)以見(現)”,即戰敗的現象將會出現。

十、釋“誰”

《陰陽五行甲篇・徙》第1行上—1行下:

東徙死,西徙反,南徙寡央(殃),北徙吉,東南誰〈離〉,西南鬬,西北辟衍(道),東北少(小)吉。

誰,《集成》云:“劉國忠(2004)指出該章前四行‘誰’字皆爲‘離’字之誤。”①

今按:“誰”字在《陰陽五行甲篇・徙》中除了上文之外,還出現3次,即第2行上:“西南誰〈離〉。”第3行上:“西北誰〈離〉。”第4行上:“東北誰〈離〉。”《徙》篇中4個“誰”都是“離”之誤字,我們認爲這種可能性不是很大。我們認爲這4個“誰”,或許都可以讀作“推”。在馬王堆簡帛中,“誰”經常讀爲“推”,如《老子乙本・德經》第30行上:“天下皆樂誰(推)而弗猒(厭)也,不以亓(其)无(無)爭與(歟)?”《春秋事語》第37行:“誰(推)贊〈賢〉讓能。”《周易・繫辭》第39行上:“日月相誰(推)而明(明)生。”推,離也,《詩經・大雅・雲漢》:“則不可推。”毛傳:“推,去也。”孔穎達疏:“推是遠離之辭,故爲去也。”

①裘錫圭《長沙馬王堆漢墓簡帛集成(五)》,頁70。

東漢"寇恩冊"所見"半櫠軸、半櫪軸"考

孫　濤①

摘　要:東漢"寇恩冊"所見"半櫠軸"之"櫠"同"柞","半櫪軸"之"櫪"同"櫪","櫪"即"櫟"。漢代"柞櫟"互訓同指,皆指櫟樹。"櫠軸""櫪軸"皆指用於大車的櫟木製作的車軸,"半"似指車軸折斷的情形。

關鍵詞:寇恩冊;車軸;柞櫟

1. 恩以大車半櫠軸一,直萬錢;羊韋一枚爲橐,直三千;大笥一合,直千;一石(簡 11)去盧一,直六百;㡓索二枚,直千;皆置業車上。(簡 12)

2. 恩以大車半櫪軸一,直萬錢;羊韋一枚爲橐,(簡 24)直三千;大笥一合,直千;一石去盧一,直六百;㡓索二枚,直千;皆在業車上。(簡 25)②

上兩段文字來自居延新簡《建武三年十二月候粟君所責寇恩事》,"寇恩"冊共 36 簡,除去第 36 簡"建武三年十二月候粟君所責寇恩事"爲"楬"之外,其餘 35 簡可分爲五部分:一、簡 1—20 爲"乙卯爰書";二、簡 21—28 爲"戊辰爰書";三、簡 29—32 爲"辛未文書";四、簡 33 爲"右爰

①孫濤,華東師範大學中文系　碩士　上海　200241。

②張德芳《居延新簡集釋(七)》,甘肅文化出版社,2016 年,頁 424—427。

書"篇題;五、簡34—35爲"已卯縣廷移候官書"①。文字1來自"乙卯爰書",爲建武三年十二月乙卯日寇恩第一次供辭内容;文字2來自"戊辰爰書",爲建武三年十二月戊辰日寇恩第二次供辭内容,兩次内容基本一致。關於"半椈軸"和"半槽軸"的意義,肖亢達先生認爲:"'大車半椈軸一'。'椈'與第24牘之'槽'字皆不識,所指的是同一種東西。據簡文分析,或許是大車的某一種形制的車軸。"②其後,大庭脩③、《集成》④、潘剛⑤皆認爲是某種形制的車軸。張德芳先生認爲:"半椈軸,具體爲何物待考。此或爲大車部件或用於牛車運輸所用的工具。此'半椈軸'與簡24'半槽軸'爲同一物件,唯寫法不一。"⑥對於"半椈軸"和"半槽軸"諸家未有確釋,這裏提出我們的看法。

諸家皆認爲"椈軸"和"槽軸"應爲與車器相關的同一物件,甚是。居延漢簡中有"杙軸"一詞。

1.輪一具椟柔福六輨/杙軸完。(《居延漢簡》72·53)⑦

2.南陽業車父武後。第十七車。輪一具椟,柔福,七輨,搖福一折,佐爰完。杙軸完。(《居延新簡》EPT51·251)

《居延新簡集釋》注EPT51·251:"杙軸,以杙木做的車軸。"⑧又漢代傳世文獻有"棘軸"一詞。《史記·田敬仲完世家》:"淳于髡曰:'豨膏棘軸,所以爲滑也,然而不能運方穿。'"《索隱》:"豨膏,豬脂也。棘軸,以棘木爲車軸,至滑而堅也。然而穿孔若方,則不能運轉,言逆理反經也。"⑨可知"棘軸"即"以棘木製作的車軸"。由"杙軸""棘軸"可知"椈"

①張德芳《居延新簡集釋(七)》,頁430。

②肖亢達《"粟君所責寇恩事"簡冊略考》,《文物》1978年第1期。

③[日]大庭脩著,林劍鳴等譯《秦漢法制史研究》,上海人民出版社,1991年,頁540。

④中國簡牘集成編輯委員會《中國簡牘集成(十二)》,敦煌文藝出版社,2001年,頁51。簡稱"《集成》"。

⑤潘剛《居延漢簡語詞匯釋》,科學出版社,2008年,頁7。

⑥張德芳《居延新簡集釋(七)》,頁425。

⑦簡牘整理小組《居延漢簡(壹)》,"中研院"史語所,2014年,頁222。

⑧張德芳《居延新簡集釋(三)》,甘肅文化出版社,2016年,頁483。

⑨(漢)司馬遷《史記》,中華書局,1959年,頁1890。

“𣞣”兩字皆從“木”絕非偶然,也應是樹木名。了解該樹木爲何的關鍵是對於“𣞣”字的釋讀。我們未在《漢語大字典》中檢索到該字。漢簡“磨”字常爲“厤”字,且常通“歷”。如:西漢簡帛《馬王堆帛書·十六經(立命)》79 上:“數日,磨(厤—歷)月,計歲,以當日月之行。”北大漢簡《陰陽家言》8:“磨(厤—歷)八時。”東漢簡牘《武威醫簡》70—71 簡:“亭(葶)磨(厤—藶)。”整理者云:“‘磨’爲‘厤’字之訛。”《長沙東牌樓漢簡》35:“縲磨年朔”,“推昔分别縲磨”。伊強先生認爲“磨”爲“厤”字之訛,通“歷”[①]。根據漢簡“磨”常爲“厤”字[②],且秦漢簡材料中,“厤”常記“歷”字這一用字習慣來看[③],我們認爲這裏“𣞣”實爲“櫪”之换聲符異體字。而“櫪”爲樹的一種,即櫟。《文選》張衡《南都賦》:“其木則檉楔松椶,槾柏杻橿,楓柙櫨櫪,帝女之桑。”李善注:“櫪與櫟同。”[④]朱駿聲《説文通訓定聲》:“櫪假借爲櫟。”而櫟木可作屋椽即“櫟榱”。《史記·太史公自序》:“采椽不刮。”《索隱》韋昭云:“采椽,櫟榱也。”[⑤]“櫟木”又可爲“車轂”。《淮南鴻烈解·時則訓》:“十二月官獄,其樹櫟。”高誘注:“十二月歲盡刑斷,故獄官也。櫟可以爲車轂,木不出火,唯櫟爲然,亦應除氣也。”而且根據現代樹木學,“櫟”應屬於“殼斗科”,而現代中國殼斗科“中國 7 屬 300 種。黑龍江以南廣大地區都有櫟類純林或混交林”,且“殼斗科中的很多樹種在林業生産中占有重要地位,木材通稱爲櫟木,材質堅硬,耐腐耐用,爲建築、家具、車輛、礦柱、枕木、農具及薪炭等優良用材”[⑥]。由此推測,漢代以“櫟木”爲車軸應是很正常的。

而在傳世文獻中“櫟”“柞”或同義連文或互訓,往往指一物。

---

①伊強《讀〈長沙東牌樓東漢簡牘〉劄記》,《簡帛》第六輯,上海古籍出版社,2011 年。

②秦漢簡所見“磨”實爲“厤”之異體字,與“研磨”之“磨”是同形字關係。關於“磨”“厤”的異體字關係及“厤”記“歷”的具體情況,詳見張再興師《秦漢簡帛中的“厤”和“磨”》,《簡帛研究二〇一八》(春夏卷),2018 年。

③關於秦漢簡牘“厤”記“歷”的情況,參見白於藍《簡帛古書通假字大系》,福建人民出版社,2017 年,頁 736—737。

④(梁)蕭統《文選》,上海古籍出版社,1986 年,頁 152。

⑤(漢)司馬遷《史記》,中華書局,1959 年,頁 3290—3291。

⑥張志翔《樹木學》(第 2 版),中國林業出版社,2008 年,頁 176。

《詩經・綿》:"柞棫拔矣,行道兑矣。"鄭《箋》:"柞,櫟也。棫,白桵也。"①

《詩經》:"肅肅鴇羽,集于苞栩。"孔穎達《正義》注"栩:郭璞曰:'柞樹也。'陸機《疏》云:'今柞櫟也,徐州人謂櫟爲杼,或謂之爲栩。'"②

《史記・李斯列傳》:"而二世責問李斯曰:'吾有私議而有所聞於韓子也,曰:堯之有天下也,堂高三尺,采椽不斲……'"《集解》:"徐廣曰:'采,一名櫟,一作柞。'"③

《史記・太史公自序》:"采椽不刮"。《索隱》韋昭云:"采椽,櫟榱也。"《漢書・藝文志》:"茅屋采椽。"顔師古注:"采,柞木也,字作棌,本從木。以茅覆屋,以棌爲椽,言其質素也。"④

《山海經・西山經》:"又西百八十里,曰大時之山,上多穀、柞。"郭璞云:"柞,櫟。"⑤

《山海經・西山經》:"西二百五十里,曰白於之山,上多松、柏,下多櫟、檀。"郭璞云:"櫟即柞。"⑥

《水經注・河水》:"《記》(《風土記》)云:耕於歷山。而始寧、剡二縣界上,舜所耕田,於山下多柞樹,吴、越之間,名柞爲櫪,故曰歷山。"

《水經注・濟水》:"水出西溪東流,水上有連理樹,其樹,柞櫟也。"

《詩經》:"山有苞櫟,隰有六駮。"孔穎達《正義》注"櫟:《釋木》云:'櫟,其實梂。'陸機《疏》云:'秦人謂柞櫟爲櫟,河内人謂木蓼爲櫟,椒樧之屬也。其子房生爲梂。木蓼子亦房生,故說者或曰柞

①(漢)毛亨《毛詩正義》,北京大學出版社,2000年,頁1162。

②同上,頁463。

③(漢)司馬遷《史記》,頁2554。

④(漢)班固《漢書》,中華書局,1962年,頁1738。

⑤袁珂《山海經校注》,上海古籍出版社,1980年,頁28。

⑥同上,頁61。

櫟,或曰木蓼。機以爲此秦詩也,宜从其方土之言柞櫟是也。”①

考慮到漢代鄭玄以及去漢未遠的郭璞、陸機、徐廣等注疏家皆以“櫟柞”互訓同指以及其中的方言材料,我們推測在漢代人意識中“櫟柞”可指一物②。

“㰒”可表“柞”。“則”古音爲“精職”,“柞”古音爲“從鐸”。“則”“柞”聲母一清一濁皆爲齒頭音③。又“職、鐸”皆爲入聲且韻尾相同,古音旁轉。因此“㰒”“柞”應古音相近,我們認爲“㰒”應爲“柞”的换聲符異體字。

如此則“櫪”即“櫟”,“㰒”即“柞”,“櫟柞”皆表櫟樹。“㰒軸”“櫪軸”皆指以櫟木製作的車軸。

最后説一下“大車半㰒軸”“大車半櫪軸”之中的“大車”和“半”字。“大車”漢簡常見,多與“牛”相配,聯係“寇恩册”上下文,這裏“大車”應是形制大、載重大的牛車④。

關於“半”字,該字難解,我們根據漢代車軸特點對其可能的意義作一些推測。“漢代的車軸是一根長 2 米左右的圓木,中間較粗,兩端漸細,以漸細的部分貫於轂内的釭中。”⑤又“1、2、3 號車都遺留有清晰的車輪壓痕,兩輪壓痕的間距,相當於車軌的寬度,一般是 1.90 米和 2.05 米,約合漢八尺和八尺許,與《考工記》鄭注乘車之‘軌廣八尺’相當。”⑥又:“車軸長 240、徑 8 釐米,中間略粗,兩端漸細。”⑦以上可知漢代車軸

---

①(漢)毛亨《毛詩正義》,頁 503—504。

②當然以上“櫟柞”所指較複雜,難以確定爲同一種樹木,但這並不影響我們對“櫟柞”關係的推測。

③以“則”爲聲符的字,聲母或爲“莊”母,如側;以“乍”爲聲符的字,聲母爲“莊”母,如詐、笮。在《廣韻》中“木名”之“柞”有“則落切”。

④關於漢代“大車”意義,詳見劉玥《漢代“大車”考辨》,《長江大學學報(社科版)》2013 年第 2 期。

⑤孫機《漢代物質文化資料圖説》(增訂本),上海古籍出版社,2008 年,頁 123—124。

⑥中國社會科學院考古研究所等《滿城漢墓發掘報告(上册)》,文物出版社,1980 年,頁 319。

⑦崔大庸《雙乳山一號漢墓一號馬車的復原與研究》,《考古》1997 年第 3 期。

大約 2 米多。車軸爲車輛載重最爲關鍵所在,受力最重,因此容易折斷。

傳世文獻所見,如:

榮行,祖於江陵北門,既上車,軸折車廢。(《漢書·景十三王傳》)①

須賈曰:"吾馬病,車軸折,非大車駟馬,吾固不出。"(《史記·范雎蔡澤列傳》)②

漢簡所見,如:

軺車折軸。(《敦煌漢簡》2043)③

車軻折軸一。(《居延漢簡》136·26)④

閏月餘[壹]軸十一折□。(《居延漢簡》52·30)⑤

軸二,其一折。(《居延新簡》EPT51·589)⑥

甘露元年十一月,所假都尉庫折傷承車軸刺。(《居延新簡》EPT65·459)⑦

□□□九萬半五千叢輕折軸,積簿中天。(《居延新簡》EPS4T1·12)⑧

又懸泉漢簡"傳車亶(氈)轝(輿)簿"有以下釋文。

第四傳車一乘,敝,可用。

第五傳車一乘,轝完,輪轑敝盡,會楅(輻)四折傷,不可用。……

第六傳車一乘,轝左軸折,輪轑敝盡不可用……

①(漢)班固《漢書》,頁 2412。

②(漢)司馬遷《史記》,頁 2413。

③甘肅省文物考古研究所《敦煌漢簡》下冊釋文,中華書局,1991 年,頁 299。

④簡牘整理小組《居延漢簡(貳)》,"中研院"史語所,2015 年,頁 86。

⑤簡牘整理小組《居延漢簡(壹)》,"中研院"史語所,2014 年,頁 167。

⑥張德芳《居延新簡集釋(三)》,頁 562。

⑦張德芳《居延新簡集釋(六)》,頁 334。

⑧張德芳《居延新簡集釋(七)》,頁 671。

亶(氈)轝一,左軸折。

亶(氈)轝一,左軸折。

亶(氈)轝一,左軸折。

陽朔二年閏月壬申朔癸未,縣(懸)泉置嗇夫尊敢言之,謹移傳車亶(氈)轝薄(簿)一編,敢言之。(《懸泉漢簡》102)①

又用於"軸"的量詞有"付"。

軸一[付]。(《居延漢簡》312·17)②

牛食豆四石,栓西垣,乘軸一付。(《居延新簡》EPT44·5)③

由上可知,漢代車軸容易折斷,而且車軸因與車輪相關而分"左右",量词用常表"成對"物體的"付(副)"。而且值得注意的是懸泉漢簡"傳車亶(氈)轝(輿)簿"特別記載"左軸"折,突出表明車軸容易一端折斷的情形。這裹"半楋軸""半櫪軸"之"半"可能記載的就是車軸一端折斷的情形。當然關於"半"的意義是否特指某種形制的車軸還可以繼續探討。

綜上所述,"寇恩"冊所見"半楋軸"之"楋"同"柞","半櫪軸"之"櫪"同"櫪","櫪"即"櫟"。漢代"柞櫟"互訓同指,皆指櫟樹,"楋軸""櫪軸"皆指用於大車的櫟木製作的車軸,"半"似指車軸折斷的情形。

---

①胡平生、張德芳《敦煌懸泉漢簡釋粹》,上海古籍出版社,2001年,頁86。

②簡牘整理小組《居延漢簡(肆)》,"中研院"史語所,2017年,頁9。

③張德芳《居延新簡集釋(二)》,甘肅文化出版社,2016年,頁415。

說東牌樓漢簡 49 號簡中的“馬布障汙”①

徐俊剛②

摘　要：本文對長沙東牌樓東漢簡牘 49 號簡中的“馬布障汙”進行了考釋，認爲“障汙”即是障泥，又稱“蔽泥”，傳世典籍中的“障汗/弇汗/防汗”均是指障泥，“汗”可能是“汙”的通借或訛誤。

關鍵詞：東牌樓漢簡；馬布障汙；障泥；防汗

長沙東牌樓東漢簡牘 49 號簡，整理者命名爲“原書信”③。東牌樓漢簡研讀班《釋文校訂稿》的釋文作：

（正面）

1 原白：一日不悉，連復欲詣，會歲下

2 多務，不腹從願。頃復他異，又馬布

（背面）

1 障汙，他人有至此來求，今遣取以付之，小

2 大內敕告，既緣休使，乃盡愚趣。原白

3 □□□謝孝達、何起、新安

“又馬布障汙，他人有至此來求”一句注釋說：“第 1 行‘他人’原作‘民人’，且屬上讀，今據圖版改，並屬下讀。”④我們認爲這一修改是正確

①本文受國家社科基金重大項目“簡牘學大辭典”資助，項目編號：14DB027。

②徐俊剛，中山大學中國語言文學系（珠海）　博士後　珠海　519082。

③長沙市文物考古研究所、中國文物研究所編《長沙東牌樓東漢簡牘》，文物出版社，2006 年。

④長沙東牌樓東漢簡牘研讀班《〈長沙東牌樓東漢簡牘〉釋文校訂稿》，載《簡帛研究二〇〇五》，广西師範大學出版社，2008 年，頁 156。

的。其中所謂“馬布障汙”,從上下文語義來看,應是一件物品,而此物品爲何諸家學者均未談及。今按,《說文·水部》:“汙,薉也,一曰小池爲汙,一曰塗也。”①慧琳《一切經音義》卷四十五“淤泥”注引顧野王云:“泥,塗也,土得水而爛者也。”②表明汙、泥同義,由此我們認爲“障汙”也即障泥,“馬布障汙”應該就是馬的布製障泥。

障泥是位在馬鞍韉兩旁下垂的用來擋避泥土的馬具,在漢代已經出現。孫機先生《漢代物質文化資料圖說》提到河北定州出土的錯金銀銅杠箍紋飾中騎馬者的馬鞍,其下部垂有很長的障泥,是考古材料中第一次看到的障泥③,東漢很多墓室壁畫的騎士形象也多見障泥。在傳世文獻中,“障泥”一稱見於《世說新語·術解》:

> 王武子善解馬性。嘗乘一馬,箸連錢障泥。前有水,終日不肯渡。王云:“此必是惜障泥。”使人解去,便徑渡。④

《太平御覽》卷三五九引王隱《晉書》、蕭方等《三十國春秋》等亦有“障泥”⑤。在典籍中,障泥還有其他叫法。明胡侍《真珠船》載:

> 障泥,一名障汗,一名弇汗,一名蔽泥。⑥

“障汗”又寫作“鄣汗”,見於《太平御覽》卷三五九引司馬彪《戰略》:

> 太和元年,諸葛亮從成都到漢中,達又欲應亮,遺亮玉玦、織成鄣汗、蘇合香。⑦

“弇汗”見於《鹽鐵論》:

> 古者,庶人賤騎繩控,革鞮皮薦而已。及其後,革鞍氂成,鐵鑣不飾。今富者䩞耳銀鑷韅,黄金琅勒,罽繡弇汗,華韉明鮮。中者漆韋紹系,采畫暴乾。⑧

---

①(漢)許慎《說文解字》,中華書局,2013年,頁235上。

②徐時儀校注《一切經音義三種校本合刊》,上海古籍出版社,2008年,頁1294。

③孫機《漢代物質文化資料圖說》增訂本,上海古籍出版社,2008年,頁139。

④(南朝宋)劉義慶撰《世說新語》,上海古籍出版社,1984年,頁370。

⑤(宋)李昉等撰《太平御覽》,中華書局,1960年,頁1651。

⑥(明)胡侍《真珠船》,叢書集成初編本,中華書局,1985年,頁38。

⑦《太平御覽》,頁1651。

⑧(漢)桓寬撰,王利器校注《鹽鐵論校注》,天津古籍出版社,1983年,頁352。

“蔽泥”見於《西京雜記》：

武帝時，身毒國獻連環羈，皆以白玉作之，馬瑙石爲勒，白光琉璃爲鞍……後得貳師天馬，帝以玟𤨏石爲鞍，鏤以金、銀、鍮石，以緑地五色錦爲蔽泥，後稍以熊羆皮爲之。熊羆毛有緑光，皆長二尺者，直百金。卓王孫有百餘雙，詔使獻二十枚。①

典籍中又有“防汗”，《東觀漢記》載：

和帝永元三年，西謁園陵，桓郁兼羽林中郎將從，賜馬二疋，並鞍勒防汗。②

以上幾種稱謂，可分成三組：

1. 鄣汗 弇汗 防汗

2. 障泥 蔽泥

3. 障汙

從詞義來講，鄣（與障同）、蔽、弇、防都有防護、遮蔽的意思，不必多作説明，而“泥”“汗”稱謂的不同，致使後人在對這種馬具功用的理解上出現差異。

一類觀點如胡侍《真珠船》，將這些稱謂都看作障泥的别稱；另一類觀點是從“汗”的本義汗水作解，與障泥擋避泥土的功用無關。如清人錢繹《方言箋疏》“汗襦”條認爲，郭璞《方言注》“亦呼掩汗”者，《釋名》云：“汗衣，近身之物受汗垢之衣也。”其謂之“掩汗”者，猶“馬鞈”謂之“弇汗”也，障汗、弇汗、防汗皆是同義③。馬非百先生《鹽鐵論簡注》也認爲“弇汗”是馬身防汗的器具④。這裏要説明的是，諸家解説時都認爲“障汗/弇汗/防汗”即是“鞈”⑤。《説文·革部》：“鞈，防汗也。”⑥段玉裁

①（晋）葛洪撰，周天游校注《西京雜記》，三秦出版社，2006年，頁79。

②（汉）劉珍等編，吳樹平校注《東觀漢記校注》，中華書局，2008年，頁641。

③（清）錢繹撰集《方言箋疏（上）》卷四，上海古籍出版社，1984年，頁5。

④馬非百《鹽鐵論簡注》，中華書局，1984年，頁227。

⑤參見錢繹《方言箋疏》、王利器《鹽鐵論校注》、馬非百《鹽鐵論簡注》、吳樹平《東觀漢記校注》等。

⑥（漢）許慎《説文解字》，頁56上。

對此早有辨正,認爲"防汗"是轉寫奪誤,當作"防捍",《玉篇》等皆作防捍,因爲相傳古本捍亦作扞,所以訛爲汗。防汗是革制的胸甲,用來抵禦箭矢,而非馬具①。從《東觀漢記》所記"賜馬二疋,並鞍勒防汗"來看,"防汗"在這裏應該和鞍勒一樣都是馬具,與段注所說人的胸甲"防捍"無關。"軩"早在戰國即已出現(詳見段注),因此引用《說文》作解不恰當。

我們認爲"蔽泥""障汙"與"障汗/弇汗/防汗"均是指障泥,"汗"可能是"汙"的通借或訛誤,以至後人在解說時或以爲是防馬汗的馬具。下面試作說明。

"汙""汗"在字形上偶有相混。漢簡中"汗"字多寫如本形,但也有豎筆末端向左挑起的寫法,如:

居延新簡 EPT59:2	居延新簡 EPT53:40	武威醫簡 84 乙

類似情況也見於"干""千"的一些寫法:

干			
	居延 18・15	居延 560・24	居延新簡 E. P. T20:30
千			
	居延 505・20	肩水金關 73EJT3:7	東牌樓 6

這與"汙"十分相似,如:

			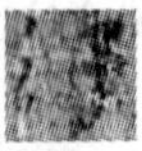
銀雀山・孫子・軍爭 75	馬王堆・明君 429	尹灣 128	東牌樓 49 背

①(清)段玉裁《說文解字注》,上海古籍出版社,1988 年,頁 110 上。

"汙""汗"在詞義上也相近。《廣雅·釋詁》:"汗,濁也。"《孟子·盡心下》"合乎汙世"、《荀子·強國》"其聲樂不流汙"中的"汙"亦訓爲濁。《禮記·曲禮上》"共飯不澤手",鄭玄注"爲汗手不絜也",陸德明《經典釋文》:"汗,本或作汙。" ①

此外,"汙""汗"古音亦有關係。汙屬影紐魚部,汗屬匣紐元部,聲紐俱爲喉音;韻部方面,魚部字與元部字關係密切,如蒲(魚部)、番(元部)通用。《史記·趙世家》:"番吾君自代來。"張守節《正義》:"《括地志》云:'蒲吾故城在恒州房山縣東二十里。'番、蒲古今音異耳。"又:"秦攻番吾。"張守節《正義》:"番,又作蒲。"又《蘇秦列傳》:"秦甲渡河踰漳,據番吾。"張守節《正義》:"番,又音蒲。"②如(魚部)、然(元部)通用,《詩·魏風·葛屨》:"宛然左辟。""然",《說文》"僻"字條引作"如"③。此外,姦(元部)從三女(魚部),鱻(元部)從三魚(魚部),以及上博簡《容成氏》中讀爲"宛"(元部)的從三兔(魚部),都可反映魚、元古音上的關聯。

前文援引《戰略》《鹽鐵論》《西京雜記》等所載障泥或是"織成",或以罽繡製成,或以綠地五色錦甚至熊皮爲之。雖然《西京雜記》作者及成書年代尚無定論,但《鹽鐵論》是西漢昭帝時的記錄,時代與漢武帝相承接,所以武帝時已有障泥是可能的,只不過從相關記載來看,障泥並沒有普及,還是權貴才有的奢侈品,而且貫穿兩漢直到漢末三國,製作精美的障泥仍是高級禮品。東牌樓 49 號簡中有人向"原"求取的障泥是布製,已經是有實用性、大眾化的馬具了。

---

①宗福邦、陳世鐃、蕭海波主編《故訓匯纂》,商務印書館,2013 年,頁 1221—1222。

②張儒、劉毓慶《漢字通用聲素研究》,山西古籍出版社,2002 年,頁 662。

③同上,頁 688。

西北漢簡校讀札記四則①

王錦城②

摘　要:西北漢簡中作人名用的"賓"字常誤釋作"實",當據以改釋;西北漢簡中的"𤅷"字常釋作"惠"或"叀",當據以改釋;據居延漢簡紅外綫圖版,金關漢簡、居延新簡以及懸泉漢簡中原釋作"闕門墼""闕戶墼"或"冥戶墼"的"闕""冥"字,均當是"闑";西北漢簡中常見"沙竈""煙竈"和"籠竈"三種形制相關用途卻又不同的守禦器具,其中"沙竈"爲存放和灼燒沙子之竈,"煙竈"爲發放烽煙信號之灶,"籠竈"爲儲備火種之竈。

關鍵詞:西北漢簡;賓;𤅷;闑戶墼;竈

一　賓

劉樂賢先生曾在《尹灣漢墓簡牘姓名研究三則》一文中,對尹灣漢簡7號、8號木牘中一個用作人名、整理者釋作"實"卻又不能確定的字作了辨析。劉先生認爲從人名學的角度考慮,木牘上的這個字應釋爲

①本文爲2016年教育部人文社科重点研究基地"十三五"規劃重大项目"先秦古文字材料四種綜合整理與数据庫建設"(16JJD740009)、教育部人文社會科學研究"基於數據庫建設的肩水金關漢簡文書分類整理與研究"(17YJC770014)階段性成果。

②王錦城,華東師範大學中國文字研究與應用中心　博士研究生　上海　200241。

“賓”。同時劉先生還指出：

在有關居延、敦煌漢簡的論著中，也常把作爲人名用的“賓”字誤釋爲“實”。例如，居延漢簡 T59·679 的“張中實”、T57·70 的“張少實”、T51·416 的“幼實”、206 的“幼實”、206·1 的“范長實”、408·2 的“長實”、10·21 的“子實”、75·21 的“程中實”、339·15 的“中實”，其“實”字疑都是“賓”之誤釋。[①]

劉先生的意見無疑非常正確。居延漢簡、敦煌漢簡等西北漢簡中，“賓”字作人名用十分常見，最新整理出版的紅外綫圖像版《居延漢簡》、《居延新簡集釋》以及《肩水金關漢簡》等書中[②]，依然存在大量將作人名用的“賓”字誤釋爲“實”的例子。檢諸上述最新出版的漢簡著録書，我們認爲至少有以下數例作人名的“實”字當改釋作“賓”。如下：

子實（10·21）

華實（24·2）

君實（29·12）

范長實（206·1）

實中（505·43＋505·38B＋502·14B）

趙中實（507·1＋507·2A）

張紀實（EPT50·140B）

張少實（EPT51·101）

幼實（EPT51·416A）

實（EPT53·48）

實（EPT53·111A）

中實（EPT65·144B）

---

①劉樂賢《尹灣漢墓簡牘姓名研究三則》，李學勤等編《簡帛研究二〇〇一》，廣西師範大學出版社，2001 年，頁 484。

②簡牘整理小組《居延漢簡》（壹）—（肆），《“中央研究院”歷史語言研究所專刊之一〇九》，2014—2017 年；張德芳主編《居延新簡集釋》（一）—（七），甘肅文化出版社，2017 年；甘肅簡牘保護研究中心等《肩水金關漢簡》（壹）—（伍），中西書局，2011—2016 年。下文所引簡文均據上述新出紅外綫圖像本，不另出注。

杜子實(82EPC·6)

魏長實(73EJT7:135)

君實(73EJT10:314)

宋長實(73EJT25:4)

子實(73EJT27:23)

成□實(3EJT32:32A)

少實(73EJD:204)

李長實(72EJC:284)

上述例子中整理者所釋“實”字,一般寫作(10·21)、(EPT50·140B)、(73EJT27:23)等形,可以看出其中間部分基本一致,且往往寫成近似於“夕”形。而西北漢簡中整理者所釋用作人名的“賓”字即常常寫成這種形體。又漢簡中“賓客”的“賓”字寫法也是相同的,即中間部分寫成近似“夕”形,如(敦 845)、(EPF22·38A)等,均可證上述例子中原釋作“實”的人名用字其實是“賓”字。其中簡 10·21、206·1、EPT51·416A 中的“實”字,前述劉樂賢先生已經指出是“賓”的誤釋。簡 82EPC·6 圖版闕失,但根據文例,人名“杜子實”的“實”應當依然是“賓”字的誤釋。

上述誤釋作“實”的人名例子中,不少見於私人書信,而按照私人書信中通常的禮節來看,一般稱呼受信人時用對方之字①。劉樂賢先生已指出:“漢人命字有一套格式,即多用表示排行、尊老、謙美之詞組合而成。從漢人命字的實例來看,‘賓’正是一個常用的美詞,而‘實’則未見有類似用法。”②劉先生所論極是,而史料中所見漢人字“少賓”“長賓”“君賓”等的亦不少見,除劉先生已指出《漢書》中有尹忠、田延年字子賓,方賞字君賓,唐生等字長賓之外③,尚有《漢書》之龔勝字君賓,《後漢書》之司馬均字少賓等。因此,結合字形和文意來看,上述例子中釋作

①馬怡《居延簡〈宣與幼孫少婦書〉——漢代邊吏的私人通信》,《南都學壇》2010 年第 3 期。

②劉樂賢《尹灣漢墓簡牘姓名研究三則》,頁 483。

③劉樂賢《尹灣漢墓簡牘姓名研究三則》,頁 483。

“實”的人名用字均爲“賓”字的誤釋，當據以改釋。

二　疐

金關漢簡73EJT29：71、73EJT29：135、73EJT30：62三簡中有一個整理者釋作“疐”的字，王錦城、魯普平曾認爲其和金關漢簡73EJT37：1105中整理者釋作“疌”的字爲同一個字，他們均當釋作“疌”[①]。現在看來，這些字是同一字似可信從，但將其釋作“疌”卻是不對的。

上述金關漢簡中原釋作“疐”和“疌”的字形體分別如下：

A (73EJT29：71) (73EJT29：135) (73EJT30：62)

B (73EJT37：1105＋1315)[②]

其中A形爲原釋作“疐”的字，B形爲原釋作“疌”的字。從字形來看，A形3個字寫法完全相同，明顯是同一字。而B形和A形有一點不同，其下部較A形多出了一橫。但從整體來看，其依然和A形爲同一字，其下部亦是“疋”字的草寫。且他們在簡文中均作人名用，亦可爲證。因此，認爲上述原釋作“疐”和“疌”的字爲同一字的看法應當是正確的。此外，“疌”字見於敦煌漢簡，圖版作(敦煌漢簡67)，和B形區別分明，因此B形也不當釋作“疌”。實際上，A形的寫法，敦煌漢簡中可以見到，他們實爲“疐”字。

敦煌漢簡中的“疐”字形體如下：

(89A) (90) (486)

①王錦城、魯普平《肩水金關漢簡釋文校補舉隅》，《出土文獻》第十一輯，中西書局，2017年，頁332。

②伊強《〈肩水金關漢簡(肆)〉綴合(四)》，簡帛網 http://www.bsm.org.cn/show_article.php?id=2446，2016—01—18。

該字在簡文中用作人名“卑爰疐”的“疐”字,原《敦煌漢簡》整理者釋作“疌”。① 裘錫圭先生指出:“‘疌’即‘疐’字,卑爰疐爲烏孫小昆彌末振將之弟,其事見於《漢書》。”②裘先生的看法無疑非常正確,新近出版的《敦煌馬圈灣漢簡集釋》即據裘先生的説法將該字釋作了“疐”③。

從字形來看,該敦煌漢簡中的“疐”字和上述金關漢簡中原釋作“疐”的字完全一致。據此,則上述金關漢簡中的整理者釋作“疐”和“疌”的字當一並改釋作“疐”。需要説明的是,“疐”字釋作“疌”和“疐”,也並非完全不對,他們或可視作是“疐”字的異體。“疐”字在字書中可見有不同寫法的異體,如《玉篇 · 叀部》“疐,或作蹪,一本作疐”④,可以參看。此外,居延漢簡 435 · 6A 和金關漢簡 73EJT1:1 中還有兩個和上述“疐”字形體相同的字,分别作如下之形:

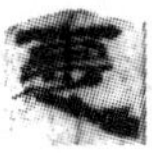(435 · 6A) (73EJT1:1)

其中前一個字,《居延漢簡甲乙編》《居延漢簡釋文合校》和《中國簡牘集成》等均釋作“疐”⑤。而後一字見於著名的《甘露二年御史書》,作人名用,整理者釋作“惠”。李洪財先生在《漢代簡牘草字彙編》“疐”字頭下亦收録了這兩個字,看來是正確的⑥。因此這兩個字也當改釋作“疐”。除了居延漢簡 435 · 6A 釋文作“目疐 左目潤 右目潤”之外,在其餘簡文中“疐”字都是作爲人名出現的。看來“疐”字在當時用作人名十分常見。

另外,金關漢簡還有一個整理者釋作“疐”的字,見於如下簡文:

---

①甘肅省文物考古研究所《敦煌漢簡》,中華書局,1991 年,頁 224、238。

②裘錫圭《讀漢簡札記》,《簡帛研究》第二輯,法律出版社,1996 年,頁 222。

③張德芳《敦煌馬圈灣漢簡集釋》,甘肅文化出版社,2013 年,頁 397、502。

④(南朝梁)顧野王《大廣益會玉篇》,中華書局,1987 年,頁 102。

⑤中國社會科學院考古研究所《居延漢簡甲乙編》下册,中華書局,1980 年,頁 240;謝桂華、李均明、朱國炤《居延漢簡釋文合校》,文物出版社,1987 年,頁 562;中國簡牘集成編輯委員會《中國簡牘集成》第 8 册《居延漢簡(四)》,敦煌文藝出版社,2001 年,頁 43。

⑥李洪財《漢簡草字整理與研究 · 漢代簡牘草字彙編》,吉林大學博士學位論文,2014 年,頁 167。

卯叀入曲息之事 ⧄　　　　　　　　(73EJD:281A)

該“叀”字作形,和前面釋作“叀”的字寫法不同,或有可商之處。

三　闐戶墼

肩水金關漢簡 73EJT31:67 號簡釋文有“□□墼三百”,其中“墼”前面兩個未釋字,圖版分別作、,右部殘缺。這兩個字張俊民先生曾補釋作“冥門”,指出懸泉漢簡或作“冥門墼”,或作“關門墼”①。王錦城、魯普平釋作“關門”②,姚磊先生補釋作“冥戶”③。“關門墼”又見於居延新簡 EPT48·18A 號簡,“關戶墼”又見於金關漢簡 73EJT4H:41A 號簡,初師賓先生認爲當屬非常時期堵封和加固塢隧門戶的備用品④。而居延漢簡 506·1 號簡則作“□戶墼”,“戶”前一字未釋。

上述所謂“冥戶墼”“關戶墼”或“關門墼”列於守禦器簿,應當是同一種東西。但由於圖版的殘缺或模糊不清,其到底如何釋讀尚不能確知。幸賴于新近居延漢簡紅外綫圖像的出版公佈,這個字的釋讀得到了解決。紅外綫圖像版居延漢簡 506·1 簡“□戶墼”中的未釋字,圖版作形,整理者釋作“闐”。從圖版來看,該字確爲“闐”字無疑。

現在再來看居延新簡 EPT48·18A 中的“關門墼”,其“關”字圖版作形,細審圖版,其無疑也是“闐”字,釋“關”非。因此我們認爲上述金關、居延、懸泉漢簡所謂“冥戶墼”“關戶墼”或“關門墼”中“冥”和“關”字的釋讀都是錯誤的,其應當均是“闐”。“闐”有填塞義,《史記·汲鄭列

①張俊民《〈肩水金關漢簡(三)〉釋文獻疑》,簡帛網 http://www.bsm.org.cn/show_article.php? id=2138,2015-01-19。

②王錦城、魯普平《肩水金關漢簡釋文校補舉隅》,頁 332。

③姚磊《讀〈肩水金關漢簡〉札記(三十)》,簡帛網 http://www.bsm.org.cn/show_article.php? id=2938,2017-11-8。

④初師賓《漢邊塞守禦器備考略》,甘肅省文物工作隊編《漢簡研究文集》,甘肅人民出版社,1984 年,頁 202。

傳》:“翟公爲廷尉,賓客闐門。”《説文通訓定聲》:“闐,盛貌也。從門真聲。按,此字本訓當與填、實略同,疑即塞門之屏樹。”①可知作“闐門”或“闐戶”於義非常恰當。由此我們認爲西北漢簡守禦器中用來填塞門戶的壄稱作“闐門壄”或“闐戶壄”。

四　沙竈、煙竈、籠竈

西北漢簡守禦器具中屢見“沙竈”“煙竈”二物,其中“竈”常又寫作“造”,見於如下簡文:

(1)·不侵部建平四年十一月亭隧蓬干、轉射、沙造數簿⧄(55·1)

(2)⧄□上一苣火一通
⧄上一苣火一通
⧄□君慶　(112·25A)
⧄□沙造中盜橥得
⧄□□□□□□　(112·25B)

(3)⧄沙造　(238·2)

(4)■沙造　(325·13)

(5)◓沙造
二　(495·24)

(6)□□八　□□二　茹十斤　馬矢六石
長椎一　□□三　芀一斤　煙造四
⧄棓四　□□三　□四斗　沙造二　⧄
連椎四　……　牛頭石卅　破釜一所
□□□　(73EJT21:182)②

---

①朱駿聲《説文通訓定聲》,中華書局,1984 年,頁 829。

②該簡“芀”字原釋作“芀”,此據字形及文意改。

(7)藁火圖板一　煙造一　畚一　(73EJT37:1544)①

(8)☐　槍五十☐

☐　堠塢上石三□☐

☐　塢上沙竈二☐

☐　沙□□□□☐　(EPF25·24)②

(9)堠上煙竈，突出埤垷二尺，要中央三尺，反明上廣三尺，突口作八寸，□□□□一☐　(EPS4T2·56)

"造"常假借爲"竈"，如《廣雅·釋言》："竈，造也。"王念孫《疏證》曰："造即竈之借字也。"③因此上述引文中的"沙造""煙造"爲"沙竈""煙竈"無疑。

關於"沙竈"，初師賓先生曾謂："沙竈、破釜顯然是燒灼沙、灰、火炭之類的守禦設施而非炊具。《墨子》所謂'沙、炭以雨之，薪火、水湯以濟之'，指向敵群人騎擲撒熾熱紅燙的灼沙、火炭、沸湯、熱灰，設置竈、沙、釜、破釜的目的正在於此。"④《居延新簡集釋》(下稱《集釋》)注釋謂："居延漢簡中的沙往往同沙竈、釜配備在一起，是防備敵人攻城的守禦設施。"⑤初先生及《集釋》所說均可信從，作爲守禦器具，"沙竈"顯然是用來燒灼沙子的，因此其和破釜常並列一起。

這種用以燒灼沙子的竈，《墨子》中亦有記載。《墨子·備城門》："二十五步一竈，竈有鐵鐕容石以上者一，戒以爲湯。及持沙，毋下千石。"岑仲勉注曰："此言積竈及沙。鐕即鬵字，揚雄《方言》云：'甑、自關而東或謂之鬵。'容石或作'容二石'。戒，備也，湯即熱水。持猶'峙'，儲備也，毋下千石猶言不可少過千石。"⑥又《墨子·備城門》："沙五十步一積，竈置鐵鐕焉，與沙同處。"可知漢簡沙竈即《墨子》中配置鐵鐕的

①該簡"圖"字原釋作"圖"，此據字形及文意改。

②該簡"竈"字原釋作"竈"，當是按字形隸定，其徑釋"竈"即可，此處據以改釋。

③(清)王念孫《廣雅疏證》，中華書局，1983年，頁144。

④初師賓《漢邊塞守禦器備考略》，頁182。

⑤張德芳《居延新簡集釋(七)》，甘肅文化出版社，2017年，頁614。

⑥岑仲勉《墨子城守各篇簡注》，中華書局，1958年，頁12。

竈,漢簡破釜即相當《墨子》中的鐵鐕。

據簡(8)可知,沙竈當置於塢墻之上。又上引簡(3)(4)均爲簽牌,其頭部塗黑或畫網格花紋,中有穿孔。但此簽牌似不用繩子繫在裝沙竈的囊橐等之上,而是釘掛在墻上,用以指示沙竈之所在。漢簡中頗可見到此種作用的簽牌①。

至於"煙竈",或認爲是用來施放烽火信號之煙的竈,或認爲是炊事的竈,或認爲是《墨子》所謂的"窯竈",用以放煙熏敵。勞榦先生曾指出:"今從漢代烽臺之制察之,凡現存諸烽臺,其上常有竈口,竈即在臺頂,上施煙突。其較完者,竈突尚黔,以草燔其中尚可以孤煙直上也。唐制與漢制稍異,其烽臺之下尚列有較大之烽筒四具,然其燔煙之法應亦沿漢制而來。"②是勞榦先生認爲煙竈爲施放烽煙的裝置。初師賓先生亦有相同看法:"勞榦言,放煙之竈,囪均築於堠頂。而近年考古發掘,於金關遺址烽臺南側和甲渠第四燧烽臺西側,均發現火竈一座,其煙囪傍烽臺一壁向上方延伸。故初步推斷煙竈築在臺下,煙囪直伸至堠頂之上。臺下竈膛如燃薪草,煙自囪口衝出,必形成一煙柱形。"③

所不同者,初先生認爲煙竈築在臺下。不過簡(9)明示煙竈位於堠上者,則煙竈當如勞先生所言,在烽臺頂。吳礽驤先生則認爲煙竈或是敦煌馬圈灣發掘出的、兼作炊事與取暖之用的竈④。但從簡(6)(7)來看,煙竈明載於守禦器簿,則其肯定不爲炊事取暖之竈。又《集釋》注釋認爲煙竈是古代一種熏煙禦敵的軍事設置,並引《墨子·備穴》所載"窯竈"爲據⑤。《墨子·備穴》所載"窯竈"是爲防止敵人挖地道攻入城内,

---

①樂游《河西漢簡所見候望簽牌探研》,楊振紅等編《簡帛研究二〇一四》,廣西師範大學出版社,2014年。

②勞榦《居延漢簡·居延漢簡考釋·居延漢簡考證》,《"中央研究院"歷史語言研究所專刊之四十》,1960年,頁35。

③初師賓《漢邊塞守禦器備考略》,頁168—169。

④吳礽驤《漢代蓬火制度探索》,甘肅省文物工作隊編《漢簡研究文集》,甘肅人民出版社,1984年,頁242。

⑤張德芳《居延新簡集釋(七)》,頁692。

而也在地下所挖的竈，用以煙熏從地道進來的敵人。其和漢簡所見烽堠之上放煙的煙竈明顯所指不同。《集釋》注釋不確。

煙爲漢時西北邊塞烽火信號之一種，漢簡常見，如簡：

(10)●虜守亭鄣不得燔積薪，晝舉亭上蓬一煙，夜舉離合苣火，次亭燔積薪如品 (14·11)

則漢簡所見"煙竈"爲施放烽火信號的一種竈，其位於亭堠之上，似無疑問。而這種發煙之竈，後世亦有記載。《武經總要》引唐《烽式》云："其煙筒各高一丈五尺，自半以下，四面各闊一丈二尺，向上則漸鋭狹。造筒，先泥裏，後泥表，使不漏煙。筒上著無底瓦盆蓋之，勿令煙出。下有烏爐竈口，去地三尺，縱横各一尺五寸，著門開閉。其烏爐竈門，用木爲骨，厚泥之，勿令火焰燒及。其烽筒之外，皆作深塹環繞。在烽貯備之物，要柴藁木材。每歲秋前，别採艾蒿莖葉、葦條草節，皆要相雜，爲放煙之薪。"①其對唐代作爲發煙裝備的煙筒有詳細的記載，勞榦先生據以指出："惟唐代之四煙筒，今保存者尚多，漢代烽燧，但有烽臺頂之一煙筒，無第二煙筒。故唐時虜數可由放煙之數定之，漢代則僅能放一煙。"②

西北漢簡除常見"沙竈"和"煙竈"二守禦器之外，還可見相關的"籠竈"一物。其見於《候史廣德坐罪行罰檄》：

(11)	亭不塗	毋狗籠	天田不畫
	毋非常屋	毋芮薪	縣索緩
·第十八	蓬少一	沙竈少一	柃柱廿不堅
隧長充國	蓬三幣	表小幣	積薪六皆卑
	毋深目	籠竈少一	小積薪少二
	毋馬牛矢		(EPT57·108B)③

①(宋)曾公亮等撰，鄭誠整理《武經總要前集》，湖南科學技術出版社，2017年，頁268—269。

②勞榦《居延漢簡·居延漢簡考釋·居延漢簡考證》，頁35。

③該簡簡文較長，未具引。

該簡記候史廣德所當循行的第十三至十八隧各隧器物設施缺損情況。其中除“沙竈”外,另見“籠竈”一物。需要指出的是,該簡第十三隧長部分有“□窅少一”,其中“□窅”一物,圖版作、形,其應當也是“籠竈”的誤釋。同簡“籠竈”作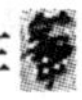、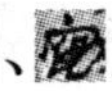形,對比可知,所謂“□窅”無疑是“籠竈”,因此當據以改釋。

關於“籠竈”,吴礽驤先生指出《墨子》稱“聾竈”或“礱竈”,爲存火種之用的行竈①。初師賓先生亦謂:“以上之聾竈、礱竈即發火裝置,設亭堠、候樓上,亦即‘城上烽燧’之燧。聾、礱,前人考訂爲壟、壠,即壠丘。又《史記·滑稽列傳》:‘壠竈爲槨’。是壠竈周高而中空爲火膛,内常蓄火種,夜遇警,投薪草即燃火發號。”②“籠竈”同於《墨子》所載“聾竈”“礱竈”,當爲存儲火種之行竈,其和“煙竈”有别,似無疑問。但初先生又説“漢代發煙裝置,曰竈、蘘竈、煙竈”③,則是誤認爲“煙竈”和“籠竈”爲一物,恐不確。

“籠竈”《墨子》習見,如《墨子·備城門》:“城上三十步一礱竈。”孫詒讓《墨子閒詁》:“畢云‘唐宋字書無礱字,《備城門》作聾,疑皆壟字。’案:《雜守》篇亦作‘聾’……畢疑‘壟’字,近是……《説文·火部》云:‘烓,行竈也。’此壟竈在城上爲之,以具火,蓋即行竈也。”④岑仲勉注曰:“礱竈,行竈也。”⑤又《墨子·雜守》:“亭一鼓,聾竈。”《墨子·號令》:“屯陳、垣外術衢街皆爲樓,高臨里中,樓一鼓,聾竈。”岑仲勉注曰:“聾竈即礱竈……言樓上擊鼓一聲,即豫備礱竈。”⑥

綜上,西北漢簡可見“沙竈”“煙竈”和“籠竈”三種形制相關但用途不同的守禦器具,其中“沙竈”爲存放和燒炒沙子之竈,“煙竈”爲發放烽煙信號之竈,“籠竈”《墨子》中又作“聾竈”或“礱竈”,爲儲備火種之竈。

---

①吴礽驤《漢代蓬火制度探索》,頁 241。

②初師賓《漢邊塞守禦器備考略》,頁 370。

③同上,頁 371。

④(清)孫詒讓《墨子閒詁》,中華書局,2001 年,頁 507。

⑤岑仲勉《墨子城守各篇簡注》,中華書局,1958 年,頁 30。

⑥同上,頁 136。

清華簡《程寤》再校讀

王　寧①

摘　要:清華簡一《程寤》篇公佈後,經過諸多學者的研究,通讀了大部分文字,但仍有部分文字的釋讀和文句的斷讀不能解決,影響了對全文的理解。故參考諸家的研究成果重新予以校讀,對部分文字進行了考釋,並將一些文句通讀。

關鍵詞:程寤;清華簡;大姒;文王;太子發

《清華大學藏戰國竹簡(壹)》公佈後,引起學界的廣泛關注。其中《程寤》一篇②,經過諸家的努力,在文字釋讀方面基本上沒有太多的障礙,但是在文句的通讀方面卻仍存在不少疑難,有許多語句不能正確斷讀,嚴重影響了對通篇文意的理解,也對認識這篇文獻造成了不少困難。筆者在整理《程寤》篇釋文時,感覺有些句子是需要重新斷讀、理解的,故作此文,談一些個人的粗淺看法。

本文所用釋文,主要根據《清華大學藏戰國竹簡(壹)》一書,另根據復旦大學出土文獻與古文字研究中心研究生讀書會的意見,把簡 7 調

①王寧,棗莊廣播電視台　主任編輯　山東棗莊　277100。

②清華大學出土文獻研究與保護中心《清華大學藏戰國竹簡(壹)》,中西書局,2010 年,頁 136－141。本文所引整理者注均引此書,不另出注。

整到簡 5、簡 6 之間①,釋文斷句暫仍其舊,相關問題,在校讀中辨析説明。因爲本文的主要目的是在通讀文意,諸家所釋不具引,擇善而從。爲避免行文繁瑣,所引諸家之説,凡不特别注釋者,均據禚孝文先生《清華簡〈程寤〉集釋》②一文所引,不再一一出注。文末附録重新斷句的釋文寬式文本,供同好參考。

【釋文】

隹(惟)王元祀貞(正)月既生朙(魄),大(太)姒夢見商廷隹(唯)棶(棘),廼𡥆=(小子)𤼽(發)取周廷杍(梓)梪(樹)于氒(厥)閖(間),𢀳=(化爲)松柏棫柞。【1】𡨦(寤)敬(驚),告王=(王。王)弗敢占,𥃩(詔)大(太)子發,卑(俾)霝(靈)名𦮃(蓤、總)祓(祓)。祝忻(忻、祈)祓(祓)王,晉(巫)衜(衛、率)祓(祓)大(太)姒,宗丁祓(祓)大(太)子發。敝(幣)告【2】宗方(祊)杢(社)禝(稷),忻(祈)于六末(宗)山川,攻于商神,𦣠(望),烝(烝),占于明堂。王及大(太)子發並拜吉夢,受商命【3】于皇帝=(上帝)。興,曰:"發!女(汝)敬聖(聽)吉夢。朋棶(棘)𢧐(𣪠、擣)杍=松=(梓松,梓松)柏副,棫櫜(包)柞=(柞,柞)𢀳=(化爲)䨼。於(嗚)虖(呼)!可(何)敬(警)非朋?可(何)戒非【4】商?可(何)甬(用)非梪=(樹?樹)因欲,不違芐(材)。女(如)天隆(降)疾,旨味既甬(用),不可藥,旹(時)不遠。隹(惟)商慼才(在)周=(周,周)慼才(在)商,【5】睪(擇)用周,果拜不忍,妥(綏)用多福。隹(惟)杍(梓)敝不義,迻(芃)于商,卑(俾)行量亡乏。明=(明明)才(在)向(尚、上),隹(惟)容內(納)棶(棘),意(抑)【7】欲隹(惟)柏夢,徒庶言迖,引(矤)又(有),勿亡䆁(秋)明武禝(威),女(如)棫柞亡堇(根)。於(嗚)虖(呼),敬才(哉)!朕餌(聞)周長不弍(貳),柔(務)【6】亡勿甬(用)。不忢(惎)思(使),卑(俾)順(柔)和川(順),眚(生)民不芐(菑、災),褱(懷)允。於(嗚)虖(呼)!可(何)監

① 復旦大學出土文獻與古文字研究中心研究生讀書會《清華簡〈程寤〉簡序調整一則》,復旦大學 http://www.gwz.fudan.edu.cn/Web/Show/1343,2011-01-5。

② 禚孝文《清華簡〈程寤〉集釋》,復旦大學 http://www.gwz.fudan.edu.cn/Web/Show/1653,2011-09-17。

非旹(時)？可(何)孞(務)非和？可(何)褁(畏)非彣(文)？可(何)【8】保非道？可(何)悉(愛)非身？可(何)力非人＝(人？人)思(謀)疆(彊)，不可以藏(藏)。遂＝戒[＝](後戒，後[戒])！人甬(用)女(汝)母(謀)，悉(愛)日不欧(足)。【9】

【校讀】

1.既生朗(魄)：

按："朗"從月白聲，即月魄之"魄"的專字，金文、《説文》中作"霸"。《説文》："霸，月始生魄然也。"古書多以"魄"爲之，而以"霸"爲王伯之"伯"，均假借。

2.大(太)姒夢見商廷隹(唯)梾(棘)

隹(唯)，《文選·石闕銘》李善注引作"生"；《博物志》卷八言"太姒夢見商之庭産棘"，是或作生，或作産，生、産義同，故蕭旭先生、黄懷信先生均以为"隹"當校作"生"。按：清華簡此作"隹(唯)"者，《玉篇》"唯，獨也"，商廷唯棘，謂商朝廷只有荊棘，此蓋異文，意不殊，不必校作"生"。

梾，整理者括讀"棘"，傳注類書所引《周書·程寤》並作"棘"，《説文》"小棗叢生者"，即低矮叢生的酸棗樹。《逸周書·大開武》載周公云"天降寤於程，程降因於商，商今生葛，葛右有周"，則又云是"葛"。

這裏的"棘"應該有兩層含義。第一層是代表商之諸國。《楚辭》東方朔《七諫·怨思》："行明白而曰黑兮，荊棘聚而成林。"王逸注："荊棘多刺，以喻讒賊。"《文選》袁宏《三國名臣序贊》："思樹芳蘭，剪除荊棘。"李善注："荊棘以喻小人。"周人仇恨蔑視商人，故以棘喻之。第二層意思是棘好生於廢弃的田園丘墟。《老子》："師之所處，荊棘生焉。"班昭《東征賦》："睹蒲城之丘墟兮，生荊棘之榛榛。"暗指殷商將滅，其宫廷將爲丘墟而生荊棘，故下文有文王、太子發拜受商之大命之語。

3.迺孚＝(小子)䜌(發)取周廷杍(梓)梪(樹)于氒(厥)閒(間)

杍，即梓，《尚書·梓材》釋文："梓亦作杍"。《尚書大傳》："橋者，父道也；梓者，子道也。"故其字或從子。《説文》："梓，楸也。"陸璣《毛詩草木鳥獸蟲魚疏》:“楸之疏理白色而生子者爲梓。”《埤雅》:“梓爲百木長,故呼梓爲木王……羅願云:屋室有此木,則餘材皆不震。”在古代梓是所有木材中最为优良者。

氒閒(間),整理者:“‘氒’(厥)字習見於金文,訓爲‘其’,《藝文類聚》《太平御覽》等引作‘闕’。”蕭旭先生認爲:“氒,爲‘厥’古字,此簡當讀爲闕,《文選》李善注,《類聚》卷 79、卷 89,《御覽》卷 397、卷 533 引並作‘闕’,《博物志》卷 8、《宋書》、《今本竹書紀年》卷下沈約注、《御覽》卷 84 引《帝王世紀》、《爾雅翼》卷 12 亦作‘闕’。”禚孝文先生云:“氒,爲‘厥’古字,訓‘其’。或本作‘闕’,誤。”按:“氒”字先秦文獻中無用爲“闕”者,蓋傳本《程寤》以“厥”爲“氒”,又讀“厥”爲“闕”,後世引文皆從之爲說,實非其本意。當讀爲“厥間”,指商廷的棘間。

4. 𢀓=(化爲)松柏棫柞

整理者:“𢀓,此處爲‘𢀓爲’合文。𢀓,爲聲,匣母歌部,讀爲曉母歌部之‘化’。”陳民鎮先生認爲:“松、柏、棫、柞四者應該是同一類事物,是正面的木種,與棘相對。太姒夢見商庭棘草叢生,之後姬發將周的梓樹種下,結果化作松、柏、棫、柞——個中的潛隱意涵或是:殷商衰敗,而周的良木種於商庭,則繁衍出松、柏、棫、柞等樹木,是天命將授予周人的徵兆。”

按:陳先生說可從。《程寤》用“梓”喻指西土的周人,松、柏當是指周人奪得商天下之後扶植於東土的大國,棫、柞則當是指小國,均是指周人殖於东土者,此均商棘所化。因爲周人滅商之後,所有的殷商之國都成了周的屬國,其中很大的部分被周人重新分封,都是在商諸國的基礎上而爲之,故言商棘在周梓移植過來之後,都化成了松柏棫柞。

5. 卑(俾)靁(靈)名莣(葼、總)祓(祓)

整理者:“靈,《說文》:‘巫也。’《九歌》注:‘靈,巫也。’名莣,‘莣’字見包山簡,讀爲‘凶’,《說文》:‘惡也。’‘名凶’猶《周禮·男巫》之‘授號’。”

按:俾,使也。“靁(靈)”即巫師,指下文的祝、晵(靈)、宗三種巫職。“名”當讀爲“命”,《廣雅·釋詁一》:“命,使也。”此爲舉行之意。孟蓬生先生認爲"莌"音當同"葼",借爲"總",爲動詞,有"統領"之義。"莌"當從孟蓬生先生說,讀爲"總"。

祓,整理者:"讀爲'祓'。"裘錫圭先生認爲當讀爲"蔽志"之"蔽",字或作"詜"①,是也。"蔽志"是占卜前的一道程序,古人都是先蔽志而後占卜,"蔽志"的具體方式待考。下"祓"字均同。

6. 祝忻(忻、祈)祓(祓)王,晉(巫)衒(衛、率)祓(祓)大(太)姒,宗丁祓(祓)大(太)子發

整理者:"祝忻、巫率、宗丁,後一字皆人名。巫,即《周禮》'女巫'。《國語·楚語下》:'在男曰覡,在女曰巫。'宗,即《左傳》成公十七年'祝宗'。巫祓太姒,宗祓太子,皆切合身份。"

按:祝、晉、宗均巫師職務名,忻、率、丁均人名。"忻"爲"忻"之或體,本文中或用爲"祈"(見下)。晉從巫從口,《正字通》《字彙補》均以爲即"靈"之或體,宋華強先生據此論證新蔡葛陵楚簡中的此字當讀"靈"②;筆者就此字也有專文討論③,故此字當與上"霝"字同爲"靈"字,這裏用這種寫法蓋爲用字避複。"靈"義與"巫"同,靈率亦人名,如《離騷》"靈氛"然。衒,即《說文》中的"達"字異構,訓"先道也。从辵率聲",段注:"經典假'率'字爲之。"宗,宗人,和巫、祝一樣是主祭司者,《禮記·禮運》"宗祝在廟",鄭注:"宗,宗人也。"《荀子·正論》"出門而宗祝有事",注:"宗者,主祭司之官。"

7. 忻(忻、祈)于六末(宗)山川

忻,忻之或體,此讀爲祈。

六末,整理者:"疑指天地四方。"網友"許門第一小混混"疑讀爲"六物",陳民鎮、袾孝文先生從之;程浩先生認爲此處"六末"或可讀爲"六宗",因爲楚文字中"末""宋"字形相近,故認爲"'末'字可能是'宋'字之

---

①裘錫圭《說清華簡〈程寤〉篇的"祓"》,《裘錫圭學術文集》第二卷《簡牘帛書卷》,復旦大學出版社,2012 年,頁 540—545。

②宋華強《新蔡葛陵楚簡初探》,武漢大學出版社,2010 年,頁 285—289。

③王寧《楚簡中的"靈"與"天靈"補說》,復旦大學 http://www.gwz.fudan.edu.cn/Web/Show/2007,2013—01—27.

訛,而'宋'古音在心母冬部,'宗'在精母冬部,音近可通。《尚書·堯典》有'禋于六宗,望於山川',可與簡文對讀"。

按:《左傳·昭公七年》伯瑕所說的"六物"是"歲、時、日、月、星、辰",大概也就是《尚書·舜典》里的"六宗"。"六宗"的說法不一,故《正義》言"漢世以來,說六宗者多矣","名曰'六宗',明是所尊祭者有六,但不知六者爲何神耳"。據較早的《禮記·祭法》是時、寒暑、日、月、星、水旱,二者的內容差不多。疑"末"當是"廟"之音轉,《說文》:"杪,木標末也。"段注:"引伸之,凡'末'皆曰'杪',《王制》言'歲之杪'是也。""末""杪"雙聲而義同,《王制》之"歲杪"實即"歲末"。蓋"廟"古文作"庿",從苗聲,與"杪"音同,是抄寫《程寤》者讀"廟"若"杪",又寫作音近義同的"末",猶《王制》寫"歲末"爲"歲杪"。《禮記·王制》"天子七廟",鄭玄注:"此周制……殷則六廟……夏則五廟。"《疏》引《鉤命決》則言"殷五廟""周六廟";又引《禮緯》云殷六廟,周七廟。《通典·禮八·諸侯大夫士宗廟》引《禮緯》云:"夏四廟,至於孫五;殷五廟,至於孫六;周六廟,至於孫七。"說法分歧不一。根據《程寤》所記,疑殷人本六廟,周人此時用殷人制度,亦爲六廟。《說文》:"宗,尊祖廟也。"段注:"按當云'尊也,祖廟也',今本奪上'也'字。"則《舜典》之"六宗"亦即"六廟"。

8. 䀢(望),承(烝),占于明堂

整理者:"望,《淮南子·人間》注:'祭日月星辰山川也',與上文合。烝,《詩·天保》傳:'冬曰烝。'周正月建子,有冬至節。"按:此文當讀爲"望丞,占于明堂"。"丞""承"古通用,故亦可讀爲"望承"。對於"望承"二字,裘錫圭先生認爲:"頗疑此二字當屬下讀,即主持占夢之人的名稱,有待進一步研究。"①裘先生之說足給人以啟發。筆者認爲,"䀢"很可能就是太公望,上博簡七《武王踐阼》乙本中"太公望"的"望"均如此形。《逸周書·世俘》:"太公望命禦方來。丁卯,望至,告以馘俘。"可見太公望也可簡稱"望"。

"承"即"丞",亦讀"承",當訓"佐"。《呂氏春秋·介立》"爲之丞

---

①裘錫圭《說清華簡〈程寤〉篇的"柀"》,《裘錫圭學術文集》第二卷《簡牘帛書卷》,頁544。

輔”,高注:“丞,佐也。”《左傳・哀公十八年》“請承”,杜注:“承,佐也。”《呂氏春秋・貴信》“右抽劍以自承”,高注:“承,佐也。”《小爾雅・廣詁》:“承、贊、凉、助,佐也。”《楚辭・天問》:“初湯臣摯,後兹承輔。”“承輔”即《呂氏春秋》之“丞輔”,“承輔”同義連文,均輔佐、佐助義。蓋太姒之夢文王本不敢自占,所以在蔽志、祭祀之後,由太公望輔助,才占卜於明堂。

9. 王及大(太)發並拜吉夢,受商命于皇帝=(上帝)

按:《周禮・占夢》:“占夢掌其歲時觀天地之會,辨陰陽之氣。以日、月、星、辰占六夢之吉凶。一曰正夢,二曰惡夢,三曰思夢,四曰寤夢,五曰喜夢,六曰懼夢。季冬,聘王夢,獻吉夢于王,王拜而受之,乃舍萌于四方,以贈惡夢,遂令始難,驅疫。”鄭注:“夢者,事之祥。”是古人夢有吉夢,有惡夢,夢可以預兆事情的吉凶。吉夢則預示事之美善。此“並拜吉夢”即《占夢》言“獻吉夢于王,王拜而受之”之義。

商命,《類聚》《御覽》等引作“商之大命”或“商大命”,大命即天命,受商命謂接受原为殷商所有之天命,言将得天下。清華簡《祭公之顧命》“皇天改大邦殷之命,惟周文王受之,惟武王大敗之,成厥功”,即謂此事。皇上帝,《藝文類聚》七十九、《太平御覽》三百九十七引《周書》並作“皇天上帝”。《詩・正月》言“有皇上帝”,《皇矣》言“皇矣上帝”,《閟宫》言“皇皇后帝”,“皇”在頌美之辭,大也,或簡稱“皇帝”,均指上帝。周人認爲既然上天托夢於太姒,説明是上帝選擇了周,要把商之大命轉交給周,周人將得天下,所以認爲是“吉夢”。

10. 朋棶(棘)[illegible]([illegible]、擣)杍=松=(梓松,梓松)柏副,棫櫜(包)柞=[illegible](化爲)腹

整理者:“朋,《尚書・皐陶謨》傳:‘群也。’[illegible],讀爲‘䔎’,《説文》:‘棄也。’”

按:此節文字當讀爲:“朋棘仇梓松,梓、松、柏副棫包柞,乍(作)化爲腹。”

“[illegible]”字從戈壽聲,亦見於郭店楚簡《尊德義》:“弗愛,則[illegible]也。”裘錫圭先生以爲:"讀爲'讎',仇敵也。"①广瀨薰雄先生也指出清華簡《耆夜》6號簡即有用"戬"爲"讎"之例。朋棘即群棘,指商之諸國;梓松指周人,商、周爲仇讎也。

副,李鋭先生云"副、覆二字古通",是也。《周禮·追師》"爲衡副編次追衡笄",鄭注:"副之言覆,所以覆首爲飾。"《釋名·釋首飾》:"副,覆也,所以覆首。"

"䔮"字从櫜省缶声,復旦讀書會指出"楚簡中此字多用爲'包'"②。"副(覆)""包"本意是覆蓋、包裹,意思相類,這裏是庇護、幫助之意。

"柞"下有重文符號,袁瑩先生讀"柞乍",可從。"乍"屬下句讀爲"柞(作)化爲雘",即《尚書·梓材》中"若作梓材,既勤樸斫,惟其塗丹雘"的"作",《梓材》此三句的意思是:"像製造木器,先已費勁鋸削好了白胚,就該設計如何去刷上各種色彩。"③則本文"作"即作梓材之意,"雘"指已經塗上色彩的成器。梓、松、柏覆棫包柞,作化爲雘,意思是梓、松、柏這些高大的樹木覆蓋着棫、包裹着柞共同生長,經過製作則可成爲塗有色彩的成器。喻指的含義是商的諸國以周人及其屬國爲讎仇,只要周的大國保護小國共謀發展,都會成爲周的忠實屬臣。

11. 可(何)敬(警)非朋?可(何)戒非商?可(何)甬(用)非梪(樹)

按:"朋"是"朋棘"的簡稱,指附屬於商之諸國,故和商一樣要警戒之。"何用非樹"即"非樹何用",字面的意思是不栽樹就無材可用,暗指的意思是如果周人不在商培植勢力,就沒有足夠可以滅商的力量。

"何某非某"這種句式在《逸周書》中習見,蓋是周人的一種特殊的語言習慣,是爲了加強語氣而用設問句以表達。

12. 梪=(樹?樹)因欲,不違芓(材)

整理者:"欲,訓'願'。芓,讀爲'材',材質。"

---

①荊門市博物館《郭店楚墓竹簡》,文物出版社,1998年,頁175注[一一]。

②復旦大學出土文獻與古文字研究中心研究生讀書會《清華簡〈尹至〉〈尹誥〉研讀札記(附:《尹至》《尹誥》《程寤》釋文)》注[35],復旦大學 http://www.gwz.fudan.edu.cn/Web/Show/1352,2011-01-05。

③顧頡剛、劉起釪《尚書校釋譯論》,中華書局,2005年,頁1428。

按：此二句當讀爲“梪（樹）因欲不違，**芓**（災）！”樹，栽植。因，就也。欲，欲望。違，當讀爲“諱”，這裡是忌憚之意。**芓**，當即“菑”之或體，《禮記·緇衣》之“緇”上博簡本作從糸才聲，是其證。此二句言如果栽植樹木只是根據自己的慾望行事而不知忌憚，就會自取災禍。暗指的意思是周人在商培植勢力不能想怎麼幹就怎麼幹，要有所顧忌，謹慎行事，否則就會招來災禍。

13. 女（如）天隆（降）疾，旨味既甬（用），不可藥，時（時）不遠

按：此數句當讀爲“如天降疾，旨味既用，不可，藥時（是）不遠。”

旨，《說文》：“美也。”旨味即美味，指好吃的食物。人生了病，總要做點好吃的東西吃，希望病能趕快好，至今如此。不可，指疾病治不好。藥，藥物。**時**，從口寺聲，楚文字中習見，何琳儀先生認爲“疑寺之繁文”①，此讀爲“時”或“是”。

這是文王打個比喻，進一步闡發“樹因欲不違，災”的意思，說就好像上天降下了疾病，好吃的東西吃過了，疾病仍然不好，就離吃苦藥不遠了。因爲當時商人的勢力還比較強大，周人弱小，如果周人肆無忌憚地發展勢力，滅商的意圖被商人所知，就會受到商人的征伐。這大概是周文王從他父親周王季歷那裏得來的教訓。根據《竹書紀年》記載，季歷投靠殷商之後，拼命征伐四周的戎狄，開疆拓土，周人的勢力發展迅猛，商人感覺受到了威脅，文丁就把季歷殺了。所以文王告誡太子發，不要只根據自己的想法去做滅商的準備，要隨時修正做法，否則災禍就不遠了。

14. 隹（惟）商慼才（在）周，周慼才（在）商

整理者：“慼，《說文》作‘慽’，‘憂也’。”

按：“慼”是憂慮、憂患意。商的憂患在於周，周的憂患在於商。商人知道周人有覬覦王權之心，故以周爲憂患；周人知道商有備周之心，故以商爲憂患。《詩·閟宮》：“后稷之孫，實維大王，居岐之陽，實始翦商。”周人從太王之時就有了“翦商”之志，商人知其意圖，故總是想方設法遏制周人的勢力，文丁殺季歷，紂王囚文王，都是“商慼在周”之故。周

---

①何琳儀《戰國古文字典》，中華書局，1998年，頁44。

人爲了復仇,想滅商,但時機一直不成熟,心懷憂懼,故言“周慼在商”。

15. 罜(擇)用周,果拜不忍,妥(綏)用多福

按:“拜”當釋“捔”讀“愨”。此文當讀爲“擇用周果、捔(愨)、不忍,綏用多福”。章水根先生指出“‘果’即‘果敢’,是果斷意思;‘不忍’當理解爲仁慈”①,其說可從。果是果敢,愨是謹敬,不忍是善良。這是說上帝讓周人選擇了果敢、謹敬、善良,所以賜給了周許多福祉②。

16. 隹(惟)杍(梓)敝不義,逌(芃)于商,卑(俾)行量亡乏

按:“敝”當訓“敗”,《説文》:“敝,帗也。一曰敗衣。”段注:“(一曰敗衣)引伸爲凡敗之偁。”《左傳·僖公十年》:“敝於韓。”賈注、杜注並云:“敝,敗也。”“不義”是指上文所言的“朋棘”。上文言“朋棘𣏟梓松”是説梓松種植在朋棘中間和朋棘競爭;“梓敝(敗)不義”是説梓樹一定能擊敗朋棘。

逌,整理者:“**逌**,讀爲‘芃’,《詩·棫樸》傳:‘木盛貌。’”

按:此字從辵從凡,其本義當與行走有關,當讀“汎”,字或作“氾”“泛”,“汎于商”即移植於商或在商普遍生長之意。“行量”當讀“衡量”,“衡”以稱輕重,“量”以量多少,這裡代指材用。“衡量亡(無)乏”就是材用不匱乏的意思③。

17.(明明)才(在)向(尚、上),隹(惟)容內(納)棶(棘),意(抑)欲隹(惟)柏

向,讀爲“上”。

隹,同惟,《説文》云“凡思也”,思量、考慮之意。

容內,“容”當與下“欲”字同,此爲用字避複,故亦當讀爲“欲”。

內,整理者:“‘內’即‘納’。”即容納、接受。

---

①章水根《清華簡〈程寤〉“果拜不忍”新解》,《魯東大學學報(哲學社會科學版)》2014 年第 3 期。

②王寧《清華簡〈程寤〉釋字三則》,復旦大學 http://www.gwz.fudan.edu.cn/Web/Show/4250,2018-05-18。

③同上。

意，讀書會認爲讀爲“抑”①，可從，抑或之意。

柏，禤孝文先生云：“‘柏’屬上讀，非‘柏蓼’連讀，與上文‘棘’對言。”其說可從。“蓼”當屬下讀。

此段文字是說：明察的上帝，是打算繼續容納荊棘，還是打算容納柏樹呢？暗指的含義是：上帝是想讓商繼續存在下去，還是要支持周滅了商？

18. 蓼徒庶言迏，引（矧）又（有），勿亡𥝉（秋）明武禝（威），女（如）棫柞亡堇（根）

按：“迏引”當釋“逢中”。此節數句當釋讀爲：“蓼，徒庶言：‘逢中又（有、於）物。’亡秋明武威，如棫柞無根。”意思是：蓼，眾人都說“裡面的景象會應驗在現實事物上”。我們如果像商湯那樣放棄秋收而去耀武揚威，就像棫柞沒有根基一樣（不會成功）。②

19. 於（嗚）虖（呼），敬才（哉）！朕䎽（聞）周長不弍（貳），𢌿（務）亡勿甬（用）。不忘（惎）思（使），卑脜（柔）和川（順），眚（生）民不茡（菑、災），褱（懷）允

按：《逸周書·小開》云：“不索禍招，無曰不免、不庸，不茂、不次，人菑（災）不謀，迷棄非人。朕聞用人不以謀說，說惡諂言。色不知適，適不知謀，謀泄，汝躬不允。”

和《小開》對讀，可知簡文此節當讀爲：“嗚呼，敬哉！朕聞周長不弍、務（茂）、亡，勿用不忘，使卑柔和順，生民不災，懷允！”而《小開》的相關文字當斷讀爲：“不索禍招，無曰不免，不庸不茂、不次，人菑（災）不謀，迷棄非人。”

《程寤》中“務”“亡”都承接“不弍”省略了“不”字，原文很可能是“朕聞周長不弍、不務（茂）、不亡”，抄手爲了少寫字，就承“不弍”少寫了兩

①復旦讀書會《清華簡〈程寤〉簡序調整一則》，復旦大學 http://www.gwz.fudan.edu.cn/Web/Show/1343，2011—01—5。

②王寧《清華簡〈程寤〉釋字三則》，復旦大學 http://www.gwz.fudan.edu.cn/Web/Show/4250，2018—05—18。

個“不”字。“勿用”即“不庸”,“不忑”相當於“不次”。

敬,慎也。

不忒,即不貳,古書習見,不變也。

[不]務(茂)[不]亡,務,當從《小開》作“茂”,盛也。亡,黄懷信先生云:“滅亡。”“不茂不亡”即不昌盛也不會滅亡,即“不忒”之謂。

勿用不忑,“勿用”即《小開》之“不庸”,這裡的“用”或“庸”都是“以”的意思,猶今言“因此”。

忑,整理者:“疑爲‘惎’,《説文》:‘毒也。’《説文通訓定聲》云:‘憎惡也。’或疑‘惡’字之省。”黄懷信先生以爲“借爲‘忌’,恨也”。按:段玉裁於“惎”下注云:“惎、忌音同義相近。”故黄先生説可從,是畏忌、忌憚之意。《小開》作“次”,疑其本作“欮”,與“忌”溪群旁紐雙聲、同之部疊韻音近可通,在傳抄中訛謬作“次”。勿用不忌,就是不要因此不知道忌憚敬畏,就是文王要求武王要知道忌憚敬畏,故下文言“使卑柔和順”。

文王告誡太子發:你要謹慎行事。我聽説周的國運長久不會改變,不會昌盛也不會滅亡(即滅商需要很長時間),不要因此不知道忌憚,要顯得卑柔和順(這樣才不會招來災禍);人民沒有災禍,才會信賴你。

20.於(嗚)虖(呼)!可(何)監非旹(時)?可(何)夌(務)非和?可(何)褢(畏)非彣(文)?可(何)保非道?可(何)炁(愛)非身?可(何)力非人?

按:首二句,整理者指出《逸周書·小開》作“何監非時?何務非德”,“和”是和同義。《國語·鄭語》:“於是乎先王聘后於異姓,求財於有方,擇臣取諫工而講以多物,務和同也。”《鹽鐵論·周秦》:“聖人知之,是以務和而不務威。”

何畏非彣,所謂“彣”字,簡文作“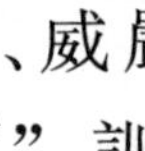”,此字當是“”之筆誤或異體,是“曳”之本字,讀爲“厲”,嚴厲、威嚴。《小開解》云“何畏非世”,“世”當爲“曳”之通假,亦當讀爲“厲”,訓嚴厲[1]。又按:“厲”疑當是厲

①王寧《釋清華簡一〈程寤〉的“何畏非厲”》,簡帛網 http://www.bsm.org.cn/show_article.php? id=2882,2017-09-12。

鬼,又稱"大厲",《左傳·成公十年》"晉侯夢大厲",杜注:"大厲,鬼也。"又《襄公二十六年》"厲之不如",杜注:"厲,惡鬼也。"古人從王到諸侯都祭祀厲,《禮記·祭法》中王祭祀"泰厲"(當即"大厲"),諸侯祭祀"公厲",大夫祭祀"族厲",蓋因厲爲惡鬼而可畏,恐其爲禍害而祭之,故曰"何畏非厲"。

何保非道,《逸周書·文儆》言"何葆非監",《大開武》言"何畏非道",恐均有訛誤。《文儆》當作"何葆非[道,何]監[非時]";《大開武》當作"何畏非[厲,何保]非道"。道,正道。

這是文王連續設問:除了天時還有什麽可注重的?除了和同還有什麽可努力的?除了嚴厲(或厲鬼)還有什麽可敬畏的?除了正道還有什麽可保守的?除了身體還有什麽可愛惜的?除了人還有什麽是有力的?這是文王告誡武王要重視天時,搞好人和,敬畏鬼神,保守正道,愛惜自身。

21. 人悬(謀)疆(彊),不可以𥧂(藏)

整理者:"潘振《周書解義》云:'競,力也。藏,不行也……言我後人即此謀而用力焉,不可以不行也。'"

按:《逸周書·大開》:"王拜儆我後人,謀競不可以藏,戒後人其用汝謀。維宿不悉,日不足。"《小開》:"維周于民,人謀競,不可以[藏],後戒!後戒!宿不悉,日不足。"均可與此文對讀。由下文"後戒後戒,人用女謀"可知,這個"藏"是隱藏、掩蓋義,不是"不行"的意思。疆,通"彊",此讀爲"競",《逸周書》均作"人謀競",《説文》"競,彊語也",段注:"競、彊疊韵。彊語謂相爭……讀如彊。"爭論之意。𥧂,整理者指出此字爲"藏",由字形觀之,蓋收藏之"藏"的專字,故《逸周書》均作"藏"。此爲隱藏、掩蓋意。"人謀競,不可以藏"意思是本來陰謀是不能讓人知道的,但人在謀劃事情的時候人多嘴雜,難以隱藏,故下文告誡要注意提防别人竊取了你的計劃去搶先施行。

周人從文王開始謀劃滅商,他們也明知商、周力量懸殊,害怕計劃被商人知道招來征伐,精神一直很緊張。《逸周書·大開武》載武王説:

“余夙夜維商,密不顯,誰和?”意思是我們晝夜都在謀劃滅商,一直秘而不宣,誰能輔助我們?丁宗洛云:“是時紂有疑周之心,武王懼喪其國,惟與周公慎密商量,不敢明告外人。誰和,猶言何道可以和之,使彼不疑也。”蓋文王之前已經教導武王,圖謀大商之事一定要隱秘,故武王之時尚恐商知道周謀商之事。後來武王做夢,夢見謀商計劃洩露了,就大爲驚恐。《逸周書·寤儆》裏説:“維四月朔,王告儆,召周公旦曰:‘嗚呼!謀洩哉!今朕寤有商驚予。’”孔晁注:“言夢爲紂所伐,故驚。”潘振注:“告儆,告國人戒備也(言鄷謀恐洩露於商,夢有商來伐而驚予)。”可見,武王時期仍然對商懷有很大的恐懼,生怕滅商的計劃被商知道而受到征伐。文王時代更是叮囑武王,周人搞“受命”的事兒不能讓外人知道。

22. 逡=戒[=](後戒,後[戒])!人甬(用)女(汝)母(謀)。炁(愛)日不欨(足)。

母,整理者:“讀爲‘謀’。”按:當即悬之省,同謀。

欨,整理者以爲即“足”字。按:字從欠足聲,當即《楚辭·卜居》“啍訾慄斯”之“啍”的或體,從欠與從口無别,此通“足”。

《逸周書·鄷保》:“戒後人其用汝謀。”

《大開》:“王拜儆我後人謀競不可以藏戒後人其用汝谋維宿不悉日不足。”

《小開》:“維周於民人謀競不可以後戒後戒宿不悉日不足。”

《逸周書》的這三段文字,與《程寤》對讀後可知均有殘缺訛誤:

《鄷保》之文當爲“[後]戒後[戒]!人用汝謀。”

《大開》之文當讀爲“王拜:儆我後!人謀競,不可以藏。[後]戒!後[戒]!人其用汝謀。維宿不悉,日不足。”

《小開》之文當讀爲“維周於民,人謀競,不可以[藏]。後戒!後戒!宿不悉,日不足。”

《鄷保》《大開》爲了文字減省,都將“後戒後戒人其用汝謀”直接改成“戒後人用汝謀”或“戒後人其用汝謀”,就是防備後來人使用你的計劃,意思沒有太大改變。《鄷謀》則減省得更厲害,作“後戒維宿”,前人注釋不甚得解,蓋此句即"後戒後戒! 維宿不悉,日不足"的省語。《逸周書·酆保》"戒後人其用汝謀",與此義相同。"後戒"亦即《大開》所說的"儆我後"。《說文》:"儆,戒也。""後"或"後人"即後來人,周人謀劃在先,其他人再有相同的舉動就是"後",這裏是指別人,意思是對後來人要警惕戒備,不要讓他們使用了你的計謀。人用汝謀,《酆保》"其用汝謀",《大開》"人其用汝謀",均與此句同,是說怕別人使用你的計謀來和你爭奪天下。

"愛日不足",整理者:"'愛日不足'即惜日之短。"此句是單獨的一句,《逸周書》中的一些篇章經常用此類的話作結束語,告誡對方做事不要拖延,要珍惜時光。

【附錄】

《程寤》釋文寬式文本

惟王元祀正月既生魄,太姒夢見商廷唯棘,廼小子發取周廷梓樹于厥間,化爲松柏棫柞。寤驚,告王,王弗敢占,詔太子發。

俾靈名總蔽,祝忻蔽王,靈率蔽太姒,宗丁蔽太子發,幣告宗祊社稷,祈于六廟、山川,攻于商神。望烝,占于明堂。王及太子發並拜吉夢,受商命于皇上帝。

興,曰:"發! 汝敬聽吉夢。朋棘讎梓松,梓松柏副棫包柞,作化爲腹。

嗚呼! 何警非朋? 何戒非商? 何用非樹? 樹因欲不違,災。如天降疾,旨味既用,不可,藥時不遠。

惟商慼在周,周慼在商。擇用周果、慤、不忍,綏用多福。惟梓敝不義,汎于商,俾衡量亡乏。明明在上,惟欲納棘? 抑欲惟柏? 夢,徒庶言'逢中有物',亡秋明武威,如棫柞亡根。

嗚呼,敬哉! 朕聞周長不貳、茂、亡,勿用不惎,使卑柔和順,生民不災,懷允。

嗚呼! 何監非時? 何務非和? 何畏非厲? 何保非道? 何愛非身? 何力非人? 人謀競,不可以藏。後戒! 後戒! 人用汝謀。愛日不足。"

額濟納漢簡“専部士吏典趣輒”册補説

王志勇①

摘　要:《額濟納漢簡》有一編通常被稱爲“専部士吏典趣輒”的簡册,自發表後引起廣泛的關注,大多數學者都認可簡册的第一簡“専(轉)部士吏典趣輒”爲標題,只是在釋讀、理解上有分歧,在簡册性質的判斷上也有所不同。對此,胡平生提出新的看法,認爲“専部士吏典趣輒”非簡册標題,並就相關問題發表了自己的觀點。我們贊同其關於簡1非標題的判斷,但是認爲屬下讀的僅爲“輒”一字。“専部士吏典趣輒”應讀爲“専(轉)部士吏典趣,輒”,可以理解爲“向各部轉(傳)達命令的士吏主掌督促,立即”。關於簡册的性質,我們認爲應該是簡1中的“士吏”接到命令後所應立即執行的一系列工作。整個簡册有五個圓點,即可從内容上分爲五組。

關鍵詞:《額濟納漢簡》;専部士吏典趣輒;簡册

1999至2002年間,内蒙古額濟納旗出土了五百餘枚漢簡,其中編號爲99ES16ST1:1—8的八枚簡尚存兩道編繩,通常被稱爲“専部士吏典趣輒”册。爲方便下文討論,現將此八枚簡釋文轉録於下:

· 専部士吏典趣輒 1

告士吏候長候史壞亭隧外内 2

告候尉賞倉吏平斗斛毋侵 3

①王志勇,陝西省社會科學院古籍整理研究所　助理研究員　西安　710065。

•扁書胡虜講賞二亭扁一毋令編弊絶 4

•察數去署吏卒候長三去署免之候史隧長五去免輔廣士卒數去徙署三十井關外 5

•察士吏候長候史多省卒給爲它事者 6

告隧長卒謹晝夜候有塵若警塊外謹備之 7

•察候長候史雖毋馬廩之 8 (99ES16ST1:1—8)①

這八枚簡編成的簡册具有十分重要的價值,在文字的釋讀、語詞的理解方面還有很多工作要做,本文的重點在於考察簡 1 是否爲標題及對簡 1 的解讀,並就簡册的性質及内容結構闡述自己的看法。

一、“專部士吏典趣輒”非標題補説

整理者將簡 1“專部士吏典趣輒”視爲簡册的標題,白音查干、特日格樂、馬怡等較早發表觀點的學者大都認可這一觀點。馬怡更是明確指出第一簡“大約是本簡册的標題”②。唯有李均明曾提出“趣輒當連讀其下諸款,包括‘趣輒告……’‘趣輒察……’兩類”,雖注意到了“趣輒”二字比較特殊,但似乎並未脱離簡 1 是標題的認識③。王子今同意“專部士吏典趣輒”爲標題,並對標題進行了詳細解釋,認爲“這是公佈部士吏工作要點的文書”④。

在大多數學者都認爲簡 1 是標題的情況下,胡平生提出了新的意見。他認爲:“諸家多説成是‘簡册題名’‘本簡册的標題’,等等,這顯然

①魏堅主編《額濟納漢簡》,廣西師範大學出版社,2005 年,頁 73。

②馬怡《扁書試探》,陳偉主編《簡帛》(第一輯),上海古籍出版社,2006 年,頁 421。

③李均明《額濟納漢簡“行政條規”册論考》,2005 年中國秦漢史學會年會論文。轉引自胡平生《“專部士吏典”簡册考校》,《胡平生簡牘文物論稿》,中西書局,2012 年,頁 186。

④王子今《額濟納〈專部士吏典趣輒〉簡册釋名》,陳偉主編《簡帛》(第一輯),頁 395。

是不對的。”又云:“第 1 枚簡自是十分重要的簡,它乃是整個册書的‘綱’。”並通過與西北邊塞簡牘進行對比,推斷“專部士吏典”正與“某部士吏某”這一格式相合,即“專”應當是部名,“典”應當是士吏名。又云:“第 1 簡的文字應當緊接第 2 簡的文字,即‘專部士吏典,趣輒告士吏、候長、候史[毋]壞亭隧外内’應作一句讀。只不過是由於以下連續並列七事,需要提行書寫以求更加醒目,纔在‘趣輒’下寫斷。”具體到單個字詞,他認爲“趣”用作副詞,讀爲促。“輒”也用作副詞,猶“即”也①。

簡 1 到底是不是標題是很關鍵的問題,我們傾向於胡平生的觀點。胡氏説“由於以下連續並列七事,需要提行書寫以求更加醒目,纔在‘趣輒’下寫斷”,這一判斷大體上是符合實際的。只不過胡氏未詳細論述,在此我們作一補充説明。

從傳世的漢代簡牘來看,一般可視爲標題的文字,如果有符號,往往是一方形墨塊“■”“▃”或一大圓點“●”,作小圓點“·”的也有,但如果標題下的正文也有符號的話,那麼作爲標題前面的符號應該與正文中的符號有所區别。本册中“專部士吏典趣輒”前有小圓點“·”,與其他簡前面的符號相同,從這一點上看,簡 1 與其他簡在文字屬性上應該没有區别。

諸家多以簡 1 爲標題,原因是簡 1 僅僅七字,占簡長的三分之一,下留大量空白,頗類後世書籍標題。首先應該指出的是,漢簡(木牘除外)中但凡標題,多云“右某某”,即標題簡編於簡册之末。對於本册來説,如果不將簡 1 視爲標題簡。那麼爲什麼只寫七字?胡平生提出的“提行書寫以求更加醒目”指出了關鍵。而提行在漢簡中是很常見的現象。如《居延新簡》EPT44 · 4A、B:

十一月廿二日具記習叩頭死罪言

君萬年湌食如常……習叩頭死罪死罪 · 教告尉史記即到……

①胡平生《“專部士吏典”簡册考校》,《胡平生簡牘文物論稿》,頁 185—189。原載《簡帛》(第三輯),上海古籍出版社,2010 年。

此爲私人書信,於"君"字提行,表示尊重,後世亦有此類用法。另一類提行便是如胡平生所説的"以求醒目",或者説是爲了更有條理。西北地區出土漢簡,雖然數量巨大,但多不能繫聯,所以很難找到類似本册的從"告"字提行的例子。但西北漢簡中,多有以"告"爲首字的例子,如《居延新簡》中的幾個例子:

EPT6.75:告第三候長移三月以往卒食少不足名至今不移趣之毋到

EPT17.5:告主官掾更定此草急言府即日鉼……

EPF22.405:·告諸吏士卒以☑

此三簡爲散簡,皆以"告"字居簡首,雖然不能肯定是提行的結果,但可以説明的是以"告"字居首的漢簡很常見,應該是漢代文書的普遍現象,"告"的内容往往需要一目了然、條分縷析,所以才用提行這一方法實現這樣的目的。此外,《居延新簡》中有幾枚簡值得注意:

EPF22.242:新始建國地皇上戊三年十月三日行塞勞勑吏卒記☑

EPF22.243:·天子勞吏士拜∠它何疾苦祿食盡得不∠吏得毋侵寃假貸不賞有

EPF22.244:者言

EPF22.245:·吏士明聽教

EPF22.246:告吏謹以文理遇士卒∠病致醫藥加恩仁恕務以愛利省約爲首∠毋行暴毆擊

這幾枚簡出土時位置接近,整理者連續編號,應該是將其視爲一組相關簡。從文意上看,幾枚簡也能連讀,可以認爲本來就是連續書寫的。簡246也是以"告"字開始,可以視爲提行之例。額濟納簡册中的簡2、簡3都以"告"字起首,與上文所舉諸例可以類比。也就是説這兩簡都是以"告"字提行,應與簡1連讀,而簡1自然不能再視爲標題。值得提出的是,簡7亦是以"告"字起首,並且前面没有小圓點"·",學者們多認爲簡 7 是獨立的一條,但事實上還不能完全排除簡 7 與簡 6 連讀的可能性。如果簡 6 與簡 7 能連讀,那麼這又是以“告”字提行,整個簡册體例一致,以小圓點符號爲標誌,分爲五則。

認爲簡 1 是標題的學者,都面臨着一個困難,那就是“標題”到底是什麼意思很難説清楚,而問題的關鍵在於對“輒”的訓解。馬怡將簡 1“專”“輒”二字聯繫成“專輒”一詞來解釋,恐怕從語法的角度很難講通。王子今訓“輒”爲“糾止”,但卻未能舉出漢簡中相關例子,也未必可信。漢簡中所見之“輒”多作“立即”解,爲副詞,幾乎難尋例外,謹舉額濟納漢簡二例爲證:

2000ES7SF1:12:☑卒去署亡常夜舉苣火四殄北隧謹察火輒以檄言候官候逐□☑

2000ES7SF1:16:九月癸亥官告第十七候史爲官買羊至今不來解何記到輒持羊詣官會今毋後都吏

以上二例中的“輒”都作“立即”解,在没有足夠證據的情況下,我們認爲簡册中簡 1“專部士吏典趣輒”中的“輒”亦應作“立即”解,應與下文連讀,因此簡 1 不能視爲當時書寫者所擬定的標題,至於我們以簡 1 中的全部字或某幾個字來給簡册命名,則關係不大,胡平生稱之爲“專部士吏典”册,亦無不可。

二、“專部士吏典趣輒”釋義補説

“專部士吏典趣輒”,不易理解,無論出土文獻還是傳世文獻,都找不到與之足够相近的例子。想做出合理的解釋,一方面不能脱離簡册的時代,另一方面就是要整體考察,力求貫通。

上文已經指出,“輒”字應該按照最常見的用法理解,即訓爲“立即"。除去"輒"之外的六個字中,"士吏"比較容易理解。李均明認爲"士吏是候官派往諸部進行監督的官吏"①,其他學者並未提出不同意見。《漢書・匈奴傳上》顔注曰:"漢律,近塞郡皆置尉,百里一人,士史、尉史各二人,巡行徼塞也。"可知尉的屬官有士吏。而負責邊塞警戒的候官及下屬的部都有士吏,出土漢簡多有記載。陳夢家認爲:"尉史、士吏與令史都是候官的屬吏,惟尉史與令史僅限於候官一級(塞尉下亦有尉史),而士吏也是低一級塞和部候的屬吏。"②又説:"候與塞尉一同統轄幾個部,其長爲候長,其副或屬吏爲候史,而士吏是塞尉屬吏遣駐於部的。"其論斷大概是符合實際的,也就是説士吏只能反映其職責,至於級别則要根據具體情況判斷。有了這樣的認識,便能更好地理解簡册。

"專",李均明認爲或釋爲"尃",據《説文》訓爲"布"③。王子今贊同其説。黎明釗認爲"專"是"主司""負責"的意思④。雷長巍認爲"專"即"傳"⑤。上文已提到,胡平生的意見是"專"應當是部名,"典"應當是士吏名。對於胡氏的説法,我們認爲,"典"作爲士吏之名有可能,但把"專"視爲部名,可能性不大。胡氏所舉的"×部士吏×"的例子中,有"鉼庭部""第四部""敦煌中部"等,多數都是以兩個字命名的。以單字名部者,胡氏僅舉敦煌懸泉漢簡一例,即"檄到,遣尉、游徼過紀部界",此例中"紀"也不能十分肯定即是部名。綜觀西北漢簡,部名的稱謂有與塞、燧等同稱者,如鉼庭部、吞遠部等;有以序數稱之者,如第十部、第十七部、第廿三部等;有以方位稱之者,如中部、東部、西部、北部、前部等,尚未見其他以單字稱部的情況。如果"專"是部名,卻在諸多漢簡中

①李均明《額濟納漢簡法制史料考》,魏堅主編《額濟納漢簡》,頁63。

②陳夢家《漢簡綴述》,中華書局,1980年,頁49。

③李均明《額濟納漢簡法制史料考》,魏堅主編《額濟納漢簡》,頁63。

④黎明釗《士吏的職責與工作——額濟納漢簡讀記》,中國社會科學院國際學術論壇,簡帛論壇會議論文,2006年11月。

⑤雷長巍《〈專部士吏典趣輒〉校釋》,《簡帛語言文字研究》第三輯,巴蜀書社,2008年,頁419。

不見有第二例,這種情況似乎不大可能。且漢簡中單言“部士吏”“部吏卒”亦很常見,所以“專”不宜視爲部名。其他諸家解説,都有一定合理性,相比之下,雷長巍讀“專”爲“傳”較優。我們認爲“專”亦可以讀爲“轉”,轉達的意思,與“傳”意思相近。

《額濟納漢簡》2000ES9SF4:6:“咸得自薪息並力除滅胡寇逆虜爲故購賞科條將轉下之勉府稽吏民其□□□”簡文中“將轉下”意即向下轉達。又,《肩水金關漢簡(壹)》73EJT3:113:“神爵二年十二月壬申朔戊寅將轉肩水倉令史☐……”其中“將轉肩水倉令史”亦是向其他官員轉達。《敦煌漢簡釋文》所載“敦煌馬圈灣採集的漢簡”1237云“告士吏,帶裝詣官,會丁卯旦迎轉,毋以它爲解☐”,簡文説士吏“迎轉”,與額濟納簡“轉部士吏”正可參照。敦煌馬圈灣簡所記應該是士吏到候官接受命令,“轉”用爲名詞。額濟納簡“轉部士吏”之“轉”則與前舉肩水金關簡同用爲動詞。

“典”,馬怡訓爲“常法”①。王子今認爲“‘典’有主持、掌管、負責之義”②。胡平生則以“典”爲人名。上文已論述“專”不宜視爲部名,則“典”便不能認爲是人名。我們認爲王子今的意見是正確的。漢簡中所見“典”多有“主掌”之意,如:《額濟納漢簡》2000ES9SF4:8:“……將軍使究其業今詔將軍典五將軍五道並出……”簡文中“典五將軍”之“典”即“主掌”之意。又《居延新簡》EPT59.61:“制詔納言其令百遼屢省所典脩厥職務順時氣……” EPF22.149:“案習典主行檄書不☐”,二例中“典”均理解爲“主掌”。居延漢簡簡四五六·四云:“狀辭:居延肩水里上造,年卌六歲,姓匽氏,除爲卅井士吏。主亭隧候望,通藁火,備盜賊爲職。”③此簡明確了士吏的主要任務是“主亭隧候望,通藁火,備盜賊”,與本文所討論的册子内容非常吻合,這裏可以從側面説明“典”字與“主”

---

①馬怡《扁書試探》,陳偉主編《簡帛》(第一輯),頁421。

②王子今《額濟納〈專部士吏典趣輒〉簡册釋名》,陳偉主編《簡帛》(第一輯),頁391。

③中國簡牘集成編輯委員會《中國簡牘集成(八)》,敦煌文藝出版社,2001年,頁56。

字意義相當，即“主掌”。

“趣”，馬怡訓爲“督促”①。學者多與之意見相同。上文提到，胡平生認爲“趣”用作副詞，讀爲促。“輒”也用作副詞，猶“即”也。因爲胡氏將“專”視爲部名，“典”視爲士吏名，所以將簡1“專部士吏典趣輒”分爲“專部士吏典”與“趣輒”兩個部分，“趣輒”屬下讀，理解爲“立即”。我們認爲，胡氏將“趣輒”均視爲副詞，這種情況未必符合當時用語習慣。他的重要貢獻在於指出簡1非原來書寫的標題，有文字應屬下讀，只是礙於他對“專”“典”爲專名的判斷，只能將“趣輒”聯繫在一起屬下讀。我們認爲，真正屬下讀的只有“輒”一字。“趣”當如其他學者理解爲“督促”，這在漢簡中亦可找到佐證。《居延新簡》EPT6.56：“趣作治功再通持詣官會月桼日如律令……”EPT6.58：“吏候長傅育等當負趣收責會十二月五日……”EPT6.75：“告第三候長移三月以往卒食少不足名至今不移趣之毋到。”這幾例中的“趣”均爲“督促”之義。

“典趣”一語，文獻罕見。但在漢簡中，有與之頗爲相近者，如：《敦煌漢簡釋文》所載“斯坦因第三次中亞考察所獲漢簡”2435：“☑月一日未時到輒如書催督。”《敦煌懸泉漢簡釋粹》Ⅰ03093：222：“十月己卯，敦煌太守快、丞漢德敢告部都尉卒人，謂縣：督盜賊史赤光、刑（邢）世寫移今□□□□□部督趣，書到各益部吏，□泄□捕部界中，明白大編書鄉亭市里□□□□，令吏民盡知□□。”②上二例中的“催督”“督趣”都與額濟納簡“典趣”意義接近。

綜上所述，“專部士吏典趣輒”應讀爲“轉部士吏典趣，輒”，可以理解爲“向各部轉（傳）達命令的士吏主掌督促，立即”。

①馬怡《扁書試探》，陳偉主編《簡帛》（第一輯），頁421。

②胡平生、張德芳《敦煌懸泉漢簡釋粹》，上海古籍出版社，2001年，頁22—23。

三、“專部士吏典趣輒”册性質補説

關於簡册的性質,白音查干、特日格樂認爲:“以上爲一部册書,是候官派駐各處烽燧的士吏們的工作條款。簡文的内容很自然地分爲兩類,一類爲頂端有黑點,是士吏們必須完成的工作内容,第二類爲文首有‘告’字者,是士吏們所要完成的提醒工作。”①李均明認爲:“内容爲邊塞當局依法律並結合當地實情頒佈的行政規範……由於士吏是候官派往諸部進行監督的官吏,所以有關規範托由士吏在諸部傳達。”②馬怡認爲:“在標題之下,本簡册開列了士吏到部督察時的諸項職權,其宣諭性質與扁書頗爲相符。”③王子今認爲:“這是公佈部士吏工作要點的文書。”④胡平生認爲:“是‘典’的個人文書,第1簡以下都是他‘趣輒’(立即)要做的若干項任務。所以,這個册書應當是類似今天‘效率手册’一類的東西。”⑤

以上諸家觀點,都有一定的合理性。胡平生所説的“效率手册”有一定可能,但是不宜説是“典”個人的。李均明説簡册“内容爲邊塞當局依法律並結合當地實情頒佈的行政規範”,這個概括未必準確。簡册多次提到“告”和“察”,“告”是“曉諭”,“察”是“考察”,而“告”和“察”的對象爲士吏、候長、候史、候尉、隧長、卒。如果像李均明所説的,是“托由士吏在諸部傳達”的“有關規範”,那麼這個規範就應該是部一級的機構的工作内容,而部一級的官吏(及下屬)即是士吏、候長、候史、候尉、隧長、卒等,這就形成自己“告”“察”自己的矛盾。王子今的“公佈部士吏

①白音查干、特日格樂《額濟納漢簡概述》,魏堅主編《額濟納漢簡》,頁30。

②李均明《額濟納漢簡法制史料考》,魏堅主編《額濟納漢簡》,頁63。

③馬怡《扁書試探》,陳偉主編《簡帛》(第一輯),頁422。

④王子今《額濟納〈專部士吏典趣輒〉簡册釋名》,陳偉主編《簡帛》(第一輯),頁395。

⑤胡平生《“專部士吏典”簡册考校》,《胡平生簡牘文物論稿》,頁194。

工作要點的文書"應該説是概括得比較合理,而白音查干、特日格樂概括爲"候官派駐各處烽燧的士吏們的工作條款",則更加準確。

我們認爲,簡册應該是簡1中的"士吏"接到命令後所應立即執行的一系列工作。在這裏,有一個看似矛盾的問題不能回避,即簡1的"士吏"所"告""察"的對象中又有"士吏",這頗令人費解,而諸家多未論及。我們前文提到,陳夢家已經指出:"尉史、士吏與令史都是候官的屬吏,惟尉史與令史僅限於候官一級(塞尉下亦有尉史),而士吏也是低一級塞和候部的屬吏。"也就是説士吏候官有,而候部也有,在簡册中,簡1的"士吏"指候官的士吏,而簡2、簡6的"士吏"則指候部的士吏。這樣,矛盾就不存在了,而簡册的結構亦更清晰。

關於簡册的結構,支持簡1爲標題的學者,大多認爲以下七枚簡之間的關係是並列的,或者如白音查干、特日格樂所言按照有無圓點"•"分兩類。胡平生不同意簡1爲標題,但他認爲"它乃是整個册書的'綱'",又説"從第3枚簡起有没有墨點意義是完全一樣的,起首不管是'告'還是'察'都同是一類,而不是兩類。我們有個懷疑,即第3簡的'告'字頂端一竪原是向右稍斜的,現在看起來居中的墨跡,應當就是墨色的圓點。這樣算起來,就僅有第7簡'告隧長、卒謹晝夜候,有塵若警堺外,謹備之'一句頂端没有墨點,它可能是遺漏了。"①胡氏對圓點的判斷與其他學者一樣,認爲簡2至簡8各簡之間的關係是並列的。但從圖版上看,簡册字跡清晰,有無圓點應以《額濟納漢簡》釋文爲準。

我們認爲,簡册各簡之間應該不是並列關係,個别簡之間聯繫密切,而圓點應該是劃分簡册結構的可靠依據。因爲有圓點的存在,才更説明簡1"•專部士吏典趣輒"非標題,簡2"告士吏候長候史壞亭隧外内"、簡3"告候尉賞倉吏平斗斛毋侵"都是以"告"字提行,是爲了條分縷析,易於觀覽,這三枚簡聯繫密切,應屬同一組。而簡6"•察士吏候長候史多省卒給爲它事者"簡首有圓點,句意似未盡,簡7"告隧長卒謹晝夜候有塵若警塊外謹備之"亦以"告"字起首,我們認爲這也是提行,簡6

①胡平生《"專部士吏典"簡册考校》,《胡平生簡牘文物論稿》,頁188—193。

與簡 7 之間的關係與簡 1 與簡 2、簡 3 之間的關係相同。而簡 4、簡 5、簡 8 簡首都有圓點,各自成爲一組。整個簡册有五個圓點,即可從内容上分爲五組。具體地説,簡 1—3 講告候部長官士吏、候長、候史、候尉履行各自職責;簡 4 講扁書;簡 5 講察官吏去署及相應處罰;簡 6、簡 7 講察官吏玩忽職守者,並告之恪守本職;簡 8 講察馬廩。可以看出,在内容上這五部分是界限很清晰的。

簡 1"·專部士吏典趣輒"雖然不能認爲是原來書寫時擬定的標題,但是不可否認,這是一枚很重要的簡,能夠將這枚簡研究透徹,對整個簡册的解讀意義重大。

附圖:

《額濟納漢簡》"專部士吏典趣輒"册

帛書《周易》剝卦六五爻辭新解

鄔可晶①

摘　要:《周易》剝卦"六五"爻辭,當據馬王堆帛書本斷讀爲"貫魚食,宫人寵,无不利","貫魚食"與"上九"爻的"碩果不食"相對。其意大致是說賤物不棄反加利用,如"貫魚(乾魚)食用",看似不吉、不亨通,實則以宫人之卑猶能獲寵,吉凶逆轉。傳本誤作"貫魚,以宫人寵,无不利",以致文意難通。

關鍵詞:馬王堆帛書本;剝卦;六五爻辭;貫魚

傳本《周易·剝卦》"六五"爻辭云:

貫魚,以宫人寵,无不利。

王弼注:

處剝之時,居得尊位,爲"剝"之主者也。"剝"之爲害,小人得寵,以消君子者也。若能施寵小人,於宫人而已,不害於正,則所寵雖衆,終无尤也。"貫魚",謂此衆陰也,駢頭相次,似"貫魚"也。②

所謂"所寵雖衆,終无尤也",乃是根據此爻的《象》傳"'以宫人寵',終无尤也"說的。王注不太好懂,孔穎達《正義》進一步解釋道:

"貫魚以宫人寵"者,處得尊位,爲"剝"之主;"剝"之爲害,小人

---

①鄔可晶,復旦大學出土文獻與古文字研究中心　副研究員　上海　200433

②《周易正義》,《十三經注疏》整理本第1册,北京大學出版社,2000年,頁130;(魏)王弼《周易注》,《王弼集校釋》,中華書局,1980年,頁333。

得寵以消君子。"貫魚"者,謂衆陰也,駢頭相次,似若貫穿之魚。此六五若能處待衆陰,但以宫人之寵相似。宫人被寵,不害正事,則終无尤過,无所不利,故云"无不利"。①

這就把注文的前後意思貫聯了起來。

關於"貫魚",前人多認爲指"貫穿之魚"或"魚貫",以喻宫人之"寵御",依次而進②。只有少數學者把"貫魚"解爲"射中了魚"。如李鏡池《周易通義》説"射魚爲獻祭",並引《禮記·射義》"天子將祭,必先習射於澤……而後射於射宫。射中者得與於祭,不中者不得與於祭",謂"此言宫人射中了魚,得到參加祭祀的榮寵"③。但是,"宫人寵"從語言上顯然不能解釋爲宫人"得到參加祭祀的榮寵";以宫人的身份、地位,在天子爲祭祀而習射的場合參加射魚,似乎也不合禮制。所以周振甫《周易譯注》稍變其説,謂"天子射中魚,因爲宫人幫助的緣故,所以那宫人得寵"④。今按,整個剝卦的卦爻辭均未見有"天子",周氏把簡單的"貫魚"二字説出"宫人幫助天子射中魚"那樣複雜的意思,其臆增的程度,較李氏説"宫人寵"更有過之。由此可見,根據傳本《周易》的文字,"六五"爻辭大概只有遵從王弼等大多數學者的解釋,才能勉強講通。即使如此,

---

①《周易正義》,《十三經注疏》整理本第1册,頁130。標點微有改動。

②(清)李道平《周易集解纂疏》,中華書局,1994年,頁257—259。(宋)程頤《周易程氏傳》,《二程集》,中華書局,2004年,頁815。(宋)朱熹《周易本義》,中華書局,2009年,頁109。(元)保巴《周易原旨》,中華書局,2009年,頁71。(清)胡煦《周易函書》之《約注》卷六,中華書局,2008年,頁587。(清)惠棟《周易述》,中華書局,2007年,頁70。(清)郝懿行《易説》,齊魯書社,2010年,頁50。(清)朱駿聲《六十四卦經解》,中華書局,1953年,頁105。高亨《周易古經今注》,《高亨著作集林》第一卷,清華大學出版社,2004年,頁272;高亨《周易大傳今注》,《高亨著作集林》第二卷,清華大學出版社,2004年,頁254。尚秉和《周易尚氏學》,中華書局,1980年,頁122。金景芳、吕紹綱《周易全解》,吉林大學出版社,1989年,頁192—193。黄壽祺、張善文《周易譯注》,中華書局,2016年,頁179—180。

③李鏡池《周易通義》,中華書局,1981年,頁48。

④周振甫《周易譯注》,中華書局,1991年,頁85。

"以宫人寵"的"以"字也難得確解①,依"宫人之寵御,以次而進,若貫魚也"②之義,"以"字完全是多餘的。

近幾十年出土了好幾種《周易》的古代抄本。上海博物館藏戰國楚竹書《周易》,其剝卦已佚;阜陽漢簡本《周易》雖有此卦,"六五"爻卻正好殘去。所幸在長沙馬王堆漢墓所出帛書《周易》中,保存了完整的剝卦。帛書本"六五"爻辭並有重要異文,給我們的校讀帶來了很大的幫助。

下面先引錄馬王堆帛書本《周易 · 剝卦》"六五"爻辭:

貫魚食宫人籠,无不利。(12 下)③

由於各家對"无不利"之前的文句斷讀存在不同意見,這裏暫時不加標點。

---

①前人有解釋"以"字之義的。如上舉周振甫《周易譯注》,從其譯文"射中了魚,宫人因而得寵"看,似是把"以"訓爲"因而""所以"。但周說"增字解經",整體上是不可取的。高亨在他的《周易古經今注》和《周易大傳今注》裏,都訓"以"爲"用",前者謂"君使用宫人如貫魚,輪流當夕"(《高亨著作集林》第一卷,頁 272),後者謂"統治者如貫魚之排定順序,用宫人而寵愛之,輪流當夕"(《高亨著作集林》第二卷,頁 254)。此說同樣要添出原文並不存在的"君"或"統治者",其病與周振甫《周易譯注》同。何況,"使用宫人"之說也很彆扭。黄壽祺、張善文《周易譯注》譯作"像貫串一排魚一樣引領衆宫女承寵於君王"(頁 178),當訓"以"爲動詞"引領"。但是"引領"的施事者爲誰?仍頗費解。屈萬里《周易集釋初稿》主張"以與似通",以"貫魚以(似)宫人寵"作一句讀,謂"《正義》已說'以'爲'似'"(屈萬里著,黄沛榮整理《讀易三種》,上海古籍出版社,2017 年,頁 88—89)。屈氏《周易批注》亦言"《正義》讀'以'爲'似'"(見《讀易三種》,頁 371)。但《正義》只是說"但以宫人之寵相似",並未明確讀"以"爲"似",屈氏似有誤解。如屈說,此辭以"貫魚"爲本體,"宫人寵"反成"貫魚"之喻體。此稍怪異,恐不合於爻辭行文之例。尚秉和《周易尚氏學》認爲"坤爲魚","剝重坤,故爲貫魚",把"貫魚"看作卦象。他也訓"以"爲"用",但解釋與他家不同。尚氏說:"以宫人寵,即用宫人寵也。《蒙》之'用說桎梏',《益》之'利用爲依遷國',皆與此'以'字義同也。此與《豫》'九四'之'朋盍簪',皆爲易象之最神妙,而最難於形容者。王陶廬云:易辭有非注視卦象不能解者。此等是也。而二千年來,因簪象、魚象之失傳……而易理遂亡於解說矣。"(《周易尚氏學》,頁 121—122)此說殊有新意,廖名春《〈周易〉經傳十五講》對"貫魚"的解釋即本尚說(北京大學出版社,2004 年,頁 96)。然以"貫魚"爲卦象,並無實據。尚氏所舉"用說桎梏""利用……"之"用",《易》經文中未見用"以"者,可知"以"雖可訓"用",但與此種"用"似不能互代。

②尚秉和《周易尚氏學》,中華書局,1980 年,頁 122。

③裘錫圭《長沙馬王堆漢墓簡帛集成(壹)》,中華書局,2014 年,頁 4。

帛書本的"籠",多數學者從傳本讀爲"寵"[①]。出土與傳世文獻中,"龍"不乏用爲"寵"之例[②];"龍""籠"音同,帛書"籠"讀爲"寵",是很自然的。趙建偉《出土簡帛〈周易〉疏證》則認爲帛書本的"籠"是本字,指"捕魚之竹器"[③]。帛書本"貫魚"下的"食"字與傳本的"以"字相當,趙氏認爲二字"音同訓通",意爲動詞"之"[④],"此言群魚依次相續而進入宫人捕魚籠中,此爲無所不利之占","古人以得魚爲吉祥太平、百事如意之兆。如《詩·魚麗》'魚麗于罶',毛傳'太平而後,微物衆多'。又《敦煌遺書·周公解夢書》說'夢見得魚,百事如意'"[⑤]。應該指出,"以"從無當動詞"進入"講的用例,估計趙氏根據的是吳昌瑩《經詞衍釋》"'以'猶'之'也"、裴學海《古書虚字集釋》"'以'猶'之'也"條[⑥],但二書所舉之例實不可靠。而且吳書所謂"猶'之'"的"之",或如《史記·仲尼弟子列傳》"義之爲上"等,乃"主+之+謂"結構中的"之";或如《報任少卿書》"而僕又佴之蠶室"等,乃用作間接賓語的代詞,此即裴書在"'以'猶'之'也"條下所細分的"一同口語之'的'""一爲指事之詞"的兩種情況。這些都跟動詞"之"風馬牛不相及(動詞"之"是"到……去"的意思,與"進入"亦有别)。所以"籠"如字讀,"六五"爻辭根本無法講通,恐不可從。

講帛書《周易》的各家,基本上都把剝卦"六五"爻辭斷讀爲:

---

①張政烺《馬王堆帛書〈周易〉經傳校讀》,《張政烺文集·論易叢稿》,中華書局,2012年,頁100。于豪亮《馬王堆帛書〈周易〉釋文校注》,上海古籍出版社,2013年,頁54。張立文《周易帛書今注今譯》,臺北:學生書局,1991年,頁171;張立文《帛書周易注譯》,中州古籍出版社,2008年,頁82。丁四新《楚竹書與漢帛書〈周易〉校注》,上海古籍出版社,2011年,頁236。裘錫圭《長沙馬王堆漢墓簡帛集成(叁)》,中華書局,2014年,頁17。

②白於藍《簡帛古書通假字大系》,福建人民出版社,2017年,頁984—985。高亨、董治安《古字通假會典》,齊魯書社,1989年,頁19。

③趙建偉《出土簡帛〈周易〉疏證》,臺北:萬卷樓圖書有限公司,2000年,頁54。

④同上,頁53。

⑤同上,頁54。陳鼓應、趙建偉《周易今注今譯》(商務印書館,2005年,頁220)說同。

⑥俞敏監修,謝紀鋒編纂《虚詞詁林》,黑龍江人民出版社,1993年,頁118、121。

貫魚,食(以)宫人籠(寵),无不利。①

以與傳本取得一致②。有些學者還認爲"以""食"都有"用"義,二字可謂音近義通③。然而"用宫人寵"的話,事實上仍嫌不辭。侯乃峰由於"食""以""二字通假之例似乎未見",並考慮到帛書《周易》抄寫錯誤較多,認爲"食"字有可能涉此卦"上九"爻辭"石(碩)果不食"的"食"而誤寫④。這種看法恐怕也有問題。按照大家的斷句,帛書本"食宫人籠(寵)"的"食"跟"上九"爻"石(碩)果不食"的"食"處於完全不同的地位,抄手憑什麽受到後者的干擾而抄訛呢?以"食"爲"以"的誤寫,也還要面臨"以"字如何訓釋的難題。

侯乃峰把"六五"爻的"食"與"上九"爻的"食"聯繫起來考慮,這對我們很有啓發。我們認爲,根據帛書本的文字,剝卦"六五"爻辭當斷讀爲:

貫魚食,宫人籠(寵),无不利。

其"上九"爻辭云:

石(碩)果不食,君子得車(引者按:傳本作"輿"),小人剝蘆(廬)。(12下)⑤

"貫魚食"與"碩果不食"相對,前者的"食"字斷非誤文。

清儒黄宗羲解釋"剝"卦卦象云:

其象俎豆,五陰爲"足",一陽爲"牀"(引者按:剝卦卦象爲坤下艮上,故曰"五陰""一陽"。"初六"爻辭有"剝牀以足",故曰"五陰

①張政烺《馬王堆帛書〈周易〉經傳校讀》,《張政烺文集·論易叢稿》,頁100。張立文《周易帛書今注今譯》,頁171;張立文《帛書周易注譯》,頁82。丁四新《楚竹書與漢帛書周易校注》,頁236。裘錫圭主編《長沙馬王堆漢墓簡帛集成(三)》,頁17。連劭名《帛書〈周易〉疏證》,中華書局,2012年,頁39—40。

②于豪亮先生讀爲"貫魚食宫人,籠(寵),无不利"(《馬王堆帛書〈周易〉釋文校注》,頁54)。可惜他未作解釋,不知其意如何,無法仔細討論。

③張立文《周易帛書今注今譯》,頁171;張立文《帛書周易注譯》,頁82。連劭名《帛書〈周易〉疏證》,頁40。

④侯乃峰《讀〈馬王堆帛書《周易》經傳校讀〉雜志》,《古籍研究》2017年第1期。

⑤裘錫圭《長沙馬王堆漢墓簡帛集成(叁)》,頁17。

爲‘足’,一陽爲‘牀’”)。由鼎而升於俎者,爲“膚”(引者按:“六四”爻辭有“剝牀以膚”)、爲“魚”。“貫魚”者,《饋食禮》“魚用鮒十有五,而俎縮載”是也。籩豆之實,水土之品,故有“碩果”。五爻數奇,故言魚;上爻數偶,故言果。鼎俎奇而籩豆偶也。①

他對卦象的具體解説我們可以不管。唐代陸希聲《易傳》云:“魚在水難制,貫而持之,可爲鼎俎之實。”②黄氏説“貫魚”爲“饋食”,蓋有本於此。以鼎俎之“貫魚”與籩豆之“碩果”對舉,似是黄氏首倡;從帛書本行文看,其説值得注意。

陸希聲對“貫魚”的理解稍異於前人。鄧秉元《周易義疏》對此有更爲明確的申説:

所謂貫魚者,欲曬乾魚,必先剝其鱗,而後貫之以繩也,故雖大剝而無不利……予撰此書,時在漢城,赴京東市場,見商販以繩貫魚而售,始悟貫魚之義。③

鄧秉元所説的以繩貫魚而欲曬乾之,實際上就是古人所謂的“索魚”。陳劍在講石鼓文“何以槖(紉)之? 唯楊及柳”時,已經指出了這一點④。只是石鼓文的用楊柳枝條“槖(紉)魚”,似乎側重於指把捉到的魚貫穿起來,以便攜帶,是否還有曬乾的用意,不大明確。

馬王堆一號漢墓所出遣冊有“索魚”之稱(簡 50),朱德熙、裘錫圭説:“‘索魚’也見於雲夢秦墓所出日書(引者按:睡虎地秦簡《日書》甲種《病》簡 72 貳:“戊己有疾,巫堪(咸)行,王母爲祟,得之於黄色索魚、菫西(酒)。”《日書》乙種《有疾》簡 184 也有類似之文),是與鮮魚相對的名稱,就是乾魚的意思。”⑤他們還提到鳳凰山 167 號漢墓所出遣冊中“固

①(清)黄宗羲《易學象數論》卷三《原象》,中華書局,2010 年,頁 126—127。

②(宋)李衡《周易義海撮要》卷三引,《四庫全書》本。

③鄧秉元《周易義疏》,上海古籍出版社,2011 年,頁 159。

④陳劍《説石鼓文的“槖”字》,韓國延世大學《人文科學》第 97 輯,2013 年;又發表於復旦大學出土文獻與古文字研究中心 http://www.gwz.fudan.edu.cn/Web/Show/2318,2014-08-24。

⑤朱德熙、裘錫圭《馬王堆一號漢墓遣策考釋補正》,《朱德熙古文字論集》,頁 124。

魚一枚”的“固魚”，當讀爲見於《莊子·外物》的“枯魚”，“也是指乾魚”①。裘錫圭指出，“所以稱乾魚爲索魚，應該是由於它們通常總是穿在繩索上掛起來的緣故”；《莊子·外物》篇“曾不如早索我於枯魚之肆”的“索”，“就是穿在繩索上掛起來的意思”，通過這句話，可以把“索”與“枯魚/乾魚”的關係看得十分清楚②。“索魚”“貫魚”造語頗類，乾魚既被稱作“索魚”，當然也可以被稱作“貫魚”。

我們認爲剝卦“六五”爻辭的“貫魚”就是指乾魚而言的，不過此種“貫魚”與“上九”爻的“碩果”，沒有必要像黄宗羲等人那樣，把它們跟“饋食”之事相牽合。高亨《周易古經今注》解“上九”爻辭云：

> 碩果不食，喻貨利在前而不取也。君子不取貨利，則其德日廣；小人不取貨利，則其生日窘。其人不同，其務亦異，故曰“碩果不食，君子得輿，小人剝廬”。言君子有所得，小人有所失，君子吉，小人凶也。③

所言甚爲簡明通達。乾魚不如鮮魚鮮美、昂貴，因而古人常以食乾魚爲貧儉的表現。《韓非子·外儲說左下》：“孫叔敖相楚，棧車牝馬，糲餅菜羹枯魚之膳，冬羔裘，夏葛衣，面有飢色，則良大夫也，其儉偪下。”謝承《後漢書·趙咨傳》云：“東郡趙咨爲東海相，人遺其雙枯魚，啖之二歲不盡，以儉化俗。”④《文選》卷二十一載應璩《百一詩》：“田家無所有，酌醴焚枯魚。”李善注引蔡邕《與袁公書》曰：“酌麥醴，燔乾魚，欣然樂在其中矣。”謝承《後漢書·羊續傳》有一個故事最能說明“生魚（即鮮魚）”與“枯魚（即乾魚）”之別：

> 羊續爲南陽太守，好啖生魚。府丞焦儉以三月望餉鯉魚一尾，續不違意，受而懸之於庭，少有皮骨。明年三月，儉復饋一魚。續

---

①朱德熙、裘錫圭《馬王堆一號漢墓遣策考釋補正》，《朱德熙古文字論集》，頁124。

②裘錫圭《讀書札記九則·三、說“索我於枯魚之肆”》，《裘錫圭學術文集·語言文字與古文獻卷》，復旦大學出版社，2012年，頁391—392。

③《高亨著作集林》第一卷，清華大學出版社，2004年，頁273。

④周天游輯注《八家後漢書輯注》，上海古籍出版社，1986年，頁55。原輯文凡據其他類書所引而補者，皆外加方括號以示。爲便省覽，今一概略去方括號。下同。

出昔枯魚以示儉,以杜其意,遂終身不復食。[1]

大概貴族"君子"或比較講究的人,一般情況下是不吃乾魚的。頗疑"貫魚食"是比喻賤物在前而取用之,其義與喻指"貨利在前而不取"的"碩果不食"相反。

剝卦從"初六"到"六四"四陰爻皆凶,至"六五"爻一變而爲"无不利"。過去講卦象的人多認爲"五爲衆陰之長"(朱熹《周易本義》),魚爲"陰物",宫人爲"陰之美"而"望寵於陽者也"(陳夢雷《周易淺述》),故"六五"爻"從剝陽轉爲尊陽",吉凶起了變化[2]。現在看來,"六五"爻之所以占得"无不利",從爻辭本身也能得到合理的解釋。這就是説,賤物不棄反而加以取用,例如"貫魚食",看似不亨通、不利,實則以宫人之卑賤,竟也能因此而終得榮寵,並無不利,頗有些"因禍得福""成功逆襲"的意味。"上九"爻講貨利在前而不取用("碩果不食"),結果對於君子和小人各有吉凶禍福,未可一概而論。二爻辭皆富於辯證思想。

一説"貫魚食"與"宫人寵"並提,其事相類。"貫魚""宫人"本來都是低廉卑賤的,最終一個被食用一個得寵,也能體現"'剝'極將'復'之時"[3]由"凶"到"无不利"的轉變。此爻辭選用"貫魚""宫人"爲説,很可能確如前人所云,是由於二者皆爲"陰物",適與剝卦"六五"爻爲"衆陰之長"相應的緣故。

總之,從文意和文例看,馬王堆漢墓帛書本《周易》剝卦"六五"爻"貫魚食,宫人寵,无不利",應該是反映了此爻文辭原貌的。我們不能因爲帛書本《周易》經文有不少抄寫訛誤之處,就隨便否定它,或硬要把它與傳世本的文字"趨同"。

至於傳本作"以宫人寵",雖然侯乃峰先生指出"以""食"未見通假的確例,但畢竟二字古音很近;从"以"聲的"似"與"食"就有相通的情況,如《論衡·本性》"羊舌食我初生之時"(《左傳·昭公二十八年》《國語·晉語八》"羊舌食我"作"楊食我"),同書《命義》作"羊舌似我初生之

---

① 周天游輯注《八家後漢書輯注》,頁 30。

② 周振甫《周易譯注》,頁 86。

③ 黃壽祺、張善文《周易譯注》,頁 179。

時”，劉盼遂《集解》謂“‘似’爲‘食’之聲誤”①。所以，傳本的“以”也未嘗不可以視爲“食”的音近誤字。

值得注意的是，剝卦“六五”爻的《象》傳已云：“‘以宫人寵’，終无尤也。”傳統以爲包括《象》傳在内的“十翼”出自孔子之手，現在一般認爲《易》傳當係戰國中期以後人所作。似乎戰國中晚期流傳的《周易》經文，剝卦“六五”爻辭的“食”已有誤爲“以”之本了。可能《象》的作者所見經文即此種本子。也有可能《象》傳作者所據《周易》經文仍作“貫魚食，宫人寵”，“以宫人寵”的“以”字只是寫《象》辭者爲了强調“以宫人之卑而寵”一類語氣而加上去的（《象》引《周易》爻辭與原文略有出入的例子不罕見）；後來的傳《易》者反據《象》不完全準確的引述，改經文的“食”爲“以”，並連下句讀。《彖》《象》《文言》等傳，本離經别行。附傳於經者，歷來主要有西漢的費直、東漢的鄭玄二説，似以前説較勝。在《周易》經傳合編的過程中，據《象》傳改經、使經傳文字彼此配合之本，無疑更容易爲多數人所接受。馬王堆帛書本《周易》此爻辭保存原貌，彌足珍貴；而帛書《易》傳裏恰巧没有《象》，不知是否暗示“食”被誤讀爲“以”這件事情確實與《象》傳有關。

約從西漢後期開始盛行的緯書《易・乾鑿度》，對剝卦“六五”爻有如下解説：

> 剝之六五言盛殺，萬物皆剝，墮落。譬猶君子之道衰，小人之道盛，侵害之行興，安全之道廢，陰貫魚而欲承君子也。陽衰之時，若能執柔順以奉承君子，若魚之序，然後能寵無不利也。②

其所據之爻辭本文當與今見傳本一致。大概像馬王堆帛書《周易》那樣尚存此爻辭本來面目的本子（有些學者認爲馬王堆帛書《周易》的底本是傳自戰國後期的楚地的），西漢中期以後已近乎絶跡，被誤本“一統天下”了。

---

①黄暉《論衡校釋（附劉盼遂集解）》第一册，中華書局，1990年，頁54。

②（清）趙在翰輯《七緯（附論語讖）》之《易緯》卷二《易・乾鑿度》卷上，中華書局，2012年，頁38。關於《乾鑿度》的大致成書時代，參見任蜜林《〈易緯〉各篇形成考》，《中國哲學史》2009年第3期。

清華簡七《越公其事》"人有私畦"解①

熊賢品②

摘　要:《越公其事》簡 35 中的"人又(有)厶(私)畬(畦)"的"人",意爲"人人、每人",所指人物爲越國的各級貴族,而非越國庶民。越國的"人又(有)厶(私)畬(畦)",指的是越國貴族大臣效仿越王,人人各自在土地内勞作。同時,越君、越國貴族大臣的耕田,帶有"籍田"性質。上述"人有私畦"的記載,並不能反映越國存在土地私有制。

關鍵詞:清華簡;越公其事;土地制度

清華簡第七册出版後,學界關於《越公其事》的研究,成果甚豐③。不過目前來看,仍有若干問題還可討論,如篇中記載:

> 五政之初,王好蓐(農)工(功)。王親自耕,又(有)厶(私)畬(畦)。王親涉溝淳泑塗,日靚農【30】事以勸勉農夫……凡王左右大臣,乃莫不耕,人又(有)厶(私)畬(畦)。舉越庶民,乃夫婦皆耕,至於邊縣小大遠伲(邇),亦夫【35】婦皆……越邦乃大多食【36】。

上述文字記載,越王勾踐在休養生息的過程中,推行"五政"等方

①本文爲湖南師範大學博士科研啟動項目"包山簡與楚國社會研究"的階段性成果。

②熊賢品,湖南師範大學歷史文化學院　副教授　長沙　410081。

③相關總結可參考郭洗凡《清華簡〈越公其事〉集釋》,安徽大學碩士學位論文,2018 年 3 月。不過就本文所討論的主要問題來看,此文仍缺收若干文獻。

法，以積累力量。值得注意的是，其中先後兩處提到"私畦"，學者對此意見不一，而相關意見均涉及越國的土地制度問題。筆者對此也有一些思考，現撰爲此文，並祈同好賜正。

一、《越公其事》相關文句理解

先來看看相關字句的理解，相較來看，整理者已做出很好的文本整理工作。

(1)""，整理者、蕭旭分析爲從巂省聲、讀爲"畦"①；有學者進一步指出，楚簡中有"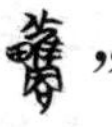"，即"嶲"(曾侯乙簡 80)字，一般認爲其見於《集韻》卷二齊韻，即"畦"字異體，《越公其事》本字即其省體②；也有學者分析爲從蒦(獲)省、田聲，讀爲"田地"之"田"③。從字形來看，整理者的意見可從。

(2)"沟(溝)淳瀊塗"，整理者認爲"淳，疑指低窪沼澤"，也有"當讀爲甽(畎)，指田間水溝。在簡文中指代田地"④；王寧認爲"即'瀞'字，當讀爲壂"⑤，也有觀點認爲"讀爲自……簡文指溝之堤墩"⑥等意見。此亦從

①蕭旭《清華簡(七)校補(二)》，復旦大學出土文獻與古文字研究中心 http://www.gwz.fudan.edu.cn/Web/Show/3061，2017—06—05 。

②羅小虎(網名)意見，參見《清華七〈越公其事〉初讀》第 201 樓，簡帛網 http://www.bsm.org.cn/bbs/read.php? tid=3456&page=21，2017—07—24。

③羅小虎(網名)《清華七〈越公其事〉初讀》，簡帛網 http://www.bsm.org.cn/bbs/read.php? tid=3456&page=16，2017—05—06。

④李學勤主編《清華大學藏戰國竹簡(七)》，中西書局，2017 年，頁 131。

⑤汗天山(網名)《清華七〈越公其事〉初讀》，簡帛網 http://www.bsm.org.cn/bbs/read.php? tid=3456&page=7，2017—04—27。王寧《清華七〈越公其事〉初讀》，簡帛網 http://www.bsm.org.cn/bbs/read.php? tid=3456&page=11，2017—04—30。

⑥蕭旭《清華簡(七)校補(二)》，復旦大學出土文獻與古文字研究中心 http://www.gwz.fudan.edu.cn/Web/Show/3061，2017—06—05。

整理者說。

其次,我們再來看文句的斷讀。依筆者所見,存在如下兩種可能:

首先,是如本文開頭所引用的斷讀方式。從簡文的記載來看,越王親自耕種"厶(私)奮(畦)",從而勉勵境内農夫從事耕作,自然各級貴族也效仿這種做法。"人又(有)厶(私)奮(畦)"是對"凡王左右大臣,乃莫不耕"的具體補充,也就是說,"人又(有)厶(私)奮(畦)"中的"人",其實就是"王左右大臣",也就是越國的各級貴族,而不應當理解爲其後的"越庶民"。有學者認爲,"《越公其事》所說的'人有私畦',應該是通過政權授田形式所取得份地,屬於私有性質",從此處所討論"人有私畦"之"人"所指來看,應當是不能成立的。

同時,我們注意到,如果做如下斷讀:

> 王親自耕,又(有)厶(私)奮(畦)……凡王左右大臣,乃莫不耕。人又(有)厶(私)奮(畦),舉越庶民,乃夫婦皆耕,至於邊縣小大遠彽(邇),亦夫【35】婦皆……越邦乃大多食【36】。

如此,則"人又(有)厶(私)奮(畦)"中的"人",則對應於"越庶民"。由此,可以得出越國庶民"人又(有)厶(私)奮(畦)"的推論,從而似乎表明越國存在庶民土地的私有制。

筆者以爲,這種斷讀,從上下文來看,並不是很合適。從簡文的記載來看,簡 35 中的兩處"又(有)厶(私)奮(畦)""人又(有)厶(私)奮(畦)",是分别對相關的"王親自耕""凡王左右大臣,乃莫不耕"的補充。如果把"人又(有)厶(私)奮(畦)"放在"舉越庶民"之前,則從文意上來看,並不是很契合。

依據《越公其事》的行文,筆者認爲,關於"越庶民"的土地狀況,其實應當體現於篇中的"亦夫【35】婦皆……越邦乃大多食【36】"中,可惜的是,"亦夫【35】婦皆"之後的簡文殘缺了,我們不得而知其後的相關内容。

"人"在文獻中有表示庶民、百姓的用法,如《史記·陳涉世家》"吴廣素愛人",但《越公其事》此處似乎不宜如此理解,一則後文明確提到

"庶民",二則"人有私畦"的主體也不是庶民,而是越國貴族。此處的"人"應當理解爲"人人""每人"意,如《史記·平準書》"非遇水旱之災,民則人給家足"。

因此,簡文的内容,是説在越王推行五政之初,他親自耕種而有私畦,越國貴族大臣也人人有私畦而耕種,至於越國庶民也都從事耕種。同時,我們認爲《越公其事》簡 35 中的"人又(有)厶(私)畜(畦)"的"人",所指对象應當爲"王左右大臣"、也就是越國的各級貴族,而非越國庶民。

二、傳世文獻"私田"

在具體分析《越公其事》中"私畦""人有私畦"的含義前,我們注意到,從傳世文獻來看,其中有"私田"等記載,與《越公其事》的"私畦"聯繫緊密。通過分析傳世文獻"私田"等内容,或可有助於理解《越公其事》的"私畦"。

目前所見一部分"私×"資料,屬於官制資料,其中一類爲"厶(私)官",如《集成》2773 有戰國時期"信安君私官",此處的"私官"指後宫官署。《漢書·張放傳》:"大官、私官並供其第,兩宫使者冠蓋不絶,賞賜以千萬數。"朱德熙、裘錫圭曾指出,漢代的"私官"可以指皇后、太后或者公主的食官,戰國時代"私官"的性質似乎不會與漢代有太大差别[①]。

另一類則屬於工官系統,如:(1)"私庫",《集成》11865 等有"私庫嗇夫";(2)"私室",《新收》NA0807 有"王太后私室";(3)"私工",爲製造機

---

①朱德熙、裘錫圭《戰國銅器銘文中的食官》,《朱德熙古文字論集》,中華書局,1995 年,頁 85。

構的名稱,秦虎形轄有“卌六年,私工,工勉”①。

從上述戰國時期的工官來看,工官機構分爲“公”“私”兩系。“公”指邦國,如各國相邦所領導的工官機構和地方縣邑官府屬下的工官機構;“私”指私家,包括屬於國君或封君宫廷的工官機構,也包括貴族内部的私人手工業。由此,也就是説,相對於國家及其各級機構而言,服務於國君與各級貴族的工官機構,前者爲“公”,後者爲“私”,那麽針對代表“公”的國家機構而言,作爲個人的國君、貴族,屬於“私”的範疇。

另外一部分“私×”資料,則與土地制度有關,包括:

(1)“私封”。如《韓非子·定法》:“故戰勝則大臣尊,益地則私封立”。

與之類似的還有“私邑”。《左傳·哀公十六年》:“子木暴虐於其私邑,邑人訴之。”《公羊傳·昭公五年》:“莒牟夷以牟婁及防兹來奔……其言及防兹來奔何?不以私邑累公邑也。”徐彦疏:“公邑,君邑也;私邑,臣邑也。”

相關的還有“私土”。如《公羊傳·成公十二年》:“十有二年:春,周公出奔晉。周公者何?天子之三公也。王者無外,此其言出何?自其私土而出也。”何休注:“私土者,謂其國也。”

“私封”“私邑”“私土”是從分封制角度而言的,指貴族大臣的封國、封地,因此可見此處的“公”“私”之别,是從國君、大臣的角度而言,認爲國君爲“公”、大臣爲“私”。

(2)“私田”。尤其有意思的是,隨着戰國至秦漢時期土地制度的變革,相關土地制度詞語的内涵也發生了變化。“私田”的第一種含義,主要流行於先秦時期,在井田制度下,每井九百畝,八家各分配百畝,稱爲“私田”。如《穀梁傳·宣公十五年》:

> 井田者,九百畝,公田居一。私田稼不善,則非吏;公田稼不

---

①劉釗《秦虎形轄銘文新釋》,復旦大學出土文獻與古文字研究中心 http://www.gwz.fudan.edu.cn/Web/Show/325,2008—01—26,收入劉釗《書馨集》,上海古籍出版社,2013 年,頁 87—90。

善,則非民。

《孟子·梁惠王下》:

文王之治岐也,耕者九一。

宋朱熹集注:"九一者,井田之制也。方一里爲一井,其田九百畝,中畫井字。界爲九區,一區之中,爲田百畝,中百畝爲公田,外八百畝爲私田。八家各受私田百畝,而同養公田,是九分而稅其一也。"

而《漢書·食貨志上》的記載也較爲詳細:

六尺爲步,步百爲晦,晦百爲夫,夫三爲屋,屋三爲井。井方一里,是爲九夫。八家共之,各受私田百晦,公田十晦,是爲八百八十晦,餘二十晦以爲廬舍。

上述"私田",其語境是在先秦的井田制下而言,其中的"私"並不具備"私有"的含義。

"私田"的另外一種含義,則爲"私人所有的田地",流行於漢代,如《漢書·五行志》:

今陛下棄萬乘之至貴……置私田於民間,畜私奴、車馬於北宫。

從《五行志》的"私田"來看,此處的"私"是着眼於個人擁有土地而言。由此可以看出,此處是將個人作爲"私",而將國家及其各級機構作爲"公",由此也具備了"私有"的含義。

據此,依照上述梳理,我們認爲,就戰國到秦漢時期"公""私"概念的演變而言,可以看出如下兩個理念:

(1)就涉及工官制度的"私官",及有關土地制度的"私田"等而言,相對代表"公"的國家機構來說,作爲個人的國君、貴族及其相關機構屬於"私"。

(2)就分封而言,從國君、大臣角度而言,國君爲"公"、大臣爲"私"。

由此,我們可以看出,先秦兩漢典籍所見與土地問題有關的"私封""私田"等,並非全部都是與個人私有及私有制有關的,這一點對於理解

《越公其事》中的“私畦”“人有私畦”而言,是緊密聯繫的。

三、《越公其事》“私畦”所指

關於《越公其事》中“私畦”所指,目前所見有三種意見,包括:1. 整理者認爲是“親耕之私田”①。2. 黄靈庚認爲,就是在公田以外,屬於私人而不用交税的田②:

> 越國滅亡後,“以臣事吴”,越國原先的田疇(公田)收入,不再爲越王所有,全部交付吴國。於是越王“親自耕,有私畦”。私畦,即私田,是指在公田以外,可以不向公室交税、屬於私人所有的土田……也就是説,勾踐除完成公田全部農作外,還要靠開墾私畦,積累財富……越王親自下涉溝澤,開闢浙水南岸的鹽鹼灘塗,成爲可以種植的“私畦”,勉勵越人勤於農桑,興農於國。

3. 劉成群認爲,《越公其事》有關“私畦”與“徵”的記載,展示出了越國土地私有化的基本格局與實物地租爲主體的賦役形態③。

從上述三種意見來看,整理者認爲“人有私畦”並不和土地制度有關,而是屬於“籍田”這一利用方式;黄靈庚、劉成群則認爲與土地所有制及土地私有制有關。

不過具體來看,我們認爲第二種思路,尚有一些問題需要注意。

首先,這種思路的提法之一,是認爲越國的公田爲吴國所占有,並在此基礎上展開討論。按,如果聯繫到《越公其事》的記載,我們可以看到,“人又(有)厶(私)畜(畦)”的背景是在吴敗越後,吴、越已盟誓,而吴軍還師的局面之下。同時,從所推行的内容衆多的“五政”來看,應當認

①李學勤主編《清華大學藏戰國竹簡(七)》,中西書局,2017年,頁130。

②黄靈庚《“五政”是越文化精神的特徵》,《光明日報》2017年07月31日13版。

③劉成群《清華簡〈越公其事〉中的“私畦”與“徵”》,《第二届古文字與出土文獻語言研究學術研討會論文集》,西南大學,2017年10月27—30日,頁206—214。

爲其時吳國早已不再大規模占有越國之境，因此，這時越國的土地制度應當恢復到了常制。據此，論者認爲越國的公田已爲吳國所有，從而推斷《越公其事》的“私畦”是屬於“公田以外，可以不向公室交稅、屬於私人所有的土田”，這一論斷的前提已經不成立，由此認爲“私畦”是“私田”的結論，也還需要更多證據來證實。並且，嚴格來說，文中所提到的“越王親自下涉溝澤，開闢浙水南岸的鹽鹼灘塗，成爲可以種植的‘私畦’”，這裡面的相關地理問題，也還需要仔細說明。

其次，也有學者認爲，《越公其事》所說的“人有私畦”，屬於私有性質，應該是通過政權授田形式所取得的份地。但據筆者來看，此說的問題在於，劉先生似乎是將“人有私畦”的“人”，理解成包括越國貴族、越國庶民在內的廣大群體；而如本文上述所論，“人有私畦”之“人”，似應爲越國貴族，不包括越國民眾。因此，要將“人有私畦”理解成包括對越國貴族及庶民在內廣大群體的普遍性授田，《越公其事》之材料和論者的相關意見之間，似乎聯繫得不夠緊密。

相較而言，我們認爲從《越公其事》的文本來看，其所提供的信息有限，還不能明確認爲“人有私畦”就是和土地制度有關。整理者雖然理解成“親耕之私田”，但意思仍然很模糊。筆者以爲，依據《左傳》宣公十七年“請以其私屬”，杜預注“私屬，家眾也”，及《急就篇》卷三“私隸”，顔師古注“私隸者，言屬著私家，非給公役者”，筆者以爲這裡的“厶(私)畬(畦)”，情況也是與之類似，是相對“公”，也就是對國家所有的土地而言，指隸屬越王和越國貴族個體、由他們從事耕作的土地。《越公其事》中“人又(有)厶(私)畬(畦)”的“私”，應當理解成上述“私屬”而非“私有”。同時，這是從使用方面上來說的“私屬”，而不是從占有方面來說的“私有”。

此外，上述“私畦”“人有私畦”或有另外一種理解方式，即除去上列以“私畦”爲名詞外，“私畦”或可以理解爲動詞片語，“私”有“單獨地”之意，如《呂氏春秋 · 孝行》“身者，非其私有也”，高誘注：“私，猶獨。”而“畦”也可以用作動詞，表示“分畦種植”，如《楚辭 · 離騷》“畦留夷與揭車兮,雜杜衡與芳芷”,朱熹集注:“畦,隴種也。”由此,《越公其事》所載“王親自耕,又(有)厶(私)奮(畦)”,是説越王勾踐單獨在土地上種植、勞作;“凡王左右大臣,乃莫不耕,人又(有)厶(私)奮(畦)”,則是説越國大臣各自單獨進行勞作。

總之,簡文所見越王及越國貴族的“有私畦”,指的是他們從事相關的農作。從越王及貴族大臣皆行耕作來看,我們認爲,這也藴含有一些“籍田”的色彩於其中。周代有天子“籍田”之制,《詩經·周頌·載芟》:“載芟,春籍田而祈社稷也。”毛傳:“籍田,甸師氏所掌,王載耒耜所耕之田,天子千畝,諸侯百畝。籍之言借也,借民力治之,故謂之籍田。朕親率耕,以給宗廟粢盛。”顔師古注引韋昭曰:“籍,借也。借民力以治之,以奉宗廟,且以勸率天下,使務農也。”

同時,周代也可能存在貴族的“籍田”制。學界對周代是否存在貴族“籍田”,曾有不同意見[①]。按,楊寬曾依據《吕氏春秋·上農》引古農書《后稷》“天子親率諸侯耕帝籍田”“后妃率九嬪蠶於郊,桑於公田”,認爲貴族也有“籍田”[②]。李朝遠等依據《詩經·大雅·韓奕》:

王錫韓侯,其追其貊。奄受北國,因以其伯。實墉實壑,實畝實籍。

並引用《禮記·祭義》“諸侯爲籍百畝”,及鄭玄注“籍,籍田也”,認爲:

“實畝實籍”之“籍”,名詞用如動詞,意爲“諸侯爲籍百畝”之“爲籍”,即建辟籍田。《尚書·梓材》説:“惟曰:若稽田,既勤敷菑,惟其陳修,爲厥疆畎。”“稽”乃“籍”之假借,“稽田”即“籍田”……如果籍田僅爲天子所專有,周公既非天子,籍田又不常見,斷不會以

①雷曉鵬《清華簡〈繫年〉與周宣王“不籍千畝”新研》,《中國農史》2014年第4期。

②楊寬《古史新探》,上海人民出版社,2016年,頁232。楊寬《西周史》,上海人民出版社,2016年,頁298。

籍田爲喻。①

由此他也贊同諸侯有“籍田”。相較而言，我們認爲上述意見可從。“籍田”帶有勸農性質，越王、越國大臣的勉力農耕，正是此意。

應當説，如果要從“人有私畦”的記載來判斷越國土地制度及其性質，一個重要的因素是，明晰上述“私畦”的具體性質及其内容，比如是在越國的國有土地，還是越國貴族的封土去從事耕種？但《越公其事》的相關記載很少，我們也不得而知“私畦”的具體内容。據此，我們認爲依據《越公其事》所記載的“王親自耕，又（有）厶（私）畜（畦）……凡王左右大臣，乃莫不耕，人又（有）厶（私）畜（畦）”，還很難據以判斷越國的土地制度；推斷《越公其事》“人有私畦”反映越國的土地私有制，也還缺乏説服力。嚴格來説，《越公其事》“人有私畦”的記載，只是反映越王及越國貴族，在相關土地上身體力行、進行耕作，以恢復越國實力；同時這種行爲也具有一定激勵作用，從而推動越國境内平民從事農業耕作的進行。

小　結

綜上，我們認爲《越公其事》簡 35 中的“人又（有）厶（私）畜（畦）”的“人”，意思爲“人人、每人”，所指对象爲越國的各級貴族，而非越國庶民。越國的“人又（有）厶（私）畜（畦）”，指的是越國貴族大臣效仿越王，而人人各自在土地内勞作。同時，越君、越國貴族大臣的耕田，帶有“籍田”性質。由此可見，《越公其事》簡 35 中的“人又（有）厶（私）畜（畦）”，並非反映越國存在土地私有制。

①李朝遠《西周諸侯土地所有制的初步考察》，《上海師範大學學報（哲學社會科學版）》1986年第 2 期，收入李朝遠《先秦史學步集》，上海辭書出版社，2012 年，頁 12－14。巴新生《西周倫理形態研究》，天津古籍出版社，1997 年，頁 119－120。

出土簡帛數術簡零拾二則①

賀璐璐②

摘　要:虎溪山漢簡的"西行良日"諸日的吉凶是據干支間的生克關係判斷的,而良日排列順次則與五行王相有關。水泉子漢簡復日簡中的"并"字是針對閏八月而言的。

關鍵詞:數術簡;西行良日;復日;并

一　西行良日

1999年夏,湖南省考古所主持發掘了湖南省沅陵縣虎溪山一號漢墓,墓中出竹簡1336支。出土竹簡根據内容分爲三類:黄簿、《閻昭》、《美食方》。《閻昭》篇竹簡兩道編繩,内容與數術相關,其中還涉及一些秦末漢初史事③,並且墓主吳陽死於漢文帝后元二年(前162年)④,説

①本文受"出土文獻與中國古代文明研究協同創新中心"博士創新資助項目資助,項目編號:CTWX2017BS016。

②賀璐璐,湖南大學嶽麓書院、出土文獻與中國古代文明研究協同創新中心　博士研究生　長沙　410082。

③郭偉民《虎溪山一號漢墓葬制及出土竹簡的初步研究》,艾蘭、邢文編《新出簡帛研究:新出簡帛國際學術研討會文集》,文物出版社,2004年。

④湖南省文物考古所等《沅陵虎溪山一號漢墓發掘簡報》,《文物》2003年第1期。

明該篇文本内容很可能最後形成於西漢初期。張春龍先生於《沅陵虎溪山漢簡選》①公佈了虎溪山漢簡部分釋文。此後,張先生又在《湖南出土簡牘選編》②一書中公佈了相關簡文的彩色圖版。張先生作出的初刊釋文對學界的研究非常有幫助,實有篳路藍縷之功。

出土秦漢《日書》中對於出行時日、方位的選擇習見,足見古人對自身出行安全的擔憂,究其原因,則與當時不甚安全的社會環境相關。目前公佈的虎溪山漢簡第戊28簡記載了可以西行的日子,其按日子的好壞分爲幾等。根據古人方位觀念及現實需要,未公佈簡文可能還有關於東、南、北三方的出行時日規定。我們嘗試就"西行良日"條簡文的數術原理提出自己的看法,敬祈方家賜教。

先把簡文移錄如下:

·西行良日:庚申、辛酉、庚子、辛丑、辛亥,其次壬子、癸丑、壬申、癸酉、癸亥、戊子、己丑、戊申、己酉、戊戌、己亥,其戊28

"西行良日"諸干支屬性以五行爲金的居多,而且每良日干支間都有生化關係,説明諸良日的選擇可能由五行生克推算而來。《淮南子·天文》篇曰:"子生母曰義,母生子曰保,子母相得曰專,母勝子曰制,子勝母曰困。以勝擊殺,勝而無報。以專從事,專而有功。以義行理,名立而不墮。以保畜養,萬物蕃昌。以困舉事,破滅死亡。"錢塘引《抱樸子·登涉》篇注:"《靈寶經》曰:'所謂寶日者,謂支干上生下之日也,若甲午、乙巳之類是也。甲者木也,午者火也,乙亦木也,巳亦火也,火生於木故也。又謂義日者,支干下生上之日也,若壬申、癸酉之日是也。壬者水也,申者金也,癸者水也,酉者金也,水生於金故也。所謂制日者,支干上克下之日也,若戊子、己亥之日是也。戊者土也,子者水也,己亦土也,亥亦水也,五行之義,土克水也。所謂伐日者,支干下克上之日也,若甲申、乙酉之日是也。甲者木也,申者金也,乙亦木也,酉亦金

① 中國文化遺產研究院編《出土文獻研究》第九輯,中華書局,2010年,頁46—48。本文所論虎溪山漢簡釋文均引自此,以下不再注出。

② 鄭曙斌、張春龍等《湖南出土簡牘選編》,嶽麓書社,2013年,頁260—264。

也,金克木故也。'……寶即保。繫當爲擊,即《淮南》之困,《抱樸子》之伐也。"①王引之謂"以勝擊殺"當是"以制擊殺"的誤寫②。"得",《黄帝内經·素問·至真要大論》:"佐以所利,資以所生,是謂得氣。"王冰注:"得謂得其性用也。"③"專",《淮南子·精神》篇:"夫血氣能專於五藏而不外越,則胸腹充而嗜欲省矣。"高誘注:"專,一也。"④"子母相得"指子母性用相同,故"專"應指干支五行屬性相同的情況,如庚申,五行同爲金。上述干支義、保、專、制、困五種關係中,義、保、專干支或相生化,或干支同氣,故最吉;制是天干克地支,損耗天干,次吉;困是地支克天干,最凶。按照上述五種關係,"西行良日"所值甲子可歸納成表一。

表一

五行關係	干支
專	庚申、辛酉、壬子、癸丑、癸亥、己丑、戊戌
保	庚子、辛丑、辛亥、戊申、己酉
義	壬申、癸酉
制	戊子、己亥

上表所列時日順序與西行良日排序並不完全吻合,那麼西行諸良日的排序依據何在?西行爲何選五行爲金的干支作爲良日呢?其實,這與古人的五行王、相、休、囚思想有關係。所謂五行王、相、休、囚是指五行在四季中勢力强弱變化。四季中某一行當令,則該行爲王,該行生者爲相,生該行者衰,該行克者和克該行者爲休囚。如馬王堆帛書《陰陽五行》乙篇《五行三合》章:"【春:火生;木】壯;土死;金執;【水老】。1上【夏:土生】;火壯;【金死;水】執;木老。2中【秋夏閒(間):金生;土壯】;水死;木執;【火老】。3中【秋:水生】;金壯;木死;火執;土【老】。4中冬:【木生】;

①張雙棣《淮南子校釋》(增訂本),北京大學出版社,2013年,頁416。

②同上。

③(唐)王冰次注,(宋)林億等校正《黄帝内經》,《景印文淵閣四庫全書》733册,臺北:臺灣商務印書館,1986年,頁295。

④張雙棣《淮南子校釋》(增訂本),頁742。

水壯；火死；土執；金【老】。5中”①簡文的“生”即相，“壯”即“王”，“執”即“困”。西方與四時秋、五行金相配，如果西行，則金當爲王。

生、壯、執等日各有宜忌。“【生】日利以樹穜（種）、賜予、赦（赦）罪、取婦、嫁1下【子∟】。壯日以真（鎮）國事、築城郭、臨官2下【□】正、入新國官∟、見人、作事，吉∟。死日3下【利以□】罪人∟。執日利以斷獄、刑（刑）人。4下老日利以入故國、治城、爲損減事。5下”②古人觀念中“王日”爲吉日，適合做大事。王日適合“鎮國事、築城郭、臨官、入新國官、見人、作事”，其日吉。在清代《協紀辨方書》中也有類似記載，如卷五“王官守相民日”條引《曆例》云：“王日者，春寅、夏巳、秋申、冬亥。”③同書卷十“王日”條載：“宜頒詔、覃恩、肆赦、施恩、封拜、詔命公卿、招賢舉正直、施恩惠、恤孤惸、宣政事、行惠愛、雪寃枉、緩刑獄、慶賜賞賀、宴防、行幸遣使、安撫邊境、選將訓兵、上官赴任、臨政親民、裁製。”④因此，五行屬性爲金干支的時日是西行的最佳選擇。

西行良日的選擇既然與五行王相有關，那麼良日所值甲子序次就可以此爲綫索進行解讀。西行良日的干支五行屬性與五行金的關係，決定了該日吉凶和排次。其中天干五行屬性與五行金的關係最重要，故良日天干同金，地支同金或金生的勢力最強，爲最吉，如庚申、庚子日等。其次良日天干生金或金生，地支同金或金生的勢力次強，次吉，如壬申、壬子日等。簡文“其”後的良日干支可能包含五行木，如“庚寅、辛卯、戊寅、己卯、壬寅、癸卯”等，因其受金克制，損耗金，故排於最後。

總之，簡文“西行良日”諸甲子吉凶的判定依據來自干支五種生克關係，其良日安排順序則由五行王相關係決定。

①裘錫圭《長沙馬王堆漢墓簡帛集成[伍]》，中華書局，2014 年，頁 131。

②同上，頁 131—132。

③（清）允祿等《欽定協紀辨方書》811 冊，《景印文淵閣四庫全書》811 冊，臺北：臺灣商務印書館，1986 年，頁 288。

④同上，頁 430。

二 復日

《考古》雜誌 2018 年第 3 期刊載了張存良等先生的大作《甘肅永昌縣水泉子漢簡“五鳳二年曆日”整理與研究》[①](下稱“張文”)。我們拜讀後,對其中的復日條簡文產生了一些不同的看法,敬祈專家指教。

“復日”又稱爲報日[②],亦可簡稱“復”,如連雲港尹灣出土《元延三年五月曆谱》,上注有“復丁癸”[③]。在簡帛材料中可以看到報日、復日共用的現象,後世選擇通書則只保留了復日這一名稱。神煞復日沒有特定的吉凶屬性,只是受時間因素影響,該日所做之事會重復、返回到做事者身上。其日宜爲吉事,利賀人、畜畜;忌爲凶事,禁寧人、問疾、安葬。復日簡“甲庚”下有一“并”字,張文解釋説:

> 并者,兩同也,大概指的就是一月和七月、二月和八月等六組間的相同情況。但是曹震圭卻對此提出異議:“假令正月寅,即甲也,而又見甲,是復也。又如辰戌,即戊也,丑未,即巳也,而又見戊巳,是復也。餘仿此。《地理新書》云:正月甲,七月庚,二月乙,八月辛,四月丙,十月壬,五月丁,十一月癸,三月、九月戊,六月、十二月巳。”《協紀辨方書》的編者也贊同曹氏之説。如果真是如此,則可圖示如圖。

復日圖

按敦煌出土的《永元六年曆日》,其閏十一月下有“十日癸巳執全復”[④],十一月復日所值爲丁癸,閏十一月復日所值

①張存良等《甘肅永昌縣水泉子漢簡“五鳳二年曆日”整理與研究》,《考古》2018 年第 3 期。
②陳松長《香港中文大學文物館藏簡牘》,香港:香港中文大學文物館,2001 年,頁 40。
③連雲港市博物館等編《尹灣漢墓簡牘》,中華書局,1997 年,頁 128。
④劉樂賢《簡帛數術文獻探論(增訂版)》,中國人民大學出版社,2012 年,頁 193。

與十一月一致。本曆日閏八月的復日所值當如八月爲乙辛。據此，我們懷疑“并”可能是針對閏八月而言，被誤抄於此。

劉樂賢、陳松長二位先生對居延新簡中復日條簡文做了考證①，復日所值天干從一月至十二月當爲：

甲庚 乙辛 戊己 丙壬 丁癸 戊己 甲庚 乙辛 戊己 丙壬 丁癸 戊己

港中大館藏漢簡《日書》簡七三報日、居延新簡探方二七第二號簡復日中所記與水泉子漢簡曆日所載一致。

《協紀辨方書》引《天寶曆》曰：“復日者，爲魁、罡所繫之辰也。其日忌爲凶事，利爲吉事。”又建除十二神“平”引《曆例》曰：“陽建之月前三辰爲天罡，後三辰爲河魁；陰建之月反是。”可以看出，神煞魁、罡與建除之“平”關係密切，在具注曆中也常於“平”下標注，如《唐光啟四年戊申歲(888)具注曆日》(伯 3492)九月十二日丁未收下注魁，十八日癸丑平下注罡，廿五日庚申收下注罡②。神煞魁、罡、復同時注出的具注曆日也有發現，《後梁貞明八年壬午歲(922)具注曆日》(伯 3555 背)正月三日甲申破下注復，六日丁亥收下注魁，九日庚寅建下注復，十二日癸巳平下注罡，十三日甲午定下注復，年四日乙巳平下注罡，廿九日庚戌成下注復③。同例亦見於《宋雍熙三年丙戌歲(986)具注曆日並序》(伯 3403)。由此也可以説明，魁罡之日與平收有關，而復之日與第幾月有關。

①劉樂賢《簡帛數術文獻探論》(增訂版)，頁 192—193；陳松長《香港中文大學文物館藏簡牘》，頁 40。

②鄧文寬《敦煌天文曆法文獻輯校》，江蘇古籍出版社，1996 年，頁 234。

③同上，頁 348—350。

《汗簡注釋》補正數則①

徐海东②

摘　要:本文根據出土文獻材料,分析傳抄文字的來源及演變規律,對《汗簡注釋》一書所收録的"好""多""飄""舒"四個傳抄古文字形的注釋進行補充糾正,以便更好地利用這份材料。

關鍵詞:《汗簡注釋》;傳抄古文;補正

作爲研究戰國文字的重要工具書,《汗簡》《古文四聲韻》的價值正逐漸被古文字研究者所認同。近年,一些學術著作和研究論文陸續發表,黄錫全先生的《汗簡注釋》即其中代表之著作。此書以條注方式研究《汗簡》記録的傳抄古文字形,材料翔實,論證嚴密,是傳抄古文研究的重要成果,在戰國文字研究領域影響甚大。然而,由於該書出版時間較早,某些新的出土文字材料並未引用,對部分字例的釋讀和論證也存在若干不妥之處。本文根據出土文獻材料,與《汗簡》③傳抄古文互證,

①本文爲西南大學中央高校基本科研項目"儒家石經文字研究"階段性成果,項目編號:SWU1709340。

②徐海東,西南大學漢語言文獻研究所、西南大學出土文獻綜合研究中心　講師　重慶400715。

③本文所引《汗簡》字形見(宋)郭忠恕、夏竦編,李零、劉新光整理《汗簡 古文四聲韻》(合訂本),中華書局,1983年。本文先列《汗簡》一書所收字形的隸定字形,再列《汗簡》一書所收傳抄古文字形,括號内爲該傳抄古文字形在《汗簡》書中的引書名稱及所在頁碼。字形下列楷體文字爲《汗簡注釋》原文。

對其中若干字形的解釋進行補正數則，希望能完善此書並對戰國古文字的研究有所幫助。

1. 好：(尚書 81)

鄭珍云："與上無别，據夏收三好字，兩文同上，其一作，乃是據郭氏元本。亦更篆**⿰丑女**从古女，此誤爲子。"鄭說是。①

按：黄錫全先生舉鄭珍之説，認爲《汗簡》字形乃是誤將女作子。其實，《汗簡》所收録的這個从女、从子的字可以隸定爲"**⿰丑子**"，是"好"字的異體字，古已有之，並非誤將女作子而成。下面我們來對"好"字的字形演變過程作一個梳理。

"好"字古文字形構件位置並不固定，有左从女、右从子作者，比如甲骨文作(02645)、(13997)、(02721)等，金文作(齊鞄氏鐘)、等，戰國楚簡作(郭店《老子》甲 8 號簡)等。《汗簡》字形作(尚書 81)就是這一脈字形的反映。《説文·女部》："好，美也。从女、子。"《説文》正篆作。

此外，"好"字還有左从子、右从女者，如甲骨文作(02711)、(06979)、(02623)等，金文作(仲卣)、(杜伯盨)、(杜伯盨)等，戰國文字作(石鼓文)等。《汗簡》字形作(義雲章 80)就是這一脈字形的反映。

除了上述所列的兩組字形外，左从丑、右从子的"**⿰丑子**"字在傳世字書中也有見，比如《玉篇·子部》："**⿰丑子**，古文好字。"《廣韻·號韻》："⿰丑女，或作**⿰丑子**。"《龍龕手鑑·子部》收"**⿰丑子**"字，注云："古文，音好。"《字彙·子部》："古文好字。"在字書中，該字一同"好"字，一同"⿰丑女"字。

《説文·女部》："⿰丑女，人姓也。从女，丑聲。《商書》曰：'無有作⿰丑女。'"《説文》正篆作。段注："今《尚書》⿰丑女作好。此引經説叚借也。⿰丑女本訓人姓。好惡自有眞字。而壁中古文叚⿰丑女爲好。此以見古之叚借不必本無其字。是爲同聲通用之肇耑矣。"《古文四聲韻》卷三中收録了一個從

①黄錫全《汗簡注釋》，武漢大學出版社，1990 年，頁 493。

丑、從女的，其隸定字頭正作“好”。可見，“玻”字也是“好”字的異體之一。

“䂘”字除了見於傳世字書，其實早已经見於戰國楚簡文字中，如《郭店楚簡》有字形作（郭店語一 89）、（郭店語二 21），在簡中均讀爲“好”字。郭店語一 89：“多䂘䂘（好）者，亡䂘（好）者也。”郭店語二 21：“敓（悅）生於卯（謀），䂘（好）生於敓（悅）”。綜上可知，其實“䂘”字來源有自，並不是鄭珍、黄錫全先生等認爲的誤女爲子而成。

又黄錫全先生在《汗簡注釋》中對“䂘”字說解時認爲：“女旁古有作（好盗壺）、（鄂君啟車節）、（詛楚文婚旁）等形，與丑形近，疑䂘本即好字訛誤。”①其實“女”“丑”二字在古文字中區别是比較明顯的。我們有必要對二字的演進過程作一個介紹。

“丑”字甲骨文作（合 10405）、（合 34931），象手指突出其指甲之形。金文沿襲甲骨文作（作冊大鼎）、（庚嬴卣）等，皆象指甲之形。楚系文字中，“丑”字作（天星 3705）、（包山 49），則與三體石經古文作形相合。上文所列“䂘”字在楚簡中的字形所從的丑旁，與之一脈相承。“女”字甲骨文作（合 19907）、（合 03091）等，象一人跪坐之形。金文作（齊侯匜）、（克鼎）等。三體石經古文作。二者區分比較明顯，“女”“丑”相混的可能性並不大。

2. 多：（義雲章 42）

鄭珍云：“侈字也，多從古多，增艸謬。《唐韻》：‘𦯬，得何切，音多，姓也。’《字彙》：‘漢有𦯬宗。’”蓋古本有𦯬字，此假爲多。夏韻歌韻注出《華嶽碑》，亦釋爲多。②

按：黄錫全先生舉鄭珍之說，認爲《汗簡》字形乃“𦯬”字，假借爲“多”。筆者認爲此處《汗簡》字形乃“傰”字，並非“𦯬”字。理由如下：

“傰”字見於出土文字，秦簡中，有字形作（睡虎地簡 125：縣、都官用貞（楨）、栽爲傰（棚）牏）。或通“崩”字，如《馬王堆漢墓帛書·經法·稱》：

---

①黄錫全《汗簡注釋》，頁 493。

②同上，頁 293。

“卑而正者增，高而依者傰。”《管子·幼官》：“練之以散羣傰署。”郭沫若等集校：“傰之言猶崩也。崩，亦壞也。”或讀爲“朋”，如《集韻·登韻》：“傰，阿黨也。”《周禮·秋官·士師》：“七曰爲邦朋。”鄭玄注：“朋黨相阿，使政不平者，故書朋作傰。”或作姓，如《集韻·登韻》：“傰，姓也，前漢有南山盜傰宗。”《漢書·王尊傳》：“會南山羣盜傰宗等數百人爲吏民害。”

特別是後面的兩條材料引起了我們的注意，對照前文所引鄭珍之說，說明在傳世文獻中，“傰”“㥄”字已經發生了訛混。之所以會發生這種訛混，是由於“朋”“多”字形構件特別容易發生變異，這一點前人學者已經指出。如清代洪頤煊《讀書叢錄》卷十二：“朋、多字形相近，因訛作‘㥄’字，讀爲‘多’音，非也。”洪說正確。

下面我們從字形角度進行一些梳理：“朋”字甲骨文作（合 26964）、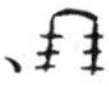（合 11439）等，金文作（中作且癸鼎）、（弔簋）、（衛盉）等，象串玉之形。“多”甲骨文作（合 27894）、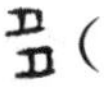（合 27492）等形，金文作（命簋）、（沇子它簋）、（辛鼎）等形。可見，在甲骨文、金文階段，“朋”“多”二字的區分是比較明顯的。

然而隸變以後，二字逐漸開始混淆，在石刻文字中表現尤爲明顯。至《三體石經·多方》“多”字作，已有與“朋”混淆之趨勢。隸變後，“朋”“多”字形更是容易混淆，如漢魏六朝碑刻中，“多”字作（東漢《浚縣畫像石題記》）、（東漢《鞏義詩説七言摩崖題記》）等。“朋”字作（東漢《尹宙碑》）、（北魏《于纂墓誌》）、（北齊《吳遷墓誌》）等。兩個字的體式已經非常相似，區別特征僅僅在於其中點畫的多少。從“朋”的“崩”字作（西晉《辟雍碑》）、（北魏《元暉墓誌》）、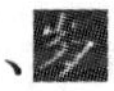（北魏《元端墓誌》）等。

至於“傰”之上部山訛作艸形，由於中與山形近所致，易發生如下訛變：山→屮→艸。由於黄錫全沒有看到“朋”與“多”、“山”與“屮”形近相混的特點，因而將“傰”誤釋爲“㥄”字。

3. 飄：（裴光遠集綴 72）

鄭珍云：“从古文馬省，是颿字，云飄誤，夏沿之。”按夏韻宵韻錄作，左形蓋誤。[1]

按：黄錫全先生舉鄭珍之説，鄭珍認爲《汗簡》字形乃“颿”字，其左部乃“馬”之變化。而黄錫全舉《古文四聲韻》字形，認爲鄭説不可從，其左部乃“䍃”之變。黄説實不可從。在字形準確性上，二書各有優劣，這裹《古文四聲韻》字形實乃沿襲《汗簡》字形而來，並且發生了訛變，其左形構件乃傳抄古文“馬”字之變，並不是黄説的“䍃”字訛誤。

要理清這個問題，首先來看“馬”字在二部傳抄字書中的寫法，“馬”字《汗簡》作（H54a），《古文四聲韻》作（《道德經》卷三 21b）、（《汗簡》卷三 21b），而“馬”字《説文》古文作。不難看出，《汗簡》《古文四聲韻》二書所列的“馬”字古文字形，基本來源於《説文》古文。

我們再來梳理一下“馬”字的字形演變過程。“馬”字甲骨文作（合 11028）、（合 27882）等，金文作（戊寅鼎）、（宅簋）、（作册大鼎）、（盂鼎）、（召卣二）、（揚鼎）、（次卣）、（彔伯簋）、（令鼎）、（衛簋）、（豆閉簋）、（公貿鼎）、（格伯簋）、（大簋）、（大簋）等形。

“馬”字在戰國楚簡中作（新蔡甲三 2502）、（新蔡乙二 009）等，其字形已經與《説文》古文相似，馬鬃部分與頭相連。三體石經古文作，馬鬃部分仍然與頭相連，等形馬鬃與馬頭分離，乃抄寫之訛誤。

在《汗簡》《古文四聲韻》這類傳抄古文字書中，不可避免會出現由於抄寫習慣導致的筆畫變化甚至構件變異。“馬”字本來當如《説文》古文一樣，其代表馬頭的上部構件準確轉寫，但是在實際書寫過程中，由於上部代表馬頭的圓圈形書寫難度較大，書寫者必然會選擇更加簡便的書寫方法進行簡省，在這一過程中，更加符合書寫習慣的書寫順序在其中起了相當大的作用，於是就出現了《古文四聲韻》“馬”字作的情形。並且我們認爲《古文四聲韻》“馬”字字形作並不是毫無來源的，上文所舉金文“馬”字作，將上部馬頭分解爲更容易書寫、更符合書寫習慣的形，應該説就是《古文四聲韻》字形書寫的一個濫觴。

① 黄錫全《汗簡注釋》，頁 451。

至於《汗簡》《古文四聲韻》二書以“騳”作“飄”，則是屬於傳抄古文的義近誤置現象。“飄”本義爲自下而上的旋風，引申爲風高之貌，“騳”本義爲馬奔馳之貌，後通作“帆”字，二者在表述速度快這個意義上相近。“飄”“騳”音別義近，於是二書以“騳”作“飄”，這屬於傳抄古文的義近誤置現象。關於義近誤置的相關論述，請參看徐在國《談隸定古文中的義近誤置字》①一文，由於傳抄古文義近誤置現象不在本文討論重點之內，故不作展開論述。

4. **舒：**（**楊大夫碑** 39）

夏韻禡韻錄“舍”字作（華嶽碑）、、（並籀韻），馬韻錄“捨”字作（古老子）、（雲臺碑），魚韻錄“舒”字作（樊先生碑）、（楊大夫集）、（王存乂切韻）等。古璽、、（璽彙 1492、1831、1839、2083）等字，何琳儀據金文（縶卣）、（向簋）、（卯簋）、（多友鼎）等，認爲即省，與（三體石經“逸”）字所從之及（鄂君啟舟節）、（者鐘旁）同形，從公，從兔省，從肉，應隸作，應隸作，依夏韻應讀爲“舍”（詳《古璽雜識續》）。從公（）與從（雍）不別，、乃呂訛變。上列夏韻諸“舍”字當如《雲臺碑》作。此形所從之乃譌，從予從古舍，應隸作，爲舒字古體。由此可見，夏韻及此書保存的有些“所謂詭更者也”之字，不僅來源有據，而且相當可靠。②

按：黃錫全先生舉何琳儀先生之說，認爲《汗簡》字形乃“舒”字古體。其說不可從。其實，《汗簡》字形乃“豫”字，假借爲“舒”。

首先，我們來看“予”字的演化。“予”字春秋金文作（鈇予簋），从呂，八爲分化符號，呂亦聲。戰國金文沿襲作（六年戈氏戈）、（予右官鼎）等形，春秋金文“豫”字作（蔡侯），左上从予，是其佐證，予爲呂之準聲首。戰國文字承襲春秋金文，或作（璽彙 078）、（璽彙 1969）以與呂區別，或作（龍崗 220）、（《說文》正篆）與呂區別。綜上，戰國

①徐在國《談隸定古文中的義近誤置字》，《古籍整理研究學刊》1998 年第 6 期。

②黃錫全《汗簡注釋》，頁 280。

文字“予”字主要有以下兩種類型演進：

(1) → →

(2) → 或

再來看“豫”字的演變過程。《說文·象部》:“豫,象之大者。賈侍中說:不害於物。从象,予聲。”“豫”字的《說文》正篆作,《說文》古文作。其所從的“予”與上文所列“予”字形基本相合。按照《說文》的說法,“豫”字本是从象、予聲的字,但是“豫”的《說文》古文同《說文》正篆相比,其所从之予、象皆有一定變化。這要求我們回到出土文字中,去考察其字形的變化。“豫”字戰國文字主要作以下三種字形：

(1)(陶彙 5.123);

(2)(包山 7)、(包山 191);

(上博曹沫之陳 19 號簡)

(3)(璽彙 1492)、(璽彙 1839)、(陳豫戈)。

不難看出,除了(1)組字形與《說文》正篆比較接近,還能看出其右部所从之“象”形外,下面的兩組字形已經與《說文》正篆差別較大。首先,其左部之“予”已經不是《說文》所錄的,而是从八、吕聲的;其次,其右部的“象”,已經有了明顯的變化,其象之身或訛變似从肉,或作相當程度的省減。此外,“象”字楚簡作(郭店《老子》乙 12 號簡)、(郭店《老子》丙 4 號簡),與包山楚簡中“豫”字所从之“象”的形體也是相合的。

在包山楚簡中,“豫”字是經常出現的一個字,其字形與上文所列楚簡文字相合,其語例如下：

才(在)陲(陳)豫(豫)之典。(包山 011)

九月己酉(酉)之日,郕(越)異司敗(敗)番豫(豫)受旮。(包山 052)

㚇(爨)月辛丑之日不誳(屬)人於郐豫(豫)。(包山 072)

而當“舒”“豫”二字相連出現,其字形也有明顯的區別,比如：

亯(享)月乙亥,東尾人𩰫(舒)豫(豫)。(包山 171)

膚戳連郘(敖)桀(桀)、畬(舒)鵧(豫)。(包山 192)

筆者懷疑,《汗簡》字形本當作,與楚簡文字作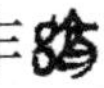等是一脈相合的,但是在傳抄的過程中對原來的聲符“予”進行了增加,屬於繁化聲符,將本來已有的聲符“予”繁化爲二,其字形演變過程推測如下:→→。从音韻角度考慮,“豫”字屬於喻四紐魚部,“舒”字屬於書紐魚部,韻部相同,可通假。

“豫”字在文獻中也多見通“舒”之用例。其字有舒展,寬舒之義。《尚書·洪範》:“曰豫,恒燠若。”孫星衍疏引鄭玄曰:“豫作舒。”《集韻·魚韻》:“舒,《說文》:‘伸也。’《方言》:‘東齊之間凡展物謂之舒。’一曰敘也,散也。或作豫。”黃道周《式士策·體數》:“七文之國,其君用之,物豫以康,其下從之,享榮以請。”因此,《汗簡》字形屬於以“豫”作“舒”的假借用法,並不是黃錫全先生認爲的“舒”字古文。

里耶秦簡疑難字校讀札記八則①

唐　強②

摘　要:對《里耶秦簡(壹)》中的部分誤釋字和未釋字進行了校訂和補釋,具體爲:將8－975中的"☐守府陽行□☐"改釋爲"☐府陽行旁☐",將8－489中的"以"改釋爲"巳(已)",將8－1584中的"忍"改釋爲"忿",將8－1383中的"卌二年四月丙午□以□☐"改釋爲"卌二年四月丙午朔□□☐";補釋了8－1225中的"印"字、8－1307中的"錢"字、8－816中的"佐"字及8－1647中的"出以"等。

關鍵詞:里耶秦簡;疑難字;校讀;札記

《里耶秦簡(壹)》③自2012年公佈以來,已經取得了較大的研究成果,其中尤以陳偉先生主編,何有祖、魯家亮、凡國棟先生撰著的《里耶秦簡牘校釋(第一卷)》爲著④,此外還有大量研究成果散見於各專業期刊和網站。筆者在閱讀簡文和其他學者研究成果的過程中,發現一些殘簡殘字的釋讀和處理仍然有進一步研究的必要,故不揣淺陋,對其中的未釋或誤釋字詞提出了一些淺薄的校補意見,敬請方家指正。

---

①本文是西南大學創新團隊項目"基於出土文獻綜合研究的文化推廣工程"(批准號:SWU1509395)的階段性成果。

②唐強,西南大學漢語言文獻研究所　碩士　重慶　400715。

③湖南省文物考古研究所編著《里耶秦簡(壹)》,文物出版社,2012年。

④陳偉主編,何有祖、魯家亮、凡國棟撰著《里耶秦簡牘校釋(第一卷)》,武漢大學出版社,2012年。(下文簡稱《校釋》)

一

簡 8－975 背整理者釋文作“☐守府陽行□☐”,《校釋》漏釋。今按:“府”前殘斷,並無文字,釋文中的“守”字當删;“行”下一字,圖版作“”,當即爲“旁”字,釋文當訂補作“☐府陽行旁☐”。兹將此字(下以 A 表示)與里耶秦簡中的“旁”字對比如下:

									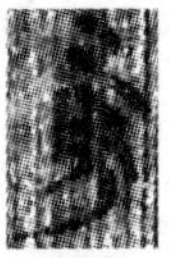
A	8－262	8－753 正	8－1298	8－1764	9－482 正	9－762	9－896	9－2287 背	9－2334

從字形上看,A 字左邊中部稍殘,但右半字形正與“旁”字相同,可知 A 當爲“旁”字無誤。從辭例上講,我們也能找到“行旁”相關辭例,如:

(1)二月丙戌水十一刻=下八,守府快行旁曹☐　　8－71 背①

(2)四月丙辰旦守府快行旁。　欣手。　　8－158 背

(3)□佐氣行旁　　8－75 背＋8－166 背＋8－485 背②

(4)丙寅水下三刻啓陵乘城卒秭歸□里士五順行旁。　壬手。
8－1516 背③

(5)昭行旁 □□□□　　9－482

《校釋》注例(2)“行旁”引馬怡先生《里耶秦簡選校》指出:“旁,旁

①整理者及《校釋》將“曹”前一字釋爲“尉”,何有祖改釋爲“旁”。今按:何改釋爲“旁”可從。

②簡 8－75＋8－166＋8－485 由《校釋》綴合。

③整理者原釋“行□旁”,《校釋》改釋爲“行旁”。今按:核查圖版,《校釋》改釋爲“行旁”可從。

縣,應指西陽。”[①]後里耶秦簡牘校釋小組注釋 9－482“旁”時指出“也許是指旁曹”[②];注釋 9－2076“旁曹”時指出“旁曹,機構名”,又説:“‘旁’有側近、輔佐義,‘旁曹’或指直接爲長官服務的部門。”[③]何有祖先生將例(1)中整理者及《校釋》釋讀的“行尉曹”改釋爲“行旁曹”,並指出“守府快行旁曹”與 8－158“守府快行旁”、8－155“守府快行少内”文例相近,“旁曹”對應“少内”“旁(縣)”,“似作爲一個獨立的書信簽收單位”。[④]

綜上,將 A 字釋爲“旁”,字形相符,辭例通暢,故 8－975 背釋文當訂補爲“☐府陽行旁☐”。

二

簡 8－149＋8－489 爲一份貲罰文書[⑤],記錄了相關人員貲甲盾的等級和具體數量。綴合後簡文第一欄第四行[⑥],整理者釋爲“司空佐沈二甲以”,《校釋》仍其舊,並句讀作“司空佐沈二甲。以”。今按:整理者及《校釋》釋爲“以”之字(下文以 A 表示),圖版作,疑此字當釋爲“巳(已)”,是一種鉤校符號(文字)。

茲將第一欄簡文錄寫如下:

---

①馬怡《里耶秦簡選校(連載二)》,簡帛網 http://www.bsm.org.cn/show_article.php?id=95,2005－11－18。

②里耶秦簡牘校釋小組《〈里耶秦簡(貳)〉校讀(二)》,簡帛網 http://www.bsm.org.cn/show_article.php? id=3124,2018－5－23。

③里耶秦簡牘校釋小組《〈里耶秦簡(貳)〉校讀(一)》,簡帛網 http://www.bsm.org.cn/show_article.php? id=3105,2018－5－17。

④何有祖《讀里耶秦簡札記(八)》,簡帛網 http://www.bsm.org.cn/show_article.php?id=2566, 2016－6－2。

⑤簡 8－149＋8－489 由《校釋》綴合。

⑥整理者認爲斷簡前還有一欄,故將此欄標爲“第二欄”。但“第二欄”前留白很寬,且無明顯筆劃或字跡,因此,爲了行文方便,筆者將整理者標記的“第二欄”作爲第一欄來處理。

司空佐敬二甲 レ

司空守謷三甲 |

司空守䣧三甲 |

司空佐沈二甲 A

校長□一盾 入

庫武二甲 |

該欄簡文的貲甲盾記錄使用了多種鉤校符號或文字,不同的鉤校符號的意義或有不同,此處不作討論。但可以推斷,A 應該也是一種鉤校符號或文字,或者與鉤校符號有相同的作用。

學者已經對簡牘帛書中的鉤校符號進行過相關研究,如李均明先生提到“表示行爲是否已施行之鉤校”,説“鉤校結果以文字表示者,多署‘畢’‘已’”,又提到“鉤校文字與符號並存”,如當“レ”與“已”並存時,“‘已’指實物已被領走之類”①,其實質皆表示某賬(或其他文書)已經核對②。陸錫興先生將漢簡中常見的鉤校符號“卩”釋讀爲“已”,並説到:“把‘已’字寫成‘卩’是漢代特有的書寫習慣。”③郭若愚、程鵬萬等先生則認爲仰天湖簡的(如:仰天湖 25 號墓 31 號簡)就是“已”字,郭文説“入壙之物,經過核對,書‘已’以明無誤……‘已’是核對之意甚明”④。劉信芳、王箐二位先生也認爲仰天湖簡的“句”和“”有可能是對遣冊作記器物清點複核已畢的記號⑤。此外,陳槃、陳直、裘錫圭、李零、張顯成、何雙全等先生也對簡牘帛書中的鉤校符、確認符等進行過相關研究。總之,從使用上看,“巳(已)”是可以作爲鉤校文字來使用的。

從字形上看,A 字也當爲“巳(已)”字,而不是“以”字。兹將 A 字與

①李均明《簡牘符號考述》,《華學》1996 年第二輯,中山大學出版社,頁 93—107。

②李均明《古代簡牘》,文物出版社,2003 年,頁 151。

③陸錫興《釋“卩”》,《考古》1987 年第 2 期。

④郭若愚《長沙仰天湖戰國竹簡文字的摹寫和考釋》,《上海博物館集刊》1986 年第 3 期。程鵬萬《簡牘帛書格式研究》,吉林大學博士學位論文,2006 年。

⑤劉信芳,王箐《戰國簡牘帛書標點符號釋例》,《文獻》2012 年第 2 期。

里耶秦簡牘中的部分“巳(已)”字對比如下：

A	8－1556	8－1120	8－776	8－1428	8－1511	8－1777	9－716	9－981	9－1125
					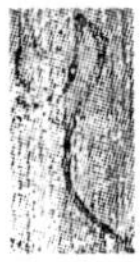		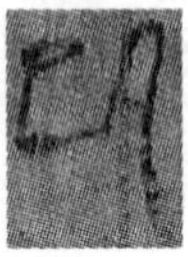		
9－1879	9－2310	9－2327		9－2328	9－3338	8－94	8－282	8－214	8－1344

上表中的“巳”字主要出現在首端圓弧狀且塗黑的木楬上，文字風格爲篆書或明顯帶有篆意，王煥林先生從書法研究的角度將這一類簡牘(據王先生統計總數不過二十枚)稱爲“小篆風格的簡牘”①。張今先生進一步分析說：“楬上書寫篆書，應該是爲了適應楬的‘表識’功能，使觀者感受到其正式感，從而區別于其他文字。”②對比 A 字與上表中的“巳(已)”字，不難發現 A 字就是帶有篆意的“巳(已)”。

另外，8－149＋8－489 第三欄第三行最末，整理者及《校釋》所釋“已利”二字，根據貲罰文書體例，應該也是用於鉤校的，而此處的“已利”正可與第一欄的“已”對應。順帶一提，《居延漢簡甲乙編》簡 339.32 整理者釋爲鉤校符號的“卩”，圖版爲，與上表中的“已”字寫法相似③。這也可佐證前揭李均明、陸錫興等先生將鉤校符號“卩”與“已”進行關聯是合理的。

綜上言之，簡 8－149＋8－489 第一欄第四行釋文可訂補爲“司空佐沈二甲。巳(已)”。

①王煥林《里耶秦簡書法探略》，《書法》2016 年第 2 期。

②張今《里耶秦簡中的楬》，簡帛網 http://www.bsm.org.cn/show_article.php?id=2609#_ftnref4，2016－08－21。

③中國社會科學院考古研究所編《居延漢簡甲乙編》，中華書局，1980 年。

三

簡 8－1584 有簡文“出稟隸妾 A”，A 字整理者及《校釋》均釋爲“忍”。今按：A 字圖版作，可見上面的部件爲“分”而非“刃”，故 A 字當釋爲“忿”，釋文當訂補作“出稟隸妾忿”。兹將 A 字與里耶秦簡、睡虎地秦簡、嶽麓秦簡、馬王堆帛書中的部分“忍”與“分”“忿”對比如下：

A	8－212	16－2	8－125	9－221	9－1421	睡虎地 · 爲 11	嶽麓壹 · 爲 · 1569
	里耶秦簡中的“分”和“忿”						
			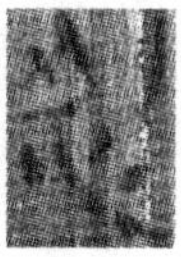				
	8－63	8－1732	8－1958	8－988	9－1301	睡虎地 · 爲吏 36	馬王堆 · 戰國 · 134
	里耶秦簡中的“忍”						

對比上表字形可知，“忍”字所從之“刄”的點劃均與撇劃相交，即王筠《説文釋例》所言“以丶指其處，謂刃在是而已”①。檢已公佈的里耶秦簡牘，所有“忍”字均如此，無一例外；而 A 字上面部件的點劃未與撇劃相交，且點劃的方向也與“刄”字不同（“刄”點劃方向朝下或右下，A 字上面部件的點劃朝左下）；此外，A 字右上方有墨跡漶漫，當還有一筆劃，補出筆劃，則正與上表所舉“分”字相似。綜上言之，A 字上面的部件當爲“分”字，A 當即爲“忿”字，在簡 8－1584 中爲人名。

① 王筠《説文釋例》，中華書局，1987 年，頁 25 下。

四

簡 8－1189 釋文作“粟=二石 ⧄”;簡 8－1383 整理者釋文作“⧄廿二年四月丙午□□□⧄”,《校釋》釋文作“⧄廿二年四月丙午□以□⧄”;何有祖先生將兩簡綴合,8－1189＋8－1383 釋文作“粟米二石。廿二年四月丙午□以□⧄”。今按:《校釋》釋爲“以”之字圖版,該字殘損十分嚴重,僅左上角有部分筆劃殘留,其實難以釋讀。另外,據辭例內容和書寫格式可知 8－1189＋8－1383 是一枚稟食簡,而稟食簡的書寫格式是有規律可尋的。我們統計了已公佈的里耶秦簡牘稟食簡“時間”後所搭配的內容①,具體如下:

“時間”後搭配內容	倉某	倉守某	司空守某	田官守某	貳春鄉守某	啟陵鄉守某	發弩某
次數	22	14	3	9	9	5	1

由上表可知,里耶秦簡牘稟食簡“時間”後均是“(地名＋)機構/職官＋人名”,無一例外。由此推知 8－1189＋8－1383 中《校釋》所釋“以”字有誤,“廿二年四月丙午”後當爲時間(朔＋干支)或(地名＋)機構/職官。據“丙午”下筆劃殘留,與上表所列搭配均不相似,而“丙午”下一字圖版作,與“朔”字比較相近,故疑“丙午”後的搭配爲“朔＋干支”。若前釋“朔”字無誤,則“朔”下一字(即《校釋》釋爲“以”之字)據殘筆推測或爲“癸”。

綜上言之,《校釋》將簡 8－1189＋8－1383“丙午”下第二字釋爲“以”是不妥的。但由於“丙午”後的文字殘損較嚴重,故對釋文的處理,或保守地將“丙午”後的殘字闕疑,處理作“粟=二石 廿二年四月丙午

① 只統計表述完整的辭例,“□守”“倉⧄”等有缺字或殘斷者未計入統計。

□□□☐”;或可參考筆者意見釋爲“粟=二石 卅二年四月丙午朔癸□☐”。

五

簡 8－1225 第二行“走 A 以來”,A 字整理者僅照圖版摹寫爲,《校釋》也未釋。今按:此字圖版作,當即爲“印”字,釋文可補正爲“走印以來”。兹將 A 字與里耶秦簡中的“印”對比如下:

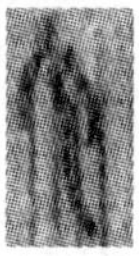				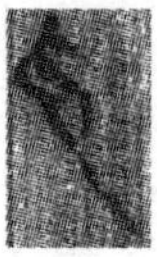				
A	5－22	8－1104	8－1225	8－1474	8－1831	9－986 背	9－1799	9－2130

觀察上表字形,A 字正與里耶秦簡牘中的“印”字相符,特別是與本簡另一“印”字(8－1225)字形極其相似,可知 A 字當爲“印”字無誤。簡文“走印以來”中的“印”是人名,“走”是印的身份,馬怡先生認爲“走”是供奔走的僕夫差役,《校釋》與馬氏略同①。“走印”除此簡外,還見於:

(1)丙子旦食走印行　　8－657 背

(2)即走印行都鄉　　9－986 背

(3)九月乙亥水下八,走印以☐　　16－3

此外,作爲人名的“印”還有“公士”(8－341)、“大夫”(8－1765)等身份,與“走印”或不爲同一人。

①陳偉主編,何有祖、魯家亮、凡國棟撰著《里耶秦簡牘校釋(第一卷)》,頁 50－51 頁。

六

簡 8－1307“A 三千三百九十五 卅三年☐”，A 字整理者及《校釋》均未釋。今按：此字圖版作，據殘字及辭例疑此字或爲“錢”。兹將 A 字與里耶秦簡中的“錢”字對比如下：

A	8－13	8－409	8－1709	8－2490	9－119	9－743	9－720	9－815

細審圖版，雖然 A 字殘損較嚴重，但下部相對較清晰，特别是左下部分與“錢”字所從之“金”極似，另右下殘筆也正好與“錢”字聲符“戔”相符，故此字極有可能爲“錢”字。“錢＋數字”的搭配在里耶秦簡牘中常見，是對某事出錢的記録，且一般都由“少內”或“少內守”經手辦理，如：

(1)錢百六十。卅五年八月丁巳朔戊寅，少內沈出以稟☐☐ 8－1214

(2)錢三百五十。卅五年八月丁巳朔癸亥，少內沈出以購 8－811＋8－1572①

(3)錢百卅七。卅二年六月乙巳朔甲子，成都少內 9－882

(4)錢二千六百八十八。卅四年九月癸亥朔辛未，少☐9－1901

(5)錢三百六十。卅二年九月甲戌朔丁酉，少內殷 12－2301

(6)錢二千六百八十八。☐ 卅四年九月癸亥朔戊寅，少內守狐 9－1144

(7)錢二千六百八十八。坐亡城旦童☐卅☐年七月己巳朔壬

①簡 8－811＋8－1572 由《校釋》綴合。

辰,少內　　9—423

(8)錢二千一百五十二。卅五年六月戊午朔丙子,少內沈　　8—888+8—936+8—2202[①]

(9)錢六千七百廿。☐ 卅四年九月癸亥朔辛巳,少內守　　9—1226

(10)錢二萬三千二百卅二。☐ 卅四年九月癸亥朔辛巳,少內守☐　　9—1554

秦之少內,于豪亮先生認爲"(縣少內)是縣行政機構的金庫,掌管收藏縣行政機構的錢財"[②];睡虎地秦墓竹簡整理小組認爲"縣少內,縣中收儲錢財的機構"[③];陳治國先生認爲其"主管縣的財政收入與支出"[④];杜小鈺認爲其"主管縣之府藏"[⑤];《校釋》認爲是"少內嗇夫的省稱"[⑥]。關於"少內守",《里耶發掘報告》注釋認爲"縣署官吏,職司不詳"[⑦];杜小鈺認爲少內守和金布都是少內的屬官[⑧];于洪濤認爲少內守、倉守、田官守中的"某守"可能是縣署某官之守[⑨]。雖然"少內""少內守"的具體職司尚未十分明晰,但無疑是與縣之財務密切相關的,所以前揭例(1)至(10)中的出錢記錄均與"少內"或"少內守"相涉。

另外,我們也發現在里耶秦簡牘的出錢或出物(粟米、稻、繭、絲)記錄中,粟米、稻、繭等一般都會在數字後跟單位[⑩],如石、均、斗、升、斤、兩

①簡 8—888+8—936+8—2202 由《校釋》綴合。

②于豪亮《雲夢秦簡所見職官述略》,《于豪亮學術論集》,上海古籍出版社,2015 年,頁 7。

③睡虎地秦墓竹簡整理小組編《睡虎地秦墓竹簡》,文物出版社,1990 年,"釋文",頁 101。

④陳治國、張立瑩《從新出簡牘再探秦漢的大內與少內》,《江漢考古》2010 年第 3 期。

⑤杜小鈺《秦職官考》,南京大學博士論文,2012 年。

⑥陳偉主編,何有祖、魯家亮、凡國棟撰著《里耶秦簡牘校釋(第一卷)》,頁 43。

⑦湖南省文物考古研究所《里耶發掘報告》,嶽麓書社,2006 年,頁 183。

⑧杜小鈺《秦職官考》,頁 165。

⑨于洪濤《里耶秦簡文書簡分類整理與研究》,吉林大學博士學位論文,2017 年。

⑩查檢已公佈的里耶秦簡牘,僅有"稻四"(8—45)和"繭十"(8—1353)不跟單位,疑爲省寫或漏寫。

等;而“錢”不需要在數字後跟單位,這正可作爲 A 爲“錢”字之旁證。

綜上言之,據殘字及辭例可知 8－1307 簡首殘字當爲“錢”字,故釋文可補作“錢三千三百九十五 卅三年☑”。

七

簡 8－816 第二行簡文“卅一年三月癸丑,貳春鄉守氏夫□☑”後一殘字,圖版作 ,整理者及《校釋》均未釋。今按:據殘字字形和稟食文書辭例,疑此字爲“佐”字。玆將此殘字(下以 A 表示)與里耶秦簡牘中的“佐”字對比如下:

A	5－1	8－497	8－1532	8－1793	9－16	9－22 正	9－41	9－94

從字形上看,A 字雖然下部殘損較嚴重,但上部比較清晰,與上表所舉“佐”字字形相符。另一方面,據簡文可知 8－816 爲一份糧食出稟(出貸)文書,辭例“貳春鄉守氏夫＋佐某”多見,如下:

(1)卅一年四月辛卯,貳春鄉守氏夫、佐吾出食春白粲□等。 8－1335

(2)卅一年四月戊子,貳春鄉守氏夫、佐吾稟人藍稟隸妾廉。 8－1557

(3)卅一年三月癸酉,貳春鄉守氏夫、佐壬出粟米八升食春央芻等二☑ 8－1576

(4)卅一年四月癸未,貳春鄉守氏夫、佐吾稟人藍出稟屯戍司寇江陵戲里□。 9－761

(5)卅一年十二月乙未，貳春鄉守氐夫、佐佗稟人廉出食白粲☑。 9－1466

綜上，將A字補釋爲“佐”字，字形相符，辭例通暢，故8－816第二行釋文可訂補爲“卅一年三月癸丑，貳春鄉守氐夫、佐☑”。

八

簡8－1647有簡文“卅年六月辛亥，司空守茲、史□A□☑”，其中A整理者及校釋均未釋；謝坤先生在論及“司空守茲”時曾在腳註中提到A字或可釋爲“佐”①。今按：A圖版作，據字形及辭例可知其實爲“出以”二字，故釋文可補正爲“卅年六月辛亥，司空守茲、史□出以□☑”。茲將A與里耶秦簡牘中的“出以”對比如下：

							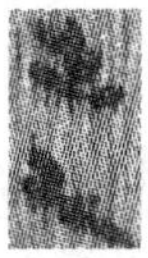	
A	8－351	8－474	8－337	8－2247	8－1632	8－575	8－1135	9－1129

從字形看，雖然A處兩字比較模糊，但上面一字尚可識，當爲“出”字；下面一字漶漫較嚴重，但據字形輪廓及簡文辭例可推知爲“以”字。故A當爲“出以”二字。

從簡文辭例看，據8－1647簡文辭例和書寫格式可知這是一枚出食簡，且由“司空茲”和“史□”兩人經手。“司空＋史”的出食記錄僅8－1647一見，但“司空(守)＋佐”出食記錄在里耶秦簡牘中十分習見，並且

①謝坤《〈里耶秦簡(壹)〉綴合(一)》，簡帛網http://www.bsm.org.cn/show_article.php?id=2556，2016－5－16。本則札記寫成後曾與謝坤先生交流，得謝坤先生告知，他也早已發現舊釋爲“佐”不妥，其實當釋爲“出以”。只是謝坤先生一直無暇撰文，故被小子捷足先登。在此謹表謝忱！

用“出以食”連接出食的對象。如下:

(1)徑廥粟＝一石九斗五升六分升五。卅一年正月甲寅朔丁巳,司空守增、佐得出以食小城旦渭等卅七人,積卅七日＝四升六分升一。

令史□視平　得手　　　　8－212＋8－426＋8－1632①

(2)☒斗。卅年九月丙辰朔己巳,司空守茲、佐得出以食舂、小城旦卻等五十二人,積五十二日＝四升六分升。

☒令史尚視平　得手　　　　8－216＋8－351＋8－525②

(3)徑廥粟＝一石八斗七升半升。卅一年正月甲寅朔己巳,司空守增、佐得出以□☒③

令史犴視平　☒　　　　8－474＋8－2075④

(4)☒卅三年三月辛未朔己丑,司空色、佐午出以食舂☒⑤

☒　令史圂視平☒　　　　8－1135

(5)☒□朔丁卯,司空守悍、佐得出以食☒

☒史犴視平☒　　　　8－575

據黄浩波先生研究,與刑徒有關的部門可分爲“刑徒主管部門”和“刑徒使用部門”,而司空既是刑徒的主管部門又是刑徒的使用部門,其使用的刑徒主要有居責(債)城旦、仗城旦、城旦、鬼薪、舂、白粲、隸臣居貲、隸妾居貲、小城旦、小舂等⑥。謝坤先生認爲,在司空稟食的文書中,主要的受稟對象爲司空所屬的徒隸,而且主要是城旦舂;稟食活動可以

①此簡由《校釋》綴合。

②8－216＋8－351爲《校釋》綴合,後謝坤先生在簡帛網補綴8－525。

③“出以”下一字圖版作,據殘字筆劃及司空出食文書辭例,此字極有可能是“食”字。

④此簡由《校釋》綴合。

⑤“出以食”後“舂”字係謝坤補釋,參見謝坤《讀〈里耶秦簡(壹)〉札記(一)》。

⑥黄浩波《〈里耶秦簡(壹)〉所見稟食記錄》,《簡帛》第11輯,上海古籍出版社,2015年,頁128－129。

由司空守和司空佐協作完成而沒有專職的稟人①。前舉例(1)至例(4)簡文較完整,均由“司空(守)+佐”配合爲小城旦、舂等出食;例(5)雖有殘缺,但由“司空”來出食可推知“出以食”後的對象也當是刑徒。因此,由司空對上舉諸例中的刑徒進行出稟自然合情合理。

(6)⧄得出以食舂、小城旦□⧄ 8—337

(7)⧄□、佐援出以食完城旦毋擇等七人② 9—778

而如上例(6)(7)者,雖然簡文前後有殘端,但據文書辭例格式和出食對象可推測出食者或亦當爲司空(或司空守)。

另一方面,由於司空出食活動不需要稟人,故往往使用“出以食”而不用“出以稟”③,前舉例(1)至(5)司空出食記錄均如此;而有稟人經手的稟食記錄則往往使用“出以稟”或“出稟”,又尤以“出稟”最常見④。

最後,還特別值得一提的是,在已公佈的里耶秦簡中,簡 8—1647 中“司空(守)+史”搭配的出食記錄還屬首見,且僅此一見,足可見其重要性。通過對簡文的正確釋讀,說明司空稟食文書既可以是“司空(守)+佐”搭配,也可以是“司空(守)+史”搭配。陳偉先生討論主持稟食官員爲倉嗇夫、田官守、鄉守等的稟食文書時,認爲協助稟食的“佐或史必定有一人在場,但並不同時出現”⑤,說明協助稟食官員的人既可以是佐也可以是史,這與司空(守)出食的情況是相同的。

---

①謝坤《讀〈里耶秦簡(壹)〉札記(一)》,簡帛網 http://www.bsm.org.cn/show_article.php? id=2266,2015—06—29。

②“佐援出”下一字圖版作,整理者釋爲“以”,里耶秦簡牘校釋小組改釋爲“入”。今按:據字形及簡文辭例,我們認爲或從整理者所釋“以”字更合適。

③謝坤先生也認爲司空稟食文書中“用‘出以食’來連接發放者和領受者”。

④簡 9—1129 有簡文“⧄稟人中出以食沅陵獄佐□⧄”,有“稟人”經手但仍然使用“出以食”。

⑤陳偉《秦簡牘校讀及所見制度考察》,武漢大學出版社,2017 年,頁 40。簡 8—1647 中協助出食者既已有“史□”,故不當再有“佐”,這也可證明將 A 字釋爲“佐”是不妥的。

上博簡字詞考釋四則

何義軍[①]

摘　要:上博六《申公臣靈王》簡首之“戠”字,可讀爲“逆”,爲迎擊、迎戰之意;上博九《舉治王天下》簡3的“謑”字可讀爲“卦”,“卦”即卜問之意;上博九《舉治王天下》簡4的“意”字當讀爲“暗”,“世暗”比喻社會政治黑暗;上博九《舉治王天下》簡35的“寡”字當讀爲“露”,意爲顯露。

關鍵詞:上博簡;字詞;考釋

一

上博六《申公臣靈王》篇首有一段話,其辭云:

戠於朸述,陳公子皇捷皇子[②]。

陳偉先生指出此篇所述之事可以與《左傳·襄公二十六年》以及《左傳·昭公八年》的相關記載合觀[③],其説可從。與上引簡文有關的内

---

①何義軍,西南大學漢語言文獻研究所　碩士　重慶　400715。

②爲行文方便,凡不準備討論的古文字字形一律用通行字寫出,下文同。

③陳偉《讀〈上博六〉條記》,武漢大學簡帛網 http://www.bsm.org.cn/show_article.php?id=597,2007-07-09。

容,《左傳 · 襄公二十六年》記載如下:

楚子、秦人侵吴,及雩婁,聞吴有備而還。遂侵鄭。五月,至于城麇。鄭皇頡戍之,出,與楚師戰,敗。穿封戌囚皇頡,公子圍與之爭之,正於伯州犁。伯州犁曰:"請問於囚。"乃立囚。伯州犁曰:"所爭,君子也,其何不知?"上其手,曰:"夫子爲王子圍,寡君之貴介弟也。"下其手,曰:"此子爲穿封戌,方城外之縣尹也。誰獲子?"囚曰:"頡遇王子,弱焉。"戌怒,抽戈逐王子圍,弗及。楚人以皇頡歸。①

陳先生指出簡文中的"陳公子皇""皇子"分别對應《左傳》中的穿封戌和皇頡②,這些都是十分正確的意見。

此處主要討論"敔"字的釋讀。整理者認爲"敔"讀若"吾"③,陳偉先生讀爲"禦"④,周鳳五先生讀爲"圉",並謂:"簡文'圉'字用爲動詞,泛指牧馬相關事務。從上下文意看,可能是挑選馬匹。"⑤其中陳説信從者最多,影響最大⑥。

按以上諸説均可商。整理者讀若"吾"與下文無涉,語義難通,顯然不可從。周鳳五先生讀爲"圉",但據上下文意以及《左傳》原文,此句應與戰爭有關,而"圉"與戰爭意無涉。陳偉先生讀爲"禦","禦"和戰爭意有聯繫,故較以上二説合理。不過"禦"與戰爭有聯繫的意項是"抵禦、抵抗",是被動地接受戰爭,而上引《左傳 · 襄公二十六年》中楚師是主動進攻鄭人的,故對楚人來説,此處用"禦"字應該是不合情理的。

我們認爲,"敔"可讀爲"逆"。"敔"從吾聲,古音"吾"疑母魚部,"逆"

①楊伯峻《春秋左傳注》,中華書局,2016年,頁1229—1230。

②陳偉《讀〈上博六〉條記》。

③馬承源《上海博物館藏戰國楚竹書(六)》,上海古籍出版社,2007年,頁247。

④陳偉《讀〈上博六〉條記》。

⑤周鳳五《上博六〈莊王既成〉、〈申公臣靈王〉、〈平王問鄭壽〉、〈平王與王子木〉新探》,《傳統中國研究集刊》(第三輯),上海人民出版社,2007年,頁60。

⑥徐在國《上博楚簡文字聲系(一~八)》,安徽大學出版社,2013年,頁1358。白於藍《簡帛古書通假字大系》,福建人民出版社,2017年,頁365。

疑母鐸部,二字聲母相同,韻部爲陰入對轉,音近可通。古書"吾"聲與"逆"聲有相通之證,例如:《戰國策·趙策》:"通於燕之唐、曲吾。""吾"字《齊策》作"逆",馬王堆帛書《戰國縱横家書》亦作"逆"。"逆"有"迎擊、迎戰"之意,《管子·大匡》:"(齊桓公)興師伐魯,造於長勺,魯莊公逆之,大敗之。"《孫子·軍爭》:"故用兵之法,高陵勿向,背邱勿逆。"杜牧注:"逆者迎之。敵在高處,不可仰攻,敵倚邱山下來求戰,不可迎之。"古書"逆""戰"常一起使用,例如:

1. 狄人出逆,申生欲戰。狐突諫曰:"不可。突聞之,國君好艾,大夫殆。好內,適子殆,社稷危。" 《國語·晉語》

2. 秦繆公率師攻晉,晉惠公逆之,與秦人戰於韓原。晉師大敗,秦獲惠公以歸。 《呂氏春秋·貴直論》

3. 完子請率士大夫以逆越師,請必戰,戰請必敗,敗請必死。 《呂氏春秋·似順論》

以上三例中,"逆"顯然都是迎擊、迎戰之意。簡文"逆於枋述",意即"(楚師)在枋述迎戰(鄭師)"。根據上引《左傳·襄公二十六年》的記載,楚人侵鄭,皇頡並沒有固守城池,而是選擇"出,與楚師戰",對楚人來説,自然是主動出擊迎戰,也就是"逆之"。可見,簡文此句與《左傳·襄公二十六年》的相關記載大致是相合的。

二

上博九《舉治王天下》簡 3 云:

……有慶,子嘗以此謑之。其白黑將可知也。胡公……

"謑"字,整理者考釋云:

"謑",《經典釋文》:"謑,胡啟反,又音奚,又苦迷反,《説文》云'恥也',五米反。"《集韻》:"謑,怒聲。"①

①馬承源《上海博物館藏戰國楚竹書(九)》,上海古籍出版社,2012 年,頁 197。

網友“wqpch”認爲“謑”可讀爲“卟”,其説謂:

《説文·卷三》:“卜以問疑也。从口卜。讀與‘稽’同。《書》云‘卟疑’。”下句言黑白,可對比《卜書篇》白赤、白黄,同爲兆色。①

王瑜楨先生認爲“謑”可讀爲“稽”,謂:

至於簡文“謑”字,我們以爲可讀爲“稽”(參《漢字通用聲素》【奚通旨】,頁522),“奚”字上古音爲匣母支部,“稽”字上古音爲見母脂部,匣母與見母上古聲音關係密切,韻母旁轉。即考察、檢核之意,《周易·繫辭下》:“於稽其類。”孔穎達《疏》曰:“稽,考也。”②

季旭昇先生在上引王文的按語中指出:

辭殘,“謑”字取何義難定,《荀子·非十二子篇》“無廉恥而任謑詬”,“謑”謂“嘲笑、恥詬”,於本篇也有可能這麼解。③

按,“謑”應與占卜之意有關。上引“wqpch”已經指出“白黑”等應該與兆象有關,根據《卜書》的相關描述,其説似可從。不過“謑”字該如何讀,我們有不同的看法。

我們認爲“謑”可讀爲“卦”。古音“謑”匣母支部,“卦”見母支部,聲韻極近,應可相通。“謑”字《説文》或體作“䜁”,而“䜁”從“圭”聲。睡虎地秦簡《日書》甲種:“十四日奊訽,十五日曰臣代主。”“奊”整理者讀爲“謑”。《淮南子·俶真》:“於是萬民乃始慲觟離跂。”高誘注:“觟,徯徑之徯也。”又古音“奚”聲、“頃”聲、“圭”聲可輾轉相通。上博簡《民之父母》簡6“奚耳而聽之”④,《禮記·孔子閒居》《孔子家語·論理》均作“傾耳而聽之”;《吴越春秋·越王無餘外傳》:“(禹)過門不入,冠掛不顧。”“掛”字胡敕瑞先生認爲當讀如“傾”⑤;《禮記·祭義》:“故君子頃步而弗敢忘。”“頃”,《經典釋文》:“讀爲跬。”總之,“謑”與“卦”應可以相通。

---

①季旭昇、高佑仁《上海博物館藏戰國楚竹書(九)讀本》,臺北:萬卷樓圖書股份有限公司,2017年,頁126。

②季旭昇、高佑仁《上海博物館藏戰國楚竹書(九)讀本》頁127。

③同上。

④馬承源《上海博物館藏戰國楚竹書(二)》,上海古籍出版社,2002年,頁163。

⑤胡敕瑞《〈吴越春秋〉“悉考績”“冠掛不顧”解》,《古漢語研究》2018年第2期。

《説文·卜部》:"卦,筮也。""卦"可以泛指占卜。《鶡冠子·學問》:"聖人以此六者,卦世得失逆順之經。"陸佃注:"卦,猶卜也。"《史記·李斯列傳》:"二世驚,自以爲惑,乃召太卜,令卦之。"

簡文"子嘗以此諜之"即"子嘗以此卦之",意即"子嘗以此卜問之"。"wqpch"曾指出上文之"有慶",乃《周易》中常見之占卜語,故此處用"卦"字以表示卜問,應該也不是什麼奇怪的事。

三

上博九《舉治王天下》簡 4 有句云:

> 文王曰:"日耑(短)而世意……"

"意"字原作"",摹本作""。整理者原將"意"誤釋爲"悃",將此句讀爲"日瑞爾世,悃",并解釋說:

> "悃",从心,困聲,或疑"悃"異體。《玉篇》:"悃,志純一也。"《廣韻》:"悃,至誠。"《楚辭》"悃悃欵欵",王逸注:"志純一也"。句意構建日益美好的社會。①

單育辰先生改釋爲"意",讀爲"億",認爲"日短世億""是說每天時間很短,但一世光陰則很多了"②。李松儒先生亦改釋爲"意"③。王瑜楨先生認爲釋"意"與字形不合,釋"悃"較合理,其說云:

> 楚簡"困"字作: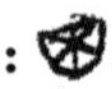(《上一·孔》9)、(《上三·易》1)等,而"意"字作:(《郭·語三》64)、""(《清壹·程》7),上部多有一短横……"悃"讀爲"困","日短"和"世困"屬於並列結構,意謂日子不

①馬承源《上海博物館藏戰國楚竹書(九)》,頁 199—200。

②單育辰《〈上海博物館藏戰國楚竹書(九)〉雜識》,《簡帛》(第十一輯),2015 年,頁 50。

③李松儒《上博九編聯二題》,《簡帛文獻與古代史——第二届出土文獻青年學者国際論壇論文集》,中西書局,2015 年,頁 33—35。

夠而且天下局勢混亂，期望能有“賢民”輔佐。①

上引王瑜楨文認爲“意”上部比“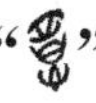”字多出一短横，故而否認此字是“意”。按，“”上的確比一般寫法的“意”字少一短横，但并不能據此斷定“”就不是“意”字。楚文字“言”字上的一短横往往可以省去，如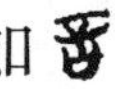（《郭店 · 忠》5）、（《上博一 · 孔》8）、（《上博一 · 緇》4）等。而“意”字的上部與“言”字上部完全相同，因此“意”字上部的小短横應該也是可以省去的。故此字釋“意”可從。

不過，前引單育辰先生文將“意”讀爲“億”則可商。“日短而世意”，“世”與“日”對應，則“意”也應與“短”對應。此處“短”理解爲動詞“變短”、形容詞“短”均無不可。而“億”字表示“數目多”時，無動詞用法。用作形容詞時，“億”往往位於被修飾詞之前，如賈誼《過秦論》：“據億丈之城，臨不測之淵。”退一步說，即使“意”可以讀爲“億”，“世億”一詞也不見於古籍。因此，此處“意”讀爲何字仍需進一步研究。

我們認爲，“意”當讀爲“暗”。大徐本《説文 · 心部》：“意，志也，从心察言而知意也。从心，从音。”小徐本改作“从心，音聲”。《管子 · 内業》“可迎以音”，王念孫云：“‘音’即‘意’字也……‘音’‘意’聲相近，故‘意’字或通作‘音’。《史記 · 淮陰侯傳》‘項王暗啞叱咤’，《漢書》作‘意烏猝嗟’，‘暗’之通作‘意’，猶‘意’之通作‘音’矣。”②馬王堆帛書《老子甲 · 道篇》“意、聲之相和也”③，今本“意”作“音”。上博三《恒先》：“有出於或，性出於有，音出於性，言出於音，名出於言，事出於名。”兩“音”均讀爲“意”，季旭昇先生以爲“意”似爲“音”之分化字④。可見“意”“音”相通絕無問題，而“暗”正從“音”聲，故“意”“暗”也可相通。

“暗”表昏暗意或比喻社會政治黑暗時，古籍往往假借“闇”或“晻”字爲之。古書有“世闇”“天下闇”的說法：

---

①季旭昇、高佑仁《上海博物館藏戰國楚竹書（九）讀本》，頁 140。

②［清］王念孫《讀書雜志》，中華書局，2017 年，頁 1226—1228。

③裘錫圭《長沙馬王堆漢墓簡帛集成（肆）》，中華書局，2014 年，頁 40。

④季旭昇《説文新證》，藝文印書館，2014 年，頁 790—791。

1. 當今之時,世闇甚矣,人主有能明其德者,天下之士,其歸之也,若蟬之走明火也。《呂氏春秋·開春論》

2. 吾聞古之士,遭乎治世,不避其任,遭乎亂世,不爲苟在。今天下闇,周德衰矣。與其並乎周以漫吾身也,不若避之以潔吾行。《莊子·讓王》

古書又有"晻世"的說法:

3. 是非仁人之情也,是姦人將以盜名於晻世者也,險莫大焉。《荀子·不苟》

"世闇""天下闇""晻世"猶"世暗",意即"世道昏暗"。簡文"日短而世闇",是説"白天變短而世道昏暗"。文氣貫通,而且與文意密合,可證此讀應無問題。

四

上博九《舉治王天下》簡 35 云:

五曰:怒而不寡,不愛其……

"寡"字整理者無説[①]。郭倩文先生認爲"或可讀爲'顧',訓爲'反省'"[②]。王瑜楨先生云:

古書記載"禹聞善言則拜",難見發怒,唯《國語·魯語下》"禹致群神於會稽之山,防風氏后至,禹殺而戮之,其骨節專車",雖然殺了防風氏,天下諸侯仍然歸心於禹。[③]

按,若將"寡"讀爲"顧",訓爲"反省",簡文"怒而不顧"意思便成了"發怒也不反省",顯然不符合禹正面的人物形象,與文意不符。王瑜楨

①馬承源《上海博物館藏戰國楚竹書(九)》,頁 235。

②郭倩文《〈清華五〉、〈上博九〉集釋及新見文字現象整理與研究》,華東師範大學碩士學位論文,2016 年,頁 398。

③季旭昇、高佑仁《上海博物館藏戰國楚竹書(九)讀本》,頁 195—196。

先生指出古書難見禹發怒，此點極具啟發性，但她並沒有給出明確的釋讀意見。可見，“寡”字的釋讀還可進一步討論。

我們認爲，“寡”當讀爲“露”。古音“寡”在見母魚部，“露”在來母鐸部，二字韻部陰入對轉，見來二母關係密切。例如，“各”爲見母字，而從“各”聲之“路”是來母字；“柬”是見母字，而從“柬”聲之“練”是來母字。孟蓬生《上古漢語同源詞語音關係研究》列舉了多組見來二母相通之例，他說：“不管是否承認複輔音，來紐和牙音相通的現象卻是必須承認的語言事實，我們不能以反對複輔音爲由來否認來紐跟牙音的通轉現象。”①“寡”聲與“各”聲在出土文獻中又有相通之證，如上博二《從政》：“【教之以】禮則寡而爲仁，教之以刑則遯。”②“寡”字白於藍讀作“恪”訓爲“敬”③。“露”與“恪”均從“各”聲④。可見“寡”“露”二字應可相通。

“露”有“顯露”之意。《玉篇 · 雨部》：“露，見也。”《集韻 · 莫韻》：“露，彰也。”《禮記 · 孔子閒居》：“風霆流形，庶物露生。”孔穎達疏：“露見而生。”《漢書 · 揚雄傳下》：“今樂遠出，以露威靈。”顏師古注：“露謂顯暴不深固。”《論衡 · 對作》：“文露而旨直，辭姦而情實。”皆爲其證。

簡文“怒而不寡”當讀爲“怒而不露”，意即“發怒也不會表現出來”。不僅文意暢通，而且與前引王瑜楨文所謂禹“難見發怒”的古籍記載相合，可見此說應可成立。

---

①孟蓬生《上古漢語同源詞語音關係研究》，北京師範大學出版社，2001年，頁131—135。

②馬承源《上海博物館藏戰國楚竹書(二)》，頁217。

③白於藍《簡帛古書通假字大系》，頁357。

④大徐本《說文 · 雨部》：“露，潤澤也，从雨路聲。”《足部》：“路，道也，从足从各。”小徐本作“从足各聲”，當以小徐本爲是。

《孟孝琚碑》字詞考釋兩則

張鑫裕①

摘　要:本文對出土於雲南昭通的著名漢碑《孟孝琚碑》中存在疑義的兩處字詞進行考釋:結合傳世古書、出土漢代簡牘指出碑文第4行舊多釋爲"卒""釆"之字應釋爲"平","平"字緊鄰葬日干支,應爲建除十二神之"平",附帶指出所謂《漢平莒男子宋伯望買田記》之"平"亦爲建除,從而在漢代石刻中發現兩則長期爲整理者所忽視的建除記錄;第8行"抱道不施"之"施"義爲邪曲而不是一般認爲的施展,"抱道不施"是"懷抱正道、從不邪曲"的意思。

關鍵詞:《孟孝琚碑》;平;建除;施;考釋

《孟孝琚碑》,又名《孟廣宗碑》《孟琁殘碑》,清光緒二十七年(1901)九月出土於雲南昭通南十里白泥井馬氏宅旁,原碑已斷,上部每行缺失七字,現存隸書十四行、二百六十字,書法蒼勁,渾厚古樸。碑文簡要敘述早夭的武陽令少子孟琁的生平事蹟,主體爲表達喪子之痛的哀辭,文辭典雅,情真意切,催人淚下。此碑有"滇中第一石"之美譽②,自出土之日起一直備受關注,爲之考訂者無慮數十家,内容涵蓋年代、殘辭、官

①張鑫裕,南開大學文學院　碩士研究生　天津　300071。

②袁嘉穀《西漢〈孟孝琚碑〉跋》,《袁嘉穀文集》第一卷,雲南人民出版社,2001年,頁355。

制、史事、字詞考釋等諸多方面①，研究基礎深厚，幾無剩義。我們在研讀碑文、學習前賢成果的過程中，覺得一些字詞還有進一步解釋的必要，故不揣冒昧，草成小文，由於我們見識不廣，文章還有許多不足之處，祈請方家指正。

一

碑文第 4 行敘述下葬時地：

……十月癸卯於塋西起墳，十一月乙卯△下。懷抱之恩，心……

①近代學者對《孟孝琚碑》的題跋、考訂，袁嘉穀、張希魯、方國瑜三位學者均有輯錄，方輯吸收了袁、張兩家的成果，最爲全面。參見《新纂雲南通志·金石考一》，劉景毛等點校《新纂雲南通志(五)》，雲南人民出版社，2007 年，頁 2—21。所見其他比較重要的題跋沒有收入《新纂雲南通志》者，有歐陽輔跋，載歐陽輔《集古求真續編》卷六，《石刻史料新編》第一輯第十一冊，臺北：新文豐出版公司，1982 年，頁 8768—8769；張政烺《漢孟孝琚碑跋》，《張政烺文史論集》，中華書局，2004 年，頁 75—77；謝允鑒《孟孝琚碑考釋》，中國人民政治協商會議雲南省昭通市委員會文史資料編輯室《昭通文史資料選輯》第一輯，1985 年，頁 56—68；施蟄存《漢孟孝琚碑》，施蟄存《北山集古錄》，巴蜀書社，1989 年，頁 16—18。另外還有一些單篇論文，如劉順良《漢孟孝琚碑中"愸"字考釋》，《昭通師專學報(哲學社會科學版)》1986 年第 1 期；陳孝寧《昭通漢〈孟孝琚碑〉譯釋——謹以此獻給該碑出土九十周年》，《昭通師專學報(哲學社會科學版)》1992 年第 2 期；魯剛《昭通東漢〈孟孝琚碑〉史料價值舉隅》，《昭通師專學報(哲學社會科學版)》1992 年第 2 期；浦漢英《關於孟孝琚碑立石之年最後之結論》，《昭通師專學報(哲學社會科學版)》1997 年第 3 期等。又《中國書法》雜誌 2018 年第 9 期設有"漢·孟孝琚碑專題文叢"，刊載唐靖《東漢〈孟孝琚碑〉書法風格及其歷史地位》、成聯方《幾與原文語氣無别——謝飲澗補〈孟孝琚殘碑〉所缺八十八字及其可信性探析》、龔吉雯《孟孝琚碑漢畫研究》三篇文章，係《孟孝琚碑》研究的最新成果。以上所舉難免挂一漏萬，有待方家補正。

△字拓本作①,主要考釋意見有以下三種②:

方若、劉承幹釋“卒”,不確③。漢隸“卒”字頂端如作横畫,須有一點④,與△字形不甚相同,歐陽輔已指出其誤⑤,“卒下”文意亦不通暢。

黄膺釋爲《説文·釆部》“讀若辨”之“釆”,讀爲“窆”,義爲下棺。此説采信者最眾,高文《漢碑集釋》、永田英正《漢代石刻集成》、徐玉立主編《漢碑全集》、毛遠明《漢魏六朝碑刻校注》《漢魏六朝碑刻異體字典》等大型碑刻整理著作、工具書均從之⑥。仔細觀察拓本可知,所謂“釆”字中間長横以下撇捺兩畫與碑面上互相平行的幾道泐痕之一相連,不是筆劃⑦;“釆”字一般用作偏旁,漢隸“釆”旁寫法固定,基本均作“米”形,頂端沒有筆畫⑧,與△字形有異;另外,古音“釆”在元部,“窆”在談部,韻尾不同,不得通假。總之,釋“釆”之説難以成立。

羅振玉《石交録》卷一、四下以及袁嘉穀、袁丕鈞、張希魯、謝允鑒、

①圖版來自徐玉立主編《漢碑全集(三)》,河南美術出版社,2006年,頁838。

②除了正文徵引的三種觀點以外,又有陳伯陶釋爲“平”,羅振玉《雪堂金石文字跋尾》釋爲“上”,二説皆誤。陳説見劉景毛等點校《新纂雲南通志(五)》,頁12;羅説見羅振玉《雪堂金石文字跋尾》卷二、二下,《石刻史料新編》第三輯第三十八册,臺北:新文豐出版公司,1986年,頁288。

③方若原著,王壯弘增補《增補校碑隨筆》,上海書畫出版社,1981年,頁162;劉承幹《希古樓金石萃編》卷七、六上,《石刻史料新編》第一輯第五册,臺北:新文豐出版公司,1982年,頁3887。

④《漢語大字典》字形組《秦漢魏晉篆隸字形表》,四川辭書出版社,1985年,頁602。

⑤歐陽輔《集古求真續編》卷六、十七下,《石刻史料新編》第一輯第十一册,臺北:新文豐出版公司,1982年,頁8769。歐陽氏的最終結論是“亦未可定”。

⑥黄説見劉景毛等點校《新纂雲南通志(五)》,頁5;高文《漢碑集釋(修訂本)》,河南大學出版社,1997年,頁17—18;[日]永田英正《漢代石刻集成·本文篇》,京都:同朋社,1994年,頁274;徐玉立主編《漢碑全集(三)》,頁835;毛遠明《漢魏六朝碑刻校注(一)》,綫裝書局,2008年,頁65;毛遠明《漢魏六朝碑刻異體字典》,中華書局,2014年,頁38。

⑦局部放大圖版可以參看徐玉立主編《漢碑全集(三)》,頁838;另外,唐靖《東漢〈孟孝琚碑〉書法風格及其歷史定位》一文,引用了《孟孝琚碑》的清晰照片,可以清楚地看出所謂“釆”字下部一撇一捺均爲泐痕,唐文見《中國書法》2018年第9期。

⑧根據《説文》,从“釆”之字有“番”“審”“悉”“釋”等,字形見《漢語大字典》字形組《秦漢魏晉篆隸字形表》,頁73—74。

施蟄存、陳孝寧、葉程義等學者釋△爲“平”①。此說碑刻整理著作很少采信，然而△字頂端横上無點，中間長横下方除去竪畫以外更無筆劃，對比漢碑其他“平”字寫法可知其實是正確的：

	 ②	 ③
孟孝琚碑△	乙瑛碑“平”	禮器碑左側“平”

“平”字意義學者大多不作解釋，目前所見釋義，袁嘉穀以“平下乃别於隧道之斜下而言”，袁丕鈞以“平字本可假爲辨”而仍從讀爲“窆”之說，陳孝寧解釋爲“安葬”④，均甚牽強，難以信從。

今按：“十一月乙卯平下”之“下”指下棺（《廣雅·釋詁一》：“窆，下也。”），“平”字則與下葬無關。“平”字緊鄰紀日干支“乙卯”，從文意上應當屬上而不屬下，實爲建除十二神之“平”。清允祿等《協紀辨方書》引《曆書》曰：“曆家以建、除、滿、平、定、執、破、危、成、收、開、閉凡十二日，周而復始，觀所值以定吉凶，每月交節則疊兩值日，其法從月建上起建，與斗杓所指相應。如正月建寅，則寅日起建，順行十二辰是也。”⑤此闡明了建除十二神與十二地支相配的基本原理。《淮南子·天文》：“帝

①羅振玉《羅雪堂先生全集續編(三)》，大通書局有限公司，1989年，頁854；袁嘉穀《袁嘉穀文集》第一卷，頁356；袁丕鈞《漢孟孝琚碑釋文》，袁嘉穀輯《漢孟孝琚碑題跋》頁11，《石刻史料新編》第二輯第二十册，臺北：新文豐出版公司，1979年，頁14504；張希魯《昭通孟孝琚碑釋文》，《旅行雜誌》1944年第7期；謝允鑒《孟孝琚碑考釋》，頁58；施蟄存《北山集古録》，頁16；陳孝寧《昭通漢〈孟孝琚碑〉譯釋——謹以此獻給該碑出土九十周年》，《昭通師專學報(哲學社會科學版)》1992年第2期；葉程義《漢魏石刻文學考釋(中)》，臺北：新文豐出版公司，1997年，頁848。

②圖版見徐玉立主編《漢碑全集(二)》，河南美術出版社，2006年，頁694。

③圖版見徐玉立主編《漢碑全集(三)》，頁827。

④袁嘉穀《袁嘉穀文集》第一卷，頁356；袁丕鈞《漢孟孝琚碑釋文》，袁嘉穀輯《漢孟孝琚碑題跋》頁11，《石刻史料新編》第二輯第二十册，頁14504；陳孝寧《昭通漢〈孟孝琚碑〉譯釋——謹以此獻給該碑出土九十周年》，《昭通師專學報(哲學社會科學版)》1992年第2期。

⑤(清)允祿等撰，劉道超譯注《協紀辨方書》，廣西人民出版社，1993年，頁132。

張四維,運之以斗。月徙一辰,復反其所。正月指寅,十二月指丑,一歲而匝,終而復始。"又:"寅爲建,卯爲除,辰爲滿,巳爲平,主生;午爲定,未爲執,主陷;申爲破,主衡;酉爲危,主杓;戌爲成,主少德;亥爲收,主大德;子爲開,主太歲;丑爲閉,主太陰。"兩段文字聯繫起來,正好可以做《曆書》"正月建寅,則寅日起建,順行十二辰"的注腳。不過,建除所用的月爲星命家的月而非曆法月,應從節氣起算,如正月指從立春到驚蟄,二月指從驚蟄到清明等,依次類推①。孟琁葬於永壽三年②十一月八日乙卯,此日位於大雪、小寒之間③,屬於星命家的十一月,十一月建子,依次可推出丑日值除、寅日值滿、卯日值平,再以孔家坡漢簡《日書》所載漢代建除核之,十一月卯日正值平④。"十一月乙卯平下"與推算結果和漢簡所載均相吻合。

記載建除在漢代石刻文字中不乏其例。下舉三例:

永壽四年八月甲戌朔十二日乙酉直(值)建紀。

(《劉平國碑》)⑤

延熹四年九月丙辰朔卅日乙酉直(值)閉……

(《鍾仲游妻買地鉛券》)

光和五年二月[戊子]朔廿八日乙卯直(值)閉……

(《劉公買地磚券》)⑥

《劉公買地磚券》"直建"二字處刻一方孔圓形錢幣,"直"字仍可辨

①鄧文寬《敦煌古曆叢識》,《敦煌學輯刊》1989 年第 2 期。

②孟琁葬年的考證可以參看謝允鑒《孟孝琚碑考釋》。此外諸說皆不如謝說。

③張培瑜《三千五百年曆日天象》,大象出版社,1997 年,頁 121。

④湖北省文物考古研究所、隨州市考古隊編《隨州孔家坡漢墓簡牘》,文物出版社,2006 年,頁 66。

⑤北京圖書館金石組編《北京圖書館藏中國歷代石刻拓本匯編》第一册,中州古籍出版社,1989 年,頁 112。

⑥李明曉《兩漢魏晉南北朝石刻法律文獻整理與研究》,人民出版社,2016 年,頁 38、45。

識，魯西奇、李明曉將“直”後之字補爲“閉”①，正確可從。以上記載由於使用了動詞“值”而易於辨識，相比之下，《孟孝琚碑》“十一月乙卯平下”之“平”直接出現在紀日干支之後，辨識度降低了不少，故而考證、注釋此碑的學者大多不察，而選擇將“平”與“下”聯繫起來索求文意，加上“平”字左右泐痕的干擾，“釆下”之説盛行可想而知。

《敦煌漢簡》1968 號木牘，沙畹、羅振玉等學者考訂爲漢和帝永元六年曆譜②，建除直接記在紀日干支之後，格式與《孟孝琚碑》相同，是《孟孝琚碑》之“平”爲建除的明證③：

十二月大	十六日戊辰平全	七月廿七日壬午開天李
一日癸丑建大寒	十七日己巳平全八魁	廿八日癸未閉反支
□日甲寅除八魁	十八日庚午定反支□	廿九日甲申建□
……□	十九日辛未執	卅日乙酉除

1968A

十日癸巳執全反□

十一日甲午破血忌天李　廿二日乙巳……

□二日乙未危白□□□　廿三日丙……　1968B

羅振玉考釋木牘所涉建除時，曾以《孟孝琚碑》“月建臨卯”爲建除載於漢代金石中的例子④，同碑“十一月乙卯平”則被他忽略了。張政烺在討論孟琁下葬擇日的吉凶時，已經推算出此日值平：

> 然是年以閏五月，節氣上移，此兩日皆在大雪節後，小寒節前，屬十一月，於建除之説其日直平，爲術所忌。⑤

---

①魯西奇《中國古代買地券研究》，廈門大學出版社，2014 年，頁 38；李明曉《兩漢魏晉南北朝石刻法律文獻整理與研究》，頁 45。

②羅振玉、王國維《流沙墜簡》，中華書局，1993 年，頁 88—91；圖版見甘肅省文物考古研究所編《敦煌漢簡(上)》圖版一六〇，中華書局，1991 年。

③釋文略依白軍鵬《〈敦煌漢簡〉整理與研究》，吉林大學博士學位論文，2014 年，頁 119。

④羅振玉、王國維《流沙墜簡》，頁 90。

⑤張政烺《漢孟孝琚碑跋》，《張政烺文史論集》，頁 77。

其説可謂卓識,也可證明我們結論的正確性。然而葬日值平碑文已載,張先生也没有指出這一點,可謂失之眉睫。

附帶指出,漢代石刻中還有一處建除記録爲整理者忽略,見於《漢平莒男子宋伯望買田記》(以下簡稱"宋伯望刻石")首句①:

漢安三年二月戊辰朔三日庚午,平莒男子宋伯望、宋何、宋□□在山東禺亭西□有田……

永田英正《漢代石刻集成》、毛遠明《漢魏六朝碑刻校注》均如此標點,前者又以"平莒"爲里名②。觀察下文,所謂里名"平莒"再也没有出現過,反而是地名"莒"反復出現,又提到了"莒"和"東安"兩方面與勘定邊界有關的一些糾葛:

永和二年四月中,東安寒宜爲即丘民(?)相、相弟明所殺……(正面)

東安游徼王紀與莒(正面)禺亭長孫著……(左側面)

……南以千(?)爲界,千(?)以東屬莒道,西□水□流屬東安道(?),殺宜以來,界上平安……(背面)

"莒"和"東安"都是琅琊國下轄的縣,兩縣地理位置毗鄰③,可見,宋伯望等人應該都是莒縣村民,"莒男子"即莒縣男子。石刻交代宋伯望

①石刻最早著録於劉承幹《希古樓金石萃編》,即命名爲"漢平莒男子宋伯望買田記",參見劉承幹《希古樓金石萃編》卷七、三上,《石刻史料新編》第一輯第五册,頁3886。石刻光緒年間出土於山東莒州,又稱《莒州宋伯望買田刻石》或《莒州刻石》,是以出土地點命名。石刻在不同著録中的名稱參看劉海宇《山東漢代碑刻研究》,齊魯書社,2015年,頁307。此處及下引釋文參考了《漢代石刻集成·圖版釋文篇》《漢魏六朝碑刻校注(一)》《山東漢代碑刻研究》三種著作,根據我們的理解略有改動。參見永田英正《漢代石刻集成·圖版釋文篇》,頁92;毛遠明《漢魏六朝碑刻校注(一)》,頁148;劉海宇《山東漢代碑刻研究》,頁308。《宋伯望刻石》刻寫潦草,漫漶不清,其所記録具體史事頗難詳述,此處僅將與我們探討的問題有關的文句揭出,不作深入討論。

②[日]永田英正《漢代石刻集成·本文篇》,頁59;毛遠明《漢魏六朝碑刻校注(一)》,頁148。

③參見譚其驤主編《中國歷史地圖集》第二册,中國地圖出版社,1982年,頁44—45。

等人的籍貫,説明其人田產位於"禺亭",並未精確到里名;此石刻出土於山東莒縣,與"莒男子"剛好相應,更是並不存在地名"平莒"的明證。

下揭東漢買地券説明買賣雙方籍貫的方法與《宋伯望刻石》全同:

> 光和元年十一月十一日,成皋男子李叔雅,從鞏男子左叔陵、子男萇生買所名有□亭部北勇上一陌北田南頭西畔田十四畝,價錢畝千八百六十五錢……①

"成皋"與"鞏"二縣同屬河南尹②,與"莒"和"東安"情況類似。買地券雖屬鎮墓明器,形式上卻儘量模仿陽間的真實券約,這個例子也可證明所謂"平莒"句讀之誤。

綜上,《宋伯望刻石》首句宜標點如下:

> 漢安三年二月戊辰朔三日庚午平,莒男子宋伯望、宋何、宋□□在山東禺亭西□有田……

顯而易見,"平"爲建除記録,格式與《孟孝琚碑》和《敦煌漢簡》1968號木牘相同。查張培瑜《三千五百年曆日天象》可知,漢安三年二月三日庚午日在驚蟄、清明之間③,屬於星命月的二月,二月建卯,午日正應值平,通過簡單推算或者查閲漢簡所載建除與日支的對應關係均可得出。在這個例子中,建除之後緊鄰地名,影響了整理者的判斷,從而導致石刻的定名都出現了問題。

通過以上討論,我們從漢代石刻中找出了兩則長期爲整理者所忽視的建除記録,這些記録能夠更加鮮明地反映當時人們對建除術的具體應用情況,對古代術數史研究具有重要意義。

---

①李明曉《兩漢魏晉南北朝石刻法律文獻整理與研究》,頁23—25。

②(晉)司馬彪撰,(梁)劉昭注補《後漢書志》,中華書局,1965年,頁3390。

③張培瑜《三千五百年曆日天象》,頁119。

二

碑文第8行敘述孔子生平之困頓,以作解慰之辭:

孔子大聖,抱道不施。尚困於世,□□□□……

其中"施"字,高文《漢碑集釋》、永田英正《漢代石刻集成》未釋;陳孝寧將句子翻譯爲"連孔子這樣的大聖人,活着時理想也無法實現",大概是把"施"理解成施展的意思,又意譯爲"實現";毛遠明《漢魏六朝碑刻異體字典》將"施"解釋爲"施行;施展",並引此句作爲例句①。我們目前沒有見到近代學者對"施"字專門作出解釋,不過袁嘉穀輯《漢孟孝琚碑題跋》錄有嚴天駿《題孟孝琚碑》一詩,有如下詩句:

年十有二受韓詩,既爲博覽樂不疲。恨志不伸道不施,幽都電丘歸無期。②

"恨志不伸道不施"一句顯然化用碑文"抱道不施",由此可見,近代學者當中也有把"施"理解成施展的。

今按:這種理解並不正確。"尚困於世"的"尚"應訓爲"猶",意爲尚且。顯然,如果"抱道不施"意爲"理想抱負不能施展",就會與"尚"之後的"困於世"語義重複,整個句子文氣不順,在這種情況下,只有把"尚"的位置提到"抱道不施"以前纔能勉强讀通。既然"孔子大聖""抱道不施"都在"尚"前,那麼應當都是褒揚孔子的。

"施"有邪曲之義,這一意義的"施"今音爲 yí,不應讀 shī,一般認爲《說文·辵部》訓爲"邪行"的"迆"字是它的本字。《老子》五十三章:"使

① 陳孝寧《昭通漢〈孟孝琚碑〉譯釋——謹以此獻給該碑出土九十周年》,《昭通師專學報(哲學社會科學版)》1992年第2期;毛遠明《漢魏六朝碑刻異體字典》,頁794。

② 袁嘉穀輯《漢孟孝琚碑題跋》,頁14;《石刻史料新編》第二輯第二十冊,頁14505。

我介然有知，行於大道，唯施是畏。”王念孫謂：

王弼曰：“唯施爲之是畏也。”河上公注略同。念孫案：二家以“施爲”釋“施”字，非也。“施”讀爲“迆”，迆，邪也，言行於大道之中，唯懼其入於邪道也。下文云：“大道甚夷，而民好徑。”河上公注：“徑，邪不正也。”是其證也。《説文》“迆，邪行也”引《禹貢》：“東迆北會于匯。”《孟子·離婁》篇：“施從良人之所之。”趙注曰：“施者，邪施而行。”丁公著音迆。《淮南·齊俗》篇：“去非者，非批邪施也。”高注曰：“施，微曲也。”《要略》篇：“接徑直施。”高注曰：“施，邪也。”是施與迆通。《史記·賈生傳》：“庚子日施兮。”《漢書》施作斜，斜亦邪也。《韓子·解老》篇釋此章之義曰：“所謂大道也者，端道也。所謂貌施也者，邪道也。所謂徑也者，佳麗也。佳麗也者，邪道之分也。”此尤其明證矣。①

其説甚確。“施”讀爲“迆”、當邪曲講的例子在傳世古書中不算少見，除去王氏所舉之外還有一些，略舉如下：

夫權輕重不差蟲首，扶撥枉橈不失針鋒，直施矯邪不私辟險…… （《淮南子·主術》）

其數直施而正邪，外私而立公，使百官條通而輻輳，各務其業，人致其功，此主術之明也。 （《淮南子·要略》）

日昭昭，侵以施，與子期甫蘆之碕。（《越絕書·荊平王內傳第二》）

以上各句“施”的意義均爲邪曲：《孟子·離婁下》之“施從”即“曲折跟從”，《史記·屈原賈生列傳》《越絕書·荊平王內傳》之“施”則指太陽西斜；《韓非子·解老》之“施”與“邪道”相應、與“端道”相對；《淮南子·齊俗》之“邪施”爲同義連文，與“非”相應；《主術》《要略》二篇“直施”則是述賓短語，與“矯邪”“正邪”“外私”“立公”等結構一致，指使邪曲變得正直，四例中的“施”字均指人的行爲、品質邪曲。要而言之，取邪曲義

①（清）王念孫《讀書雜誌·餘編上》，中國書店，1985年，頁14。

的"施"可以指具體的動作曲折或者偏斜,引申到抽象層面即指做人走上邪道、品行邪曲不端。《孟孝琚碑》之"施"即應當作此解,"抱道不施"猶言"抱道不邪"或"抱道不曲",可翻譯爲"懷抱正道、從不邪曲",是對前句"孔子大聖"的進一步說明。全句表達這樣的意思:孔子這樣的聖賢,秉持正道而不邪曲,尚且困頓於世,更何況孟琁呢?此句係"直以先聖作解慰之辭"①,明確句中"施"字含義之後,方能更深入地體會撰文者的解慰之意和悲慟無奈的心情。

下揭例句加粗部分說法與"抱道不施"類似,雖然晚出,亦可作爲"施"當作邪曲解的佐證:

然儒衡**守道不回**,嫉惡太甚,終不至大任。

(《舊唐書·武儒衡傳》)

卿久厭簪紱,早慕林泉,**守道不回**,見幾而作,與言高尚,有足嘉稱。(《舊唐書·武攸緒傳》)

吾睹地司奏,汝於此山三十餘歲,始終如一,**守道不邪**,存念貞神,遵稟玄戒,汝亦至矣。(《太平廣記》卷六十一引《集仙錄》)

"回"訓爲"邪"在古書中十分常見,由來已久②,不必贅述。"不回""不邪"意義相同。"守道"與"抱道","回""邪"與義爲邪曲的"施"顯然都是同義替換的關係,我們對碑文的理解完全符合古人的語言習慣。

附記:本文所引日文材料蒙張宇鑫兄協助翻譯,謹致謝忱!

---

①劉景毛等點校《新纂雲南通志(五)》,頁7。

②宗福邦、蕭海波、陳世鐃主編《故訓匯纂》,商務印書館,2003年,頁397。

從出土墓誌看唐代經濟地理的幾個問題①

馬　強②

摘　要:出土唐人墓誌保留着唐代珍貴的經濟地理信息。由於唐人仕宦空間跨越性大,調任頻繁,其墓誌中往往會記述生前多個任職地的地方社會信息,經濟地理信息就是其中之一。就唐代南方社會經濟而言,出土唐人墓誌留下了較多有關南方地區的經濟資源、經濟開發的記錄,同時也披露了經濟領域諸多嚴重的社會問題。唐人墓誌一定程度上也記載了唐代北方地區的山地經濟、都會城市的商品經濟特點,此外墓誌還折射了唐代北方社會經濟下降、衰退的某些跡象。

關鍵詞:唐代墓誌;經濟地理;山地經濟;商品經濟

歷史經濟地理以研究歷史時期社會經濟諸要素如人口、農業、手工業、商業以及漁、牧、林等的空間分佈及其變遷爲主,其與經濟史學科既有十分密切的交叉關係,又有各自的不同側重,主要體現在不同地理環境制約下其空間差異性與經濟特徵的區域性兩個方面。唐代經濟地理的資料十分龐雜而零散,但主要見於史籍文獻資料。除了兩《唐書》之《食貨志》外,還見於《通典·食貨志》《唐六典》《唐會要》《元和郡縣圖

①本文系筆者主持的國家社會科學基金項目"新出土唐人墓誌歷史地理資料整理與研究"(項目編號:12BZS033)、國家社會科學基金重大招標項目"蜀道文獻整理與研究"(項目編號:17ZDA190)階段性成果。

②馬強,西南大學歷史文化學院　歷史地理研究所　教授　重慶　400715。

誌》《册府元龜・邦計部》《全唐文》《全唐詩》及唐人别集之中。以歷史文獻爲史料依據撰著的唐代經濟史著作已有多部[①],論文更是散見於各期刊之中。但就唐代經濟史研究的史料來源而言,學者有關唐代經濟包括唐代經濟地理論著的主要史料系統仍然是傳統文獻史料,這當然是基於多年來現存唐史文獻的客觀情況而形成的,因爲傳世唐史文獻一直是系統、主體性的唐史研究的主要文獻主體。但是,隨着近百年來唐人墓誌的挖掘、發現與刊佈愈來愈多,墓誌資料作爲新出地下唐史文獻的意義與作用也愈來愈彰顯,已經構成如饒中頤先生所言繼甲骨文、敦煌經卷、先秦漢簡帛以後的第四類主要文獻,在南北朝及隋唐史的研究中業已引起學者的關注並不斷加以使用,成爲近年來中古社會史研究引人矚目的新氣象。

唐人墓誌雖非完整意義中的經濟史資料,但由於唐人仕宦空間跨越性大,調任頻繁,在其墓誌中言及仕歷及其政績時往往會述及誌主生前多個任職地的地方社會信息,經濟地理信息就是其中之一。這些有關誌主任職地經濟問題的見聞記述就會成爲十分寶貴的唐人區域經濟地理史料,從更加細微的時空角度和地方角度提供了一批雖然十分零散卻彌足珍貴的新資料,值得重視和利用。同時,唐人墓誌中所涉經濟地理史實,不僅是唐代"當時人"對唐代某些區域經濟地理環境所見、所聞、所經的真實記錄,而且一定意義上説,也從私家記述角度反映了唐代社會經濟的變遷,對從微觀角度研究唐代區域社會經濟及其經濟地理有重要的參證意義。

---

①近三十年來有關唐代經濟史研究的主要著作有史念海《唐代歷史地理研究》(中國社會科學出版社,1998年)、翁俊雄《唐代區域經濟研究》(首都師範大學出版社,2001年)、牟發松《唐代長江中游的經濟與社會》(武漢大學出版社,1989年)、張劍光《唐五代江南工商業佈局研究》(江蘇古籍出版社,2003年)、張澤咸《唐五代賦役史草》(中國社會科學出版社,1995年)、《隋唐時期農業》(臺北:臺灣文津出版社,1999年)、李錦綉《唐代財政史稿》(上、下,北京大學出版社,1995年,2001年)、李洵《唐代四川經濟》(四川社會科學院出版社,1988年)、盧華語《唐代西南經濟研究》(科學出版社,2010年)等多部,但綜合、系統的唐代經濟地理專著尚未檢索到。

一、唐人墓誌所涉唐代經濟現象概說

迄今在已經發現並公佈的萬方唐人墓誌中，經濟史和經濟地理資料只是在記載仕宦經歷或者政績、功德時穿插記述，但由於大多系誌主生前親身經歷或所見所聞，類似紀實性情景攝錄，因而可信度較高，史料價值不容忽視。從目前已經掌握的唐人墓誌來看，雖然其中的經濟史資料十分零散破碎，且爲數稀少，但唐代經濟史上諸多重大事件和重要人物在墓誌中不時有所涉及、披露，如劉晏、第五琦與漕政改革，楊炎與兩稅法，李元諒的隴東屯田，瀘州的鹽井開採，運河重要城鎮、江南地區的戶口逃亡、秦巴山區經濟貧瘠與生民艱辛等在唐人墓誌中都有所反映。這些以當時人經歷或記述的經濟史事件與社會經濟現象不僅對傳世唐史文獻多有補充、印證作用，而且也從基層和私人視角，折射了唐代三百年間社會經濟發展的盛衰演變。將唐人墓誌中的經濟資料剝離出來加以利用，無疑也是深化唐代經濟地理研究的一個重要手段。筆者在整理唐人墓誌並利用墓誌資料進行唐代歷史地理研究中，深感這批唐人墓誌資料目前尚未得到系統整理，在唐代經濟史研究中利用率尚低，這裏不揣淺陋，加以梳理與討論，以期抛磚引玉，對唐代經濟地理的研究有所裨益。

唐人墓誌的誌主雖然大多只是名不見經傳的普通官員，其墓誌所及的經歷見聞有限，但不少卻是"小人物，大墓誌"，即墓誌涉及當時政壇上的重要人物，或者內容所述涉及一些重要經濟事件和經濟現象，這使得其中一些墓誌的規格與意義超過一般墓誌而顯得特別重要。《盧士瓊墓誌》就涉及兩稅法推行以後出現的弊端："少游故丞相楊炎、張延賞之門，楊美其文辭，張每嘆其吏材過人。嘗職同州，當徵官稅錢，時民競出粟易錢以歸官，斗至十八九。君白刺史言狀，請倍估納粟，下以澤民,上可以與官取利。刺史詰狀,君辨其所以必然,刺史行之,民用得饒。未一日,果被有司諜,和收官粟,斗級六十。後刺史到,欲盡入其羡於官。君既去職,猶止之曰:聖澤本以利民,民戶知之,不可以獨享。刺史乃縣牓曉民,使請餘價,因以絹布高給之。民亦歡受,州獲羡錢六百萬。"①

墓誌載盧氏年輕時曾入楊炎、張延賞幕府,任職同州(今陝西渭南)時親眼目睹同州農民無錢交納二稅,只好加倍給官府"出粟易錢",於是進言同州刺史"倍估納粟"以減輕農民負擔。《盧士瓊墓誌》所載實際上涉及唐代後期經濟領域"錢重物輕"、農民負擔加重的史實。其中所言"時民競出粟易錢以歸官,斗至十八九",是誌主在同州親眼所見,由於兩稅必須以錢幣交納,農民被迫以糧粟高價換取錢幣,價格高達"斗至十八九",官府從中盤剝利潤之大可想而知。後半段還進一步記述了關中官府在賦稅方面與民爭利漸趨激烈的情況,十分具體,對於揭示晚唐時期京畿地區日趨嚴重的官府與民間的經濟利益矛盾有重要說明意義。

《張元洌墓誌》則提及戶部侍郎張平叔掌邦計事,墓誌云:"長慶初,戶部侍郎張公平叔掌邦計,素聞公名器雅重,勳績殊尤。始命饒州餘干主簿。俾綰要權,繇是經費有常,勾督無滯。頗達變通之略,深明利害之源。"②按,張平叔任職戶部侍郎在穆宗長慶二年(822),該年即提出恢復官方全面禁榷的鹽法十八條,力主強制推行"榷鹽法",實行食鹽專賣,嚴禁天下百姓私鹽交易。穆宗下詔臣議,引起一片反對,韓愈《論變

①《唐故河南府司錄事參軍盧君墓誌銘並序》,周紹良、趙超主編《唐代墓誌彙編(下)》,大和006,上海古籍出版社,1992年,頁2098。盧士瓊,兩《唐書》無載,唯《太平廣記》卷三四一"鄭馴"條言其貞元中爲華陰縣主簿,此條故事多言鬼怪神異,但與《盧士瓊墓誌》所言"明經及第,歷寧陵、華陰二縣主簿"相合。

②《唐故中大夫前洪州都督府司馬上柱國清河張府君墓誌銘並序》,周紹良、趙超主編《唐代墓誌彙編續集》,咸通095,上海古籍出版社,2001年,頁1108。

鹽法事宜狀》[1]、韋處厚《駁張平叔糶鹽法議》[2]均力加駁議，“榷鹽法”遂未能推行。按，“戶部侍郎張公平叔掌邦計”事，唐代史籍多有記載，“榷鹽法”《新唐書》卷五四《食貨志》載：“戶部侍郎張平叔議榷鹽法弊，請糶鹽可以富國，詔公卿議其可否。中書舍人韋處厚、兵部侍郎韓愈條詰之，以爲不可，平叔屈服。”此事在《舊唐書·韋處厚傳》、韓愈《論變鹽法事宜狀》中也皆有記載，《張元浰墓誌》誌主長慶初得到張平叔薦舉當在此時。這條墓誌資料可與《新唐書·食貨志》等互爲印證。

鹽鐵轉運在唐代中後期具有重要戰略意義[3]。《楊仲雅墓誌》之誌主生前於元和年間曾任鹽鐵轉運等使、河陰留後，與宗族楊巨源及劉復、唐遜等名臣雅士皆有過從。墓誌沒有記載其轉運使職任上有何具體政績，但從墓誌題額所署官職及其墓誌中曾經提及“故僕射張公節制徐方，請爲從事，前運司王公，又署今職”[4]等敘述來看，“故僕射張公節制徐方”應指曾長期擔任徐州刺史的中唐重臣張建封。張建封在建中四年(783)李希烈叛變時爲壽州刺史，堅定效忠於唐王室，曾嚴詞拒絕李希烈的勸降，深爲朝廷信任倚重，授徐州刺史，旋即任命爲滁泗濠節度使，貞元七年(791)進位御史大夫、檢校禮部尚書，直至檢校左僕射，但一直駐節徐州。這期間誌主楊仲雅受到張建封賞識，委以重任，奏授轉運使之職，徐州是江淮漕運樞紐、軍事要地，置有江淮轉運司，如此則楊仲雅擔任的應該是江淮轉運使這一重要職務，任職時間應該在張建封連續出任徐州刺史的貞元四年至貞元十六年(788—800)間[5]。此時楊氏正年富力強，辦事精練，深受張建封器重，加之上下人際關係不錯，

---

①《東雅堂昌黎集注》卷四十《表狀》，文淵閣四庫全書本。

②王溥《唐會要》卷五九《度支使》；《册府元龜》卷四九三《邦計部》，文淵閣四庫全書本。

③何汝泉《唐代轉運使初探》，西南師範大學出版社，1987年；何汝泉《唐財政三司使研究》，中華書局，2013年。

④《唐故鹽鐵轉運等使河陰留後巡官前徐州蘄縣主簿弘農楊君(楊仲雅)墓誌並序》，周紹良、趙超主編《唐代墓誌彙編(下)》，元和117，頁2031。

⑤關於張建封貞元四年至貞元十六年(788—800)任職徐州刺史史事的考證，參見郁賢浩《唐刺史考全編·河南道·徐州(彭城郡)》，安徽大學出版社，2000年，頁925。

"朝之三司,洎百執事,皆君之同時鄉選,從競欲推之挽之,俟以高位",説明楊仲雅在江淮轉運使任上還是頗有作爲的。而楊仲雅任職江淮轉運使事《舊唐書·食貨志》等失載,此條墓誌資料應可補唐史典籍之闕漏。

此外,安史之亂爆發及其平叛戰爭中,由於軍事度支費用巨大,國庫空虚,唐王朝隨之也作了一系列經濟政策的調整,特别是對國家有重大戰略意義的鹽鐵更爲看重,乾元二年的《崔瓊墓誌》對此就有涉及,誌載:"乾元初,帑錢藏未殷,沃饒在鹽。監察御史李公首薦君於相國第五公,省鹽池事,角外斛視盆牢,鼎味斯和,武刑斯鷹,國儲軍實,時議多之。"[①]墓誌所説的"相國第五公"當指中唐名臣第五琦。第五琦於唐肅宗乾元元年(758)授度支郎中,因創榷鹽法,遷户部侍郎,專判度支,領諸道轉運鹽鐵等使,也是唐朝著名理財家。"乾元初,帑錢藏未殷,沃饒在鹽",是指在平定安史叛亂這場浩大的戰爭中,國家物質儲備已經嚴重空虚,財政虧虚,唯一增加財政收入的希望寄託在榷鹽方面。崔瓊被推薦給第五琦,"省鹽池事",應該是負責管理鹽産事務,很可能是負責河東解池鹽業的生産與流通。安史之亂中,河東解州作爲全國重要的産鹽地,中央專門設立了鹽業管理機構鹽院,後更名爲兩池榷鹽使[②],另設河東租庸調使,共同負責對河東鹽産的管理。《崔瓊墓誌》中的"省鹽池事"應該就是參與管理河東解鹽事務,只是不明確擔任何職,但從"國儲軍實,時議多之"記載看,崔瓊在河東解鹽管理中很有政績,受到時人好評。《崔瓊墓誌》是乾元年間第五琦鹽改革及其設置河東鹽院的重要見證,雖然它記載簡略,但仍然能夠透露出中唐時期的一些財政經濟信息。

---

①《大唐宣議郎行左衛騎曹參軍攝監察御使賜緋魚袋四鎮節度判官崔君墓誌銘》,周紹良、趙超主編《唐代墓誌彙編(下)》,乾元 010,頁 1741。

②《唐會要》卷八八《鹽鐵》:"安邑解縣兩池,置榷鹽使一員,推官一員,巡官六員。"

二、墓誌所見唐代南方區域經濟狀況

關於唐代南方①社會經濟發展問題，近年來學術界研究較多，一般認爲無論是農業還是手工業及商業，都較魏晉南北朝時期有了長足的發展，但過去討論所依據的材料絕大部分限於傳世唐史文獻。實際唐人墓誌中有不少唐代經濟史及經濟地理資料，因較零散與破碎，過去鮮有學者使用。唐人墓誌中的經濟地理資料主要來自兩個方面，一是誌主仕宦中經歷的經濟史重大事件，二是誌主生前任職州縣時的地方紀事和功德記述中涉及的地域經濟特色和發展狀況。在反映唐代區域經濟方面，唐人墓誌提供了諸多個案信息，雖然多爲敘述誌主生前任職地政績時附帶涉及，但吉光片羽，值得重視。

唐人墓誌對南方地區的經濟資源、生産等多有記述，可與傳世文獻相印證。唐玄宗天寶二年(743)的《王秦客墓誌》記述了盛唐時期瀘川郡的經濟與社會狀況。墓誌載王秦客署瀘川郡司馬時，特地提及當地的地域經濟特色："土無耕稼，利在魚鹽。郡有鹽井兩所，久而若廢。公乃圖復興之道，得可久之宜，計階之時，具以奏聞，上乃許之。夫夷落荒陬，俗多剽掠。公下車立辟，一變其風。"②這主要是說瀘川郡(瀘州)的主要經濟資源爲漁業與鹽井。瀘川郡即今四川瀘州，地處四川盆地南緣川黔交界的長江之濱，多丘陵淺山，土地貧瘠，不宜種植農作物，但有魚、鹽之利，特別是井鹽儲藏量巨大，因而經濟上以漁業與鹽業爲主。墓誌所言"郡有鹽井兩所"，應該是漢安縣的可盛鹽井和富義縣的富義鹽井。瀘州爲唐代蜀地鹽井主要分佈地，其中富順縣乃唐宋川西南著名井鹽産地，聞名全國。唐李吉甫《元和郡縣圖誌》載："可盛鹽井，在縣

①本文意義上的南北方，大體以傳統地理學淮河—秦嶺一綫爲分界綫。包括唐代四川盆地的巴蜀地區均在"南方"之內。

②《大唐故朝散大夫譙郡司馬琅邪王府君墓誌銘並序》，周紹良、趙超主編《唐代墓誌彙編(下)》，天寶034，頁1553。

(漢安縣)西北一十一里。""富義鹽井,在縣西南五十步。月出鹽三千六百六十石,劍南鹽井,惟此最大。其餘亦有井七所。"①《王秦客墓誌》所言瀘川郡"土無耕稼,利在魚鹽",準確地揭示了該地區的經濟地理特徵,也是唐代瀘州漁業與鹽業發達的重要見證。《王秦客墓誌》作於唐玄宗天寶初年,則從墓誌所述"郡有鹽井兩所,久而若廢。公乃圖復興之道,得可久之宜,計階之時,具以奏聞,上乃許之",可知唐代前期瀘州井鹽開採尚處荒廢狀態,唐玄宗時經地方官員上奏朝廷准許,得到恢復性生產。

南方一些重要城鎮的經濟地理特點,唐人墓誌也多有涉及。唐代江南道廬江郡(治在今安徽合肥)在南北朝及隋時社會經濟尚屬欠開發地區,屬於地廣人稀之地。安史亂後,隨着北方人口大量南遷,人口與經濟發展較快,唐代後期已經在江南地區號爲"劇邑",唐人墓誌明確說廬江"土沃人稠,號爲居邑"②,即爲真實寫照。長江上游的西蜀成都,城市經濟高度繁榮,墓誌文獻中也同樣有所反映。神龍年間的《李延祐墓誌》載誌主李延祐於武則天末期受任益州大都督府士曹參軍,對成都的繁華有親身體會,墓誌這樣描繪西南都會成都的繁榮:"西南奥府,雕綺實繁。鐫鏤參神,精妍若化。纖羅雲卷,絢錦霞縟。百工所就,四海是資。君革其濫苦,公私僉賴。"③成都在唐代有"揚一益二"之美譽,意爲在社會經濟發達程度上可與富甲江南的淮南名都揚州相頡頏,《李延祐墓誌》爲此增添了一條寶貴的石刻文獻佐證。

唐代江南地區的經濟開發呈現出較爲鮮明的地區差異,揚州爲淮南鹽都,商賈薈萃,水陸輻湊,有天下最富盛之譽,唐人墓誌中即有"揚州繁盛,爲天下最"的讚譽④。墓誌資料表明,早在唐高宗時期,關中發

①(唐)李吉甫《元和郡縣圖誌》卷33《劍南道·瀘州》,中華書局,1983年,頁865。

②《大唐故李府君墓誌銘》,周紹良、趙超主編《唐代墓誌彙編續集》,大和040,頁912。

③《大唐故朝議郎行益州大都督府士曹參軍事李君墓誌銘並序》,周紹良、趙超主編《唐代墓誌彙編(上)》,神龍037,上海古籍出版社,1992年,頁1067。

④《唐故隴西郡夫人李氏(春)墓誌銘》,吳鋼主編《全唐文補遺》第六輯,三秦出版社,1999年,頁144。

生饑荒,朝廷即考慮從江淮徵調糧食救濟,並委任能吏擔當此事。《韋泰真墓誌》載:"咸亨初,關中失稔。天子思致淮海之粟以實東京,而以吳楚輕躁難於徵發。急之則動而不安,緩之則怠不供命。乃詔公於江南轉運,以便宜專決焉。江淮晏如而海陵之倉已□(實)於京廩矣。"①研究唐代經濟史的傳統觀點一般認爲,唐王朝中央關中經濟走向凋敝、轉而依賴江淮財賦接濟出於中唐時期,而《韋泰真墓誌》則表明,早在唐高宗咸亨年間,這一情況已經出現,唐中央就已經將目光轉向江淮地區,並且成功地完成了一次江淮糧食支援京師長安的嘗試。

對唐代社會經濟的發展,唐人墓誌資料還提出了一些新的問題,爲過去我們所忽略,如過去一提起"開元全盛"時期的唐朝,往往會引用杜甫《憶昔》中的"憶昔開元全盛日"以及其他一些文獻記載作爲證明,這當然並非空言。然而一個時期全國經濟的發展與興盛往往有其區域性差異,並非全國各地皆一片欣欣向榮、繁華似錦。特別是在唐代安史之亂前,南方社會經濟總體上还落後於北方黄河流域,加之江南地區社會秩序較爲動盪②,南北經濟的發展還是有較明顯的差異性,江南一些地方的吏治鬆弛、督管不力,放任豪強勢力横行鄉里,導致户口逃散嚴重,農業凋敝,社會混亂。江南一些偏僻的山區不僅經濟落後,而且民風粗野,儒風未行。對唐代南方地區這種經濟發展的不平衡性,墓誌同樣有所揭示。如唐宣宗大中七年的《王逢墓誌》:"是冬赴調,明春爲越州剡縣令。公嘗陳閩吳之俗好辯論,絕於文教,民□然菜色。"身爲越州剡縣縣令的誌主感於吳越之地民風輕剽,禮教淡薄,遂大力排抑佛教,修孔廟,興儒教,"開地千有七百畝,變荊莽爲膏腴,歷歲何食足,經時而樹桑。家有三年之貯,人無五袴之憂。邑有因官而寓,汚力未任配偶。公皆出俸錢給之。三年,盡從晨趨之禮。所謂彰善□(懲)惡,樹之風

①《大唐故使持節懷州諸軍事懷州刺史上柱國臨都縣開國男京兆韋公(泰真)墓誌銘並序》,吳鋼主編《全唐文補遺》第五輯,三秦出版社,1998年,頁199。

②馬強《唐人墓誌所見南方社會動亂及其治理》,《陝西師範大學學報》2014年第2期。

化"[①],致力於浙東剡縣一帶的經濟開發與社會改良,取得顯著成效。雖然墓誌對王氏的政績難免有溢美之辭,但反映的剡縣縣域經濟的落後、民風的野蠻及其進行的移風易俗改良卻是真實的。無獨有偶,江南東道的睦州,本地經濟產業無甚優勢,但苛捐雜税卻名目繁多,以致民不聊生,流亡外地,晚唐《孫公乂墓誌》誌主曾任睦州刺史,墓誌對睦州的經濟劣勢與社會民風、地方吏治都有記述:"睦有金陵之地,而無金陵之實。水不通商,陸無異產。等姑蘇、毗陵之大,而均其賦焉。往歲,徵税不登,郡無良吏。刺史不究元本,但相尚以加徵。至於伎術販鬻之有營,木實草秀之有地,悉編次於公案,而以税税之。故人不安居,流於外境。積數十年之逋欠,而長吏無敢以聞者。"[②]經濟的落後、人口的流亡與吏治的腐敗成爲睦州的嚴峻問題,雖經孫氏的大力整飭、勵精圖治,一時也難以從根本上改變這一狀況。

開元年間《張先墓誌》言張先任浙東地區的括州[③]遂昌縣令時,境内的情況是:"於時東吳阻饑,人越兹蠢。先是從政率多曠官,淫縱豪強,暴蔑鰥寡,以故編戶流冗十四五焉。公於是董逋逃,詰奸慝,振乏絕,出滯淹,教之誨之,飲之食之,人得□□,政有經矣。"[④]墓誌雖然重在披露括州遂昌縣前任官員怠政不作爲,縱容地方豪強欺淩百姓,導致户口流亡,彰揚誌主張先如何力矯時弊、招撫逃逋、打擊豪奸,使得一方百姓恢復生產、安居樂業,但從中不難看出在大唐盛世開元年間,江南浙東地區地方經濟的嚴重問題。吏治既鬆弛,豪猾横行,必然會使地方社會經濟嚴重受阻,停滯不前。中唐以後,江南地區農村户口逃亡隱匿已經成

---

①《唐故朝議郎守恭陵台令王君墓誌銘》,胡戟、榮新江主編《大唐西市博物館藏墓誌》(編號八五四),北京大學出版社,2012 年,頁 779。

②《唐故銀青光禄大夫工部尚書致仕上柱國樂安縣開國男食邑五百户孫府君墓誌銘》,大中 054,周紹良、趙超主編《唐代墓誌彙編(下)》,頁 2290。

③括州即今溫州。隋大業三年(607)置永嘉郡,唐天寶元年(742),改州爲郡,括州改稱縉雲郡,溫州改爲永嘉郡。唐乾元元年(758),復改郡爲州。縉雲郡復稱括州,永嘉郡復稱溫州。唐大曆十四年(779),又改括州爲處州。

④《唐故括州遂昌縣令張府君(先)墓誌銘並序》,吳鋼主編《全唐文補遺》第一輯,三秦出版社,1992 年,頁 125。

爲普遍現象,元和五年(810),李文任洪州武寧縣令時,“在官清慎,遏強撫弱。頃歲逋逃者復業數千戶,政聲洋溢”①。經過新任縣令招撫,一個小小的武寧縣竟然有“逋逃者復業數千戶”,可見此前該縣人口逃亡之嚴重。晚唐江州(今江西九江)人口逃亡、經濟殘破的情況較之洪州更加嚴重,鄭畋撰《苗紳墓誌》明確說“九江宅要衝,輅軒戎兵,供應旁午。邑里凋敝,戶口奔逸”②。當然,晚唐發生江南民亂暴動頻繁,朝廷屢屢興師鎮壓,江州作爲戰亂重災區,反復遭受戰爭動亂影響,出現“邑里凋敝,戶口奔逸”現象自然難以避免。在東南沿海地區,中唐以後還屢屢發生海盜之患,閩越一帶海盜尤其猖獗,頻頻侵犯城鄉。《閆說墓誌》載,“初,寶應歲,閩越海寇,傾陷城邑”,溫州都團練源復出海圍剿,結果遇到風暴幾乎全軍覆沒③。這也在不同程度上對唐代東南沿海經濟產生了負面影響。

唐代江南地區的經濟開發經歷了一個漫長的過程,其中興修水利、排水減鹵、興利除害是諸多地方官員所推行之事。台州、衢州分別地處浙東沿海及浙西山區,境內多山,雖然水源豐富,但因地形與氣候原因,夏秋易發生洪澇災害。元和十二年(817)的《徐放墓誌》重點追述了誌主在台、衢二州興修水利、惠澤百姓、治理農業環境的政績。特別是徐放在衢州刺史任時,曾大力整治龍丘縣災害環境,成功遏制了“簿里溪”洪澇災害,“開瀉潟復流庸,海濱之甿,咸感仁政”,“既均公賦,又恤凶災,吏不敢欺,人受其賜。龍丘縣有簿里溪,自南而來,百里而遠,每歲山水暴漲,湊於縣郭,漂泛居人,人多愁苦。公行春蒞止,周視再三,乃建石堤,爰開水道,遏奔注,遠邑居,度工計財,所費蓋寡。千古之患,一

---

①《唐故試秘書省秘書郎兼河中府寶鼎縣令趙郡李府君墓誌銘並序》,周紹良、趙超主編《唐代墓誌彙編(下)》,元和078,頁2003。

②《唐故朝散大夫京兆少尹御史中丞苗府君(紳)墓誌銘並序》,吳鋼主編《全唐文補遺》第六輯,頁192。

③《唐故檢校尚書膳部郎中兼侍御史閻君(說)墓誌銘並序》,吳鋼主編《全唐文補遺》第六輯,頁284。

朝而除”。中書舍人衛中行曾爲此“敘事紀功,揭於貞石”,作《徐放墓誌》[①]。徐氏在衢州治理水害消除了龍丘縣世世代代百姓的大患,深得當地百姓懷念。衢州本來就有漢代以來祭祀的徐王廟,徐放在衢的治水功德又增添了佳話。韓愈在潮州治理環境有異曲同工之妙。韓愈在《衢州徐偃王碑》中曾提及徐放的治水功德:“衢州,故會稽太末也,民多姓徐氏。支縣龍邱,有偃王遺廟……開元徐姓二人相屬爲刺史,帥其部之同姓改作廟室,載事於碑。後九十年,當元和九年,而徐氏放復爲刺史。放字達夫,前碑所謂今戶部侍郎其大父也。春行視農,至於龍邱,有事於廟。”後特地記述說:“是歲,州無怪風劇雨,民不夭厲,穀果完實,民皆曰耿耿祉哉。”[②]韓愈將元和九年衢州的風調雨順歸結於徐放祖廟祭祀宗族先賢,顯然是不正確的,現在根據新出土的《徐放墓誌》,所謂衢州“無怪風劇雨,民不夭厲,穀果完實”的風調雨順現象,完全是徐氏治理水患,興利除害的結果。

三、墓誌所見唐代北方區域經濟及其特徵

唐代北方地區的經濟狀況,不同地區間也有很大的差異。雖然唐人墓誌所反映的區域經濟有很大的局限性,但從石刻文獻這一特殊的角度,從不同的側面對有唐一代某些地區的經濟地理現象有所反映,折射了在中國經濟重心發生南移之際唐代北方地區經濟地理的某些珍貴信息。

唐代東部齊地沿海的經濟物產及其賦稅與管理狀況在墓誌中也有反映。據《崔夷甫墓誌》,崔氏曾任滄州東光縣令,其墓誌說“滄州僻在

①《唐故朝散大夫守衢州刺史上柱國徐君(放)墓誌銘並序》,吳鋼主編《全唐文補遺・千唐志齋新藏志輯》,三秦出版社,2006年,頁328。

②《東雅堂昌黎集注》卷二十七《碑誌・衢州徐偃王碑》,文淵閣四庫全書本。

海甸，東光即其南鄙。控水津陸道，郵軿攸出，近魚鹽蒲葦之藪，聚耕桑之外，又多業焉。由是富人通於濁吏，僕役貧困，浸以爲常”。崔夷甫出爲東光縣令後，勵精圖治，三年見效，“一之歲而徭賦平，獄訟息；二之歲而惸嫠有養，逋竄言旋；三之歲而市不二價，地無遺力。由是吏拱而待命，人蘇以得性。雖上有急徵暴賦，風馳電集，我皆閑暇以應之，清明以濟之，是使國與人交暢也”①。唐代東光縣②地處冀東平原東南端的滄州南部，地近濱海，境内魚鹽資源豐富，當地有多種產業經營，因而奸商貪官沆瀣一氣，巧取豪奪，重利盤剝，貧富兩極分化十分嚴重。墓誌載崔夷甫任職縣令後，下車伊始即大力整飭吏治，減輕徭賦，撫恤孤寡，平衡物價，使得這一濱海大縣的社會秩序井然有序，經濟發展而農人安居樂業。因崔氏頗有理政才能，遂又被時任東北大員的安禄山奏授爲魏州（今河北大名）魏縣令，墓誌遂載魏州“惟兹大邑，萬商所暨，財雄氣使玉食武斷者，自昔難禦之”，雖然魏縣爲一“大邑”，商賈雲集，經濟發達，但社會秩序混亂，向難治理。但崔氏畢竟是“能吏”，“鋒刃所用，不見有盤根錯節。提舉宏綱，衆目咸舉。下車未幾，有恥且格”。《崔夷甫墓誌》也反映了盛唐時期的魏州作爲華北一大都會商品經濟繁榮的景象。墓誌不僅如實記載了黄河中下游平原地區都會州縣的經濟特色與重要地位，同時也揭露了在這些經濟發達地區，貪官污吏與不良商賈互爲勾結，從中漁利，反而使當地社會混亂，貧富分化嚴重，社會衝突加劇的事實。當然也表明，在安史之亂爆發前的黄河中下游平原地區，重要都會城市農桑昌盛，商賈繁榮，仍然處於經濟領先地位，墓誌的評價一定程度上折射出這些地區經濟富庶的歷史之光。

①《唐故□□□魏郡魏縣令崔公墓誌銘》，周紹良、趙超主編《唐代墓誌彙編（下）》，大曆072，頁1811。

②東光縣在唐代隸屬變換不定，屢經更迭。唐高祖武德四年（621）置觀州，東光縣隸屬觀州。唐太宗貞觀十七年（643）廢觀州，設河北道，東光縣改隸河北道滄州。唐德宗貞元二年（786）河北道置景州，東光縣復屬之。唐穆宗長慶元年（821）廢景州，東光縣又屬滄州。長慶二年再設景州，東光縣復屬之。唐文宗大和四年（830）再廢景州，東光縣又屬滄州。唐昭宗景福元年（892）復置景州，東光縣屬景州。

商州雖近京畿之地,但地處秦嶺山區,交通不便,人口稀少①,經濟落後,這在唐人墓誌中有不少記載。《樂善文墓誌》載樂善文在貞觀年間曾任商州上洛縣令,上洛縣"東鄰武關,西界嶢關。山路蕭條,田疇墝埆。氓庶每遭饑饉,所食藜藿而已"。商州雖然有"東鄰武關,西界墝關"的交通地位,但受到山地環境制約,經濟落後,"山路蕭條,田疇墝埆",應是初唐商州山地經濟地理的真實寫照。加上常遭饑荒,民生艱辛,一旦遭遇荒年,黎民百姓只能"所食藜藿"。正因如此,墓誌表彰誌主樂氏在商州上洛縣主政期間勵精圖治,大興農耕生產,最後居然使這荒涼縣城的老百姓過上了"户饜稻粱,家豐菽粟"②的富庶生活,雖然參其政績難免多有諛辭,但縣令樂善文在商州期間曾經努力發展經濟,改善山地黎庶生存狀態應該也是不容否定之事實。

唐人墓誌對北方一些重要州郡的經濟地理特徵及其地位往往有所揭示,如《李謙墓誌》對宋州(今河南商丘)的經濟地位作如是評價:"水陸交馳,農商殷阜。版圖攸攝,甿户載安。"③唐代宋州與汴州同屬城市,經濟地理條件優越,墓誌中不乏對汴、宋的地域好評。尤其宋州地處汴河與通往齊魯的通衢大道交匯處,交通地理條件優越,農業發達,經濟富庶,以蠶桑絲織業聞名海內,與汴州一樣同屬經濟都會,《舊唐書》即言宋州"水陸輻湊,實曰膏腴"④。《李謙墓誌》説宋州"水陸交馳,農商殷阜"自然是有依有據,與實際情況相符。由於誌主後來升遷相州司馬,《李謙墓誌》又對相州地理作了描述:"商都舊壤,鄴京遺俗,是稱尤劇,雅仗茂才,佳政乃孚,康歌允洽。"唐代相州的經濟地理依賴的是其歷史

①《舊唐書》卷三九《地理志》:"商州,舊領縣五,户四千九百一,口二萬一千五十。天寶縣六,户八千九百二十六,口五萬三千八十。"商州即使在天寶年間户口數有較大增加,以五口之家估算,人口數量仍然不過五萬,屬於人口稀少之山區。

②《唐故涪州永安縣令輕車都尉樂君(善文)墓誌銘並序》,周紹良、趙超主編《唐代墓誌彙編(上)》,貞觀 140,頁 97。

③《唐大中大夫行定州長史上柱國李府君墓誌銘並序》,周紹良、趙超主編《唐代墓誌彙編(下)》,開元 303,頁 1364。

④《舊唐書》卷六四《魯王靈夔傳》。

資源,唐人對相州有"相州者,九王之舊都,西山雄崇,足是秀異"①的評價。相州農業發達,物產豐富,盛產絲織品,《元和郡縣圖誌》記載相州"貢賦"即有"開元貢:紗、鳳翮席、胡粉、知母。賦:綿、絹、絲"②,可見農桑富庶,可與墓誌印證。

唐代北方社會經濟水平總體上趨於下降態勢,即使是京畿之地的關中平原,墓誌所反映的經濟狀況也並非全如正史文獻所載"沃野千里""人煙浩穰"的景象,相反卻暴露了諸多社會經濟問題。《崔汲墓誌》載唐高宗時期,誌主釋褐出任岐州眉縣,"鳳嶺之陽,繁甿比屋;龍川之汭,滯獄盈庭",岐州一帶雖人口稠密,但獄訟案牘積壓,社會矛盾已經比較突出。幾年後"授雍州萬年縣主簿。三秦奧壤,士女盈於百邸;萬乘攸都,車馬駢闐於九市。至若牒訴繁委,稽留成忒。必資糾正,方息訟聲"③。雖然獄訟較多,但關中西部岐眉一帶畢竟尚顯繁華。初、中唐以後,關中經濟、地理環境漸趨惡化,自然災害與社會動盪加之地方豪強兼并土地激烈,致使饑荒頻繁發生。唐德宗貞元年間,據《黎幹墓誌》,黎幹爲京兆少尹時,面臨的關中經濟形勢即很嚴重:"寶應之後,歲惡人流。道殣相屬,市無赤米。罔發滯積,利歸強家。授公檢校京兆尹兼御史中丞,公承命蒞止,科防不設。威嚴秋霜,仁扇和風。以易簡便人,以忠信逮下。不浹辰而蓄斂者輿輦,轂擊於道,趨之恐不及。由是郊野無餒殍,閭里無蘊年。遂臻和平,俗用丕變。上嘉休績,真拜京兆尹……尚以四渠九堰,堙廢積年,興未及旬,功乃大集。國減半賦,人受永利。"④唐宣宗大中年間崔翬任職京兆司錄時,"浩穰之地,綱轄爲難。至則糾逖奸贓,不避強禦。朞月之政,京畿變風";任職陵縣奉先縣令期間,更是發現當地人口流散、豪猾橫行情況嚴重,經其大力整飭,情況方

①(五代)王定保《唐摭言》卷六《崔顥薦樊衡書》,上海古籍出版社,2012年,頁64。

②(唐)李吉甫《元和郡縣圖誌》卷一六《河北道·相州》,頁452。

③《大唐故雍州乾封縣丞博陵崔君(汲)墓誌銘並序》,吳鋼主編《全唐文補遺》第五輯,三秦出版社,1998年,頁265。

④《唐故銀青光祿大夫尚書兵部侍郎壽春郡開國公黎(幹)墓誌銘並序》,吳鋼主編《全唐文補遺》第四輯,三秦出版社,1997年,第72頁。

得好轉:"奉陵之邑,半是豪家。水旱曾愆,民尚流散。君下車之後,招徠撫綏。抑其兼并,恤彼惸弱。蓁莽開闢,流傭盡歸。吏不敢欺,人自樂業。受代之日,計課殊尤。縣吏請於君曰:自明府清理,一境早安。辟田增戶,前後罕匹。"①從墓誌看,晚唐即便是關中皇家陵縣,也是豪門之家土地兼并倡狂,人口逃亡嚴重,經濟蕭條,民不聊生。

安史之亂後,吐蕃乘機占領隴右大部分地區,唐朝西北豳、隴之地烽火頻傳,李唐王朝龍興之地處於戰亂陰影之中,社會經濟打上了鮮明的戰時經濟的烙印。這一時期唐人墓誌對西北屯田、墾荒等也有相應記述,這類墓誌雖然不多,但彌足珍貴,兹擇兩方墓誌説明之。

關中西北部的豳、涇一帶爲盛産秋糧之地,同時也是唐、吐軍事爭奪的戰略要地,據《楊志廉墓誌》,唐德宗興元初:"豳、涇古郡,迫近西戎,每夏麥方岐,秋稼垂穎,則蹂踐我封略,憑淩我邊人。詔公領千夫長,率精鋭,捍其衝要,是有靈台監軍之任。公奮威武,設奇謀,居一周星,亭障無聳"②。貞元九年的《李元諒墓誌》對唐德宗貞元年間的隴右屯田經濟則有重要記載:"良原古城,隴東要塞,虜騎入寇,於焉中休。詔公移鎮以遏侵軼,遷尚書左僕射。諸侯戍兵,爰俾總統。規李牧守邊之議,擇充國屯田之謀,驅狐狸,剪榛棘,補殘堞,濬舊隍,築新臺,彀連弩。撲斵陶瓬,墾發耕耘,歲收甫田數十萬斛。尋又進據便地,更營新城,辟土開疆,日引月長。賊來寇抄,師輒擊卻。由是豳涇汧隴,人獲按堵矣。"③李元諒是唐德宗時期抗蕃名將,擔任過隴右節度支度營田觀察、臨洮軍使等軍職,長期駐節良原(今甘肅靈台梁原)戍守隴右邊防,阻擊吐蕃東犯京畿,爲唐王朝立下赫赫戰功,兩《唐書》均有其傳記。《舊唐書·李元諒傳》:"(貞元)四年春,加隴右節度支度營田觀察、臨洮

①《□故□書郎使持節曹州諸軍事守曹州刺史賜紫金魚袋崔府君(翬)墓誌銘並序》,吳鋼主編《全唐文補遺》第四輯,三秦出版社,1997年,第195頁。

②《唐故開府儀同三司行左監門衛大將軍知内侍省事上柱國弘農郡開國公食邑三千戶贈揚州大都督楊府君墓誌銘並序》,周紹良、趙超主編《唐代墓誌彙編續集》,元和002,頁800。

③《大唐故尚書左僕射贈司空李公墓誌銘》,周紹良、趙超主編《唐代墓誌彙編續集》,貞元030,頁755。

軍使,移鎮良原。良原古城多摧圮,隴東要地,虜入寇,常牧馬休兵於此。元諒遠烽堠,培城補堞,身率軍士,與同勞逸。芟林薙草,斬荊榛,俟乾,盡焚之,方數十里,皆爲美田。勸軍士樹藝,歲收粟菽數十萬斛,生植之業,陶冶必備。仍距城築臺,上彀車弩,爲城守備益固。無幾,又進築新城,以據便地。虜每寇掠,輒擊卻之,涇、隴由是乂安,虜深憚之。"《舊唐書》的這段記載與《李元諒墓誌》對其隴右屯田的記載高度契合,不排除《舊唐書》史料來源即爲《李元諒墓誌》。根據墓誌和本傳,可知李元諒在隴右採用漢代趙充國且耕且戰策略,一方面築城防禦,禦強敵於國門之外,一方面大力屯田,"墾發耕耘,歲收甫田數十萬斛",有效解決了戍邊將士的糧食問題,可謂一舉兩得,功莫大焉。

結　語

出土唐人墓誌中的經濟地理資料往往是隻言片語,穿插在誌主生平仕宦經歷之中,顯得相當零散破碎,特别是單一墓誌中的經濟資料常常是寥寥數語,反映的只是一時一地的經濟一角一瞥,難以形成系統的研究資料,這也是長期以來這類資料不大爲學者所重視的一大原因。然而,當我們對這些零散資料作全面搜集、整理和分析之後,就會發現許多有價值的信息。從大量墓誌資料中廣泛搜集關涉經濟的記述,積少成多,集腋成裘,參之以史籍文獻印證,這些支離破碎的墓誌資料就會從多種角度反映出一個長時段内,王朝國家的諸多經濟現象與社會問題,特别是區域經濟地理的特徵及其存在的問題,而這些問題又往往爲正史文獻所失載或語焉未詳者,這正是墓誌類文獻對於唐代經濟地理研究的價值之所在。

山西大同 2014DTSJM1 形成年代考辨

彭文峰　陳麗娜①

摘　要:《賈府君墓誌》爲判定 2014DTSJM1 是唐墓提供了確鑿證據,2014DTSJM1 形成的時間是在唐代安史之亂時期而非五代時期。正確判定 2014DTSJM1 的形成年代對深化有關安史之亂的研究具有重要意義。

關鍵词:2014DTSJM1;唐墓;五代墓;安史之亂

2014 年 4 月,大同市考古研究所對位於該市西北郊編號爲 2014DTSJM1(以下稱 M1)的古墓進行了考古發掘,並撰《山西大同西北郊五代墓發掘簡報》(以下稱《簡報》)一文對發掘過程作了介紹,對隨墓出土的墓誌、銀下頜托等器物的歷史價值進行了分析,爲開展唐五代時期兵制、官制及喪葬習俗等的研究提供了珍貴的考古材料②。但《簡報》將 M1 界定爲五代墓則有待商榷,該墓很可能是唐代安史之亂時期的墓葬而非五代墓。正確界定 M1 的形成年代對推進安史之亂的相關研究頗有意義,故不揣淺陋,草成此文再作分析。

---

①彭文峰,中國地質大學中國傳統文化與史學研究所　副教授　北京 100083;陳麗娜,河北建築工程學院　講師　張家口　075000。

②大同市考古研究所《山西大同西北郊五代墓發掘簡報》,《文物》2016 年第 4 期。

一、相似墓葬唐墓占絕對多數爲判定M1可能是唐墓提供了佐證

《簡報》將 M1 的墓葬形制、出土器物細部特徵與大同及其他地區的墓葬進行對比,先將其形成的時間初步界定爲唐至五代:"此墓的形制與大同地區以往發現的唐至五代墓基本相同,也與山西汾陽唐曹怡墓、河北臨城補要唐墓 M10、西安鳳棲原唐郭仲文墓、西安西郊唐突騎施奉德可汗王子墓相似,均爲圓角方形磚室墓。M1 出土的彩繪陶罐與大同 04M1 和大同南關唐墓 M6 出土的塔形罐的罐身在器形和紋飾方面都較接近,而雀繞花枝鏡與大同南關唐墓出土的同類器完全相同,銀下頜托與奉節寶塔坪唐墓、奉節上關唐墓、巴東雷家坪唐墓出土的環形下頜托形制相似。"

《簡報》通過墓葬形制、出土器物細部特徵相似性對比將 M1 的形成年代判定爲唐至五代並無問題,但從相似性墓葬唐墓和五代墓所占數量的角度進行分析,我們可以得出 M1 極有可能是唐墓而非五代墓的結論。《簡報》在進行墓葬形制對比時提到了山西汾陽曹怡墓、河北臨城補要墓(含 M10、M15、M24、M27 四墓)、西安鳳棲原郭仲文墓、西安西郊突騎施奉德可汗王子墓 7 座墓葬,除河北臨城的 M24 可能是五代墓之外,其餘 6 座墓葬都確定爲唐墓①。《簡報》在與 M1 進行出土器物紋飾、形制等細部特徵對比時涉及山西大同墓(含 04M1、04M2、04M3、04M4 四墓)、重慶奉節寶塔坪墓、重慶奉節上關墓、湖北巴東雷家坪墓、

---

①參見山西省考古研究所《山西汾陽唐曹怡墓發掘簡報》,《文物》2014 年第 11 期;北京大學考古文博學院《河北臨城補要唐墓發掘簡報》,《文物》2012 年第 1 期;陝西省考古研究院《西安鳳棲原唐郭仲文墓發掘簡報》,《文物》2012 年第 10 期;西安市文物保護考古研究院《西安西郊唐突騎施奉德可汗王子墓發掘簡報》,《文物》2013 年第 8 期。

大同南關墓(含 15 座墓葬)22 座墓葬,這 22 墓亦全都是唐墓[①]。總之,在《簡報》進行墓葬形制和出土器物細部特徵對比所涉及的 29 座墓葬中,除 M24 有可能是五代墓外,其餘 28 墓都是唐墓。從《簡報》涉及的與 M1 相似性墓葬唐墓所占的絕對多數甚至可能全都是唐墓這一角度考慮,我們有理由認爲 M1 更有可能是唐墓而非五代墓。既然 M1 形成於五代的可能性微乎其微,《簡報》爲什麼最終還是將其界定爲五代墓呢？這與《簡報》對 M1 出土墓誌內容的理解有關。

二、賈府君墓誌提供了 M1 是唐墓的確鑿證據

M1 出土了墓誌一方,誌蓋書"賈府君誌"4 字,誌底預留 13 行,第一行刻有"燕故河東道橫野軍副使賈府君墓誌並序"17 字,其餘 12 行爲空白。墓誌中的"燕"是《簡報》將 M1 界定爲五代墓的根本依據:"M1 墓主爲'燕故河東道橫野軍副使'。後梁乾化元年(911)八月,原盧龍節度使、燕王劉守光稱帝,國號大燕,定都幽州,勢力範圍在今北京和河北北部,後於乾化三年(913)十一月爲晉王李存勖所滅,正式稱帝割據僅兩年,由於其統治期間殘暴不仁,故又被稱爲'桀燕'。因此,誌文中的'燕'當爲桀燕,而墓主的下葬時間應在公元 911～913 年之間。"《簡報》對墓誌中"燕"的解讀是不準確的,墓誌中的"燕"不是五代劉守光建立的桀燕,而應該是唐代安史之亂時期安祿山、史思明建立的燕政權。那麼,筆者判定賈府君墓誌中的"燕"是唐代安史之亂時期燕政權的依據

① 參見大同市考古研究所《山西大同新發現的 4 座唐墓》,《文物》2006 年第 4 期;大同市考古研究所《大同市南關唐墓》,《文物》2001 年第 7 期;馮恩學《下頜托——一個被忽視的祆教文化遺物》,《考古》2011 年第 2 期。

何在？我們通過對墓誌内容的分析來解決這一問題。

賈府君墓誌雖然只有寥寥十餘字，但蘊含了國號燕、政區名河東道、軍號横野軍三個關鍵信息，這些信息是我們判斷誌主賈府君所處年代，判定 M1 是唐墓而不是五代墓的重要依據。以“燕”作國號的政權在唐五代時期存在過三個：一是唐肅宗至德元載正月安祿山在洛陽建立的前燕政權：“乙卯朔，祿山自稱大燕皇帝，改元聖武，以達奚珣爲侍中，張通儒爲中書令。高尚、嚴莊爲中書侍郎。”①二是唐肅宗乾元二年四月史思明在范陽建立的後燕政權：“史思明自稱大燕皇帝，改元順天，立其妻辛氏爲皇后，子朝義爲懷王，以周摯爲相，李歸仁爲將，改范陽爲燕京，諸州爲郡。”②三是後梁乾化元年八月劉守光在幽州建立的桀燕政權：“甲子，守光即皇帝位，國號大燕，改元應天。以梁使王瞳爲左相，盧龍判官齊涉爲右相，史彦群爲御史大夫。”③根據 M1 的墓葬形制、出土器物與唐至五代墓的高度相似性，以及 M1 出土的唐五代時期廣泛行用的 31 枚“開元通寶”錢，我們可以確定賈府君墓誌中的“燕”是前燕、後燕、桀燕這三個以燕作國號的政權之一。那麼，墓誌中的燕到底指的是哪一個燕政權呢？我們通過對横野軍的建置沿革、河東道與三個燕政權隸屬關係的分析來予以確定。

横野軍是唐代河東道下轄的軍鎮之一，其設立最早可以追溯到唐代初年：“唐初，兵之戍邊者，大曰軍，小曰守捉，曰城，曰鎮，而總之者曰道……天兵、大同、天安、横野軍四，岢嵐等守捉五，曰河東道。”④横野軍

①（宋）司馬光《資治通鑒》卷二百一十七，肅宗至德元載正月，中華書局標點本，1956 年，頁 6951。關於安史之亂時期安祿山在洛陽建立的燕政權被稱之爲前燕，史思明在范陽建立的燕政權被稱之爲後燕這一問題，筆者在《〈大燕贈右贊善大夫段夫人河内郡君溫城常氏墓誌銘並序〉的繫年分析》一文中進行過詳細論述，此不贅述，參見《宋史研究論叢》第十六輯，頁 386－390。

②（宋）司馬光《資治通鑒》卷二百二十一，肅宗乾元二年四月，頁 7075。

③（宋）司馬光《資治通鑒》卷二百六十八，後梁太祖乾化元年八月，頁 8745。

④（宋）歐陽修、宋祁《新唐書》卷五十《兵志》，中華書局標點本，1975 年，頁 1328。

自此成爲河東地區重要的軍事力量,深得唐廷倚重。史籍有關橫野軍在開元年間頻繁活動的記載證明了這一點:開元六年二月,唐玄宗“移蔚州橫野軍於山北,屯兵三萬,爲九姓之援”①。開元七年,樊庭觀任橫野軍副使②。開元九年後,張待問任蔚州刺史兼橫野軍使③。開元十年,王元□任蔚州刺史兼橫野軍使④。開元廿四年終於蔚州的王元琰曾任橫野軍使兼本軍營田使⑤。安史之亂期間,橫野軍作爲叛軍麾下重要的軍事力量從逆,至德二年春隨史思明、蔡希德攻太原失敗後被李光弼收編:“收清夷、橫野等軍,擒賊將李弘義以歸。”⑥不久唐廷廢掉了橫野軍的建制:“乾元元年徙天成軍合之,而廢橫野軍。”⑦但橫野軍不久又廢而復立,一直存續至唐末⑧。墓誌和正史有關安史之亂後橫野軍在唐代依然存在的記載俯拾皆是,如代宗大曆年間薛坦曾任橫野軍錢監⑨,德宗貞元十年去世的胡者曾任橫野軍判官⑩,憲宗元和年間梁希逸爲蔚州刺史兼橫野軍使⑪,武宗會昌元年落葬的李夫人之父李覿及李夫人丈夫張府君都曾任橫野軍都虞侯,宣宗大中十年落葬的楊夫人長女適橫野

①(宋)司馬光《資治通鑒》卷二百一十二,頁 6732。

②周紹良、趙超主編《唐代墓誌彙編》,開元 196,上海古籍出版社,1992 年,頁 1294。

③周紹良、趙超主編《唐代墓誌彙編續集》,開元 042,上海古籍出版社,2001 年,頁 482。

④周紹良、趙超主編《唐代墓誌彙編續集》,開元 166,頁 567。

⑤周紹良、趙超主編《唐代墓誌彙編》,開元 485,頁 1490。

⑥(五代)劉昫等《舊唐書》卷一百一十《李光弼傳》,中華書局標點本,1975 年,頁 3305。

⑦(宋)歐陽修、宋祁《新唐書》卷三十九《地理志三》,頁 1007。

⑧嚴耕望先生較早就橫野軍廢而復建這一問題進行過研究,見氏著《唐代交通圖考》第五卷《河東河北區 · 太原北塞交通諸道》,臺北:坤記印刷有限公司,1986 年,頁 1388。筆者在《唐張進莫墓誌考釋》一文中作了補充分析,見《文物春秋》2008 年第 5 期。黃林納先生《唐代橫野軍探析》一文就橫野軍廢而復置這一問題作了進一步研究,見《鄭州大學學報(哲學社會科學版)》2016 年第 1 期。

⑨周紹良、趙超主編《唐代墓誌彙編續集》,大曆 035,頁 715。

⑩周紹良、趙超主編《唐代墓誌彙編》,元和 111,頁 2028。

⑪(唐)白居易著,顧學頡校點《白居易集》卷五一《梁希逸除蔚州刺史制》,中華書局,1979 年,頁 1071。

軍押衙王某①,僖宗中和三年滿存爲横野軍使等②。唐亡後,横野軍與唐政權一同湮沒於歷史的長河之中,不復再置。遍檢《舊五代史》《新五代史》《五代墓誌匯考》《宋史》《宋代石刻文獻全編》等材料,均未見到横野軍在唐之後於河東地區復置的記載。總之,河東地區設立横野軍是唐代的舉措,五代河東地區並無横野軍的設置。正因爲如此,賈府君墓誌中的"燕"也就只能是唐代安史之亂時期的前燕或後燕,而不可能是五代的桀燕,M1 只能是唐墓而非五代墓。

墓誌將燕與河東道連稱的表述進一步證明了賈府君所處的"燕"不是五代的桀燕,而應該是唐代的前燕或後燕。《簡報》描述 M1 的地理位置云:"位於大同市西北郊,東北距淨覺寺約 1000 米,西距擁軍北路約 150 米。"賈府君墓所在的山西大同唐五代時期在行政區劃上屬河東道,從大同與河東道隸屬關係的角度而言,誌文在賈府君之前冠以"河東道"並無問題,但《簡報》將桀燕與河東道連稱並不符合實際。根據《舊唐書》《舊五代史》《新唐書》《新五代史》等史籍有關劉守光的記載,結合譚其驤先生的《中國歷史地圖集》,可知桀燕統治時期控制的區域最廣時包括幽、薊、營、平、檀、順、儒、新、武、嬀、涿、瀛、莫、滄、景、德十六州,大致相當於今北京、天津全部及河北北部、遼寧西部的部分區域。今天的大同地區在行政區劃上從未隸屬過劉守光的桀燕政權,《簡報》也指出了桀燕統轄區域不包括大同這一事實:"國號大燕,定都幽州,勢力範圍在今北京和河北北部。"既然大同所在的河東道與劉守光的桀燕並無隸屬關係,將桀燕與河東道連稱明顯不符合當時行政區劃的實際。是不是存在賈府君生前仕於桀燕,死後葬於大同,進而形成了"燕故河東道"的表述這種情況呢?易言之,是否可將"燕故河東道"中的"燕"理解爲是對賈府君生前所隸桀燕政權的追述,而"河東道"則是對賈府君落

①蔚縣博物館《蔚縣一中唐墓發掘簡報》,《文物春秋》2007 年第 2 期。

②(五代)劉昫等《舊唐書》卷十九下《僖宗纪》,頁 715。

葬地當代歸屬的記載呢？這種政權追憶與葬地現實歸屬相結合的表述同樣是於理不通的，這涉及當時控制大同地區的李存勖與劉守光的關係問題。我們知道，劉守光與控制河東地區的李存勖勢同水火，互爲仇讎。劉守光於乾化元年八月稱帝，同年十二月李存勖即遣周德威統帥諸師討伐。劉守光節節敗退，雖南乞師於後梁，北求援於契丹，卻無改於兵敗就戮的結局。乾化四年正月，“莊宗以仁恭、守光徇於都城，即告南宫七廟，禮畢，守光與李小喜、鄭藏斐、劉延卿及其二妻皆伏誅”①。正因爲李存勖與劉守光這種敵對關係的存在，誌墓者在爲葬於李存勖控制區域的賈府君撰寫墓誌時不可能冒天下之大不韙使用李氏敵對方的國號。而且，由於劉守光政權聲名狼藉，存續時間短且被汙之以桀燕的惡名，即使賈府君最終落葬大同的時間是在河東李氏政權滅亡之後，誌主親朋及撰誌者也不可能在其墓誌中追述這個頗受唾棄的桀燕國號。總之，將桀燕與河東道連稱不僅不符合當時行政區劃隸屬關係，邏輯上也存在諸多抵牾，這爲我們確定 M1 不是五代墓提供了又一依據。事實上，大同地區在安史之亂初期雖曾短暫被唐廷攻佔，但絶大部分時間内都處於前燕和後燕的控制之下，將前燕或後燕與大同所在的河東道連稱完全符合當時行政區劃隸屬關係的實際，再加上横野軍是安史叛軍重要組成部分這一事實②，前燕或後燕與河東道及横野軍三者可以構成符合實際和邏輯的組合表述。綜上分析，可知賈府君墓誌中的“燕”只能是唐代的前燕或後燕，M1 是唐墓而非五代墓可以確定無疑。

---

①(宋)薛居正《舊五代史》卷一百三十五《劉守光傳》，中華書局標點本，1976 年，頁 1806。

②《舊唐書》卷一百六十一《李光進傳》云：“上元初，郭子儀爲朔方節度，以軍討大同、横野、清夷、范陽及河北殘寇，用光進爲都知兵馬使。”《唐大詔令集》卷五十九《郭子儀都統諸道兵馬收范陽制》載：“宜令郭子儀都統諸道兵馬使，管崇嗣充副使，取邠州朔方路，過往收大同、横野、清夷，便收范陽及河北。”横野軍可能是在史思明、高秀巖至德二年十二月歸順唐廷後得以復置，在後燕政權時期再度從逆。

三、關於 M1 形成時間的進一步推測

雖然將 M1 判定爲唐墓已無問題，但未免失之於範圍過寬。我們還可以通過 M1 出土的 31 枚開元通寶這一綫索，進一步推測該墓很有可能形成於安祿山的前燕政權時期。唐初，高祖李淵鑒於隋末錢幣濫薄，民間不勝其弊的現實，於武德四年七月鑄行新幣開元通寶："廢五銖錢，行開元通寶錢，徑八分，重二銖絫，積十文重一兩，一千文重六斤四兩。"①自武德四年鑄行之後，開元通寶成爲了唐代最主要的流通貨幣，延續至五代仍有使用，直至宋初鑄行宋元通寶其作爲官方貨幣的歷史方告結束。軍使及軍副使是軍鎮的核心人員："諸軍各置使一人，五千人已上置副使一人，萬人已上置營田副使一人；每軍皆有倉曹、兵曹、胄曹參軍各一人。"②横野軍是安史之亂時期河東地區重要的軍事力量，身爲横野軍副使的賈府君是前燕或後燕政權的重要成員可以確定無疑。那麼，身爲横野軍副使的賈府君墓出土了 31 枚開元通寶反映了什麼問題呢？我們通過對前燕和後燕這兩個政權行用貨幣的情況來進行分析。

天寶九載，唐玄宗爲籠絡安祿山，准許其在境内鑄錢："前此聽祿山於上谷鑄錢五壚，祿山乃獻錢樣千緡。"③安祿山在叛亂之前在其轄域内擁有鑄幣權，鑄造並行用了開元通寶。前燕政權建立後，在其存續期間並未見有關於安祿山另鑄新幣的記載。也就是説安祿山的前燕政權儘

①(五代)劉昫等《舊唐書》卷四十八《食貨志上》，頁 2094。

②(唐)李林甫等《唐六典》卷五《尚書兵部》，中華書局標點本，1992 年，頁 158。

③(宋)司馬光《資治通鑒》卷二百一十六，玄宗天宝九载十月，頁 6900。

管政治上與唐廷對立,在貨幣的使用上則沿襲了天寶以來於上谷開爐鑄錢的便利條件,在控制區域内繼續鑄造並行用開元通寶。後燕政權則與此不同,其鑄造並發行了得一元寶、順天元寶兩種貨幣:“乾元二年正月朔,築壇,僭稱大聖周王,建元應天……夏四月,更國號大燕,建元順天……更以州爲郡,鑄‘順天得一’錢。”①“史思明據東都,亦鑄‘得一元寶’錢,徑一寸四分,以一當開元通寶之百。既而惡‘得一’非長祚之兆,改其文曰‘順天元寶’。”②横野軍副使是叛軍裏面的重要將領和叛亂集團的核心成員,既有較早獲得新鑄貨幣的便利和優勢,又負有率先垂範行用新貨幣的職責。若賈府君爲後燕時期的人物,其落葬時隨葬大量的開元通寶而無後燕政權的得一元寶或順天元寶有悖常理。正因爲如此,我們推測 M1 可能形成於前燕時期。若這一推測不繆,墓主賈府君下葬的時間應該是在至德元載前燕政權建立至乾元元年横野軍被廢之間,即公元 756～758 年之間。

四、小結

無論是從與 M1 墓葬形制、出土器物細部特徵相似性墓葬唐墓所占的比例推測,還是從墓誌内容本身進行分析,我們可以確定 M1 是唐墓

①(宋)歐陽修、宋祁《新唐書》卷二百二十五上《史思明傳》,頁 6430。《資治通鑒》卷二百二十一,“肅宗上元元年六月”條云“是時史思明亦鑄順天、得一錢,一當開元錢百。賊中物價尤貴”,認爲史思明鑄幣的時間是在上元元年六月,筆者認爲當以乾元二年四月爲妥。理由有二:一是史思明政權草創,軍事方殷,亟需搜刮錢財,夯實經濟以應對唐廷的進攻,不可能等到稱帝一年之後再鑄造新幣,順天、得一錢以一當開元錢百的事實也佐證了史思明利用發行新幣斂財的急迫性;二是史思明承襲了安祿山的地盤,有利用安祿山在上谷開爐鑄錢的便利在政權建立後迅速發行新幣的條件。

②(宋)歐陽修、宋祁《新唐書》卷五十四《食货志四》,頁 1387。

而非五代墓。確定 M1 是唐墓對推進安史之亂的研究至少具有以下學術價值：一是豐富了行用安史政權國號或年號墓誌的數量，爲我們利用行用安史政權國號或年號的墓誌深入研究安史之亂提供了更加充實的材料；二是有利於加深對安史之亂叛亂軍隊的研究，賈府君墓誌爲我們提供了横野軍在安史之亂時參與從逆的直接證據；三是爲我們了解安史政權的貨幣行用情況、研究安史政權的經濟狀況、探求安史政權與唐中央的經濟關係提供了不可多得的實證材料。

明清刻本疑難俗字例釋

梁春勝①

摘　要:明清刻本總量很大,其中的俗字材料非常豐富,這方面的研究亟待加強。本文對 24 例明清刻本疑難俗字加以考釋。

關鍵詞:明清刻本;俗字;考釋

我國傳世典籍以刻本爲主體,刻本之中又以明清刻本爲大宗。雖然刻本相較於寫本而言,異體俗訛之字大爲減少,文字的規範化程度提高,但其中仍然有不少異體俗訛字,同樣需要加以研究。並且相對於出土文獻,刻本文獻數量要大得多,其中有價值的文字材料也就非常可觀。這方面的研究,較早的有劉復、李家瑞的《宋元以來俗字譜》,近年來有周志鋒、曾良對於明清小説俗字的研究②,相關的期刊論文也有一些。但總體而言,對刻本文字的研究和重視程度,還遠趕不上出土文字,這是今後有待加強的一個領域。筆者在參加中華字庫工程第 15 包"明清圖書文字整理與考釋"的過程中,接觸到一批天津圖書館所藏明清刻本的字形材料,現選取其中的 24 例疑難俗字加以考釋。雖屬管窺蠡測,然或可見其一斑、知其一端也。不當之處,敬請方家指正。

---

①梁春勝,河北大學文學院　教授　保定　071000。

②周志鋒《明清小説俗字俗語研究》,中國社會科學出版社,2006 年。曾良《明清小説俗字研究》,商務印書館,2017 年。曾良、陳敏編《明清小説俗字典》,廣陵書社,2018 年。

1.㚔

清錢林《文獻徵存錄》卷九《嚴元照》:"《釋言》篇有一字而兼兩義者,則㚔置一所,'基,經也''基,設也'之類是也。或字異而義同者,則㚔置一所,'鬫,明也''茅,明也'之類是也。有義訓相遞嬗而下者,則㚔置一所,'速,徵也''徵,召也'之類是也。或字義皆異而音同者,則㚔置一所,'挾,藏也''浹,徹也'之類是也。"(66a[①],清咸豐八年有嘉樹軒刻本)

按:"㚔"當同"㚕"。《說文·㐮部》:"㚕,艸木㚕孛之皃。从㐮、畀聲。"段玉裁注:"當作'㚕孛,艸木之皃'。《周易》:'拔茅茹以其彙,徵吉。'《釋文》云:'彙,古文作𦧸。'按:𦧸即㚕字之異者,彙則假借字也。"[②]"㚕""彙"古字通,表種類、類聚義,典籍通用"彙"字。此處"㚕置一所",即"彙置一所",指將同類者聚於一處。

2.拚

(1)清邊浴禮《健修堂詩集》卷八《題閻典史應元江陰守城記三十韻》:"僚宷元俱喪,妻孥命盡拚。"(2b,清咸豐間刻本)

(2)《健修堂詩集》卷八《感事七首》之一:"諸將俱拚死,群公莫愛身。"(8a)

(3)《健修堂詩集》卷八《歲暮旋里留別傅石泉師暨芝卿昆季四首》之一:"身外榮枯總莫論,拚從客土托危根。"(10a)

按:此字當同"拚"。《廣韻·桓韻》普官切:"拌,棄也。俗作拚。"[③]"拚"本爲捨棄義;捨棄則不足惜,故引申出不顧惜義;不顧惜也往往意味着付出巨大犧牲,故"拚"又有不顧一切地爭鬥義。例(1)"拚"與"喪"對文同義,是捨棄之義。例(2)"拚"與"愛"對文而義相反,是不顧惜之義。例(3)"拚"是不惜一切地爭鬥義。可見以上三例釋作"拚",皆文從字順。

①古代刻本一般是以卷爲單位,每卷葉數自爲起訖,在版心標明葉數。本文引用刻本文獻,皆標明卷數(不標卷數者則是原書不分卷),括注版本和葉數,並分别以a、b代表上下半葉。

②(清)段玉裁《說文解字注》,上海古籍出版社,1988年,頁273下欄。

③(宋)陳彭年等《廣韻》,影印張氏澤存堂本,中國書店,1982年,頁107。

"云""去"二部件俗書或相混,如"棄"俗作"𠅏",又作"𠅏"(《可研》633①),可以比參。

3. 惓

清徐景穆《哭少宰公十首》之十:"多公培養惓惓意,腸斷啼猿徹夜聞。"(《蓬廬詩草》5a,清刻本)

按:此字當同"惓"。"惓惓"謂懇切貌,正合於文意。清盧見曾《雅雨堂詩集·目錄》"卷上"之"卷"作"𢀿"(1a,清道光二十年清雅堂刻本),是其比。《中華字海》收有"惓"字,引錄如下:

> 惓,音未詳。人名用字。《宋史·宗室世系表三》有"趙師～"。②

今按此字亦當同"惓"。漢劉寬碑"倦"作"𠈁"③,《可洪音義》"棬"或作"𢱧"(《可研》648),"卷"旁寫法相同,可以比參。

4. 摯

清楊昌濬《兩浙鹽法續纂備考》卷七:"其厫秤觔兩,本應照黨山一律辦理,以昭劃一。惟加一秤收核,與黨山每觔加二兩之數亦不相上下,自應如議加一。照部摯,每十觔加鹽一觔,以貼滷耗。"(18b,清同治十三年刻本)

按:此字當是"摯"字俗訛。"摯子"是掣用衡具,清代部頒(故稱"部摯"),銅製,上有紐環以貫鉤索,懸於秤木作爲衡制④。清延豐《重修兩浙鹽法志》卷九《掣驗·摯子》對摯子有詳細介紹(19a,清同治刻本),可參看。"手"旁俗書或訛作"子",如《龍龕手鏡·子部》"擊"俗作"𡥉","擘"俗作"𡦂"(336⑤),明陳霆《兩山墨談》卷九"唐時猶有釣者掣見此

① 韓小荊《〈可洪音義〉研究——以文字爲中心》(簡稱《可研》),巴蜀書社,2009年。

② 冷玉龍等《中華字海》,中華書局、中國友誼出版公司,1994年,頁598右欄。

③ (清)顧藹吉《隸辨》,影印清玉淵堂刻本,中華書局,1986年,頁146下欄。

④ 宋良曦、林建宇、黃健、程龍剛主編《中國鹽業史辭典》,上海辭書出版社,2010年,頁22—23。

⑤ (遼)行均《龍龕手鏡》,影印高麗本,中華書局,1985年。

物”之“掣”作“⿱⿰牛刂手”(4b,清道光十九年刻《惜陰軒叢書》本),皆可比參。

5.⿱蔕正

清徐錦《靈素堂詩鈔》卷四《宗人府學中觀岣嶁碑搨本》:“碑成出世無古物,盡壓周鼓殷盤詞。河精⿱蔕正淵獻綠字,雲華捧牒陳金泥。”(12b,清光緒十一年刻本)

按:此字當是“⿱蔕疋”字之誤,“⿱蔕疋”又同“⿺辶蔕”。《太平御覽》卷八二引《尚書中候》:“伯禹曰:臣觀河,百面長人,魚身,出曰:‘吾,河精也。’授臣河圖,⿺辶蔕入淵。”小字注:“⿺辶蔕,去也,音帶。”①“河精⿺辶蔕淵”即出此。《龍龕手鏡·疋部》:“⿱蔕疋,徵例切,古人姓。又《經音義》音帝。”楊寶忠、張涌泉二位先生均指出“⿱蔕疋”同“⿺辶蔕”②,甚是。“疋”與“正”形近,“⿱蔕疋”遂訛作“⿱蔕正”。

6.⿱⺮⿰勿勿

清方濬師《退一步齋詩集》卷七方濬師、劉湝年《秋闈紀事聯句一百韻》:“捧斝酒頻⿱⺮⿰勿勿,宮様新披錦。”(24a,清光緒三十年刻本)

按:此字當同“篘”。《集韻·尤韻》初尤切:“篘,漉取酒也。”③“篘”是濾酒之義,置入原文文意通順。元吳澄《吳文正集》卷九九《木蘭花慢·和楊司業梨花》之三:“去今卻堪痛飲,甕頭有酒頻篘。”(《文淵閣四庫全書》1197/914b④)清陶梁編《國朝畿輔詩傳》卷四十李湜《雨花堂盆菊》:“喜君偕吏隱,吟賞酒頻篘。”(8a,清道光十九年紅豆樹館刻本)文同一例,皆其比。明張采輯《西漢文》卷五晁錯《言兵事疏》:“材官騶發,矢道同的,則匈奴之革笥木薦弗能支也。”其中“騶”作“⿰馬⿰勿勿”(46a,明崇禎刻本),“芻”旁寫法相同,可以比參。

①(宋)李昉等《太平御覽》,影印宋本,中華書局,1960年,頁381上欄。

②楊寶忠《疑難字考釋與研究》,中華書局,2005年,頁41;張涌泉《漢語俗字續考(二)》,《中國文字研究》第6輯,廣西教育出版社,2005年,頁76。

③(宋)丁度等《集韻》,影印《宋刻集韻》本,中華書局,2005年,頁77下欄。

④(清)永瑢等《文淵閣四庫全書》,臺灣商務印書館,1985年。斜綫前面的數字表冊數,後表頁數。下同。

7.縟

唐白居易著,清曹文埴編《香山詩選》卷五《江州赴忠州至江陵已來舟中示舍弟五十韻》:"鳥以能言縟,龜緣入夢烹。知之一何晚,猶足保餘生。"(12a,清光緒十七年金陵書局重刻本)

按:謝思煒《白居易詩集校注》:"'能言縟',金澤本、管見抄本作'能言緤'。"①此外,清官修《韻府拾遺》卷二三引亦作"緤"(《文淵閣四庫全書》1029/528b),盧文弨《群書拾補·白氏文集》也疑是"緤"字(24a,清《抱經堂叢書》本),皆可從。"枼"俗書或與"冓"相混,如《篆隸萬象名義·舌部》"諜"寫作"講"②,《可洪音義》"堞"或作"塂","牒"或作"⿰月冓"(《可研》421),皆其比。"緤"是拴系、束縛之義,句謂鳥以能學人說話而被拴系(作爲寵物),釋作"緤"合乎文意。

8.躿躭

明韓上桂《韓節愍公遺稿》卷十《同李長度甘士聖游石佛寺》:"蠹梁躿躭靡敢緣,飛削往往牽衣袖。"(19a,清嘉慶二十一年朵雲山房刻本)

按:"躿躭"當同"隵𪗀",形容動搖不安之貌。句謂山梁受風雨侵蝕,動搖不安,無人敢去攀援,釋作"隵𪗀"正合於文意。"隵𪗀"又作"臲𪗀","隵"受"𪗀"類化換從"臬"。"臬"與"身"形近,遂訛作"身",這樣"臲𪗀"就訛作了"躿躭"。《全粵詩》卷五〇一錄作"屼峞"③,"屼峞"不辭,且字形方面無法解釋,故非是。

9.懕

清戴燮元編《瑞芝山房文鈔》卷五戴槃《孫母馮太恭人六十壽序》:"是以榮曜夙彰,徽章早茂。愔懕婉娩之質,教習於儒風;德象窈窕之篇,學源於庭誥。"(7b,清光緒三年廣陵重刻本)

按:此字當同"嬮","愔嬮"是和善賢淑之義。《文選》卷一九宋玉

① 謝思煒《白居易詩集校注》,中華書局,2006年,頁1423。

② [日]空海《篆隸萬象名義》,影印日本《崇文叢書》本,中華書局,1995年,頁47上欄。

③ 中山大學中國古文獻研究所《全粵詩》第14冊,嶺南美術出版社,2013年,頁731。

《神女賦》:“澹清靜其愔嫕兮,性沈詳而不煩。”李善注:“愔,和也。嫕,淑善也。言志度靜而和淑也。”[①]可以比參。清彭兆蓀《小謨觴館詩文集》文續集卷一《郭母迮太孺人八十壽序》:“太孺人累葉席美,六行含章。愔㥨婉娩之質,教習於儒風;女師德象之篇,學源於庭誥。”(9b,清嘉慶十一年刻二十二年增修本)彭兆蓀(1769—1821)爲乾隆嘉慶間人,而戴槃(1813—1881)爲嘉慶至光緒間人,戴文此處顯然襲用彭文。“㥨”即“㥨”之變,如東魏高湛妻閭叱地連墓誌“光儀婉嫕”之“嫕”作“嫕”[②],亦是“医”訛作“匿”,可以比參。“㥨”則是“嫕”之類化換旁俗字(受“愔”字類化)。

10.玻

清左宗植《慎盦詩鈔》卷上《邵陵贈譚三錫洪同年即送其仲兄桐生祖同北上》:“諸君鳳之雛,驚鳴在啄菢。仲也妙玻琢,綺響出玄竅。”(3a,清光緒元年刻本)

按:此字當同“鎪”。“鎪琢”是鏤刻雕琢之義,如明釋宗泐《全室外集》卷一《欽和御製江東橋詩》:“經營自出天工妙,鎪琢仍歸匠者良。”(《文淵閣四庫全書》1234/788b)明趙琦美《趙氏鐵網珊瑚》卷一五章嘉《本齋王公孝感白花圖傳》:“聯珠熒盈隱紋膜,肥玉瘦瓊巧鎪琢。”(《文淵閣四庫全書》815/749b)清劉逢祿《劉禮部集》卷一《反招魂》:“砦石柱通中,鎪琢古賢。”(35a,清道光十年思誤齋刻本)皆可比參。“玻”右旁同“叟”,左旁從玉,則當是類化換旁(受“琢”字類化)。

11.穛

清沙張白《定峰樂府》卷九《折楊柳四首》之三:“莫倚舊鞭好,處處生柳條。今夜玉連錢,穛秣誰家槽。”(11b,清光緒二十四年沙氏刻本)

按:此字當是“摧”之類化換旁俗字(受下“秣”字類化),“摧”讀作“莝”。《詩・小雅・鴛鴦》:“乘馬在廄,摧之秣之。”毛傳:“摧,莝也。”鄭

①(梁)蕭統編,(唐)李善注《文選》,上海古籍出版社,1986年,頁888。

②毛遠明《漢魏六朝碑刻校注》第8冊,綫裝書局,2008年,頁153。

箋:“摧,今莝字也。”(《十三經注疏》481a[①])可見“摧秣”即“莝秣”,指斬草喂馬,正合於文意。

12.蹬

清邊浴禮《健修堂詩集》卷十《贈李梅生杭同年即送之吳中以氣劘屈賈壘目短曹劉牆爲韻十首》之七:“策名逢清時,台閣鵷鷺滿。跞蹬疾已深,何人是盧扁。”(17b,清咸豐間刻本)

按:此字當同“盭”。《漢書·賈誼傳》:“天下之勢方病大瘇……病非徒瘇也,又苦跖盭。”顔師古注:“跖,古蹠字也,音之石反。足下曰蹠,今俗呼脚掌是也。盭,古戾字。言足蹠反戾,不可行也。”[②]“蹠盭”即出此。“盭”之作“蹬”,蓋是“幸”俗作“辛”,“攵”俗作“夂”,部件易位,“幺”又類化换作“足”(受上字“蹠”類化),這樣“盭”就寫作了“蹬”。

13.篃

清李確《乍浦九山補志·土産·竹》:“産於獨山、黄山者爲王莽竹,産於孟家墳者爲篃竹。”(1b,清咸豐八年重刻本)

按:此字當是“描”之增旁俗字,“描竹”即茅竹,筆者方言(安徽桐城)即稱“茅竹”爲“描竹”。明畢自嚴《度支奏議·堂稿》卷五《題覆臺臣劉學詩裁冗省費充餉疏》:“如臺臣所謂浙江貢茶、絲絹、相木、描竹等費,則内供錢糧,非臣等所敢擅動。”(34b,明崇禎刻本)其中“描竹”就是茅竹。明徐光啟《農政全書》卷三九《種植·雜種上》:“貓竹,一作茅竹,又作毛竹,幹大而厚,異於衆竹,人取以爲舟。”(1b,明崇禎平露堂本)可見“茅竹”又作“貓竹”“描竹”“毛竹”等,皆是一聲之轉。

14.纊

清錢以塏《嘉善錢氏家傳》卷二明倪元璐《巡撫雲南都察院右副都御史昭自錢公行狀》:“而彼憸詭曰風癲,曲纊漆炭,以遮豫讓,澮形圖匕,而脱燕丹。”(19b,清康熙五十八年研雲堂刻本)

---

①(清)阮元校刻《十三經注疏》,中華書局,1980年。

②(漢)班固《漢書》,中華書局,1962年,頁2240。

按：此篇又見於明倪元璐《倪文貞集》卷一一，其字作“彌”（《文淵閣四庫全書》1297/138b），是也，“繝”即“彌”之增旁俗字。宋陳亮《龍川文集》卷二一《與石應之》：“古之君子，以渺然一身，而能與天地並立者，豈周旋上下、委曲彌縫之所能辦哉？”（24b，清宗廷輔校刻本）元吳亮《忍經》“委曲彌縫”條：“王沂公曾再涖大名，代陳堯咨。既視事，府署毀圮者，即舊而葺之，無所改作。什器之損失者，完補之如數。政有不便，委曲彌縫，悉掩其非。”（9b，明正統十年刻本）“曲彌”即“委曲彌縫”之義，指隱晦曲折地設法掩蓋以免暴露，正合於文意。“彌縫”常連用，蓋受“縫”字影響，“彌”遂增旁寫作“繝”。

15.齣

清杭世駿《道古堂詩集》卷一七附何夢瑤《堇浦先生見和長篇次韻再寄》：“屢遭冬烘罵，不辯唏與嘰。齣齪謝昔嗟，風雲看今隨。”（4a，清乾隆五十五年杭賓仁刻本）

按：“齣齪”當即“局促”。《史記・司馬相如列傳》：“且夫賢君之踐位也，豈特委瑣握齪。”司馬貞索隱：“孔文祥云：委瑣，細碎；握齪，局促也。”①“握齪”又作“齷齪”，“局促”與“齷齪”是同義詞，故受“齷齪”類化，“局促”亦可寫作“齣齪”。

16.峼

清王定安《求闕齋弟子記》卷七《平寇四》：“十四日，陳玉成復糾僞璋王林紹璋、僞玕王洪仁玕、僞定南主將黃文金僞格天義陳時永暨捻首孫葵心等發捻共三萬眾，馬賊四五百名，併力上犯，由挂車河峼峔尖斜迤棋盤嶺，列隊二十餘里，築壘八座。”（6b，清光緒二年刻本）

按：“峼峔”同“栲栳”。栲栳尖是山名，在今安徽桐城挂車河附近，以其山形似倒置的栲栳（亦稱笆斗），故名。因“栲栳”用作山名，故易旁作“峼峔”。

---

①（漢）司馬遷《史記》，中華書局，1959年，頁3051。

17. 蓋

清百齡《守意龕詩集》卷七《喜雨》:"寶氣勝珠玉,神功泯蓋蝗。枯田生意轉,早見麥頭昂。"(5a,清道光二十六年讀書樂室重刻本)

按:根據文意,此字當同"螣"。"螣"是一種吃禾苗葉的害蟲,"蝗"指蝗蟲,二者皆爲害莊稼。如《禮記·月令·仲夏之月》:"百螣時起,其國乃饑。"鄭玄注:"螣,蝗之屬。言百者,明眾類並爲害。"(《十三經注疏》1370c)二者亦或連用,如《(光緒)湖南通志》卷七六清李元度《昭顯真人廟碑》:"砭疫鬼兮驅螣蝗,豺貘歛跡兮魑魅潛藏。"(17b,清光緒十一年刻本)可以比參。"螣"之作"蓋",蓋是涉義而換旁(疑"螣"居草中,爲草蟲,故易從艸)。

18. 廖

清惲敬《大雲山房文稿初集》卷三《重修瑞金縣署記》:"次内曰二堂,爲楹五,有東西廖,爲楹四。二堂之前,皆治官事之地也。其後曰上房,爲楹七,古謂之小寢。上房之東南曰東上房,爲楹三,有東西廖,爲楹二,古謂之高寢,與上房同。"(39b)

按:此字當同"簃","簃"指樓閣旁邊的小屋。《説文新附·竹部》:"簃,閣邊小屋也。"[①]清顧光旭《響泉集》卷一六《孫香泉索題南園積書嚴走筆奉報即呈尊甫霞岑先生》:"明月東西簃,涼風蕩梧櫝。"(25b,清宣統刻本)可以比參。"廖"應是"簃"之改換形旁俗字。

19. 籒笟

清姚瀚《池上姚氏詩鈔》卷三姚鳳樓《大魚》:"大魚率醜類,咀嚼肥其身。農夫棄畚插,籒笟若雲屯。"(6b,清光緒十三年蝦湖小南樓巾箱本)

按:"籒笟"當同"罾罛",指漁網。《玉篇·网部》:"罾,子登切,取魚罔。罛,公胡切,魚罟也。"(76b[②])"罾罛"乃是同義連用。明李東陽《懷

① (漢)許慎《説文解字》,中華書局,1963年,頁99上欄。

② (宋)陳彭年等《大廣益會玉篇》,影印張氏澤存堂本,中華書局,1987年。

麓堂詩稿》卷七《彭學士先生所藏劉進畫魚二首》之二："帝澤還同雨露深，餘生得謝罾罛擾。"（16b，清康熙二十年刻本）清陳元龍輯《歷代賦彙》卷三八明黃佐《粵會賦》："罾罛網薄，獲必盈槎。"（22a，清康熙四十五年刻本）皆可比參。蓋"罾罛"亦可以竹制，故可換旁作"簪笟"。《龍龕手鑑 · 竹部》"罟"俗作"𥫗"（393），是其比。大型字書未收同"罾"的"簪"、同"罛"的"笟"，可據補。

20.諃

清陳恭尹《獨漉堂文集》卷六《上戴觀察書》："至同獄有林生梧，則又有甚者。梧既抱經年之疾，以同名之誤，橫受投杼之疑。其兩兄並以教讀爲業，一則辭其生徒，徬徨旅邸，以急脊令之難；一則閉戶諃經，長齋禮佛，必待其弟之歸，共案而後舉葷。"（2a，清道光五年刻本）

按：此字當同"唪"，"唪"是高聲念誦義，正合於文意。明姚希孟《棘門集》卷四《文學堯卿華君墓誌銘》："次早，延淨侶唪經。"（45b，明崇禎張叔籟等刻《清閟全集》本）清查慎行《敬業堂詩集》卷三三《題少詹姪〈寫經圖〉時在塞外直廬》："唪經祈冥福，此語傳浮圖。"（4a，《四部叢刊》影印清康熙本）皆其比。"口""言"二旁表義功能相近，俗書常互作，故"唪"俗可作"諃"。

21.溂　埇

（1）清朱琦編《國朝古文彙鈔初集》卷九一胡宗緒《廣東高明令張公墓誌銘》："高明阻山瀕海，枕新會、開平間地，舊多盜。會桂林、潮州相繼逆命，山賊聞風起，焚殺溂泔村民千一百有奇。"（33b，清道光二十七年沈氏世美堂重刻本）

（2）清郭嵩燾《郭侍郎奏疏》卷一："高州東至電白之馬塔、沙埇、漁垌，西至化州之寶墟，官兵營壘相望，其勢皆趨重南路。"（17a，清光緒十八年刻本）

按：此二字皆當同"塱"。《（道光）肇慶府志》卷二二："（康熙十四年）三月，賊劫高明塱泔村，焚殺男女一千一百餘人，盤踞不去。知縣張國城請兵攻剿,救難民數百。”(51a,清光緒重刻道光本)此條記事,與例(1)同,可見“滮”同“堋”。“堋”是地名用字,多見於廣東省,如《(道光)肇慶府志》有高堋村、大堋橋、堋底、堋頭等,《(光緒)廣州府志》有青草堋、百堋圍、大堋山、大堋圍等。“堋”字又作“淜”,如例(1)的“滮泔村”,《(道光)肇慶府志》卷一七(14b,清光緒重刻道光本)、《(道光)廣東通志》卷二五九(6a,清道光二年刻本)皆作“淜泔村”,可見“淜”亦同“堋”,“滮”應是“淜”之改换聲旁字。

例(2)的“埗”,亦當是“堋”之改换聲旁字。清陳坤《粵東剿匪紀略》卷四:“賊目鄭金分眾數千,由信宜竄入電白沙堋,擾及陽江、陽春等屬。”(7b,清同治十年刻本)“沙埗”“沙堋”皆屬電白,可見“沙埗”即“沙堋”。根據百度地圖,其地今改作“沙琅”。

22.蛹

清李確《乍浦九山補志》卷六《土產》“水母”條注云:“俗名海蟄,如蛹蜆虷蛈之類,不具述。”(3a,清咸豐八年重刻本)

按:此字當同“蟶”。“蟶”“蜆”皆爲介殼類,故古書或連用,如明彭孫貽《茗齋集》卷一一《海上詞十首》之七:“黄灣吐蛈邵灣鰕,蟶蜆鯔鰉上擔賒。”(119a,《四部叢刊續編》影寫本)清潘衍桐《兩浙輶軒續錄》卷四九王汝霖《詠蚶效韓孟聯句體》:“椒韭偕調和,蟶蜆同厭浥。”(33a,清光緒刻本)皆其例。“蟶”之作“蛹”,乃是改换聲旁。“虷蛈”即“吐蛈”,也是一種介殼類動物。清袁枚《隨園食單》卷三“吐蛈”條:“吐蛈出興化、泰興,有生成極嫩者,用酒娘浸之,加糖則自吐其油,名爲泥螺,以無泥爲佳。”(31a,清嘉慶元年小倉山房刻本)“虷”蓋是“吐”之類化换旁俗字。

23.譨

清高心夔《陶堂志微錄》卷二《春日游京西山寺四首》之四:“如彼飼鷹女,炷腊珞匈背。無靈有躁險,貪獲孰高致。浮譨一世俗,歧道駭孤詣。”(13b,清光緒八年傅二堂刻本)

按:此字當同“哤”。《玉篇·口部》:“哤,莫江切。《國語》曰:‘雜處則哤。'哤，亂皃。""哤"是雜亂義，"浮哤"即浮偽雜亂。字又作"厖"。《(正德)南康府志》卷九陳鳳梧《廬山高》："山川形勝愈增重，一沈俗學皆浮厖。吾嘗尋幽覽勝登其上，有書盈帙兮有酒盈缸。"(2b，明正德刻本)"浮厖""浮哤"義同，可以比參。"讈"蓋是"哤"字之變。字又作"嚦"，《漢語大字典》收有此字，引錄如下：

> 嚦 páng 聲音雜亂。《西遊記》第九十二回："沙僧見沒了八戒，只見那群牛發喊嚦聲。"明徐復祚《投梭記・悠封》："軍擾攘，聲沸嚦，亂我心旌風搖颺。"①

"嚦"亦當是"哤"字之變，是雜亂義。蓋"哤"換聲旁從"厖"，俗訛作"麗"。《西遊記》的"嚦"，明書林楊閩齋刊本正作"哤"(卷一九 9a)，是其切證。《漢語大字典》其字音 páng，當改作 máng。

24.蕚

(1)清惲敬《大雲山房文稿二集》卷三《艮泉圖詠記》："步蒙子闢艮泉而廬之，如山中梅花千萬樹，是爲花之一房而已。然一房之中，或爲蕚焉，或爲萼焉，或爲英焉。"(27a，《四部叢刊》影印清光緒十年刊本)

(2)《大雲山房文稿二集》卷三《望仙亭記》："篔簹之清，樅檜之嚴，楓柳之森疏，華蕚之動搖，皆若環而侍於望仙者。"(25a)

按：此字當同"柎"，"柎"指花托。《玉篇・木部》："柎，方無切。花萼足也。"《詩・小雅・常棣》："常棣之華，鄂不韡韡。""鄂不"即萼柎，指花萼和花托。"柎""旉"同音，"蕚"應是"柎"之異構。例(1)"蕚"與"萼""英"並列，可見其爲花之組成部分，將其釋作"柎"是很合適的。例(2)"華蕚"即"華柎"，指包括花托在內的花之整體。清鄧顯鶴輯《沅湘耆舊集》卷六六張璨《揖山草堂歌爲劉硎堂先生作時余有遠行》："況復兄弟善繼述，一門七業榮華柎。"(7a，清道光二十三年鄧氏南邨艸堂刻本)清鄭炎《雪杖山人詩集》卷二《憶姚書田表內兄》："盆中吉利生香草，階下

①《漢語大字典》編輯委員會《漢語大字典》，崇文書局、四川辭書出版社，2010 年，頁 760 右欄。

宵明瑞葩小。芳苡夜燃龍鳳光,金櫻秋熟華柎抱。”(14a,清嘉慶五年鄭師尚刻本)亦皆“華柎”連用,可以比參。

以上例 1 至 8 爲偏旁訛變造成的俗字,9 至 15 爲類化俗字(其中 9 至 12 爲類化換旁,13 至 15 爲類化增旁),16 至 24 爲改換偏旁俗字(其中 16 至 17 爲涉義換旁,18 至 20 爲改換形旁,21 至 22 爲改換聲旁,23 至 24 爲形聲俱換)。當然,明清刻本俗字遠不止這些類型,對其更深入的研究,仍有待開展。

甲骨軍事刻辭精細與融合研究的新成果

——讀李發專著《甲骨軍事刻辭整理與研究》①

鄧　飛　　唐　燾②

李發教授《甲骨軍事刻辭整理與研究》一書 2018 年由中華書局出版,這是他多年從事甲骨軍事刻辭研究的傑出成果。該書以近 600 頁的鴻篇向學界揭示了殷商時期甲骨軍事刻辭的方方面面,體現了軍事刻辭的重要價值,適應了當前甲骨學研究發展的主流要求。我們讀完該書,獲益匪淺。該書給我們最深刻的感受和體會就是其"精細"與"融合",二者完美結合在一起。我們認爲該書很好地展示了甲骨軍事刻辭研究向精細化、融合化方向發展的趨勢。就此體會我們願與更多的學界朋友分享。

甲骨軍事刻辭,指刻在龜甲獸骨上的關於一切軍事活動的文辭,包括對戰爭準備、偵察、進攻、防禦、凱旋等吉凶禍福的占卜記錄。"國之大事,在祀與戎",甲骨文的主體之一便是對"戎"事的占卜記錄。該材

①本文受國家社科基金重大招標項目"商周金文字詞集注與釋譯"(項目編號:13&ZD130)、國家社會科學基金項目"以甲金文樹庫建構爲基礎的商代漢語句法體系的描寫與闡釋"(18BYY164)、中央高校基本科研業務費重大項目"嚴可均輯《全上古三代文》之青銅器銘文的校理和注譯"(項目編號:SWU1809008)、中央高校基本科研業務費創新團隊項目"文字學"(項目編號:SWU1709128)的支持,特致謝忱。

②鄧飛,西南大學漢語言文獻研究所　教授　重慶　400715。唐燾,西南大學漢語言文獻研究所　研究生　重慶　400715。

料在一定程度上反映出當時的戰爭與方國、軍制與軍禮、軍事組織與軍事人物、軍事詞彙與句法等面貌,因此,研究這一軍事檔案資料具有重要意義。在對該書"精細"和"融合"研究特色進行分析之前,我們有必要先敘述一下其主體内容和主要觀點。

一、該書的主體内容和主要觀點

該書的主體内容可分爲七個部分。第一部分是"甲骨軍事刻辭反映的商代戰爭"。該書整理出與商有過戰爭關係的周邊方國和地區達80個。重點討論了"方方""𢀛方""夷方"三個方國,就其與商之間戰爭的辭例分佈、重大衝突可能延續的時間等進行了詳細考察,同時還討論了這些方國的地望問題。其中重要觀點有:

商與"方"戰爭持續時間長,從武丁早期一直持續到商代末期。"方"是一支主要活動在殷之西北或北方的居無定所的遊牧民族,非晉南方國之一。商與𢀛方之間的戰爭至少持續三年,規模較大,單次戰役有用兵上萬人的可能。𢀛方可能是活動於殷商西部陝西、甘肅一帶的遊牧民族。"夷方"的"夷"爲"尸"的借字。甲骨文中的"尸"有兩種用法:一是"延尸"之"尸",指祭祀時代表死者接受祭祀的活人;二是借作"夷方"之"夷"。郭沫若謂"夷"爲山東之島夷與淮夷而言,從征伐路綫與臨近方國來看,可從。第一至四期商征夷是小規模的,到第五期帝辛十祀大規模征夷,最後取得勝利。

第二部分是"甲骨軍事刻辭反映的商代軍事人物"。經系統整理,甲骨軍事刻辭中從事軍事活動的人物包含三類:一是"王";二是商王臣屬,其或爲臣服於商的方族首領,或爲商王身邊的近臣,或爲商王的家族成員,或爲商王派往戍邊的首領;三是商的敵方首領。列表反映了91位軍事人物的主要事蹟及活動時代,重點討論了雀、𠂤般、沚戓、望乘、婦好五位有代表性的軍事人物。其中重要觀點有：

雀主要活動於武丁早中期，主要事蹟是：取匿、翦敖、伐畀、翦𠧪邑、翦祭、伐缶、伐亘、敦桑、敦壴、伐猶、伐巽、伐目、伐或，配合伐基方及“來射”等。有學者認爲雀可能是文獻記載的重臣傅說，這一說法還有待進一步證實。

𠂤般主要活動於武丁晚期至祖庚時期，主要事蹟是：取郭人、派人去龐地和㵣地、取於夫、取於龍、取逸（逃跑的奴隸）、取於朿、伐𢀛方、往𡵂、失羌、勝任王事等，以伐𢀛方和失羌最爲典型。學界一般認爲𠂤般即《尚書・君奭》所謂甘盤，目前限於材料，尚難肯定。

沚戓是武丁中晚期的重臣，主要事蹟是：伐巴方、土方和𢀛方。伐巴方持續的時間相對較長，賓一類和典賓類卜辭均見。賓一類卜辭中沚戓作爲先頭部隊前往偵察和進攻，典賓類卜辭中則是隨武丁一同討伐巴方。

望乘主要活動於武丁晚期至祖庚時期，主要事蹟是伐下危。伐下危的戰爭斷斷續續打了一年，至少是從二月到十一月。伐下危與沚戓伐巴方、婦好伐夷方、王伐龍方等有共版關係，表明它們在同一時期。

婦好主要活動於武丁中期和晚期偏早，她的壽命應該不會超過50歲。婦好的出征事蹟有：伐巴方、伐土方、征夷方；其他事蹟有：徵集一萬三千人參加戰爭、戰爭前期到龐地徵集衆人等。伐巴方持續了一段時期，因爲賓一類和典賓類卜辭均有反映。伐巴方規模較大，因爲沚戓與婦好共同參與，武丁亦親自出征。

第三部分是“甲骨軍事刻辭反映的商代軍事組織”。甲骨軍事刻辭包括的軍事組織主要有“師”“族”“旅”三種。該書分别整理三類軍事組織的相關卜辭，逐一分類排譜，得出了較前人更爲平實可信的結論。其中重要觀點有：

“師”的性質是常設軍，商王的常設軍可稱“王師”，王自稱“我師”，商王同姓貴族也有一定規模的常設軍，如“雀師”“朿師”“[illegible]師”等。該書指出，“師”是指商代軍事組織的泛稱。“族”的性質是非常設軍，其構成是農時耕種、閑時訓練的族兵。"旅"不是一級軍事編制,也不是常設軍隊,而是農時勞作、閑時集中訓練、戰時徵集入伍的"民兵"。它屬於某一家族,作戰時可稱某族。

第四部分是"甲骨軍事刻辭反映的商代軍禮"。軍禮是《周禮》所載五禮之一,但遺憾的是,《儀禮》所載儀節獨缺軍禮。經前人和該書的努力研究,可以明確知道商代甲骨軍事刻辭中包含兩個方面的商代軍禮:一是校閲禮,二是戰爭禮。其中重要觀點有:

校閲禮即通過田獵活動檢閲、選拔、訓練士兵,卜辭載有"立中、立事(建旗聚眾)""蒐田(訓練檢驗)"等儀節,蒐田行爲還涉及"蒐田活動前的告廟禮、遷廟禮、占卜""蒐田過程中祭天帝山川禮""蒐田結束後的獻捷禮、饗燕禮"。戰爭禮包括"祭上帝""祭土神""告廟""命將""占卜""祭隨遷之廟主和社主""凱旋、返主、獻俘、祭祖禮"等。

第五部分是"甲骨軍事刻辭所用行爲動詞"。動詞作爲句子的中心,是句法和語義的主要表現者。該書對甲骨軍事刻辭中的軍事動詞進行了重點考察,整理出與軍事行爲有關的動詞 72 個,動詞性固定詞組 3 個。從三個角度予以考察:一是從字形、詞義角度,意在對前人的考釋成果做出考辨,提出作者的觀點;二是從詞的群聚角度,意在考察軍事動詞之間的意義聯繫;三是借用"配價理論",考察動詞的價數及其與名詞結構的微妙關係。其中重要觀點有:

"立中"的本義是在空曠地上豎旗或巾幡用以聚眾,或作爲測日影觀氣象之工具。該書討論的是它的引申義,即豎旗聚眾,集結士卒,從事校閲或征伐。"立中"本爲短語,後凝固成一個詞,從構詞理據來講,爲動賓式複合詞。

萑(雚)在卜辭中有四種用法:一是作動詞,讀作"獲";二是讀作"灌",古代祭祀時奠酒獻神的一種儀式;三是讀作"觀",意爲監視、偵視;四是同"舊"。萑(雚)作爲軍事動詞,表示監視、偵視義時用其假借義。

卜辭中"圵"與"正"有區別,區別在於:一是"正"僅用於商征伐敵方,

“显”則大量用於敵方進攻商及其友邦,少量用於商進攻敵方;二是“显”有“显于”“隻显”的用法,而“正”沒有;三是“显”的對象可以是商及其友邦,也可是獵物,而“正”則不用於田獵。可見“显”與“正”是兩個不同的字,“显”的本義不明,表示敵方前來進攻,可能是其引申義。

軍事刻辭中72個動詞的配價情況是:一價動詞13個,占18.06%;二價動詞57個,占79.17%;三價動詞2個,占2.77%。與現代行爲動詞的配價情況大致相符,古今差異不大。

第六部分是“甲骨軍事刻辭所用句型”。該書首先以“望乘伐下危”“沚戠伐土方”兩件個案所用句型進行詳細排比,採用表格形式進行逐一呈現。然後對命辭使用的單句與複句句型進行分別描寫。其中重要觀點有:

以“望乘伐下危”爲例,句型分析的結論是:運用了單句和複句兩種形式,複句包含廣泛使用的假設複句和僅見2例的目的複句。含“望乘伐下危”這一分句的句型可以概括爲:$(AV_1)+(S)+(AV_2)+(V_1)+(OS)+V_2+O_2+V_3+O_3$。如果句中的$AV_2$爲“叀”或“勿隹”,其後動詞的賓語要前置。“望乘伐下危”事件中的句型是:$(AV_1)+(S)+AV_2+O+V_1+(V_2)+(O_2)$。此型亦是前述句型的變式。

單動詞軍事刻辭的句型是:$AV+S+AV+V+O+CO$。它有18種變式,其中16種是SVO語序,同漢語的主流語序相同,有2種句型是SOV,其賓語前置是在“叀”“隹”出現的情況下產生,這兩詞可稱爲“焦點標記”。

單句中的17種連謂句型,主要是兩個動詞結構構成的連謂式,僅有1種句型是由三個動詞結構構成,16種句型是SVO語序,1種句型是由“叀”“隹”作標記的SOV語序。

36種常見兼語句型,兼語後是簡單謂語形式的兼語句16種,前置兼語後是簡單謂語形式的兼語句4種,前置兼語後仍爲兼語式的兼語句1種,兼語後是雙賓語的兼語句1種,兼語後爲連謂式的兼語句11種,前置兼語後爲連謂式的兼語句3種。

複句句型主要是一層複句,有並列複句、順承複句、選擇複句、假設複句、因果複句、目的複句、按斷複句等類型,其中並列複句和假設複句最爲常見。

第七部分是"甲骨軍事刻辭所涉語義角色"。甲骨軍事刻辭中的語義角色主要反映在七個方面:施事、受事、與事、原因、對象(目標)、時間、空間。其中重要觀點有:

施事:發出軍事動作或行爲的主體。施事者作爲戰爭的主體,要麼是商王,要麼是商王派出的軍事首領,要麼是軍隊,要麼是敵方。施事者一般在句中作主語,偶爾作賓語。

受事:軍事動作或行爲的承受對象。軍事刻辭中,受事者一般是周邊邦方。從語義上說,受事者作爲謂語動詞的支配和承受對象,一般作賓語,但有的受事者形式上卻作了介詞的賓語,構成介賓短語充當謂語的補語。

與事:發出軍事動作或行爲的參與者。甲骨文中的"與事"語義上與"施事"功能相近,也是軍事行爲的發出者,但句法上要分析爲標記詞"比"的賓語。

原因:動作行爲的原因、來源或依據。軍事刻辭本身看不出戰爭行爲的原因,作者討論的原因並非軍事動詞反映動作行爲的原因,而是與軍事活動相關的祭祀行爲的原因。

對象(目標):謂語動作和行爲間接涉及的對象或要達到的目標。根據動詞的"及物性"和"控制度",可將軍事動詞分成四類,其中第二類動詞的賓語是動作涉及的物件,第三類動詞的賓語是動作達到的目標。

時間:動作行爲發生或經歷的時間。商代軍事活動頻發生於兩個時期:一是歲末,即 10—12 月(閏月有 13 月與 14 月);二是歲中,即 5—7 月。戰爭時間選用干支也有一定傾向。

空間:動作行爲發生的空間。主要有三類:一是殷都安陽,即戰場後方——最高指揮者商王所在地,卜辭較少;二是戰爭前綫,大部分是方國所在地或商之邊邑;三是行軍所經之地或駐紮地。

二、該書的“精細”研究

該書給我們最深刻的感受就是其將“精細”與“融合”二者完美結合起來研究。就其“精細”研究而言,主要體現在語義的精細分類、最新甲骨綴合語料、排譜理念與微細斷代思想的介入、“精細”的研究方法四個方面。下面結合具體用例來感受該書中的“精細”研究。

(一)語義精細分類

從1899年至今,甲骨文發現已有120年的歷史。對甲骨文的研究,從1904年孫詒讓出版的第一本甲骨文研究專著《契文舉例》起,已有115年的研究歷史。甲骨文的研究已由最初的混沌摸索階段發展到現在的科學、全面、系統、深入且細緻的階段。到目前爲止,甲骨文研究主要集中在下列六個方面:第一,著錄整理,包括甲骨綴合、校重;第二,文字考釋;第三,分期斷代,包括分組分類;第四,卜法、文例研究;第五,語言、文字研究;第六,相關學科研究,包括殷商史、殷商曆法、殷商地理、殷商禮制、殷商制度、殷商考古等多學科的研究。甲骨文研究對整個漢語史研究意義重大,“它提供了大量未經竄改的時地準確的新鮮語料,將漢語史研究的時代向前延伸了三百多年,使我們能做到在現有條件下最大限度地追根溯源,可以補充和糾正許多漢語史研究中的成説,也可以揭示一些先秦漢語中已消失的語言現象,給漢語史研究以重要的啓示”①。

就甲骨文内容分類研究而言,也由早期的分類粗略狀態逐漸到現在的精細階段,研究更加細緻、深入。孫詒讓《契文舉例》最早按照甲骨

①喻遂生《甲骨語言的性質及其在漢語史研究中的價值》,《甲金語言文字研究論集》,巴蜀書社,2002年,頁16。

字詞的類别進行分類,分爲釋月日、釋貞、釋卜事、釋鬼神、釋人、釋官、釋地、釋禮八個部分。雖然孫氏主要按照字詞的意義分類,研究也以字詞考釋爲主,但這一分類形式確立了甲骨文按内容分類的雛形,對以後甲骨文的分類研究意義重大。其後羅振玉、郭沫若等在編排甲骨著録書時也按照内容分類形式進行編排,只是各自的具體分類形式有所不同。

郭沫若《卜辭通纂》就按照干支、數字、世系、天象、食貨、征伐、畋游及雜纂八個方面編排,其中的天象、征伐、畋游到現在爲止都是甲骨分類研究中的重要板塊。其後甲骨内容分類研究更加精細化和深入化,並在分類的基礎上結合了分期斷代的研究成果,確定了分期分類研究。所謂分期分類研究,即在前人分期斷代的基礎上將卜辭按照主題分類進行研究。到目前爲止,甲骨文的分類研究主要涉及軍事、祭祀、田獵、農業、天象、時間、人物、地理等多個方面。《甲骨軍事刻辭整理與研究》一書即是甲骨分類研究中軍事研究的一個代表。

"國之大事,在祀與戎",軍事是古代社會生活最重要的組成部分,甲骨軍事刻辭作爲我國最早的軍事文獻,具有十分重要的研究意義。該書即以甲骨刻辭的分期分類爲研究基礎,以甲骨軍事刻辭爲研究對象,全面、深入且細緻地分析武丁至帝辛時期甲骨軍事刻辭中所包含的關於商代戰爭、商代軍事人物、商代軍事組織、商代軍禮四個方面的内容,在前人研究的基礎上給出了更合理的結論。同時在研究商代軍事具體内容的基礎上又進一步探索甲骨軍事刻辭中所涉及的語言問題,分别從詞彙、句型及語義三方面進行論述,對軍事動詞、句型及語義有了更好的剖析,有利於更好地理解軍事刻辭的意義與内涵。

(二)利用最新甲骨綴合語料

甲骨文發現已有近 120 年的歷史,甲骨綴合也有百餘年的歷史。甲骨綴合的這百餘年,大致可以分爲三個階段。從 1917 年王國維首次綴合甲骨到 1938 年是第一階段;1939 年曾毅公出版綴合專書到 1977 年是第二階段;1978 年《甲骨文合集》出版,標誌着甲骨綴合進入第三個階段[1]。蔡哲茂《甲骨綴合集》《甲骨綴合續集》《甲骨綴合彙編》、林宏明《醉古集》《契合集》、黄天樹《甲骨拼合集》《甲骨拼合續集》《甲骨拼合三集》《甲骨拼合四集》等甲骨綴合專著的出版,標誌着甲骨綴合已從早期的初級發軔階段發展到現在的深層次、多角度新階段。

新的綴合成果層出不窮,現階段主要形成了以中國社會科學院歷史語言研究所"先秦史研究室"爲基地的甲骨綴合發表網站,更新迅速,綴合成果層出不窮。甲骨綴合爲甲骨文研究提供了新的研究材料,促進了甲骨學的發展,開拓了甲骨學研究的新視角,意義重大。

該書善於利用最新甲骨綴合語料。在整理甲骨軍事刻辭材料時,不僅全面整理已公開出版的甲骨著錄,而且窮盡性地整理與軍事刻辭相關的最新甲骨綴合成果,力求使甲骨軍事刻辭的語料更全面、更準確,從而在研究材料的基礎上得出軍事刻辭的相關的準確性、合理性的結論。該書各個章節的例證説明中都使用了大量綴合材料,使軍事内容更加完整與豐富。

第二章第二節"商與方方之間的戰爭"師小字類"方來攻商"部分近40片甲骨材料就有《合集》20408+《合集》20420、《合集》20436+《合集》20438+《乙編》385等5片綴合材料。又如《拼集》130=《合集》8538+《合集》5240,兩片甲骨各自零碎,經綴合後内容完整,"貞𢀛方其來王自鄉",黄天樹指出是卜問𢀛方來犯,王是否親自迎戰。該書根據綴合後的材料指出是卜問𢀛方來犯,王是否親自"饗"祭祖宗神靈,祈求授佑。該書給出了自己的新觀點,對以往研究成果有所補充。另外,該書後整理有"所引綴合成果出處表",共使用綴合材料260組,按《合集》著錄號依次排列,給出綴合出處及書中使用的綴合部分,不僅使讀者一目了然,也方便統一查閲與甲骨軍事刻辭相關的綴合材料。

(三)排譜理念、微細斷代思想介入

該書在全面整理商代軍事刻辭材料的基礎上,在研究具體問題時,

[1] 黄天樹《甲骨拼合集·序》,學苑出版社,2010年,頁1。

引入排譜理念與微細斷代思想,使全書條理清晰,邏輯順暢,結論可靠。

該書全書,特别是軍事事實相關研究部分,大量使用分期分類的排譜理念。商代軍事戰爭、軍事人物、軍事組織中的相關研究基本上均是按照研究對象在各時期、各組類的具體分佈進行排列,並根據這些排列進一步分析研究,得出結論。就小範圍的具體事件而言,排譜理念也用得淋漓盡致。如該書中討論"帝辛十祀伐夷方"事件時,通過對 41 版 124 條卜辭進行整理、繫聯與排譜,歸併成 106 個具體事件。並根據這些卜辭中出現的時間及地名進行繫聯,得出了具體的征夷方綫路圖及相關結論——在伐夷方的過程中,在攸地停留時間最長,後一直在攸地附近的舊、泧、淮、灉、萻、淩、巽、量等地活動,再到攸地的邊邑永,後於正月丙午到攸,在攸地停留 32 天。由此可知,攸應是攻打夷方的前綫。征夷方的行程於十祀九月甲午從大邑商出發,經過九個月,至十一祀五月癸卯回到田獵區害地,共計 250 天。

美國學者夏含夷提出了"微細斷代法",他將六十干支分別編號,甲子爲 1,乙丑爲 2……癸亥爲 60。"一月甲子"爲"1/1","十月癸亥"爲"10/60",以此類推。他指出:

> 爲了比較這些不同月中的參量,我們必須將它們全部换算到一個相同的月份中去。最方便的辦法是將其全部换算到當年的正月中。如前所述,陰曆中的月份明顯地是由有三十日的大月和有二十九日的小月有規律地交替組成,則向一月的轉换可極方便地表現爲由單月前推若干二個月(即五十九日)的時段。五十九日正好是六十日一個干支周期減去一日,因此每前推一個時段就要求在那個參量的首尾各加一日。①

簡單地説"微細斷代法"即是一條卜辭只要有干支和月份作爲標記,就可以推出該月份所在年的 1 月 1 日的參數量(即干支區間),如果

① 夏含夷《殷墟卜辭的微細斷代法:以武丁時代的一次戰役爲例》,《甲骨文發現一百周年學術研討會論文集》,臺灣師大國文學系、歷史語言研究所,1988 年。又收入夏含夷《古史異觀》,上海古籍出版社,2005 年,頁 19—22。

兩條或兩條以上卜辭所推出的1月1日所在干支區間相容,就可以説明它們所占事件可能發生在同一年,反之,就不會在同一年。該書爲了更準確地推算某些戰爭具體發生的時間或者某方活動的時間,大量使用"微細斷代法",更加準確地推算了某些戰爭的發生時間和持續時間,這對了解戰爭本身以及戰爭雙方人物的具體活動時間具有重要的參考價值。

該書爲了明確商與𢀛方戰爭的持續時間,通過繫聯"辛未令伐𢀛方""𢀛方圍我奠𦵔四邑"等六組事件,並結合這六組事件的卜辭群體中包含的月份時間與干支時間,再結合"微細斷代法",得出了六組事件中第一、二、六組事件發生在一年,第三與四、五組事件發生在兩年,第一、二、六組事件與第三、四、五事件之間發生的時間不相交,因此兩者發生的事件不在同一年,最後結合這六組事件整體反映的時間推測出商與𢀛方戰爭時間持續至少三年。而這一推測的結果與干支驗對推斷的商與𢀛方戰爭持續時間吻合,證明了運用"微細斷代法"推測結果的合理性。

(四)"精細"的研究方法

該書使用的一些研究方法也體現出"精細"研究。書中除了使用一般或傳統的研究方法外,還創建性地使用了一些精細的研究方法,如"干支驗對法""地名繫聯法"與"文獻對勘法"結合使用,這些方法對於解決具體問題作用重大。所謂"干支驗對",指將含有月份的干支置於六十甲子表中,假設每月30天,驗對兩個月份的干支之間的相差天數能否分屬兩個月份。書中討論師小字類方來攻商的時間問題,通過排列卜辭,逐一分析干支與月份的對應情況,及各卜辭中干支的對應情況,指出辭例中的干支和月份在二月癸酉與五月壬申之間不能相容,由此表明方來攻商的行爲不可能發生在一年之内,至少跨了兩個年頭。"干支驗對法"常與"微細斷代法"結合使用,二者相互驗證,共同保證書中時間推算的可靠性。

孫詒讓《契文舉例》最早考釋卜辭中所見之地名,其後王國維《殷虚卜辭中所見地名考》一文結合後世文獻對勘考釋地名。但只憑文獻對勘不免出錯,其後郭沫若提出了"地名繫聯法"考釋地名。爲了保證考釋地名的準確性,該書將"地名繫聯法"與"文獻對勘法"二者結合使用。如書中在討論沚地的具體地望時,主要根據卜辭反映的與沚在地理上有密切聯繫的土方、㺙、馬方、或、羌方來推斷。而在確定土方、㺙、𢀛方、馬方、或、羌方的具體地望時又主要結合《春秋》《左傳》《墨子》《史記》《後漢書》等文獻中出現的相關地名來推算。最後得出了"沚其東有商,東北有土方,北方有羌方,西方有𢀛方,附近有㺙,地望在今山西南部"的結論。

三、該書的"融合"研究

該書不僅注重"精細"研究,也注重"融合"研究。就"融合"研究而言,主要通過系統論的觀點、學科的融合研究、宏觀與微觀的互鑒、出土文獻與傳世文獻二重證據及傳統與理論更新有機融合五個方面來展現。

(一)系統論的觀點

前面簡單論述過120年來甲骨學大致的研究情況。就商代甲骨軍事刻辭而言,前代學者也有比較豐碩的研究成果,主要集中在軍事刻辭的整理、商代戰爭、商代軍制、商代軍禮、商代軍事人物以及與商代軍事相關的田獵、方國地理與經濟等方面的研究,主要側重於軍事活動中的某個方面進行深入研究,傾向性較強。從系統的角度研究甲骨軍事刻辭的成果較少,《早期奴隸制社會比較研究》中有《商代軍事制度》一章,論述了商代武裝力量體制、兵種及軍事組織編制、兵農合一的族兵、軍事訓練等問題①。但篇幅有限,很多問題未展開。

①胡慶鈞主編《早期奴隸制社會比較研究》,中國社會科學出版社,1996年,頁266—283。

張永山、羅琨《夏商西周軍事史》對甲骨文各時期的重要戰爭進行了論述①,但主要側重於戰爭,很多問題也未涉及。其後羅琨《商代戰爭與軍制》一書論述了成湯滅夏的戰爭、商代前期的戰爭、商代後期的戰爭、商代的軍事制度、商代的軍事裝備與國防、商代的軍禮和軍事思想等方面的内容②。雖對商代軍事面貌進行了比較全面的研究,但也有很多内容未涉及。總體來説,商代軍事刻辭綜合研究不足,系統性不强。

《甲骨軍事刻辭整理與研究》在前人研究的基礎上,將與甲骨軍事相關的内容均納入其中,通過開闊的視野、系統的方法得出了更符合實際的結論。首先窮盡性地收集與整理了甲骨軍事刻辭 4423 片,對軍事刻辭的材料進行了系統整理。其次内容上也進行了系統整合,不再只是對商代軍事刻辭進行點或綫的描述,而是進行面的整合與研究。該書主要將軍事刻辭分爲了兩個方面進行分析,一是有關軍事事實的研究,主要從商代戰爭、軍事人物、軍事組織、軍禮四個方面入手,全面、深入且細緻地剖析商代軍事事實反映的方方面面;二是從軍事語言入手,分析與軍事刻辭有關的詞彙、句型及語義三個方面,全面、深入且細緻地剖析商代軍事刻辭語言反映的方方面面。兩方面中又包含各自的小系統,一環一環相互銜接,共同構成軍事事實與軍事語言兩大系統,最後將軍事事實與軍事語言二者結合起來,共同構成了系統完整的商代軍事刻辭的全貌。

(二)學科的融合研究

該書内涵豐富,不僅運用了一般文字學的知識,還運用了語言學、歷史學、文化學等方面的知識,對甲骨文中的軍事資料進行了細膩的考量,得出了一些新穎的意見和具有啟發性的推測。

該書第六至八章主要運用語言學知識探索甲骨軍事刻辭中的語言現象。第六章總結了甲骨刻辭中使用的軍事動詞,並在此基礎上結合

①張永山、羅琨《夏商西周軍事史》,《中國軍事通史》第 1 卷,中國軍事科學出版社,1998 年。

②羅琨《商代戰爭與軍制》,宋鎮豪主編《商代史》第 9 卷,中國社會科學出版社,2010 年。

語義場理論知識將這些軍事動詞根據不同的類聚現象納入關係義場、同義義場及枝幹義場三個不同的語義場,由此更清楚地了解各軍事動詞之間的語義關係。最後運用配價理論,根據這些軍事動詞與名詞性成分的組合情況,分爲一價動詞、二價動詞、三價動詞,並總結甲骨軍事刻辭中大量動詞爲二價動詞。第七章以“望乘伐下危”與“沚戓伐土方”兩個句型爲例總結了甲骨軍事刻辭中包含的單句句型與複句句型,有利於更好地掌握軍事刻辭及其相關的句型。第八章是從語義角度入手,將軍事刻辭分爲施事、受事、與事、原因、對象、時間、空間七個語義角色,對理解軍事刻辭的語義内涵有重要意義。具體的用例如“呼”與“令”均有命令的含義,但“呼”的含義更廣,除了一般的命令義,還有呼召、報告等意義。但二者均可表示一般的命令,且如果涉及重要的軍事行動,均應有莊重的册命禮儀。

該書運用了很多歷史學的知識探索甲骨軍事刻辭中包含的歷史事實。甲骨文是商人的刀筆文字,其本身也是一種歷史資料。就歷史學的角度來看,該書最主要的是利用了斷代分析法與歷史事實考辨法。如在研究商與方方的戰爭情況時,將整個商代分爲武丁早期、武丁時期、武丁中期、武丁晚期、武丁至祖庚期、祖庚至祖甲期、廩康至武乙期、廩康至文丁期及乙辛期幾個階段,得出商與方方的戰爭從武丁早期一直持續到商代末期。另外軍事刻辭中反映的商代軍事制度、具體軍事事件、重要軍事人物等均可以結合歷史學的相關知識進行考證。利用歷史學的相關知識對研究軍事刻辭有重要的意義,但是反過來,軍事刻辭的研究對豐富商代的軍事事實、軍事制度、地理、方國、人物等方面也有着重要的作用,可以從目前知道的歷史源頭溯清中國軍事發展狀況及相關知識。

文字是文化的重要表現形式,承載了豐富的文化内涵。甲骨軍事刻辭中承載了豐富的軍事文化,軍事禮制尤其突出。軍禮是《周禮》所載的五禮之一,但《儀禮》所載的儀節部分獨缺軍禮。該書從甲骨軍事刻辭入手,提煉了卜辭中反映的商代軍禮——校閱禮與戰爭禮。商代校閱禮是通過田獵活動檢閱、選拔、訓練士兵的儀節,包括"立中""立事""蒐田"等儀節,其中"蒐田"儀節比較豐富,涉及"蒐田活動前的告廟禮、還廟禮、占卜""蒐田過程中祭天帝山川禮""蒐田結束後的獻捷禮、饗燕禮"等具體的儀節。商代戰爭禮,包括"祭上帝""祭土神""告廟""命將""占卜""祭隨遷之廟主和社主""凱旋、反主、獻俘、祭祖禮"等儀節。從該書中我們可以了解商代軍禮的具體儀節,也可以填補文獻中缺失的商代軍禮文化,對於豐富我國早期的軍事文化十分有益。

綜上,該書涉及文字學、語言學、歷史學、文化學等多個學科的知識,各學科相互融合,相互貫通,共同匯入甲骨軍事刻辭研究,擴展了軍事刻辭研究的深度與廣度。

(三)宏觀與微觀的互鑒

該書將宏觀與微觀相結合,二者互鑒,共同爲甲骨軍事刻辭研究服務。

從宏觀層面來看,就研究材料而言,據不完全統計,目前甲骨數量達 15 萬片之多①,該書着眼於目前出版的所有甲骨著錄及綴合成果,從如此巨大的甲骨數量中整理出軍事刻 4423 片,做到了材料整理的宏觀與全面。就研究內容而言,該書研究甲骨軍事刻辭從軍事事實與軍事語言兩方面出發,軍事事實涉及商代戰爭、軍事人物、軍事組織、軍禮四個方面,軍事語言涉及詞彙、句型、語義三個方面,系統地研究了軍事刻辭的方方面面,而不是僅選取其中小的方面,做到了研究內容的宏觀與系統。就研究範圍而言,該書以甲骨軍事刻辭爲研究對象,以甲骨學的相關知識爲本體研究,但是同時涉及文字學、語言學、歷史學、文化學、考古學等多種學科的研究,做到了研究範圍的宏觀與全面。就研究方法而言,該書爲了得出更加合理的結論,運用了如材料分析法、傳世文獻與出土文獻二重證據法、共時與歷時研究法、結構分析法、語義分析

①關於出土甲骨的數量,各家統計存在差異,或以爲 10 萬片,或以爲 13 萬片,或以爲 15 萬片,15 萬片是胡厚宣先生的統計結果。

法等多種研究方法,做到了研究方法的宏觀與多樣。

從微觀層面來看,就研究材料而言,該書在衆多甲骨材料中選出了4432片軍事刻辭。同時對這4432片甲骨材料進行仔細分析,不僅僅關注了其中刻寫的内容,同時也關注甲骨的形態、字體、鑽鑿等各方面内容,從而爲進一步的分期分類研究作準備,做到精選材料的細緻與精確。就研究内容而言,該書除了從宏觀的角度關注整個軍事活動,還注意到了其中比較細小的問題,如通過甲骨材料中刻寫的干支時間推測出整個商代軍事活動的主要發生時間;通過一個軍事動詞研究其字形、詞義、相互關係及句子成分等多個方面的内容以期對其有更好的認識。以上種種做到了研究内容的微觀與細緻。就研究範圍而言,該書在把握宏觀層面時也没有忽略微觀的甲骨學本體的研究。該書的研究對象是甲骨軍事刻辭,限定是甲骨材料,該書始終遵循這一基點,全書表現出對甲骨本體研究的熟悉與關注,而没有出現有些從歷史角度研究甲骨造成忽視甲骨學本體研究的情況,做到了研究範圍的微觀。就研究方法而言,該書除了運用一些宏觀、系統的研究方法,還使用了"微細斷代法""干支驗對法""地名繫聯法""文獻對勘法"等多種微觀的研究方法,從微細的研究層面出發,分析並解決這些細小問題,做到了研究方法的微觀與細緻。

(四)出土文獻與傳世文獻二重證據

1925年,王國維在《古史新證》中首次提出"二重證據法",他説:

> 吾輩生於今日,幸於紙上之材料外,更得地下之新材料。由此種材料,我輩固得據以補正紙上之材料,亦得説明古書之某部分全爲實錄,即百家不雅馴之言,亦不無表示一面之事實。此二重證據法,惟在今日始得爲之。雖古書之未得證明者,不能加以否定,而其已得證明者,不能不加以肯定,可斷言也。①

地下之新材料即出土文獻,紙上之材料即傳世文獻,將二者結合起

①王國維《古史新證》,湖南人民出版社,2010年,頁2。

來,相互印證,相互補充,共同考證二種材料之真實性。

甲骨文屬出土文獻,埋藏地下三千餘年,沒有經過時間的流變而改變它本身的内容,真實性強,是研究商王朝的可靠史料,但是因爲時間久遠,釋讀存在問題;傳世古籍屬傳世文獻,由人們手筆相傳,流傳至今,釋讀一般不存在問題,但由於流傳久遠,保留有時代的印記,還原性欠佳,同時保留下來的商周古籍較少。因此研究商代須將傳世文獻與出土文獻結合起來,能夠同時保證二者的有效性,保證結論的可靠性。

該書將出土文獻與傳世文獻有機結合,保證了軍事刻辭相關研究内容的可靠性,同時爲傳世文獻所欠缺的商代軍事活動進行了補充。如《左傳》《國語》等古籍中均記有"三軍"之制,甲骨刻辭中也保存有"三自"(《合集》3306)之制,由此可見在商代就存在作戰分三隊的陣法。又如《周禮・夏官・大司馬》明確記載大司馬會在不同時令教習兵士,再以田獵之事檢驗,主要包含建旗聚衆、排兵佈陣、使用兵器、熟悉軍令、田蒐檢驗及獻禽祭祀等禮儀,科學縝密,周到細緻。商代甲骨卜辭中保存有建旗聚衆和訓練檢驗的禮節,分别通過"立中""立事"與"蒐田"活動反映。甲骨軍事刻辭中的制度或禮節在傳世文獻中能找到印證,可以證明前期釋讀與理解的正確性。傳世文獻中的制度或禮節在出土文獻中得到印證,可以爲其溯源。二者相得益彰。

(五)傳統與理論更新有機融合

甲骨軍事刻辭保留了商代語言的原貌,經過對其軍事行爲動詞的研究和分析,以及軍事刻辭句法與語義角色的研究,爲商代語言研究及漢語史研究提供了可資借鑒的寶貴材料。

該書在分析軍事刻辭的句型時使用了傳統的結構主義分析方法,主要對甲骨軍事刻辭中的命辭進行了結構分析。首先將這些句子分爲單句句型與複句句型兩種類型,單句句型中又細分爲單動詞句、連謂句、兼語句三種形式。總結單動詞句有 V、AV+V、AV+V+O、S+V、S+AV+V 等 18 種句型;連謂句有 V_1+V_2、$AV+V_1+V_2$、$S+AV+V_1+V_2$、$AV+S+AV+V_1+V_2$ 等 17 種句型;兼語句有兼語後是簡單

謂語形式的兼語句(AV$_1$)＋(S)＋(AV$_2$)＋V$_1$＋OS＋(AV$_3$)＋V$_2$＋(O)＋(CO)、前置兼語後是簡單謂語形式的兼語句(S)＋叀/勿隹＋OS＋V$_1$＋V$_2$＋(O)＋(CO)、前置兼語後仍爲兼語式的兼語句叀＋OS＋V$_1$＋V$_2$＋OS＋V$_3$＋O、兼語後是雙賓語的兼語句 V$_1$＋OS＋V$_2$＋O$_{間}$＋O$_{直}$、兼語後爲連謂式的兼語句(S)＋(AV$_2$)＋V$_1$＋OS＋(AV$_3$)＋V$_2$＋(O)＋(CO)＋V$_3$＋(O)＋(CO)、前置兼語後爲連謂式的兼語句叀＋OS＋V$_1$＋V$_2$＋(O)＋V$_3$＋(O)等 36 種句型,另有特殊兼語句型。複句句型分爲聯合句型、偏正句型和多層複句,書中對多層複雜句型進行了層次分析,如《合集》6087 反“☒[曰]:庚其㞢異;|(按斷)吉,|||(因果)受又,‖(並列)其隹壬不吉”,第一層爲按斷關係,第二層爲並列關係,第三層爲因果關係,層層分析,將句子分析得透徹曉暢。

該書除了運用傳統的結構主義分析方法分析句型外,還運用了配價理論分析軍事動詞。配價理論意在説明一個動詞能支配多少種不同性質的名詞性短語的數量。書中按照原子句(基礎句)的規則,同時壓縮一些軍事刻辭的相關句子,確定了軍事動詞的價數。確定的 72 個軍事動詞中,一價動詞 13 個,二價動詞 57 個,三價動詞 2 個。甲骨軍事刻辭中軍事動詞爲二價動詞的占絕大多數,表明軍事行爲涉及的戰爭雙方,即動作的施事者與受事者。一價動詞較少,表明動作行爲衹有施事者,且反映在戰爭過程中即是戰爭準備階段或結束階段。三價動詞爲“[illegible]”“肈”,爲供給類動詞,帶雙賓語。

另外爲了更好地理解卜辭含義與深層次的内涵,該書還引進了語義角色分析,即以動詞爲中心考察與它相聯繫的名詞性成分、介賓短語所表達的意義内涵。書中將軍事刻辭的語義角色分爲七個方面:施事、受事、與事、原因、對象、時間、空間,分别考察。如從動作行爲發生或經歷的時間來看,書中列表反映了所有月份時間相關卜辭涉及的軍事活動,即所有年份中一月至十四月所發生的軍事活動,得出了一年十二個月(閏月包括十三月、十四月)中各月均有軍事活動,但主要發生在兩個時期:一是歲末,即十月至十二月(閏月包括十三月、十四月),這一時間段最多；二是歲中，即五月至七月。通過深入的語義角色分析，得出了更深層次的商代軍事活動活躍的時間範圍。

綜上，李發教授《甲骨軍事刻辭整理與研究》一書主要從“精細”與“融合”兩個方面展現了甲骨軍事刻辭的相關內容，內涵豐富、結論可靠，閱讀後能直觀了解甲骨軍事刻辭的方方面面，得到不同的收穫。該書也充分顯示了其扎實的甲骨學、文獻學及語言學功底，顯示了其理論運用上的創新與獨特見識，顯示了其始終站在學術前沿的優良學風與堅持不懈的學術態度，這些都值得我們學習。

圖書在版編目（CIP）數據

出土文獻綜合研究集刊. 第九輯/西南大學出土文獻綜合研究中心、西南大學漢語言文獻研究所主辦. —成都：巴蜀書社，2019.6

ISBN 978-7-5531-1200-8

Ⅰ.①出… Ⅱ.①西…②西… Ⅲ.①出土文物－文獻－研究－中國－叢刊 Ⅳ.①K877.04-55

中國版本圖書館CIP數據核字(2019)第170192號

出土文獻綜合研究集刊（第九輯）
CHUTU WENXIAN ZONGHE YANJIU JIKAN

西南大學出土文獻綜合研究中心
西南大學漢語言文獻研究所 主辦

責任編輯	周昱岐
封面設計	張　科
出　　版	巴蜀書社
	成都市槐樹街2號　郵編 610031
	總編室電話 （028）86259397
網　　址	www.bsbook.com
發　　行	巴蜀書社
	發行科電話 （028）86259422　86259423
經　　銷	新華書店
印　　刷	成都蜀通印務有限責任公司
	電話 （028）64715762
版　　次	2019年6月第1版
印　　次	2019年6月第1次印刷
成品尺寸	260mmx185mm
印　　張	21.5
書　　號	ISBN 978-7-5531-1200-8
定　　價	98.00圓